文化创意产业
理论与实践
(第2版)

张岩松　穆秀英　著

清华大学出版社
北京

内容简介

本书在对创意的内涵、创意的过程、创意思维的开发和创意能力的提升等问题进行探讨的基础上,厘清文化产业、创意产业、文化创意产业的概念,对文化创意产业运作过程、集群发展和园区建设等进行了深入探讨,重点分析了我国文化创意产业发展存在的问题并提出发展对策,还从文化创意产业实践的角度探讨了出版业、电影业、广播电视业、动漫产业、网络游戏产业、创意设计产业、文化创意旅游产业、广告创意产业、文化会展业和农业文化创意产业的创意与策划技巧及发展策略等。为了增强本书的实践性,每章后还辅以典型的文化创意产业案例,并就每个案例提出思考讨论题若干,以方便读者对文化创意产业的理解和把握。

本书作为我国文化创意产业理论与实践的最新成果,是文化创意产业政策制定者、文化创意企业经营管理者以及广大文化创意产业从业者启迪智慧,以及提高理论水平和创意能力的优秀读物,还可作为高等院校文化产业管理专业以及相关专业的教学用书,也是相关专业师生的优秀参考书。

本书封面贴有清华大学出版社防伪标签,无标签者不得销售。
版权所有,侵权必究。举报: 010-62782989,beiqinquan@tup.tsinghua.edu.cn。

图书在版编目(CIP)数据

文化创意产业理论与实践/张岩松,穆秀英著.—2版.—北京: 清华大学出版社,2022.12(2023.8重印)
ISBN 978-7-302-62245-1

Ⅰ.①文⋯ Ⅱ.①张⋯ ②穆⋯ Ⅲ.①文化产业—研究 Ⅳ.①G114

中国版本图书馆 CIP 数据核字(2022)第 221302 号

责任编辑: 张龙卿
封面设计: 徐日强
责任校对: 刘 静
责任印制: 曹婉颖

出版发行: 清华大学出版社
网　址: http://www.tup.com.cn,http://www.wqbook.com
地　址: 北京清华大学学研大厦 A 座　　邮　编: 100084
社 总 机: 010-83470000　　邮　购: 010-62786544
投稿与读者服务: 010-62776969,c-service@tup.tsinghua.edu.cn
质量反馈: 010-62772015,zhiliang@tup.tsinghua.edu.cn
印 装 者: 天津鑫丰华印务有限公司
经　销: 全国新华书店
开　本: 185mm×260mm　　印　张: 16.75　　字　数: 382 千字
版　次: 2017 年 6 月第 1 版　2022 年 12 月第 2 版　印　次: 2023 年 8 月第 2 次印刷
定　价: 59.00 元

产品编号: 095125-01

第2版前言

在产业不断升级、经济增长方式转型、全球化趋势不断加强、国际竞争日益激烈的今天,作为文化、科技和经济深度融合的文化创意产业,正在成为全球经济和现代产业发展中的一大亮点,一股巨大的文化创意产业浪潮正在席卷全球。

文化创意产业的发展规模和影响程度已经成为衡量一座城市、一个地区甚至一个国家综合竞争力高低的一个重要标志。文化创意产业的发展速度之快、规模之大、影响程度之深不能不说是世界经济发展的一个奇迹,实际上也是社会发展之必然。

文化创意产业的兴起和发展不仅改变着人类经济的发展形态,使"创意资本"成为继物质资本、土地资本、人力资本和社会资本之后的第五种资本要素,并启迪着人类产业结构调整的方向和轨迹,促使经济增长方式转变,更让人们的生活方式和生活水平迈向一个新台阶。

古希腊大科学家阿基米德曾说过:"给我一个支点,我将撬动整个地球。"文化创意产业正是一个重要支点。

随着我国市场经济的不断深化,我国的科技生产力与文化生产力正不断释放,形成合力。在这个创意燃烧的激情岁月,需要我们每一个中国人昂首挺立,顺势奋进,以卓越的灵感和杰出的思想理念撬动地球,推动我国文化创意产业的大发展和大繁荣,使我国早日跻身于世界文化创意强国之列。有鉴于此,我们完成了本书。

本书第1版自2017年出版以来受到读者的普遍欢迎,先后10次印刷,发行量达13000余册。本书在第1版的基础上进行了全面修订,紧密联系我国文化创意产业的新发展、新业态、新趋势,并尽可能借鉴和吸收国内外相关理论研究的最新成果,针对我国文化创意产业发展中的一系列问题,提出自己的看法和见解,力求使本书更具理论性和实践价值。

本书由张岩松、穆秀英合著,张岩松编写第一、第二章,穆秀英编写第三至五章,全书由穆秀英统稿。本书在编写过程中参阅了有关著作及网上资料,对其原作者在此深表感谢。

文化创意产业作为一个新兴的产业门类方兴未艾,对它的认识与研究还在不断丰富和深化,尽管编者为完成本书付出了艰辛的劳动,倾注了大量心血,但限于学术水平,不足之处恐难避免,殷切期望广大读者批评、指正。

编 者

2022年8月

第1版前言

19世纪法国作家福楼拜曾说过:"艺术越来越科学化,科学越来越艺术化,两者在山麓分手,有朝一日,将在山顶重逢。"100多年后的今天,我们惊奇地发现促进科学和艺术"在山顶重逢"的是"创意"。

许多国家喊出了"资源有限,创意无限"及"创意关系到国家兴亡"的口号。

当今世界,文化创意产业已成为十分前瞻、前沿的领先力量,人们像呼吸空气一样接触着创意,一股巨大的文化创意产业浪潮正在席卷全球。将文化创意、科学技术与商品生产相结合的文化创意产业,被公认为是21世纪全球经济一体化时代的"朝阳产业"。"文化创意产业"越来越被世界各国所重视,发达国家将其发展成为支柱产业,使之成为推动经济和社会持续发展的新引擎。不仅如此,文化创意产业也被认为是发展中国家实现经济转型和跨越式发展的重要战略。我国《国民经济和社会发展第十三个五年规划纲要》明确指出:"加快发展网络视听、移动多媒体、数字出版、动漫游戏等新兴产业,推动出版发行、影视制作、工艺美术等传统产业转型升级。推进文化业态创新,大力发展创意文化产业,促进文化与科技、信息、旅游、体育、金融等产业的融合发展。"文化创意产业的发展已成为我国的国家战略。

从全球范围来看,一个基本的趋势是:文化创意产业发达的国家,其文化软实力的扩张和渗透力都比较强;文化创意产业发展较为成熟的国家,其文化软实力都有着较大的优势。文化创意产业在国与国之间综合国力的竞争中发挥的作用越来越大,并为国家文化软实力的竞争提供了形式多样的载体和平台。

本书共分五章,第一章对创意的内涵、创意的过程、创意思维的开发和创意能力的提升等问题进行了探讨。第二章对文化产业、创意产业、文化创意产业的概念进行厘清,对文化创意产业的含义、特性、分类和作用进行了探讨,重点阐释了我国文化创意产业发展存在的问题以及完善对策。第三章对文化创意产业的产品开发、生产组织、市场交易、投融资机制、知识产权保护、产业链构建等产业运作问题进行了深入探讨,以期为文化创意企业提供指导。第四章探讨了文化创意产业集群的内涵、特点、竞争优势、发展阶段、发展要素、发展模式和发展对策,并就文化创意产业园区建设提出具体对策。第五章对出版业、电影业、广播电视业、动漫产业、网络游戏产业、创意设计产业、文化创意旅游产业、广告创意产业、文化会展业和农业文化创意产业十大文化创意产业领域的创意与策划实践进行探讨,并提出了相应的发展策略。为了增强本书的实践性,每章后还辅以典型的文化创意产业案例,并就每个案例提出若干思考讨论题,以方便读者对文化创意产业的理解和把握。

本书得到了大连职业技术学院的支持和资助。在编写过程中,我们注重紧密联系我国文化创意产业发展的实际,并尽可能地借鉴和吸收国内外相关理论研究的最新成果,针对我国文化创意产业发展中的一系列问题,提出自己的看法和见解,力求使本书兼具理论和实践价值。

本书由张岩松、穆秀英合著。张岩松编写第一、二章;穆秀英编写第三至五章。许志军、宋英波、陈百君、刘嫣茹、韩金、王允参与了部分案例的编写并进行了资料收集、文字录入工作。全书由穆秀英统稿。

在本书编写的过程中,参阅了有关著作、文章以及网上资料,在此对其原作者深表感谢。

当今世界,是创意的世界,创意引领未来!让我们勇立文化创意产业的潮头,发出自信的吼声——"我创意,故我在!我创意,我成功!"

编 者
2017 年 1 月

目 录

第一章 创意基本问题探讨 …… 1
  第一节 创意的内涵 …… 1
  第二节 创意的过程与获取途径 …… 12
  第三节 创意思维及其开发方法 …… 22
  第四节 创意手段 …… 34
  第五节 创意能力的提升 …… 39
  典型案例研究：《乌鸦喝水》引申出的创意 …… 45

第二章 文化创意产业基础 …… 49
  第一节 文化与文化产业 …… 49
  第二节 创意产业的内涵、特征和作用 …… 63
  第三节 文化创意产业的含义和特性 …… 72
  第四节 文化创意产业的分类和作用 …… 79
  第五节 文化创意产业的发展趋势 …… 90
  典型案例研究：迪士尼的成长轨迹 …… 92

第三章 文化创意产业运作 …… 98
  第一节 文化创意产品及其价值实现 …… 98
  第二节 文化创意产业的生产组织 …… 103
  第三节 文化创意产业的市场交易 …… 111
  第四节 文化创意产业的投资与融资 …… 114
  第五节 文化创意产业链的构建 …… 121
  第六节 文化创意产业的知识产权保护 …… 127
  典型案例研究：山水实景演出《印象·刘三姐》 …… 138

第四章 文化创意产业集群 …… 145
  第一节 文化创意产业集群概述 …… 145
  第二节 文化创意产业集群发展分析 …… 149

第三节　文化创意产业园区的建设 …………………………………… 161
　　典型案例研究：杭州的文化创意产业 …………………………………… 170

第五章　文化创意产业实践 …………………………………… 179
　　第一节　出版业 …………………………………… 179
　　第二节　电影业 …………………………………… 193
　　第三节　广播电视业 …………………………………… 199
　　第四节　动漫产业 …………………………………… 205
　　第五节　网络游戏产业 …………………………………… 216
　　第六节　创意设计产业 …………………………………… 221
　　第七节　文化创意旅游产业 …………………………………… 224
　　第八节　广告创意产业 …………………………………… 233
　　第九节　文化会展业 …………………………………… 237
　　第十节　农业文化创意产业 …………………………………… 243
　　典型案例研究：传承优秀传统文化的故宫文创 …………………………………… 251

参考文献 …………………………………… 255

第一章 创意基本问题探讨

夫文有神来,气来,情来。

——[唐]殷璠

第一节 创意的内涵

创意是什么？其实创意本无定则,但创意有真谛:那就是创造、创新,破旧立新。我们不妨先看一则寓言。上帝为人间制造了一个怪结,被称为"高尔丁"死结,并许有诺言:谁能解开奇异的"高尔丁"死结,谁就将成为亚洲王。所有试图解开这个死结的人都失败了,最后轮到了亚历山大,他说:"我要创建我自己的解法规则。"说完,抽出宝剑,一剑将"高尔丁"死结劈为两半,于是,亚历山大成了亚洲王。这个寓言深入浅出地道出了"创意"二字的真谛。所以,由这样一位神奇人物用这样一段文字来解释创意是什么的问题也不无道理。创意就是在原来的基础上进行再创造、再重新组合的想法和构思。①

翻开人类的编年史,人们会看到金字塔、太极图、合纵连横、万里长城、马其顿方阵、隆中三国……辩证法、相对论、航天飞机、电灯电话、深圳特区……蒙娜丽莎的微笑、霍元甲的迷踪拳、中国竞走的高原训练法……人类历史上留下了多少创意的大手笔！伏毒草、神农、大禹、周文王、秦始皇、诸葛亮、六祖慧能……康有为、齐白石、杨振宁、李政道、张大千……中国历史上出现了多少大手笔的创意大师和智慧大师！他们的创意改变了中国历史的发展进程。再如亚里士多德、阿基米德……黑格尔、牛顿、爱因斯坦等智慧大师、创意大师,也同样影响了世界历史的进程。如果没有东西方这些创意大师的伟大创意,整个人类文明的风景画绝不会像现在这样瑰丽多彩。②

中国本是一个创意大国,四大发明、万里长城、琴棋书画、诗词歌赋、科举考试、官僚体制、礼仪文明、自然哲学,使中国成为东亚乃至世界文明的轴心之一。日本、朝鲜受中国文化影响至深并进而形成所谓"东亚文化共同体"。中国的四大发明传入欧洲,对于欧洲资本主义的兴起和繁荣也起到了不可估量的作用。然而到了近代,西方的坚船利炮打开了中国的国门,中国陷入了前所未有的亡国灭种的危机之中,百年屈辱,落后挨打。西方人以一贯的殖民心态看待中国这片古老而宁静的土地,眼中充满的是不屑。"如果我的中国朋友们在智力上和我完全一样,那为什么像伽利略、史蒂文森、牛顿这样的伟大人物都是欧洲人,而不是中国人或印度人呢？为什么近代科学和科学革命只产生在欧洲呢？……为什么直

---

① 黄小珊.浅谈创意与创意产品的内涵界定[J].才智,2017(31):250.
② 陈放.创意风暴[M].北京:中国盲文出版社,2007:9-10.

到中世纪中国还比欧洲先进，后来却让欧洲人领先了呢？怎么会产生这样的转变呢？"英国科技史专家李约瑟在《中国科学技术史》一书中提出了令人深思且难以简单回答的"李约瑟难题"。美国学者罗伯特·坦普尔在著名的《中国，发明的国度》一书中曾写道："如果诺贝尔奖在中国的古代已经设立，各项奖金的得主，就会毫无争议地全都属于中国人。"然而，从17世纪中叶之后，中国的科学技术江河日下，跌入窘境。据有关资料记载，从公元6世纪到17世纪初，在世界重大科技成果中，中国所占的比例一直在54%以上；而到了19世纪，急剧降为0.4%。中国与西方为什么在科学技术上会一个大落、一个大起，拉开如此大的距离？这就是李约瑟觉得不可思议、久久不得其解的难题。直到今天中国依然走在思考、解答"李约瑟难题"的路上，答案也会越来越丰富。但有一点是肯定的：作为创意大国的古代中国是文明的轴心，敢于声称"犯我大汉者，虽远必诛"；作为创意小国的近代中国是卑贱屈辱的，不得不在自己的国土上看着"华人与狗不得入内"的招牌。[①] 创意关乎国家兴亡，社稷荣辱！

创意是神秘的，创意的作用是伟大的，创意的伟大作用在于它总是不断地推动人类社会经济持续向前发展。从推动一国经济增长的主要动力来看，创意将会促使经济社会形成一个伟大的"创意经济时代"。

1. 三次创意革命

从整个世界范围来看，据学者陈放、武力总结，曾出现过三次创意革命。

1）第一次创意革命

第一次创意革命是13—14世纪欧洲的文艺复兴，诞生了一系列伟大的思想家、文学家、科学家。思想的解放、创意的迸发解除了束缚人类的精神枷锁，为新的技术革命的产生奠定了基础；而哥白尼、伽利略、布鲁诺等人在天文、物理领域的创意性研究不仅是原创性科学理论的突破，也在事实上瓦解了支撑欧洲中世纪宗教黑暗时期的精神基础。文艺复兴的创意大迸发，名为复旧，实是创新。在精神的自由状态中，欧洲出现了繁荣的商业贸易，新的资产阶级国家的建立、殖民活动的加强，要求科学技术出现突破，随之而来的就是第一次工业革命，这可以算是人类历史上的第一次创意革命。

2）第二次创意革命

第二次创意革命发生于20世纪三四十年代，这一时期两次世界大战接踵而至。战争对于科学技术的发展和创意的迸发有极大的刺激作用，一系列的发现、发明不仅在战时用于战争，在战后同样可以为人类造福。这一时期是创意革命时期，石油的开采和电力工业的发展，使人类的能源结构得到极大的改善；汽车、飞机的发明，使人类远洋航行的梦想不再是梦；核能的和平利用，更为缓解能源的危机做出了更大贡献；电子计算机的发明，为进入网络时代和信息时代起到了开山鼻祖的作用。同样，战争过程中的创意是一场激烈的战争，它不诞生在硝烟弥漫的战场，却比真正的战争更为残酷。只有在战争中，创意才关乎生死，一个创意可以挽救千千万万的人，也可以杀死千千万万的人。可以设想，如果德军没有

---

① 陈放，武力.创意战争[M].北京：中国经济出版社，2009：3-4.

创造出"闪电战"的军事战略,就很难以迅雷不及掩耳之势席卷欧洲大陆,迫使英法军队仓促退往英伦三岛,几乎丧失还击能力,致使法西斯狂徒大肆残杀平民,世界也因此付出了惨重代价。

3) 第三次创意革命

第三次创意革命正在持续,这一次创意革命范围更广,波及面更宽,参与的人数更多,网络上的传播更快,商业、文化、广告、金融、体育、科技等领域无时无刻不充满着创意。这次创意革命来势凶猛,正改变着世界的面貌。

从上述三次创意革命的发展来看,很明显,我们将得出一个结论:创意中心的转移就是文明中心的转移。第一次创意革命成就了欧洲的兴起,第二次创意革命则转移到大西洋西岸的美国,那么第三次创意革命又会带来怎样的文明兴替呢?不少学者纷纷探讨,21世纪是谁的世纪?比较一致的结论是美国文明中心的位置将会被取代。从2008年美国爆发的金融危机已明显看出美国的衰落。相对意见较为分歧的观点则有三种,依照所指地域的差异依次为:太平洋世纪、中国及印度世纪、中国世纪。不管怎样表述,中国始终是最被看好的21世纪的主体文明。毋庸置疑,文明中心并不会在碌碌无为、盲目等待中不期而遇,没有创意文化做支撑,文明中心断然不会转移到中国。对于希冀在未来世界重新回到国际舞台并担任主角的中国来说,如何提高文化创意产业的竞争力并在创意革命中占得先机,将是决定未来中国走向的风向标之一。①

2. 创意从何而来

创意是延续人类文明的火花,它让我们把不可能变成可能,把不相关的诸多因素联系在一起,激发出新的思想的火花。美国广告大师李奥·贝纳指出,创意的核心是运用有关的、可信的、品调高的方式,在无关的事物之间建立一种新的、有意义的关系的艺术。创意不是艺术家的专利,创意存在于我们每个人的心中。在这个世界里,创意让我们重新找回工作和生活的乐趣,让我们的生存不再那么简单,让我们的奔波不再那么毫无目的,让我们的生活充满诗情画意。创意是一种能够运用各种不同的角度解读人生和世界的智慧。当我们心中有了"这样是不是会更好"的念头时,便是创意闪现、活动的时候了。创意精灵来到了我们的心中,标志着自信、勇气、耐心和智慧之神来到了我们的心中,我们的生命因此焕发出灿烂的光芒。因此可以说,创意是一种生活态度,是乐观向上、不畏艰难、面向未来、充满自信、勇于创造的人生观。创意是对传统的叛逆,是打破常规的哲学;是大智大勇的坐标,是引导递进升华的圣圈;是一种智能拓展,是一种文化底蕴,是一种闪光的震撼;是破旧立新的创造,是点题造势的把握;是跳出庐山之外的思路,是超越自我和超越常规的导引;是只能与文化神奇组合的经济魔方,是思想库和智囊团的能量释放;是深度情感和理性的思考与实践,是思维碰撞和智慧对接;是创造性的奇思怪想,是投资未来及创造未来的过程。

创意是如何产生的?是与生俱来,还是后天练就?是无心偶得,还是勤奋所赐?关于

---

① 陈放,武力.创意战争[M].北京:中国经济出版社,2009:5-7.

创意的产生有许多理论观点,其中影响较大的有以下五种。

1）魔岛理论

魔岛理论起源于古代水手的传说。茫茫大海,波涛汹涌;海中岛礁,不可捉摸。当水手们想躲开它时,它偏偏出现了;当水手们想寻找它时,它却迟迟不肯露面,消失得无影无踪。因此,水手们称这些岛为"魔岛"。实际上,"魔岛"是珊瑚岛,没有珊瑚年复一年的积累,它是生长不出来的。

创意的产生,有时也像"魔岛"一样,在创意师的脑海中悄然浮现,神秘而不可捉摸。"魔岛"理论认为：创意和"魔岛"（珊瑚岛）一样,在人类的潜意识中,也要经历无数次的孕育、努力和培养,最终才能获得。

"魔岛"理论还强调"发明",即创意是生成的、独创的,而不是模仿的。虽然"魔岛"理论阐明了创意的创造性和发明性,但创意并不仅仅是这些,它常常是"有效的模仿""改良性的主意"或"拼凑式的创造"。因此,"魔岛"理论无法说明所有创意产生的原因。"魔岛"理论强调后天的努力和积累,却否认天生的灵感,所以无法解释下列现象：学识渊博的学者,有时却墨守成规,食古不化,毫无创意可言;而有时大字不识的文盲却能机智灵活,创意颇多。

2）天才理论

与"魔岛"理论的立意角度正好相反,天才理论推崇天才,强调创意是靠天才而获得的。世界上的确存在着不少天才,例如,孙武的《孙子兵法》是天才之谋,曹植的《七步诗》是天才之作,达·芬奇的《蒙娜丽莎》是天才之画,凯恩斯的《就业、利息与货币通论》是天才之论。

还有其他众多的天才之想、天才之举、天才之功、天才之学、天才之用,举不胜举。在这些人身上,"勤能补拙"的格言并不适用。天才理论认为,创意并不需要苦苦求索,天才的策划家,天生就有这方面的突出才能。

在创意中,不承认天赋是不行的,某些杰出的创意大师,他们的随机念头,往往比我们费尽心机抠出来的方案不知要高明多少倍。天才理论揭示了创意的部分来源,但这一理论过分强调天生而忽视后天的努力,实际上也是片面的。

3）迁移理论

迁移理论认为,创意是一种迁移。所谓迁移,就是用观察此事物的办法去观察彼事物,就是用不同的眼光去观察同一个现象,就是采取移动视角的办法来分析问题。通过视角的迁移,人们可以很简单地创造出众多新鲜的、交叉的、融合的、异化的、裂变的、创新的事物来。这就是创意产生的成因。

自然科学里的转基因研究,社会科学中的交叉学科和边缘学科的出现,实际上都是学者迁移观察的结果。科研是这样,产品是这样,策划更是这样。在市场实践中,许许多多杰出的策划创意都源于这类的"再认识"。

4）变通理论

创意有时候只是"概念的一扭",只要换一种方式去理解,换一个角度去观察,换一个环境去应用,一个新的创意就产生了。这就是创意的变通理论。

某种事物的功效作为一种能量,在一定的条件下是可以转换的。例如,用于战争的兵法,经过变通可用于经济,这是一种观念的嫁接;原本属于动物本能的保护色,经过变通,可用于军队的迷彩服,这是功能的变通;民用产品可以用于军需,而军需产品可以转为民用,这是能量与功效的传递和延伸。显然,上述各种能量的转换、功能的变通,对策划创意的产生极有启示性。

对策划来说,创意就需要这种变通,创意就产生于这种变通。"改变用途"是创意的重要源泉。策划人应该善于运用这种思路,通过改变策划对象的用途,赋予策划以新奇和独创。

5) 元素组合理论

在自然界,元素通过组合可以形成各种各样的新物质,策划的创意也可产生于元素组合,即策划人可以通过研究各种元素的组合而获取新的创意。这就是元素组合理论。

产业策划人不能墨守成规,必须不断尝试和揣测各种可能的组合,并从中获得具有新价值的创意。元素的组合不是简单的相加,而是在原有基础上的一种创造。能够产生创意的元素包罗万象,可以是实际的,也可以是抽象的;可以是现实存在的,也可以是虚构想象的。

总之,创意与人类思想紧密相连。斯坦福大学经济学家保罗·罗默认为:能否提供和使用更多的创意或知识品,将直接关系到一国或地区经济能否保持长期增长。伟大的进步总是来源于思想。思想不是从天上掉下来的,它们来自人的头脑。编写软件的是人,设计产品的是人,进行文学创作的是人,从事音乐和绘画工作的是人,而当他们进行这些创造性的活动时,为他们提供工具的还是人。人们的创意活动为人类带来了便捷和快乐。尤其是近几十年来,各种类型的创造性工作呈现爆发式的增长,展现了创意前所未有的强大动力。[1]

3. 创意产业的核心是创意

创意既来自深厚的文化底蕴、新观念和新思想的引入,也来自想象力的开发和不懈的探索精神,还来自丰富的实践。如办公大楼的物业服务公司接到不少人抱怨等候电梯时间过长,怎么解决这一问题呢?工程技术专家会通过增加电梯数量,适当提高电梯运行速度,数台电梯联网并由计算机控制统一调度,高低层分开乘坐等办法,提高电梯的运行效率,从而减少等候时间。而创意专家认为,人们等候的时间通常不过两分钟左右,之所以抱怨等候时间长,是人们主观感受的问题,无所事事地等待,会觉得消耗时间长。于是电梯公司另辟蹊径,把电视机挂到电梯口,供等候的人们消遣,这个创意导致了"分众传媒"的出现。

这里从人们的感受和体验出发考虑问题,通过一个新的创意,为产品和服务注入新的观念、感情和品位等文化要素,为消费者提供新的消费模式和生活体验,从而提高产品与服务的观念价值,使等候电梯的人在有限的自我时间里获取更精彩的体验,这种分众传媒的

---

[1] 张迺英.创意产业理论与实践[M].上海:同济大学出版社,2015:3.

出现也使商家赚得盆满钵满。

当今，创意、文化、科技的有机结合已经创造了巨大的财富价值。早在1986年，美国著名经济学家罗默就曾撰文指出，新创意会衍生出无穷的新产品、新市场和财富创造的新机会，新创意是推动一国经济增长的原动力。

1992年，当微软公司超过通用汽车公司的时候，《纽约时报》评论说："微软唯一的工厂资产是员工的创造力。"比尔·盖茨说："创意具有裂变效应，一小点创意能够带来不计其数的商业利益、商业奇迹。"

国际创意产业界著名专家、英国经济学家、世界创意产业之父约翰·霍金斯说："拥有创意的人开始变得比使用机器的人能量更大，在很多情况下，甚至胜于那些拥有机器的人。"

美国经济学家理查德·佛罗里达则断言："哪里有创意，哪里就必定有技术创新与经济增长。""创意产业已经成为财富的最重要来源。"

可以说，创意是人类智力活动中最有创新、出奇、创造的部分，它包括各种点子、谋略、对策、企划，各种新发现、新思想、新设计、新发明、新策划、新设计、新制作、新假设，并且它又是文艺创造、广告制作与宣传、公关营销策划、企业CIS等的"核心"，是其中最有创造力的部分。

创意是生机之父，创意是历史之母。人类文明的源泉来自于创意，生命的第一个行动是脑子里的创意。人类生活的本质是创意，人类的未来属于创意！

无疑，创意使创意产业的威力凸现，创意让我们学会了一种崭新的思维方式和竞争策略，也让我们赢得了成功的机会。

4. 创意概念的内涵

随着创意越来越受到广泛重视，研究界定创意概念的内涵，提出明确的创意定义成为当务之急，也成为研究文化创意产业的前提。中国台湾省著名剧作家、导演赖声川曾说过："创意必须超越界限，为创意下定义本身就违背了创意。"即便如此，在我们对"创意"进行讨论、研究前，仍需要明白究竟什么是"创意"。

1）西方世界对创意的定义

关于西方"创意"一词来源，要追溯到17世纪末期，人文主义意义上的"原创"一词出现在这一时期。到了1699年，法语中的"原创"（法文orginalite）第一次出现，而在英语中的"原创"（original）则出现在1742年。直到1775年，西方世界的create一词才出现。

现在，被翻译成中文"创意"的英文主要有ideas、creative、creativity和originality。idea是个名词，可以指主意、思想、观点、看法等。而ideas则可以指创意，也是被广泛译为"创意"的单词。在广告行业中经常用big idea来表示大创意。creative和creativity两个词都来自create的变形，都有"创意"的含义，前一个作为形容词表示有创造力的、有创造性的，后一个作为名词则表示创造力、创造性。而originality经常被翻译为原创、原创性、独创，但是有时也会表示创意。

到了20世纪中叶，随着全球经济逐步恢复与发展，美国经济学领域的相关研究也将视线转向文化与创意相关的问题上。20世纪五六十年代广告行业在一些国家成为创意大爆炸的领域。有专家曾提出过一个近似定义的观点："一条创意其实就是以前要素的一个新组合。"他认为将旧的要素重组就是创意。虽然"创意"成为在此时广告行业的高频词汇以及行业竞争中的关键因素,但是人们都在强调创意的重要性,却没有提出关于"创意"的明确定义。

1999年,美国著名心理学家斯滕伯格和鲁巴特从心理学研究出发给出一个较为宽泛的概念:"创意是生产作品的能力,这些作品既新颖(也就是具原创性、不可预期),又适当(也就是符合用途,适合目标所给予的限制)。"他强调了创意是一种人类进行创造性活动的能力,也说明这种能力创造的成果是独创又可行的。

直到2002年,创意产业之父、英国著名经济学家霍金斯出版了《创意经济:如何点石成金》,在这部创意经济学的奠基之作中首次提出"创意经济"这个概念,对与创意相关的内容、产业进行了新的诠释与命名,同时他也首次明确地提出"创意":"'创意'就是催生某种新事物的能力,它表示一个或多人创意和发明的产生。这种创意和发明必须是个人的、原创性的,且具有深远意义的。"霍金斯的"创意经济"理论对后来的创意理论及产业发展起到举足轻重的作用,也影响了诸多学者对"创意"进一步诠释。如美国创意理论学者佛罗里达《创意身份》一书中认为,创造力即拼编,"为了创造和进行综合,我们需要刺激物——那些可以被陌生的方式拼凑在一起的零零碎碎的东西"。又如英国学者比尔顿认为:"'创意'实质上是个复杂得多的、异常艰巨的过程,而不是简单的凭'灵光'乍现或沉溺于片刻偶发得来的聪明点子。"随着时代的发展和社会的变迁,创意的内涵也不断丰富,关于创意的定义也在世界范围内不断地变化与更新。

2)中国对创意的定义

在《现代汉语大辞典》中,"创意"有两层含义:其一是作名词,指创造性的想法、构思等;其二是作动名词,指提出有创造性的想法、构思等。由此看出,"创意"一词自东汉以来的含义仍然被保留,只是它的解释变得更加丰富、更加具体、更加通俗。

3)创意概念定义的四类观点

目前创意在中国是一个常用概念,也是创意学的核心概念之一。在中国学者的努力下,创意现在已经有多种定义。据丁钢、梁劲、惠红研究可知,创意概括起来大致可分为四类观点。[①]

第一类观点从动态的角度将创意理解成创意思维。崔中义主编的《创意学》没有明确定义创意,仅对创意思维给出了定义。他认为创意思维就是创造性思维,有双重含义:创意思维既是一种高于其他思维的独立思维、超常思维、创造性思维、形象思维等的综合性思维,又是对一切旧思维进行革命性的改革和创新。[②] 这里出现了逻辑矛盾:既认为创意思维就是创造性思维,又将其定义为包括创造性思维在内的综合性思维。其对第二层含义的揭示则没有使用定义的方式。

第二类观点从静态和动态角度定义创意。余明阳和陈先红认为:静态的创意是指创

---

① 丁钢,梁劲,惠红.创意内涵研究[J].重庆理工大学学报(社会科学版),2010(11):77-78.
② 崔中义.创意学[M].西安:陕西人民出版社,2002:10-11.

造性的意念、巧妙的构思,即常说的"好点子、好主意";动态的创意是指创造性思维活动。①赵明华则提出:静态的创意是指创意性的意念、巧妙的构思;动态的创意是指创意性的思维活动。② 这两个定义尽管比较简明,但对创意的内涵揭示不够。静态定义出现了定义过窄(定义项的外延小于被定义项的外延)的逻辑问题。动态定义属于词语定义,不属于"真实定义",没有揭示创意概念的内涵。将创意定义为创意性的意念或创意性的思维活动,还出现了循环定义的逻辑问题。

第三类观点从思维及其成果和方式三个方面对创意进行定义。陈初友和王国英提出,创意是人们行为中产生的思想、点子、立意、想象等新的思维成果,是一种创造新事物或新形象的思维方式,其本质是一种辩证思维。③ 从成果角度的定义揭示创意是新的思维成果的观点值得关注。"创意的本质是一种辩证思维"类似于"人的本质是一种动物",没有揭示创意与一般辩证思维的差别。

第四类观点从文化、个体和产业角度给创意下定义。贺寿昌提出,理论形态的创意有三种含义,分别为宏观、个体和应用创意。宏观创意泛指一切可视的创作现象,这不仅包括文学艺术,而且可以概括为包括日常生活在内的整个人的生活方式,即人的文化存在的样式。宏观创意的内在含义即文化;个体创意是指个人的情感、灵感、直觉、想象、才情、智慧等在创意作品中的自由倾泻。个体创意的内在含义是审美;应用创意是指创意的目的不限于个人欣赏品鉴,而是与产业的目的相联系,是使创意实现产业化的保证。应用创意的内在含义是产业。④这一观点为创意学提出了文化和产业视角,富有启发性。多学科视角有利于创意研究的深入。但这里的宏观创意定义忽视了创意与文化的差别,定义过宽。文化的外延大于创意的外延。

文化既包括创意,也包括传播、复制和继承。广泛存在的光碟盗版、赝品制作是文化现象,却不是创意现象。个体创意概念则出现了定义错位(定义项与被定义项的外延交叉)。其一,这样的情况可能有也可能没有创意;其二,发明和科学发现是有创意的,但主要不是个人情感等的自由倾泻。将个体创意定义为审美则概念有点过窄。仅就艺术而言,相对于审美过程,创意也更多地产生于创造美的过程。应用创意概念的定义则忽略了创意本身与创意产品的制作及销售之间的差别,也属于定义过宽。

4) 创意是有价值的可行的新主意

分析以上各类定义,我们发现多数定义都包含了新思想、新主意。创意定义虽然没有明确指出创意的观念形态属性,但都蕴含着这一层含义:创意是观念形态的思维成果。

综合上述关于创意的定义研究成果,可以得出这样的定义:创意是指有价值的可行的新主意。

首先,创意是"新主意",即新颖的主意,新颖性是创意的本质属性。创意是一种思维方式和思维成果,也就是一种不平凡的、富有创建性的思维方式和一种新鲜的、新奇的思维成

---

① 余明阳.广告策划创意学[M].上海:复旦大学出版社,1999:267.
② 赵明华.创意学教程[M].西安:西北工业大学出版社,2004:11.
③ 陈初友,王国英.TOP创意学经典教程[M].北京:北京出版社,1998:3.
④ 贺寿昌.创意学概论[M].上海:上海人民出版社,2006:18-20.

果。创意通常有四大思维特征,即冲击陈规、逆反常规、挑战平庸和打破同质。这里的"新"是指创意主体(个人或群体)独立想出来的主意,分为两种情况:一是他人没有想到或提出的主意,二是在不知道他人已经想到或提出的情况下自己独立想出来的。学来的主意不是创意。应用学来的知识设想出来的主意,一般情况下也不是创意。应用创造性知识进行创造性思维从而设想出来的主意,往往带有创意的成分。

其次,创意是指有价值的新主意。其有三点含义:第一,这里的价值是指新价值,是指为社会或个人增添了新知识、新的更好的方法或新形象。用这种创意能够解决未曾解决的问题,带来新益处;或能够提供更有效率的解决问题的方法,增加原有的益处。第二,这里的价值既可以是现实价值,也可以是潜在价值。没有现实价值但有潜在价值的新主意也是创意。第三,这里的价值包括社会价值或个人价值。社会价值是指这一创意为群体、国家或整个社会贡献了新知识、新方法或新形象。个人价值是指这个创意为创意主体个人增添了新知识、新方法。

最后,创意这种有价值的新主意具有可行性。一般而言,探求创意是为了解决特定的问题,实现特定的目的。可行性指创意在当前条件下是可行的,能够解决当前的特定问题,实现特定目标。这种创意是相对完整的问题解决方案,或构成完整的解决方案的有机组成部分,而不是一个无法实施的主意或想法。

从简化的角度,创意也可以定义为可行的新主意或有效的新主意。"可行的新主意"和"有价值的新主意"是种属关系,后者包括前者。可行的新主意一定是有价值的新主意,是有现实价值的新主意。但有价值的新主意不一定具备可行性,即不一定能够有效解决当前的问题。因此,可行的新主意已经暗含着价值性这个内涵。但为了使创意的价值性更加明确,这里在创意概念中将可行性、价值性和新颖性全部表达出来。

根据上述创意概念,创造性思维可以定义为:创造性思维是指能够产生有价值的可行的新主意的思维。简单地说,所谓创造性思维是指能够产生创意的思维。这一定义明确了创造性思维与创意的关系,即创意是创造性思维的成果,是意识范畴的成果。[①]

5) 创意与创新、创造的区别

创意与创新、创造语义相近,容易混淆。一般而言,三个概念都是指通过人类的创造性劳动,产生一种前所未有的事物或思想。然而,三个概念在外延上还是存在明显的区别。

创造(creation)常常与发明联系在一起,指人们在自然科学和工程技术领域"首创前所未有的事物"(见《辞海》)。虽然创造一词也常被引申到其他领域,但其核心含义仍是指在科学技术上取得新成果。

在创新理论研究中,"创意(creativity)"一词并不常用,但其意义与"创新(innovation)"基本相同,指一种带来新事物的能力。

只是"创意"所创造的新事物常常是艺术文化方面的创新,是在艺术文化领域的新观念、新思想、新设计,与人类的精神文化活动相联系。尽管在很多情况下,创意也会借助于

[①] 丁钢,梁劲,惠红.创意内涵研究[J].重庆理工大学学报(社会科学版),2010(11):79-80.

某种物质载体表达出来,例如,新颖的服装设计、独特的产品造型等,但其满足的仍然是人类的一种精神文化需求,提供的仍是一种文化体验。由于"创意"不是众多学者所指的包括在所有其他经济部门当中的技术创新、产品创新、制度创新等,所以从广义上讲,"创意"应该是"创新"的一个部分、一个分支。这种理解既满足文化经济学中认为创意就是对文化艺术领域的创新,也满足一般创新理论中对创新的理解。但我们也应该看到,文化创意是一种新形式的内容上的创新,如果创意可以看作一种生产要素,那么就是一种生产要素的创新。

创新是一个使用频率极高的概念,按照熊彼特的观点,创新是指"企业家对生产要素的新组合",这包括引进一种新的产品、采用一种新的生产方法、开辟一个新的市场、获得一种原料或半成品的新的供给来源、实行一种新的组织形式。创新并不等于发明,一种发明只有应用于经济活动并成功时才能算是创新。不难看出,创新更多的是指经济商务层面的创造性活动。

由于熊彼特提出创新理论时仍处于制造业大发展的时代,且制造业及后来的信息产业又一直是社会发展的主流,所以能够极大推动其发展的技术创新一直受到较多人的追捧,在某种程度上将研发部的作用提到了一个极高的位置,而忽略了其他创新来源与创新形式。而我们认为,内容创新恰恰是一个可以和技术创新并列存在的一种创新形式,它会对文化产业本身(属于文化艺术创意)、信息类技术高技术产业(属于数字技术创意),以及制造业(属于工业设计创意)产生广泛而深刻的影响。①

事实上,在不十分严格的语境下,上述三个概念常常被混淆。例如,单纯的技术发明有时也称为创新,而有助于一种技术发明的新设想、新观点也被称为创意等。在现阶段,将创意界定于社会文化领域,将其与科学技术领域的创造和经济商务领域的创新区别开来,这对于发现和研究文化创意产业的独特价值,以及推动和扶持文化创意产业的发展都是十分必要的。②

6) 创意的深刻内涵

创意是科学技术和文化艺术相结合的创造。在知识经济时代,创意凸显了其深刻内涵。③首先,创意是一种思维能力,是人的主观思维活动的结果。创意产业的灵魂是创意,创意的灵魂是创意人,创意人的灵魂是创造力,而创造力是思维的产物,所以创意实际上就是一种创造性的思维活动。创意本质上是思维模式、思维习惯的改变和颠覆,创意的思维方法不同于我们惯常使用的思维方法,更多使用的是逆向、发散这些与传统思维相逆的方法。要创造与众不同、出人意料的东西,就需要与众不同、出人意料的思维方法。但创意不是凭空捏造、无中生有,无论是发散、聚合、顺向还是逆向思维等,它们都是根据生活经验的积累,通过创造性的艺术构思,对已掌握的知识进行重构,使人们熟悉的要素陌生化,从而达到出人意料的效果。

---

① 李博婵.文化创意产业概念辨析[J].经济界,2008(6):94.
② 姚东旭.文化创意产业的界定及其意义[J].商业时代,2007(8):95.
③ 蒋三庚.创意经济概论[M].北京:首都经济贸易大学出版社,2009:24-26.

其次,创意是一种文化活动。传统的美学与文艺理论一直把创意或独创性视为艺术家或者艺术创作的独特品质。但当今时代,创意已经突破了原先艺术家的创造性或独创性的藩篱,它既包括艺术家创作艺术作品的独特灵感、妙悟、神思、意念,又包括将独特的创意与人分享——出售、营销、供人消费、实现其价值的流通方式。因此,创意作为一种文化活动,理所当然地包括文化投资、文化经营、文化商品贸易甚至文化保护等一系列经济活动。

最后,创意是一种特殊的、重要的生产要素。"创意"是创意经济的"源"和"核",是推动创意经济、创意产业发展的第一推动力和主导因素。随着市场经济的不断发展,特别是社会分工的不断深化,创意从人力资本中分离开来,成为一种相对独立的、越来越重要的生产要素,其不同于一般的已显性化、编码化的知识,而是具有高度难言性、不确定性和互补性的鲜明特点。创意的难言性体现在某种观念、想法、灵感等是非标准化的,难以准确描述和表达,创意的产生高度依赖于个体的体验、直觉和洞察力,难以充分交流。创意的不确定性集中体现为其实用价值和价值实现的未知性,某种创意能否直接转化为某种现实的物化产品和服务,这种现实的物化产品和服务能否被市场所接受等,在事前大都是未知的,只有最终经过市场的检验才能有明确的答案。创意的互补性体现在它是在已有只是存量基础上的一种增量知识,是一种分裂知识,是人类社会知识分工的一种深化。它本身并不能直接转化为显示生产力,只有与已有的各种相关知识及各种类型的要素资源有机地结合起来,并发生不同程度的嬗变,才能有效地发挥自身的使用价值。

5. 创意的基本特点

创意有以下三方面的特点。

1) 关联性

关联性(relevance)要求创意必须与商品、消费者、竞争者相关联,创意没有关联性就失去了意义。创意来自实践,没有人能凭空想出毫无根据的东西。创意不可能是毫无基础的,人的创造力总有要吸收现有世界的要素,如文化、艺术、科技、观念、法律、资本等,结合自身的思维能力,或灵光乍现,或深思熟虑,迸发出让人耳目一新的创意。创意必须是有意义的东西,即使你的创意有现实基础,但没有实际意义,经不起市场的检验,所以,创意必须和需求相关联。

2) 原创性

原创性(originality)要求创意要呈现出从没有表现过的新组合、新内涵、新表现,突破常规,别开生面,独出一格,与众不同。创意的关键是"创",言前人未敢言,发前人未敢发,新颖别致,匠心独运,给人以意外的收获,由此创造奇迹并打响品牌。创意没有原创性,就缺乏吸引力和生命力,也就不能称为"创"。

3) 震撼性

创意的震撼性(impact)是指能让观众在看第一眼时即有屏息吃惊的感觉,给人以强烈的难以忘怀的心理冲击力。创意的震撼性要求创意深入人性深处,冲击消费者的心灵。创意没有震撼力,就不会增强打动人心的力量,不能使消费者产生强烈的感情共鸣,留下深刻印象。

6. 创意的六个误区

要正确理解"创意"的含义,首先要注意走出创意的误区。人们往往容易对创意产生如下一些误解。

1) 创意＝点子

点子是针对某一件事而言的计谋与对策,而创意尽管也可能是办事的对策与计谋,但它应该是完整和系统的。点子可能是其中某个闪光点、关节点,而创意不但可以是一个点,而且可以是一条线、一个面、一个局、一连串局。它不但可针对事件系统,也可包括文学艺术、哲学发现的所有智力领域。

2) 创意＝谋略、计谋

创意不等于谋略、计谋,创意包括计谋与谋略,而计谋主要是针对"事理"斗争系统、敌对杀伤系统、竞争系统,为有效地打击对手、保护自己而制订的别出心裁的计划方案。

3) 创意＝策划

创意不等于策划。古代所谓策划是谋略、对策、计策方案与计划;现代意义上的策划变成了"动词",变成了"计策、计谋、对策"的筹划、实施和操作。而创意是策划的关键和灵魂——必须先有好的创意才能去进行策划,否则就会无的放矢,甚至因为差之毫厘而谬以千里。没有好的创意,策划得再好也没有用,执行得彻底同样会出问题。而从实干角度看,策划执行过程同样也是创意落地的过程,这里广义的创意就是策划与执行。

4) 创意＝公关

创意也不等于公关,公关仅仅是实施创意的一种手段,公关成功与否,是否高效,在很大程度上取决于创意的好坏及创意是否精彩。创意不接受"公关"的领导,相反"公关"应接受创意的指引。

5) 创意＝广告

创意不等于广告,广告的灵魂是创意,但创意除了是广告的灵魂外,还是服装设计、带兵打仗、点子谋略、绘画舞蹈、诗歌小说、影视作品、科学发现、技术发明、营销管理等的灵魂。

6) 创意＝视觉设计

创意存在于我们生活的方方面面,而非单纯的视觉设计与表现,视觉设计是创意的表现形式之一。

实际上,创意的内涵是十分广泛的,从广义上来讲,它还包括产生新思想、新事物的能力(如产生新的设计、新的工艺、新的理论、新的方法、新的发明创造等能力),创造性解决问题的能力,以及创造新事物、解决新问题的过程。因而,在一定程度上来讲,创意等同于创造力,这一点在创意经济中显得尤为重要。

第二节　创意的过程与获取途径

1. 创意的过程

要拿出足以傲视世人的创意,是有章可循的,必须遵循一个大致相同的流程,即建立在广泛、确凿的资料统计基础上,通过分析、酝酿、顿悟得出创意粗坯,再回到检验和评价,最后汇总成一个成熟的作品。因此,可以说创意是一段艰辛而严密思考后的超越性产物。

1) 关于创意过程的几个提法

美国科学家罗斯特和艾特两人曾个别访问并研究过美国现代有名的物理学家、人类学家等九类科学家,以及建筑师、舞蹈家、音乐家等十四类艺术家,分析他们的创造经验后发现,科学和艺术的创造过程十分类似,均为解决问题的过程,如图1-1所示。

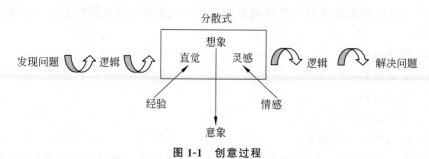

图1-1 创意过程

创意就是将最后的思索转变为主意的心智历程。许多名人都以自己的经验对这段心智历程提出了自己的看法。

清代学者王国维在其《人间词话》中以借喻的手法,侧重顿悟、灵感创作中的非逻辑因素,描述了其创作的情感体验过程。

第一境界:"昨夜西风凋碧树,独上高楼,望尽天涯路。"要产生好的创意,首先要有执着的追求,登高望远,了解事物的概貌,勘察路径,明确目标和方向。

第二境界:"衣带渐宽终不悔,为伊消得人憔悴。"好的创意不是轻而易举、随便可得的,必须坚定不移地经过一番辛勤劳动,废寝忘食,孜孜以求,直至人瘦带宽也不后悔。这是一个艰难的追求、探索阶段,这个阶段是视野逐渐开阔、思维渐趋活跃、灵感时而涌现的过程,要有"欲穷千里目,更上一层楼"的孜孜不倦的心态和旺盛的斗志。

第三境界:"众里寻他千百度,蓦然回首,那人却在灯火阑珊处。"这是一个把各种知识融会贯通、不断提出新创意的过程。要达到这种境界,必须有专注的精神,反复追寻、研究,下足功夫,自然会豁然开朗,达到"顿悟"。有所发现,有所发明,才能够从必然王国进入自由王国。

发明头脑风暴法的奥斯本博士,把创作过程分为七个阶段。

- 定向:强调某个问题(问题意识)。
- 准备:收集有关资料。
- 分析:把有关资料分类。
- 观念:用观念来进行各种各样的组合。
- 沉思:使自己彻底松弛,才能有更多的启迪。
- 结合:把各部分结合起来。
- 估价:判断所得到的思想成果。

詹姆斯·韦伯·扬是美国广告界泰斗,曾任美国汤普生广告公司副总经理、董事及高级顾问,对创意很有经验并做过深入研究,他提出了自己的五个创意法,分别如下。

- 收集资料:如蜜蜂采蜜,收集各方面有关资料。
- 品味资料:在脑中对搜集的资料反复咀嚼,带着一种问题意识思考。

- 孵化资料：了解在目标要求下怎样去传达商品信息，对脑中事物综合后进行重组排列。
- 创意诞生：灵光突现才会产生创意。
- 面向实用：创意最后要定型，发展及面向实用。

黄霑先生既是中国香港著名的歌词作者，又是一位颇有创意的广告人，他对创意有以下五点的经验。

- 藏：收藏资料。
- 运：运算资料。
- 化：消化资料。
- 生：生产意念。
- 修：修饰所产生的意念。

加拿大内分泌学家、应力学说创立者 G. 塞利物把创造与生殖过程相类比，提出了一个七阶段的模式。

- 恋爱与情欲：对真理、创意追求的强烈愿望与热情。
- 受胎：发现和提出问题（确立问题）及准备资料。
- 怀孕：开始孕育新思想，这时也许自己还没有意识到。
- 痛苦的产前阵痛：这种独特的"答案临近感"只有真正的创意者才能体会到。
- 分娩：使人愉快和满足的新思想诞生。
- 查看与检验：像检查新生婴儿一样，使新思想受到逻辑和实验的验证。
- 生活：新观念、新思想受到考验并证明了自己的生命力后，便开始独立生存，并可能被接受。

以上种种有关创意过程的提法，本质上是相同的，仅在视角和表达方式上不同而已，都说明了创意是一段心智历程，是一个历久过程，而不是一个"片段"。就如同一口气吃了 6 个大饼的饿汉，饱腹感是 6 个饼累积后的心理状态，而不是第 6 个饼的功劳。其实，创意过程就是一连串的重组，改变基于已重新排序了的旧有的事物，从一个崭新的角度，脱离理智、逻辑、直线的思考，重新组合，同中求异，异中求同。

2）创意过程的 6 个阶段

创意的本质特点是不断创新、灵活多变、没有束缚。一项创意过程没有固定不变的模式，但通过对众多杰出创意事例的深入研究，可以把创意过程大致分为 6 个阶段。

需要说明的是，并不是所有的创意一定要按照此模式循序渐进地完成。但是，了解创意的基本过程，肯定有助于人们更好地认识创意的本质，更好地实现创意活动。

（1）创意的准备阶段。一切创意都是从发现问题及提出问题开始的，它是外部信息在脑海中的输入过程，也是掌握问题和开始搜集材料的过程。

创意活动的前提是提出相关问题，围绕创意思维进行深入思考，并确立研究的方向，这时发现问题的准确性、有用性、鲜明性及独特性十分关键。只有选准了问题，才能避免盲目性。当选中某一问题后，还要进一步从各种角度对该问题进行审视，以准确地捕捉适于解决问题的思路，准备相关的知识，搜集有关的经验，分析有关的事项，创造有关的条件，并预见可能遇到的困难和后果。

正确寻觅和发现问题,也就是明确创意对象,是创意的开端和首要任务。如果发现的问题偏离了方向,甚至是错误的,那么就失去了整个创意的方向和目标,也不可能有效地解决问题。正如爱因斯坦所说:"提出一个问题,往往比解决一个问题更重要。"

这个阶段是心理高度紧张和精力全神贯注的时期。

(2)创意的酝酿阶段。这一阶段一般需要搜集资料、苦思冥想。首先,为了使创意成功,必须注意搜集、整理、分析信息、事实和材料。搜集的资料(信息)一般有两种类型:一是特定资料,这主要是指与特定创意对象相关的资料和与特定策划对象相关的公众资料。这类资料,大多通过专业调查得到;二是一般资料,这些资料未必都与特定的创意对象相关,但一定会对特定创意思维的开拓有相当大的帮助。

有敏锐感受力和责任心的优秀创意人,应该对各方面的资料具有浓厚的兴趣,而且善于了解各个学科的资讯,随时随地捕捉并了解这些信息、事实和材料,因为它们是创意的激发因素。

创意思维的材料犹如一个万花筒,万花筒内的材料数量越多,组成的图案就越多。与万花筒原理一样,创意前掌握的原始资料越多,就越容易产生良好的创意。

资料搜集到一定程度,就要对所搜集的资料进行认真的阅读、理解。这时的阅读不是一般的浏览,而是要认真地精读,并且要带着一个宏观的思路去阅读。对所搜集到的全部资料,包括历史的、专业的、一般性的、实地调查的各种资料以及脑海中过去积累的资料,统统都要仔细整理、归类和分析。

要学会认真研究所有资料,这需要用不同的方式去考虑问题,通过不同的角度进行分析,然后尝试把相关的多个事物放在一起,研究它们的内在关系和相互配合的情况。

需要指出的是,创意实际上是创意者运用个人拥有的一切知识和信息去重新组合出新想法的过程,不论创意者进行什么创意,都无法超出个人的知识范畴。因此从广义上看,创意者应更广泛地搜集资料与储存信息,要做生活的有心人。创意似一缕轻烟,若有若无,随时随地都会闪现,能将其撷取,在深思熟虑后再将其加以延伸和完善,则创意离成功就不远了。

也许大家有过这样的经验:在日常生活中,我们对工作或其他事情会突有奇妙的看法,我们此时可能是在公交车上,可能是在浴室里,也有可能是在半梦半醒之间。但这些奇妙的看法转瞬即逝,过了一段时间后,即使再努力去思考,冥思苦想也想不出来了。因此,一个善于创意的人就要随时随地地去观察和体验生活,不放过令你感兴趣的任何一件日常琐事,要把观察到的新信息和体验到的新感觉随时捕捉和记录下来,以备创意之用。

创意者应明白任何创意都是一个厚积薄发的过程。

在创意的沉思和思维发散阶段,要对搜集的资料、信息进行加工处理,探索解决问题的关键,因此,所花费的时间和精力相对来说会比较长,这一阶段大脑要进行高强度的活动,大脑要前后左右、纵横交错地进行发散思维,让各种思想在大脑中不断反复交叉、组合、撞击、渗透,形成新的组合方式,并进行加工。与此同时,在加工时应主动使用创造方法进行创新思维,形成新的创意点。在这一阶段特别强调有意识的选择及全方位的思考,使各方面的问题都暴露无遗,从而选择有价值的思路,摒弃不必要的部分。因此,为使酝酿过程更加深刻,能为今后的创意过程起到良好的铺垫作用,还应该把思考的范围从自己熟悉的领域扩大到表面上看起来并没有什么联系的其他专业领域,特别是自己不涉及或忽视的领域。

酝酿的过程实际上是在消化和转化信息,在头脑中进行象征性尝试,以重新组合概念。当问题无法解决时,创意者可以将问题暂时搁置而从事其他活动。从表面上看,这一问题的思考已经中断,但实际仍在进行中,并且断断续续地产生闪光点,也可能在睡梦中出现。在这个过程中,对于创意的意志品质是一个很重要的考验,人们常有"山重水复疑无路"的内心困惑,这时适当散心、运动和休息是非常必要的。

(3) 创意的顿悟阶段。这也是创意的爆发期,即创意者寻找到了解决问题的方法。顿悟期很短促,它是突然、猛烈地爆发,会出现稍纵即逝的灵感,是在不知不觉中产生的。它常以"突发式"地醒悟、"偶然性"地获得、"无中生有式"地闪现或"戏剧性"地巧遇为表现形式。盼望已久的创意在脑海里闪现的瞬间,也就是人们常说的豁然开朗。顿悟期是所有思维火花碰撞的结晶,具有很强的冲击力。

虽然顿悟是在极短的时间里出现的,但却是整个创意过程中的转折点。灵感会突然来临。需要说明的是,灵感的闪现不是轻而易举的,而是在经过艰苦的脑力劳动后出现的。

如果前面的两个步骤完成得很好,一个漂亮的创意最终就会像一声春雷划破冬眠的大地,你所向往、追求的答案一下子爆发出来。这一时刻创意者是高度兴奋、无比幸福的。

为了迎来灵感闪现、豁然开朗的美妙时刻,使创意早日诞生,要注意如下四方面。

第一,保持良好心态。正式开始创意之前,必须注意保持良好的心态,使自己始终处于精力旺盛的思考状态。心中要有明确的目标意识,知道现在要解决的问题;排除各种干扰,不要让与创意无关的各种事情干扰你,不要担惊受怕,担忧会束缚想象力和主动精神;不要有过度的自我批评,对他人的努力也不要过于苛责,以保证创意思路自由畅通。

第二,记下每个思路。不断排列、组合以自身经验和知识汇集而成的各种形象、记忆片段、抽象意念、声音、节奏等"思维材料",一旦生出新的思路与点子,不管这些思路多么微不足道,都要动手记下来。因为初看起来非常微不足道的思路,可能就是未来优秀创意的起点。

第三,学会放松自我。经过长时间的绞尽脑汁、冥思苦想之后,如果还没有找到满意的创意,这时就要丢开固有的想法,松弛一下绷紧的神经,去做一些轻松愉快的事情。事实上,大多数创意灵感都是在轻松悠闲的身心状态下产生的。如宋代大文学家欧阳修总是在马上、枕上或厕所里获得灵感;爱因斯坦产生解决相对论的灵感,就出现在养病的休息状态中。

放松自我的办法很多:做喜爱的运动,如做一个倒立(指挥家卡拉扬最喜欢),游一次泳(毛泽东最喜欢此项运动),玩一次保龄球,到外面去散散步(约翰·施特劳斯就是在清晨的树林中孕育了名作《维也纳森林的故事》)等,洗澡沐浴(希腊科学家阿基米德就是在洗澡时发现了浮力定律),倾听喜爱的音乐,浏览报纸杂志,有条件就小睡一会儿。这些都是放松自我的好方法。

第四,营造良好氛围。环境氛围会给人特定情绪的感染和刺激,因此,创意者要营造便于产生创意的工作环境,如可通过装饰工作空间形成激发想象的情景氛围。例如,我国历史上,兰亭集会创造出了中国书法的奇迹——《兰亭集序》,跟当时营造的千载难逢的创造氛围是分不开的。当时名家汇集,加之优越的气候条件,形成了和谐、轻松、富有灵气的创作意境,使王羲之留下了惊世之作。我们读一下对当时场景的描绘就会深有体会。

群贤毕至,少长咸集。此地有崇山峻岭,茂林修竹;又有清流激湍,映带左右。引以为流觞曲水,列坐其次,虽无丝竹管弦之盛,一觞一咏,亦足以畅叙幽情。是日也,天朗气清,惠风和畅。仰观宇宙之大,俯察品类之盛,所以游目骋怀,足以极视听之娱,信可乐也。夫人之相与,俯仰一世。或取诸怀抱,晤言一室之内;或因寄所托,放浪形骸之外。虽趣舍万殊,静躁不同,当其欣于所遇,暂得于己,快然自足,曾不知老之将至。①

(4) 创意的验证完善阶段。虽然顿悟期的兴奋会让我们一时找不到方向,但顿悟出现在瞬间,结果难免有些稚嫩、粗糙甚至是错误。创意刚刚出现时,常常是模糊、粗糙和支离破碎的,它往往只是一个雏形,一个十分微弱的"曙光",还需要我们仔细推敲,进行必要的调查和研究,把一个毛坯打磨成一个更为完美的产品。因此,反复锤炼、小心验证是十分必要的,这就要求将瞬间的创意通过各种方法加以整理、充实和完善。

① 只有经过实践论证的创意才是有价值的创意。论证既要经过理论的认证,又要经过实践的检验。在这个阶段,有意识的功能又开始发挥主导作用,从散开的思维状态恢复到集中的思维状态。这一阶段需要对最初闪现的出色的思想、崭新的观念、奇异的构思立即进行捕捉,及时甄别、迅速追踪和抓紧完善,这时,稍微有些迟疑和疏忽,都有可能导致得而复失、灵思奔逸的后果。

② 在验证完善期,应保持平稳心态,无论结果如何,都要抱有一颗平常心去对待。此外,在验证过程中,要细心、耐心和谨慎。

③ 要进行创意的升华与拓展。再好的创意如果不经过反复充分的验证,也是无法实施的,只能是纸上谈兵。

④ 要从理论上验证创意。为了使创意得到优化和变得切实可行,必须从理论上对多个创意思路进行评估论证,综合分析评价,比较创意思路的优劣,从中选择较优秀的创意。

⑤ 要在实践中修正创意。创意方案应具体化,落实到具体的社会活动中,并及时反馈实施效果的信息,以便及时修正方案,具体包括明确实施方案的具体时间和期限,明确步骤,指导、监督和调控实施活动等内容。

⑥ 将新生的创意交给其他同行审阅、评论。如广告创意大师大卫·奥格威在为劳斯莱斯汽车创作广告时,写出了6个不同的标题,请了6位同行来评审,最后再选出最好的一个,即被奉为经典的广告语:"这辆新型劳斯莱斯时速为100千米时,最大的闹声是来自电钟。"这篇广告的正文写好后,他又找出三四位文案人员来评论,反复修改后才定稿。可见创意只有以人为"镜",以市场为"镜",经过反复考验,才能修成正果,获得成功。

(5) 创意实施、转化及延伸阶段。创意的思想,经过头脑风暴等方法形成的成果需要整理、总结、管理。创意概念出现后,有时并不一定完整或完全符合环境需要,必须进一步

---

① 吴功正. 古文鉴赏辞典[M]. 南京:江苏文艺出版社,1987.

将其具体化并做好规划,然后再去实施。有时大创意、原创意不能一下子达到目的,在执行实施过程中还要延伸,派生出一些多级子创意,从而形成完整的创意集群;有些创意更要通过变异、修正,以便切合实际;有些创意在实施过程中会物化成产品,有些变成我们可感知的行动,因此,实施、转化及延伸期是十分重要的。这一阶段的主要工作包括如下方面。

第一,编写创意报告。创意报告是对创意后形成的概要方案加以充实、完善,用文字和图表进行简要表达的文件。创意报告主要包括以下几部分内容。

- 名称:创意报告的名称必须简单明确、立意新颖、画龙点睛,要具有吸引力。
- 单位、人员:说明负责创意的单位和主要创意人的概况。有时,创意单位的"声誉、实力"以及创意人员的"知名度"都是十分重要的。
- 创意目标:要使用突出创新性、确切性、规范化、数字化的专业用词表述。
- 创意内容:这一部分是创意报告的重点,是创意者说明想法及其理由、根据的部分。要求表述准确,有理有据,具有权威性。
- 费用分析:列表说明创意计划实施所需的各项费用及可能得到的收益,并对其进行可行性分析,可以提高创意计划的可信度。
- 参考资料:列出创意报告的主要参考文献资料。
- 注意事项:说明创意实施所要注意的事项,使管理人员能对方案实施中的各种偏差及时进行纠正,避免不必要的损失。

第二,演示创意方案。创意报告写完后,通常要向委托人讲解、汇报,并动员有关部门积极参与。从这个角度来讲,创意是富有戏剧性的表演,在演示创意方案时要注意考虑以下五个方面的问题。

- 背景环境:要选择适当的时间、地点进行演示和解说。
- 道具选择:选择好表达创意的工具。如图表、幻灯、短片等能有效表达创意的辅助工具。
- 演示人员选择:选择善于演讲、应变能力敏捷的人协助解说和演示创意方案。
- 后备方案:在以上各项设计发生临时变动时,要启用备用的应变方案。
- 实施总结:这是创意的最后一环。当创意报告得以通过后,就进入实施阶段,实施过程中应时刻注意方案执行状况,以保证出现偏差时,可以及时得到纠正;实施结束后要进行总结,总结是在搜集了各种信息之后,对执行前和执行后的各种资料进行分析对比,了解方案是否取得预期成果,成功的关键何在,失败的因素是哪些,供下次创意参考。

(6)创意的检测阶段。对创意效果进行测定,这也是创意的基本程序之一。在方法上,有直接和间接测定两种。直接测定是测定者根据对调查对象进行调查所得到的第一手资料对创意活动进行测定,主要方法有访问法、观察法、试验法和统计法等;间接测定是测定者根据创意原始调查资料对创意效果进行分析与测定。

直接测定与间接测定大都利用统计分析技术对检测结果进行综合分析与检测。除此之外,还可采用现代数学方法与计算机软件技术对创意效果进行科学快捷的定性与定量的综合分析,以得到精确、权威的测定结果。

创意效果具体表现为经济效果和社会效果两个方面,可以分别进行测定。

首先是创意经济效果的测定。整个创意活动过程的测定包括事前、事中、事后三部分。只要对创意效果进行全面测定,就可以完整、真实地反映创意的经济效果。

创意经济效果的事前测定主要以目标性原则为基础,对得到的各种数据资料加以分析研究,从而预测创意对创意行业的经济作用,评价其经济可行性。评价的方法主要有以下几点。

- 发动全体成员搜集各种资料,力求资料的广泛性与真实性,确保以后各项工作的顺利进行。
- 和同行业进行类比,得出各种资料,并加以分析与研究。
- 通过有经验的管理人员进行分析与评价,前提是管理人员具有丰富的经验与精确的判断能力。

创意经济效果的事中测定以定性分析为主,主要目的是以创意计划作为评价的标准,看创意的执行是否与计划步调一致,其预期效果是否已达到。当出现偏差时,应及时加以调整,创意才能顺利向既定目标前进。

创意效果的事后测定以定量分析为主,主要目的是检测创意的效果是否已达到预期的目标,并进行总结,积累经验,以供下次创意时进行参考,其关键是对创意实施后经济环境的变化给予评价,对成本与收益情况进行分析。

其次是创意社会效果的测定。创意社会效果是指创意实施以后,对社会环境(包括法律规范、伦理道德、文化艺术、自然环境)的影响。

创意的社会效果评价一般采取定性与定量相结合的分析,从而测定创意的效果。在分析中要把握好一个创意的社会效果是否显著,如果缺乏社会效果,就称不上完美、成功的创意。

总之,创意过程具有一定的必要性和严格顺序性,通过对创意过程的了解,我们可以揭开创意的神秘面纱,把握创意的发展规律,创造出优秀的创意,奠定创意经济生发的基础。整个创意过程还可从图1-2中形象地展现出来。[①]

2. 获得创意的途径

理查德·吕克(Richard Luecke)指出,创意有许多来源,有些来自灵光乍现,有些是无意中得来的。大部分创意是来自可以、有目的寻求问题的解答或取悦顾客的机会。创意有6个途径:经验、顾客需求、积极的生活态度、领先使用者、共鸣设计与研发设计。[②]

1)经验

创意不会脱离个人的经验而产生。因此,几乎所有的创意限制都来自创意人员在经验上的不足。激进的创新有许多甚至大部分是知识经验的产物。虽然经验所带来的创新往往强而有力,但是从经验转变为创意,通常要经过一段很长的时间。当然,经验也常常会成为人们创意的桎梏,限制了人们的创意思维。

2)顾客需求

如果销售员、服务人员、研发人员能倾听顾客的意见,并且鼓励顾客多说,就会发现顾

---

① 陈放.创意风暴[M].北京:中国盲文出版社,2007:36.
② 蒋三庚.创意经济概论[M].北京:首都经济贸易大学出版社,2009:28-30.

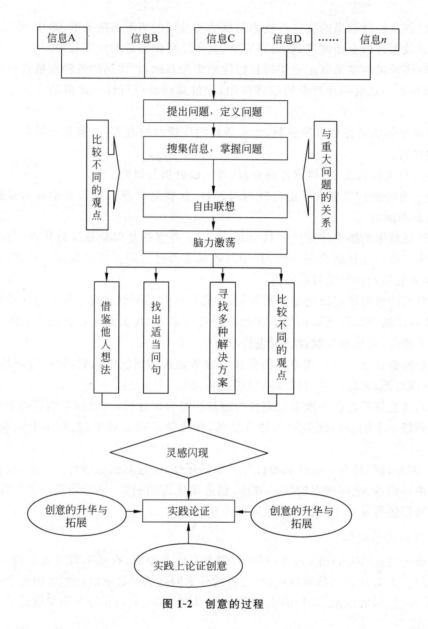

图 1-2 创意的过程

客是永远的创意的源泉。此外,顾客也可能帮助企业认清未解决的问题。大部分企业都了解顾客的重要性,将他们视为新点子的来源,并经常进行市场调研,从而获取他们的意见。

但是,顾客有阻挠追求创新的潜在可能性。聆听顾客意见时,一个好的生意人会认真聆听顾客的意见并想办法取悦顾客。但是,有时与顾客走得太近,不仅可能会阻碍创新,还可能使企业故步自封,死守没有前途的技术。当顾客无法了解技术的发展,并且害怕创新使自己使用的系统落伍时,便会出现以上情况。有些企业屈服于"服务市场专制",建立起一套审核制度,扼杀受现在顾客反对的创意和产品。他们集中所有的资源,为现在的获利(顾客市场)提供服务,如此一来,由于企业只会针对现在的产品与服务推出少许改善的版本，所以他们必然会错失扭转竞争环境的变革机会。

3) 积极的生活态度

创意来源于积极的生活态度。米哈里·齐克森米哈里指出："保持创造力……要保护你的时间，免于分心；安排你的环境，以提高注意力；消减心里的无意义的杂物，省下的能量投入你真正在乎的事情。尽量让日常生活保持流畅的巅峰状态，那么创造就容易了。"如果你想成为真正的创意者，还是应该以有规律的生活作为出发点。杂乱无序的生活肯定无法造就优秀的作品。

4) 领先使用者

领先使用者是创意的另一个重要来源。领先使用者是一群需求远远超前市场趋势的人，他们可能是企业或个人，而且不一定是顾客。他们可能是放射线专家、工程师、军事飞行员或职业运动员。他们都有一个共同点：为了满足自己独特的需求，往往在制造商尚未考虑到这些需求时，就促使自己创新。领先使用者很少是为了创造商业价值而创新，而是因为现在的产品无法满足他们的需求并为达成自己的目标而创新。然而，他们的创新通常能满足更大的市场需求，在未来的几个月或几年后获得肯定。

5) 共鸣设计

创新者在判断市场需求时所面临的问题之一，就是目标顾客未必能确认或清楚地表达未来的需求。由于他们大部分都不知道未来技术发展的可能性，因此，往往根据自己熟悉的现在产品与服务来描述自己的需求。如果想要的创新不只是对现有物品或系统的改善，就必须找出顾客可能尚未体会到的需求与问题并且加以解决。共鸣设计可满足相关需求，这是一种激发创意的技巧，创新者可以借此观察人们如何在他们身处的环境中使用现有的产品与服务。

6) 研发设计

许多创意企业都设立正式的研发单位来激发并发展创意。有些企业以两个层级来支持研发：企业整体层级与业务单位层级。一般来说，企业层级的研发在致力于激发创新，并发展技术供各业务单位使用；而业务单位层级的研发中心则是在短期内能使单位直接获利的渐进创新，业务单位经理人负有盈亏责任，他们无法、也不愿意扛起长期激发创新设计的财务重担。创意专家拉佛与同行研究了11个激进创新方案后发现：只有大部分昂贵、费时的工作都已完成之后，业务单位才会愿意接受企业研发实验室的创新。这个层级的创意激发重在改善主流事业的绩效——这往往意味着把重心放在渐进创新。正式的研发设计并非激发创意的唯一架构，有些公司会针对某个特定问题临时召集观点不同的顶尖人才齐聚一堂，以激发创意。有时这些人会被安置在较偏远的地方，以使团队成员专注于执行任务，将组织内其他部门的干扰降至最低，或者是为了更好地保守机密。这些特定创新团队所进行的工作往往被称为秘密计划。

3. 有助于创意的情节

下面撷取几个有助于创意的情节供读者参考。

1) 不是守则的守则

（1）只需想出走在时代前面的点子，不必想创造比时代早若干年的点子。

（2）先想出许许多多的点子，然后把坏点子淘汰。沙中自有你寻找的金子。

(3) 不要只寻求唯一的正确答案,因为"条条大道通罗马"。
(4) 如果一时想不出来,就暂时休息一下。
(5) 一想到点子,马上记录下来,免得忘记。

2) 最易产生创意的瞬间
(1) 静坐时。
(2) 乘公交车时。
(3) 上班出勤时。
(4) 从事体力劳动时。
(5) 上僻静场所时。
(6) 约会时。
(7) 运动时。
(8) 参加一项无聊的会议(或训练)时。
(9) 洗澡时。
(10) 半睡半醒时。
(11) 半夜醒来时。

3) 思维枯竭时,做些新鲜事
(1) 换另一条路去上班。
(2) 闭上眼睛,做做白日梦,幻想一下理想中的度假胜地。
(3) 给朋友打个电话,简单聊一下叙叙旧。
(4) 拿份杂志,撇开文字,只看图片,从头到尾浏览一遍。
(5) 假装找东西,四处溜达一下。
(6) 边淋浴边唱摇滚歌曲,但是不要影响他人。
(7) 玩填字游戏。
(8) 尽情地玩一次计算机游戏。

第三节 创意思维及其开发方法

获得创意的关键是掌握正确的创意思维方法。在明确创意思维的特征和意义的基础上,我们再探究一下创意思维的开发方法。

1. 创意思维的特征

《读者》杂志曾刊登过一个《听障人士和盲人》的故事。

阿西莫夫是世界著名的科普作家。他曾经讲过一个关于自己的故事:阿西莫夫从小就很聪明,年轻时曾多次参加"智商测试",得分总在160分左右,属于"天赋极高"之列。有一次,他遇到一位汽车修理工,是位熟人。修理工对阿西莫夫说:"嗨,博士,我来考考你的智力,出道思考题,看你能不能回答正确。"阿西莫夫点头同意。修理工便开始说:"有一位聋哑人,想买几个钉子,就来到五金商店对售货员做了这样一个手势:左手食指立在货柜上,右手握拳做出敲击的样子。售货员见状,先给他拿来一把锤子,聋哑人摇头。于是售货员就明白了,他想买的是钉子。"

"聋哑人买好钉子刚走出商店,接着进来一位盲人。这位盲人想买把剪刀,请问盲人会怎样做?"

阿西莫夫顺口答道:"盲人肯定会这样。"他伸出食指和中指,不断分合,做出剪刀的动态形状。

听了阿西莫夫的回答,汽车修理工开心地笑起来:"哈哈,答错了吧!盲人想买剪刀,只需要开口说:'我买剪刀'就行了,他为何要做手势呀?"

阿西莫夫只得承认自己的回答很愚蠢。

这个案例说明:创意智慧与一个人的学历并不成正比,智商的高低也并不是决定创意能力的全部,也不能决定一个人的未来。影响创意思维的因素是多方面的,有很多因素值得我们探讨。有的人文化水平不高,却能提出一般人想不到的好点子。有的创意需要长时间反复思考才能提出来,而有的创意是有感而发,正如佛教禅宗所讲的"渐悟""顿悟"。

那么,什么是创意思维,它有什么特征呢?

创意思维是一种综合性思维,是人类思维的高级形式,是创新能力的核心。创意成果是人类大脑思维的产物,是一种无形的精神产品。将创意成果转化为社会和服务,变成现实的生产力,完成价值转换,就形成创意经济。创意思维具有如下特征。

1) 专一的目标

专一的目标,指引着思维过程的方向,凝聚着策划者头脑里既有的信息元素。创意思维的过程就是将策划者头脑中既有的概念、观点、事物印象集中在一个方向上,围绕一个目标进行信息元素的组合。在具体过程中,保持一个专一的目标并不容易,它需要有控制力来抵御形形色色的诱惑,同时还需要对这个目标有强烈的兴趣,这种心理状态可以转化为一种强烈的冲动力和欲望,使前进者不知疲倦,不觉艰辛,虽苦也乐,这样才能持之以恒,沿着一个固定的目标思考下去,最终才有可能得到与众不同的智慧成果。

2) 强烈的求异心理

从本质上讲,创意思维就是一种求异思维,它对大多数人习以为常的认识进行分析、反思,对大多数人熟视无睹的现象进行重新释义。它以怀疑的眼光审视环境,以批判的态度看待世界,在分析和反思中重整人的认识内容,在分析批判中探索世界本来的规律性。理性的求异心理,可使人们从另一视角来观察研究对象。人们会在这种异向的观察过程中发现意外的现象和全新的线索,由表及里,深追穷究,就会别有洞天,想出别人想不出的奇思妙想。

3) 丰富的想象力

有一个"小木桩拴大象"的现代寓言故事,说的是小木桩是拴不住大象的,但从小就被拴在粗石柱上的大象,经过多次挣脱失败后,就永远不再尝试了。我们人类又何尝不是如此呢?其实,创意思维不是少数人的专利,而为大多数人所有。创意思维的一个重要特征就是积极、大胆地想象,凭借想象去预见、设想,以达到一个全新的思维境界。

通过了解创意思维的特征,可以帮助我们更好地认识和把握创意思维的作用机理,更好地完成各类创意。

创意思维是一种具有开放性、创新性的高级思维形式,创意活动是知识经济时代的主导性活动。知识多的人不一定善于进行创新,而不善于思考的人就很难有创意。因此,认识、把握和提高创意思维能力是产生新创意的关键。人们运用创意思维提出一个又一个新观念,形成一个又一个新理论,做出一次又一次新的发明创造,不断地丰富着人类的知识宝库,促进了经济发展、社会进步和人的全面发展。

  2. 创意思维的意义

  创意思维就是大脑构想创意的过程。一般来说,创意思维的获得始于灵感而终于构思,具有一定的现实意义。

  1) 创意能改变世界

  人是能思维的动物,思维能产生创意,这是因为人类思维具有超越性。思维能够超越具体的时间、空间和客观事物,人们的每一项创意都是运用思维超越性的结果。创意的价值在于指挥人类的活动,当创意实现以后,物质世界就发生了变化。创意能改变世界,创意给世界带来新东西,新事物取代旧事物,世界就在一步步前进。

  2) 市场经济需要创意

  在现代社会或市场经济体制下,竞争成了社会生活的主旋律之一。正因为有了竞争,创意就显得格外需要。在市场经济中,企业之间的竞争经历了三个阶段:第一阶段是物质领域的竞争,争资金、原料、设备和市场;第二阶段是人才的竞争,想尽一切方法招揽人才;第三阶段是智慧型人才成为竞争热点,因为他们能够对企业的整体效益和长远发展产生无法估量的价值。

  3) 创意是创新能力的核心

  创意思维是人最基本的创新能力,人类历史上和现实生活中的所有新事物,都是创新思维的产物。只有具备创意思维,才能运用它去解决创新性问题。法国思想家帕斯卡说:"人不过是一株芦苇,是自然界中最脆弱的东西。可是,人是会思维的。要想压倒人,世界万物需要武装起来,一缕气、一滴水,都能置人于死地。但是,即使世界万物将人压倒了,人还是比世界万物要高出一筹;因为人知道自己会死,也知道世界万物在哪些方面要胜过自己,而世界万物则一无所知。"在人类思维中最重要的就是创意思维。

  4) 创意是实现自我价值的途径

  人在事业上的新追求、新目标、新理想的不断产生和发展,正是创意思维的结果。要满足人不断增长的需要,实现人对幸福的追求,就要靠创意思维。创意思维可以使人享受到人生的最大幸福,从而实现人生的最大价值。正如拿破仑所说:"创新是力量、自由及幸福的源泉。"人是在创意思维中不断自我创新,而自我创新就是不断突破自我的既存状态。

  3. 创意开发的思维方法

  要获得成功的创意,必须注意掌握正确的"创意开发的思维方法"(简称"创意开发法")。以下介绍的主要创意开发思维方法,如果在创意实践中能够充分运用,一定会有新颖的创意产生。

  1) 类比

  类比创意开发法,就是选择两个对象或事物(同类或异类)对它们某些相同或相似性进行考察比较。它是富有创造性的创意技法,有利于人们自我突破,其核心是从异中求同,或同中求异,从而产生新知,得到创造性成果。

类比创意开发法的关键点,是通过已知事物与未知事物之间的比较,从已知事物属性去推测未知事物也具有某种类似属性。一般情况下,类比对象应该是熟悉的、生动的、直观的事物,比较容易类比的事物,有时候需要靠联想思维把表面上毫不相干的事物联系起来。将两者进行分析、比较,从中找出共同的属性,然后将两者进行类比推理,得出创新的思路。

成功运用类比创意开发法的关键在于有很强的联想能力,否则就无法在已知和未知之间找到联系,更谈不上类比了。因此,训练联想乃至想象能力是掌握并使用这种方法的基础。联想能力越强的人,就越容易在两类相距很远的事物之间建立联系和类比关系,也就越容易得到突破性的创意和解决思路。

(1) 直接类比。直接类比就是从自然界或者人为成果中直接寻找出与创意对象相类似的东西或事物,进行类比创意。建在大海上的悉尼歌剧院,因外观和结构独具匠心,并与周边环境融为一体,而成为世界建筑史上的精彩篇章。其成功之处,就是运用了直接类比。

澳大利亚悉尼歌剧院是20世纪全世界公认的七大奇迹之一,已被视为世界的经典建筑而载入史册。那些濒临水面的巨大的"白色壳片群",像是海面上的船帆,又如一簇簇盛开的花朵,在蓝天、碧海、绿树的衬映下,婀娜多姿,轻盈皎洁。

悉尼歌剧院始建于20世纪50年代。1954年12月30日,新南威尔士州政府做出了一项决定,成立了一个5人委员会来负责筹建歌剧院。1955年9月,新南威尔士州的州长卜希尔宣布举行一次全世界范围的歌剧院建筑设计比赛。这次竞赛有美国、法国、英国、西德、日本等32个国家的233位建筑设计师参与,最后选中了由丹麦38岁的建筑师乌拉松设计的图纸。

规划中的悉尼歌剧院建在海边,要求既可以伸入海中,又不破坏及影响海域,还要与海域周围的自然环境相协调,乌拉松经过长期的反复思考始终找不到一个合适的设计方案。有一天,乌拉松全家在一起吃早餐,他从家人切开的橙块能够立于盘中这一情景突发灵感,产生了一个设计歌剧院的独特创意。按照这个创意,乌拉松设计的悉尼歌剧院造型新颖独特、雄伟瑰丽,外形犹如一组扬帆出海的船队,也像一枚枚屹立在海滩上的洁白大贝壳,与周围海上的景色浑然一体。

直接类比是一种最简单的在两种事物之间直接建立联系的类比,其中,类比的关系既可以是从已知事物指向未知事物,也可以从未知事物指向已知事物。比如,鲁班从草叶的边缘可以割破手指这一已知事物出发,直接类比到截断木材的难题,从而导致"锯"这一创意的产生,这就是从已知指向未知。而现实中常常是先出现问题,再来寻找答案,就是从未知事物指向已知事物。

使用这种直接类比方法,通常可以从自然界中寻找到某种启示,"师法自然"往往是一个不错的主意。例如,模仿海豚的皮肤,以减少潜水艇在水中受到的阻力的仿生研究,就是其中的一个例子。

(2) 拟人类比。拟人类比就是使用创意对象"拟人化",在解决问题时,设法使自己与该问题的要素等同起来进行类比,从而得到有益的启迪,也称亲身类比、自身类比或人格比。拟人类比的关键点就是想象自己就是问题中的一个角色,使自己与创意对象的某种要素一致,自我进入"角色",体现问题,让自己所经历的过程同所探索的过程产生共鸣。著名的薄壳建筑罗马体育馆的设计，就是一个优秀例证。设计师将体育馆的屋顶与人脑头盖骨的结构、性能进行了类比，头盖骨由数块骨片组成，形薄、体轻，却极坚固，那么，体育馆的屋顶是否可做成头盖骨状呢？这一创意获得了巨大的成功。

再如设计机械装置时，常把机械看作人体的一部分，运用拟人类比，从而获得意外的成效。如挖土机的设计，就是模仿人的手臂动作，它向前伸出的主杆，如人的胳膊可以上下左右自由转动，可以插入土中。挖土时，挖掘机的铲斗像人的手指一样插入土中，再合拢、举起，移至卸土处，松开铲斗让泥土落下。

同样，运用拟人类比来激发创意在企业管理中也十分有效。例如，为了改善企业内部的人际关系，人们常常采用"角色扮演"的办法设身处地地体会对方的心情，以拟人类比来体察事物的反应。利用拟人类比可以调动人们的情感，以便让人们获得对问题的深入理解，或获得对问题的创意。

通过拟人类比这种创意构思技术，能够使自己从原来的思维框框中跳出来，以一种不同于先前的分析思路思考问题，激发创意。

（3）因果类比。因果类比是一种从已知事物的因果关系同未知事物的因果关系有某种类似之处，而寻求未知事物和创意的思考方法。

运用因果类比可根据一个事物的因果关系，推测出另一事物的因果关系。例如，在合成树脂中加入发泡剂，得到质轻、隔热和隔音性能良好的泡沫塑料，于是有人就用这种因果关系，在水泥中加入一种发泡剂，发明了既质轻又隔热、隔音的气泡混凝土。再如，信天翁这种鸟因为翼展很长，可达4米，故可以连续飞行数月。运用因果类比很自然地就会想到，如果把飞机的机翼做得很长，飞机是否也可以连续飞行很长的距离，而不必开动发动机呢？于是根据因果类比激发了研制远距离侦察无人机的创意。

又如，浙江一家机械厂为贵州一家食品厂安装蛋卷机，几经调试，轧出的蛋卷还是碎裂的，通过检查发现机器本身没有什么故障。那么蛋卷为什么会碎裂呢？几次检查也未能发现问题，后来技术人员发现晒的衣服在当地很快就可以干，这种现象说明那里的空气相比浙江要干燥很多，技术人员进而想起了丝绸厂里为了保持车间里有一定的湿度，都要喷洒一些水汽，那么能不能在生产蛋卷的车间里也喷洒一些水汽来保持湿度呢？技术人员尝试了这种简单的方法，果然取得了成功。可见在这个问题上，机械厂的技术人员在丝绸厂的断丝情况和食品厂的蛋卷碎裂情况之间找到了因果类比，通过这种思维解决了问题。

（4）荒诞类比。荒诞类比也称"幻想类比"。这种类比是以弗洛伊德的理论为基础，该理论认为最荒诞的创造性思维是与愿望实现紧密联系在一起的。荒诞类比是在创造性思维中用超现实的理想、梦幻或完美的事物类比创意对象的创造性思维。

人们普遍认为艺术家利用幻想类比机制较简单，而科技工作者利用它则较困难，因为后者常受"已知"世界秩序和形式逻辑的束缚，易屈服于传统思维的习惯，闲置幻想羽翼。美国著名的广告创意指导戈登认为，科技工作者"应当而且必须给予自己和艺术家同样的自由，他必须恰当地想象关于问题的最好（幻想）解法，而暂时忽视由他的解法的结论所确定的定律。只有以这种方式他才能构造出理想的图像"。爱因斯坦年轻时构思相对论时曾想：如果以光速追逐一条光线运动，会发生什么情况呢？这条光线就会像一个在空间震荡着而停滞不前的电磁场。正是由于幻想类比才打开了"相对论"的大门。另外，科学中的

"理想实验",都包含着许多幻想类比因素,甚至古今中外先进思想家关于人类社会种种"理想模式"的理想,也包含着许多幻想类比因素。

(5)结构类比。结构类比是指由未知事物与已知事物在结构上的某些相似,来推断未知事物也具有某种属性的方法。

比如,把经济运行结构与城市交通运行结构加以类比,就可以由红绿灯与车辆的关系推知计划与市场的关系。如果交通警察不能用交通信号灯对马路上的车辆进行宏观调控,整个交通秩序就会乱作一团。同样,如果国家不能通过宏观计划对经济结构进行宏观调控而任凭各种产业按市场所需盲目发展,整个国民经济也必陷入混乱。同时,有些城市通过无线电台随时向路上的司机报告最拥挤的或发生事故的路段,以减少塞车现象。在经济活动中,国家的相关职能部门随时向社会和厂家公布各个行业的发展状况,也可最大限度地减少滞销产品,避免重复建设。

(6)综合类比。当已知事物与未知事物内部各要素关系十分复杂,而两者又有可比的相似之处时,就可以综合它们相似的特征进行类比。例如,通过人脑与计算机的综合类比思考,就可以为改进计算机提供有价值的思路。人脑处理信息采用并行方式,激发"计算机是否也可以采用并行处理方式",由此研制了运算速度达数万亿次的大型并行数字计算机;人脑的工作方式是模糊逻辑的,激发"计算机能否也采用模糊逻辑?"并由此研制成了模糊计算机,进而达到了实用化水平。

2)移植

德国地质学家魏格纳关于"大陆漂移学说"的提出,运用的就是移植创意开发法。魏格纳在生病期间,经常面对病房里的地图呆呆地出神。实在无聊时,魏格纳就站起来,用食指沿着地图上的线条画着各大陆的海岸线,借此消磨时光。他画完了南美洲,又画非洲;画完了大洋洲,又画南极洲。突然,手指慢了下来,停在地图南美洲巴西的一块突出部分,眼睛却盯住非洲西岸成直角凹进的几内亚湾。当他发现这两者的形状竟是让人不可思议的吻合时,精神大振,"难道这是真的?"他站在地图面前,仔细审视着美洲、非洲大陆外形上的不同特点。果然,巴西东海岸每一个突出的部分,都能在非洲西海岸找到形状相似的海湾;同时,巴西的每一个海湾,又能在非洲找到相应的突出部分。兴奋至极的魏格纳一口气将地图上所有的一块块陆地都进行了比较,结果发现,从海岸线的相似形状上看,地球上的所有大陆都能够较好地吻合在一起。

于是,这位病中的年轻人的脑海里形成了一个崭新的惊人奇想:在太古时代,地球上所有的陆地都是连在一起的,即只有一块巨大的大陆板块。后来因为大陆不断漂移,才分成了今天的各个大陆,因而它们的海岸线有着惊人的吻合。

后来,有一件事更证实了他的这种观点。一位叫密卡尔逊的生物学家,调查蚯蚓在地球上的分布情况后,发现美国东海岸有一种正蚯蚓,欧洲西海岸同纬度地区也有正蚯蚓,但在美国西海岸却没有这种蚯蚓,他无法回答这究竟是什么原因。密卡尔逊提出的这个问题引起了魏格纳的关注,他认为,那小小的蚯蚓,活动能力很有限,无法横跨大洋。这种分布情况揭示了这样一个秘密:欧洲大陆与美洲大陆本来就是连在一起的,后来才裂开分为两个洲。他把蚯蚓的地理分布作为例证之一,写进了他著的《大陆和海洋的起源》一书。

移植创意开发法是指将某一领域的技术、方法、原理或构思移植到另一领域而产生新事物、新观念、新创意构思的方法。移植创意开发法作为一种很有用的创造性思维技法,在科学发展中占有重要的地位,大多数已有的发明、发现都可应用于其他领域。一般而言,移植创意开发法有以下几种类型。

(1) 原理性移植。原理性移植是把科学原理或技术原理移植到某一新领域的方法。例如,反馈原理最早应用在电子线路中,但把这一原理移植到生物、机器等领域后,便创立了适合一般系统的控制原理。

(2) 方法性移植。方法性移植是指把某一领域的技术方法有意识地移植到另一领域而形成创意的方法。例如,20世纪60年代中期,美国一位数学家把经典数学、统计理论的研究方法移植到对模糊现象的研究中,便创立了一门新的数学分支——模糊数学。

(3) 结构性移植。结构性移植是指把某一领域的独特结构移植到另一领域而形成具有新结构的事物。例如,蜂窝是一种强度相当高,但是只需耗用很少材料的结构。把这一结构移植到建筑上,可制造出形状如同蜂窝的砖,使用这样的建材可以减轻墙体重量,同时还具有隔音、保暖的好处。

(4) 功能性移植。功能性移植是指把某一种技术所具有的独特技术功能以某种形式移植到另一领域。例如,超导技术具有增强磁场、增大电流,而无热耗的独特功能,就可以移植到许多领域。将超导技术的这种功能移植到计算机领域,就可以研制成无功耗的超导计算机;移植到交通领域可研制成磁悬浮列车;移植到航海领域可研制成超导轮船;移植到医疗领域可制成高性能的核磁共振扫描仪等。

(5) 材料移植。材料移植是指通过材料的替换达到改变性能、降低成本的目的。例如,随着现代科技的发展,人们发现陶瓷材料的应用价值越来越高,陶瓷能取暖、用陶瓷做暖风机耗电量只有普通空调的1/3。所以说,材料的移植将会带来新功能和使用价值。

3) 模仿

贝多芬是德国作曲家、维也纳古典乐派代表人物之一。他的创作成就对于近代西洋音乐的发展有着深远影响,主要作品有交响曲九部、歌剧《菲岱里奥大钢琴奏鸣曲三十二首》等。交响曲中以第三首(《英雄交响曲》)、第五首(《命运交响曲》)、第六首(《田园交响曲》)、第九首(《合唱交响曲》)最为著名。但是你知道他的不朽作品是怎样创作出来的吗?他是继承海顿、莫扎特的风格,吸取法国大革命时期的音乐成果,集古典派的大成,从而再创作出来的。特别是《第九交响曲》中的第四乐章《欢乐颂》的合唱,则是模仿创意开发法国作曲家卡比尼创作歌曲的结果。贝多芬在这里的模仿表现为以下三个方面。

第一是思想模仿。贝多芬生活在德国,他通过康德、席勒等人,对卢梭的法国共和思想非常崇敬和向往,因此在他的《第九交响曲》中充分地体现出了这种共和思想。

第二是音乐风格模仿。贝多芬在《第九交响曲》的作曲过程中,收集了大量与卡比尼风格相近的法国音乐家缪尔德的作品,并将其风格融入自己创作的作品中。

第三是作曲模仿。贝多芬在《第九交响曲》第四乐章《欢乐颂》的合唱中,模仿了卡比尼和缪尔的作曲技法,这可以从曲谱比较中寻找出贝多芬模仿的痕迹。

模仿创意开发法在创意开发中拥有重要的地位,甚至有人说"所有的创造都是从模仿开始的"。

在创意开发实践过程中,模仿一般从下面六种途径着手。

（1）原理性模仿。原理性模仿是按照已知事物的运作原理来构成新事物运行机制的方法。

（2）功能性模仿。功能性模仿是指从某一功能的要求出发来模仿类似的已知事物。比如，从方便、小巧这样的功能特征来看，既然有了傻瓜相机，为什么不可以有傻瓜汽车、傻瓜计算机呢？事实上，全智能化操作的汽车、计算机正处于研制阶段。

（3）结构性模仿。结构性模仿是指从结构上模仿已有的事物的结构特点并为己所用。例如，近年在城市中开始出现了一种双层结构的汽车，方便舒适、载客多，虽无从考证，但极可能来自对中国香港街道上双层公交车的模仿，而双层公交车的构思则一定是来自对双层居室的模仿。这是任何人都能做到的最简单的模仿。

（4）形态性模仿。形态性模仿是指对已知事物的形状或物态进行模仿而形成新事物的方法。例如，军人穿的迷彩服就是对大自然色彩的模仿；淋浴的喷头中喷出的水柱是对雨天的模仿；而人造喷泉、微型盆栽以及影视中的绘声绘色的拟音，基本上都是形态性模拟创造。

（5）仿生性模仿。仿生性模仿是一大类模仿创造法，应用十分广泛，有许多人造物品都是利用仿生制造的结果。如能爬楼梯的小车，是模仿人上楼时双腿的活动方式发明的；人造革、人造皮毛、人工心脏瓣膜等都是技术性仿生创造的产物；许多动物都能通过控制眼睑缝隙的大小来调整光通量以适应环境，于是有人发明了百叶窗式可调节亮度的窗帘，简称百叶窗；许多动物感知、接受外界信息的能力比人强，狗具有灵敏的嗅觉，鹰具有极强的视觉，而蝴蝶和蝎子可以看见紫外光。从信息仿生的角度，人们早已发明了"电子警犬"，其灵敏度甚至超过狗鼻子的1000倍，而现在雷达成像技术更是鹰的视觉无法企及的；通过发酵工程技术生产柠檬酸、乳酸及氨基酸等化工产品，实际上就是仿生自然界微生物发酵过程的结果。

（6）综合性模仿。综合性模仿是一种全面的、系统的模仿。最典型的例子就是近年美国建造的生物圈1号实验室，它是一个独立于地球而又与地球环境相仿的生态系统。占地3英亩的巨大玻璃罩下，装有海洋、沙漠、草原、沼泽地、农田、热带雨林及各种动植物，还有8名靠这个系统提供食物和空气的科学家。尽管这个实验的最初结果并不理想，但的确是一个大胆的综合性的模仿创造。

4）组合

组合创意开发法是应用范围很广的一大类创意构思技法。据统计，在现代技术成果中60%～70%是通过组合创意开发法得到的。组合的最基本要求是各组成要素必须建立某种关系，成为一个系统整体，否则只能算作杂乱堆放的混合物。由于组合创新技法是在一定的整体目的下利用现成的技术成果，因而往往并不需要建立高深的理论基础和开发专门的高级技术。CT的发明就是把X射线装置同电子计算机结合在一起实现的，这两项都是已有的成果，但它们组合在一起后，就有了新的特殊功能，即诊断脑内疾病和体内癌变。这是组合创意开发法的一个突出应用。

（1）材料组合。如在航空航天领域颇有应用前景的复合材料，就是典型的材料组合创意开发的产物。这是一种通过适当的复合方法，如焊接、热轧、涂层、化学积淀或浸渍等，把金属、塑料、橡胶、树脂、石墨、陶瓷等材料组合在一起的材料，从而具有各组成元素的综合性能。

（2）结构组合。如在生物工程技术中已经达到实用化的细胞融合技术,就是典型的结构组合创意开发。这是一种人为地使两种不同类型的生物细胞直接结合在一起而产生能够同时表达两者有益性状的杂种细胞的技术。再如,钢—混凝土组合结构是在钢结构和钢筋混凝土结构基础上发展起来的一种新型结构。与钢筋混凝土结构相比,可以减轻自重,减少构件截面尺寸,增加有效使用空间,节省模板,缩短施工周期;与钢结构相比,可以减少用钢量,提高结构稳定性,增强抗火性和耐久性。实践表明,组合结构兼有混凝土结构和钢结构的优点,具有很高的社会效益和经济效益。

（3）功能组合。商店里出售的各种多功能产品都是这类功能组合创意开发的产物。例如,"多用电工镊子"就属于这类,它兼有镊子、钩、刮、安装或拆卸螺钉等功能。还有人发明了缝纫、三线锁边、四线连缝连锁三种功能组合的缝纫机,它是在现有缝纫机不改变原有零件的基础上加装整套三线锁边、四线连缝连锁结构。三种功能选用时互不干涉,使用起来非常方便。

（4）方法结合。例如,为提高洗衣机的洗涤效率,各种方法都可以同时组合在一起,如冲刷方法、揉搓方法、挤压方法、喷淋方法等。

（5）技术组合。例如,北大方正的激光照排出版系统,则可以看作计算机技术、激光成像原理及印刷出版技术的多元技术组合。

5）逆向

发明家法拉第是运用逆向思维的高手。丹麦人奥斯特发现导线上通电流会使附近的磁针偏转,法拉第由此想到磁铁也能使通电导线移动,于是他发明了电动机。后来法拉第又想到,电能生磁,反过来呢？他立刻做实验,最后终于发现磁也能生电,这一发现导致了发电机的诞生。法拉第两次"反过来试试看"使大规模生产和利用电能成为可能,而这又引发了第三次产业革命。

逆向思维开发法是一种与原有事物、思维唱反调的思维方法,其优点在于一般人掌握这种技法并不困难。当然,这种反其道而行之的思维方法,其结果不一定总是可行的,但至少可以帮助我们迅速从思维过程的困境中解脱出来。

当我们按照常规思维去解决问题而没有成效时,不妨用逆向创造法试一试,说不定在某些情况下就会获得意想不到的效果。应用逆向思考法取得成功的事例极多,主要表现在以下几个方面。

（1）结构的逆向。任何产品都有它组成的方式和结构,通过改革结构,甚至使开发出的一种新型轮胎与传统的轮胎结构完全相反：无内外胎之分,是不充气、空心的,轮胎的橡胶间密布着极小的气泡,使轮胎仍保持一定的弹性和承受力,又克服了轮胎易被钉子扎破、需要充气等缺点,受到了用户的欢迎。

（2）次序的逆向。改变系统内部要素排列的次序,往往会引起事物功能、效率的变化。例如,20世纪50年代初,我国提倡学习苏联,国民经济按"重、轻、农"次序安排国民经济,结果不是很理想;后来,在国民经济调整中,把"重"由第一位变成第三位,"农"由第三位跑到第一位,实践证明,这样的次序逆向是正确的,由于我国对农业的一贯重视,农业生产能持续地向前发展。而苏联由于一直把发展重工业放在第一位,农业长期处于不受重视的状态,甚至出现负增长,严重地影响了国计民生。

(3) 时机的逆向。时机的逆向往往在时机的选择上违反常规、反传统。过去,不少企业喜欢"一窝蜂"式地上项目,人家干什么,这些企业就跟在人家后面干什么。从心理上来看,这是从众心理的反映;从思维上来看,这是一种思维定式的表现。大家都"一哄而上",必然人为地加剧了竞争,也人为地破坏了供需的平衡,到头来可能形成大批产品的积压,结果可能适得其反。为什么不能独辟蹊径,采取与众不同的思路呢?例如,国外流行快餐后,现在各地都开了不少快餐店,似乎人们一下子欣赏起"快餐"来了。其实不然,有不少人是喜欢"慢"的:一些谈生意的人喜欢慢慢吃,慢慢谈,边吃边谈,吃快餐可能就谈不成生意;谈恋爱的人很多也不那么喜欢"快",需慢慢地品味"情调";年迈的人也不喜欢那么"急匆匆"地吃。

(4) 位置的逆向。位置的逆向是指空间位置上下、左右、前后、里外的变换或逆向,位置的逆向在产品改革中应用得相当广泛。例如,在传统的动物园内,没精打采的动物被关在笼子里让人观赏。然而有人反过来想,把人关在活动的"笼子"里(汽车中),不是可以更真实地欣赏大自然中动物的状态吗?于是野生动物园应运而生。

(5) 原理的逆向。包括对理论、传统、常规的逆向。一般来说,原理、理论是正确的,但也不是没有疏漏的。通过逆向考虑,往往会发现新问题,可以充实和发展理论,这在自然科学领域里是常有的事。

例如,《三国演义》里马谡失街亭后,司马懿追兵迅速赶到,诸葛亮在前有追兵、后无退路的紧要关头,来了个逆向思维,布疑阵,唱起了"空城计"。他故意把城门大开,只派几个老弱病残在城门口打扫,而自己却在城楼上悠然抚琴,按常规来判断,城内"必有埋伏",加之诸葛亮的为人"一生唯谨慎",不会有诈。司马懿用常规思维考虑再三,不敢攻城,乖乖地退兵了。如果诸葛亮当时采取硬拼或者逃跑的选择,他肯定成了阶下囚。因此,从这个角度看,也可以说是对常规的逆向思维救了诸葛亮。

(6) 方法的逆向。对失败方法的逆向也许就意味着成功。例如,我国古代的禹因治水成功而流芳百世,但是在禹之前,当时部落联盟的领袖派的是禹的父亲去治水。他采用的方法是"堵",哪里有洪水灾害,就在哪里筑堤坝,但当山洪暴发时,这些堤坝根本无法堵得住滔天的洪水。洪水冲破堤坝,卷走了许多人的生命及财产。作为治水的主要负责人,禹的父亲难辞其咎,后来被杀以谢天下。然后部落首领又任命禹去治水,禹吸取了前人的教训,把"堵"改为"疏",这是对"堵"的方法的逆向,哪里有洪水,就在哪里挖渠道,把洪水疏导出去,最终这个方法取得了成功,禹立了大功。

(7) 功能的逆向。把某些事物的功能进行逆向使用,往往会取得更好的效果。例如,吸尘器的发明人赫帕布斯原先发明的是"吹"尘器。通过"吹",反把灰尘吹起来了,搞得满天灰尘,引起了别人的反感。同时使用"吹"的方法只能把纸屑、垃圾从这里吹到那里,但纸屑垃圾仍然存在,并没有扫除。后来,他把"吹"变成了"吸",就是通过一个简单的功能逆向,但是效果明显不同了,纸屑、垃圾全被吸进了机内的口袋,这才使吸尘器具有了真正的使用价值。

(8) 工艺的逆向。美国汽车大王福特在街上散步时,偶然看到肉铺仓库里的几个工人顺次分别切牛的里脊肉、胸肉、头肉等,他的脑海里马上浮现出与此相反的一个创意:让工人顺次分别装上汽车的种种零部件。由此福特发明了汽车零部件装配的流水作业线,它与以前让每一个工人自始至终地装配一辆汽车相比,由于每个工人只负责汽车中的一小部分,操作简单,容易熟练,劳动效率大大提高,很少出差错。这一发明脱颖而出,奠定了福特在汽车行业中的地位。后来,其他汽车厂、行业纷纷效仿福特公司的这一做法,流水线作业成为现代生产管理的一个有效手段。

对传统的、常规的工艺流程,有时通过逆向进行,可取得出乎意料的成功。

(9) 管理的逆向。经营管理方面的逆向事例更多,逆向往往意味着管理上的一种创新。例如,日本丰田汽车总经理丰田宗一郎曾经说过:"假如我这个人有所成就的话,那是因为我善于倒过来思考。"丰田公司目前已发展成为世界一流的跨国企业,说明丰田所取得的成就是辉煌的,这与丰田本人的领导有方当然分不开,也与他"善于倒过来思考"分不开。在生产管理上,一般企业都是"顺抓"的,即由第一道工序顺次抓到最后一道工序。而丰田却别出心裁地"倒抓",即由最后一道工序抓到第一道工序,在生产管理中推行时间、品种、数量"三及时"原则,还规定:后道工序需要的时候,应向前道工序索要所需数量的零件。这就使后道工序始终处于主动地位,强化了企业的科学管理。实践证明,这样的"倒过来抓"更有利于实现目标管理,增强了各道工序的责任感,也使得丰田公司取得了今天这样的显赫成就。

在人力资源管理上也要讲究逆向。历来用人强调用人之所长,这当然是对的,但只反映了一个方面。人有所长必有所短,逆向用人把"短处"用到恰当的地方,"短"就可以转化为"长"了。例如,唐德宗时有位宰相名叫韩滉,很讲究用人之道,有一技之长的就"各随所长",无一技之长的也用得适合。有个"故人之子"来投奔他,要谋个差事,但此人"文不能拆字,武不能卖拳",可以说是"一无所长",只得暂时闲置一旁。后来韩滉发现此人在宴会上总是目不斜视,与邻座也不交谈,凭此一点,韩滉就委派他作"库门监"(掌管仓库大门的小官),这个人到任以后从早到晚正襟危坐地在库门口,不要说闲人,就连仓库内的小卒也不敢擅自走动,仓库的管理由此得到了加强,收到了很好的效果。

(10) 缺点逆向。某时装店的经理不小心将一条高档呢裙烧了一个洞,其价格只能大幅降低。如果用织补法补救,也只是蒙混过关,欺骗顾客。这位经理突发奇想,干脆在小洞的周围又挖了许多小洞,并精于修饰,将其命名为"凤尾裙"。一下子,"凤尾裙"销路顿开,该时装店也出了名。逆向思维带来了可观的经济效益。无跟袜的诞生与"凤尾裙"异曲同工。因为袜子跟容易破,一破就毁了一双袜子。商家运用逆向思维,试制成功无跟袜,制造了非常好的商机。缺点逆向是一种利用事物的缺点,将缺点变为可利用的东西,化被动为主动,化不利为有利的创意思维方法。这种方法并不以克服事物缺点为目的,相反,它是将缺点化弊为利,找到解决方法。

6) 系统

公元 1008 年 2 月 12 日,北宋京城汴梁(今河南省开封市)曾发生一场大火,一夜之间,整个皇宫的楼台殿阁被烧成一片废墟。灾后,真宗皇帝赵恒任命晋国公丁谓为大内修葺使,主持修复皇宫的工程。建造皇宫需要很多土,丁谓考虑到从营建工地到城外取土的地方距离太远,费工费力。丁谓便下令将城中街道挖开取土,节省了不少工时。挖了不久,街道变成了大沟,丁谓又命人挖开官堤,引汴水进入大沟之中,然后调来各地竹筏木船经这条大沟运送建造皇宫所需的各种物材,十分便利。等到皇宫营建完毕,丁谓命人将大沟的水排尽,再将拆掉废旧皇宫以及营建新皇宫所丢弃的砖头瓦砾添入大沟之中,大沟又变成了平地,重新成为街道。这样,可谓一举三得,挖土、运送物材、处理废弃瓦砾等三件工程一蹴而就,为宫廷节省了大量工费。这就是系统创意开发法的成功范例。

所谓系统创意法,就是用控制论、信息论、系统论等方法中整体的、联系的、结构的、功能的、层次的、非线性的观点对某一特定的系统进行分析、归纳、综合,从而求得新创意的方法。

应用系统创意开发法关键是要有系统思维。系统思维的对立面是机械思维、片面思维。机械思维认为:什么事情都大同小异,只要有一个处理方法,就可以随意套用到任何方面,而没有考虑到事物所处的时间、空间和环境的变化;片面思维是一种只见树木、不见森林的思维方式。机械思维和片面思维都是独立、静止、形而上学地看问题。

系统思维,简单来说就是注重系统的整体性、结构性和有序性,对事物进行全面思考,不只就事论事。因为任何事物之间都是有联系的,系统思维是在解决问题的过程中要考虑到事物之间的相互联系,考虑到发展变化的规律,使系统的各元素之间与整体之间达到有机相连,配合协调,实现整体的最优目标。比如,战国时期李冰主持修建的都江堰水利工程,由鱼嘴分水堤、飞沙堰、宝瓶口引水口三大主体工程和百丈堤、人字堤等附属工程构成,科学地解决了江水自动分流、自动排沙、控制进水流量等问题,消除了水患,使川西平原成为"水旱从人"的"天府之国"。两千多年来,一直发挥着防洪灌溉作用。这一工程不仅是我们变水害为水利工程的奇迹,也是世界上应用系统思想和方法建成的系统工程的典范。

7)立体

过去农民在鱼塘内一般只养一个品种的鱼,水域资源不能得到充分的利用。后来技术人员指导农民利用各种鱼的不同生活习性进行立体养殖,水的上层放养鲢鱼,水的中层放养食草鱼,水的底层放养鲤鱼、鲫鱼。把吃食鱼、滤食鱼、肥水鱼等几种鱼混养,吃食鱼的排泄物到水中,养肥水鱼。在同一口鱼塘里,再养蚌采珍珠,组成一个立体网络。在鱼塘周边种桑养蚕,蚕粪喂鱼。这是应用立体思维的一个典型案例。

世界上的万事万物都存在于一定的空间和时间之中,在认识和处理事物的过程中,科学合理地充分利用时间和空间,就可大大拓展思维的空间,抓住发展创意经济的时间和机遇。立体思维也是系统地、动态地认识事物和改造事物的一种方法。事物之间存在着相互联系、相互依存的关系,并且是在不断运动、发展和变化的。因此,我们不能只从平面上思考问题,也不能只停留在一个固定的时间去思考问题,而要从不同时间不同地点来思考事物发展变化的规律,提出新的创意。

例如,一个大型图书馆存书几百万册甚至更多,如何使各个时期、各大部类的书籍、报纸、杂志存放得更多,查询方便,除了存放设备要先进适用,还要按照图书分类法分别上架,标识醒目。再把整个图书存放的情况编成软件,建立计算机信息管理系统,以使图书管理员能在最短的时间内方便地就能拿到读者要借阅的书籍、报纸、杂志,还要采用一些防霉变、防虫蛀、防火灾的先进实用技术。这是将立体思维方式运用到图书管理工作中,可以使保管的书籍更多、更好、更安全,借阅更快捷。

第四节 创意手段

创意手段是发现、收集、采用创意的方法和途径。使用这些手段可帮助文化创意产业主体提高创意的效率和质量。本节将主要对特性列举法、头脑风暴法、设问法等创意手段进行阐述。①

1. 特性列举法

特性列举法又称 AL 法，1954 年由美国内布拉斯加大学克劳福德首次提出，发表在《创造思维技术》上。该技法指使用者自创造的过程中罗列、观察和分析事物或问题的特性，针对每项特性提出优化、改变的方法，尤其适用于老产品的升级换代，常用于简单设想的形成与发明目标的确定。特性列举法的使用要点是先分解后分析，无限联想，打破心理定式和思维定式以及运用发散性思维和集中性思维。

1) 特性列举法的步骤

特性列举法的实施分为三个步骤：首先，将目标改良物品分为名词、形容词和动词三种属性。产品的名词属性一般包括整体、部分、材料、制法这 4 个部分，形容词属性一般包括产品的形态、颜色、体积、轻重、厚薄、质感等；产品的动词属性包括使用功能和使用动作两部分。其次，变换相应特征。在进行详细的特性罗列、分析后，通过联想与想象，找出可以加以改良的特性。如产品的材料是否可以改良为质地更轻、更环保的，产品的颜色能否增加，产品是否可以增加附加使用功能等。最后，提出新的构想，即将改良的特性重新整合，提出新的方案或构想。②

2) 特性列举法的变式

特性列举法还有许多变式，如缺点列举法和希望点列举法。

(1) 缺点列举法。缺点列举法是把对事物认识的焦点集中在发现它们的缺陷上，通过对它们缺点的一一列举，提出具有针对性的改革方案或者创造出新的事物实现现有事物的功能。它的原理是事物总是有其客观存在的缺点，这与人们追求完美的天性是相冲突的，而这个矛盾正是缺点列举法创新的动力。它一般是从比较实际的功能审美、经济等角度出发来研究对象的缺点，进而提出切实有效的改进方案，这样简便易行且见效快，因而也是最容易出成果的。③

缺点的提出可以以下四个方面来考虑。④ 第一，从功能上找缺点。产品功能可分为总功能和分功能，产品的创新可在明确总功能并分解分功能后逐一寻找产品目前在功能实现中存在的开发点。第二，从用户意见中找缺点。可采用用户调查法或产品进入市场前给部分人的试用反馈来了解产品缺点。第三，从感觉因素上找缺点，即产品的外观。第四，从与

---

① 薛可,余明阳.文化创意学概论[M].上海:复旦大学出版社,2021:144-150.
② 樊静.特性列举法对个体创造性思维产生影响的研究[D].苏州:苏州大学,2012:18-20.
③ 王星河.缺点列举法与希望点列举法在产品设计中的组合应用[J].艺术生活,2010(3):62-63.
④ 何文波,刘丽萍.基于缺点列举法的产品设计[J].河南科技大学学报(社会科学版),2006(2):70-72.

周围环境的关系中找缺点,产品的适合与否与其周围环境是否搭配也有很大的关系,如古镇风景区的文化创意店一般不适合采用过于现代、科技的装潢设计。

（2）希望点列举法。希望点列举法是创新者从社会需求或个人愿望出发,通过列举希望点来形成的新目标或课题,进而探求解决新的设计问题和改善设计对策的分析方法。其原理是人的需求是无法满足的,当一种需求得到满足之后,将会出现更高的需求。需求的背后往往隐藏着事物的新问题与新矛盾,而这个矛盾正是希望点列举法存在的动力。它往往从实际的需要出发提出各种假设,是一种主动式的思维方式,它可能会完全改变产品的现状而产生创造性的突破,也就是破坏性的创新。[1]

理想型希望、超前型希望、幻想型希望都有产生灵感和创意的可能,但获得的结果各有不同。列举理想型希望点,一般形成现实性课题,即对已有事物的改进、完善和优化,实施起来目标明确,借用的信息、资料较多,容易达到预期的目的。列举超前型希望点,实际上是瞄准潜在的需要下功夫,它可能是一种客观存在的但人们尚未提到议事日程的潜欲望,也可能是人们已经意识到但可望而不可即的企盼。在一定条件和时机下,潜在需要会凸显为现实需要。幻想型希望的实施难度最大,因为缺少实现的现实条件,常常是超前的、天马行空的。幻想能帮助人们解放思想,但也常常让人种下只开花不结果的智慧之树。[2]

2. 头脑风暴法

头脑风暴法出自"头脑风暴"一词。所谓头脑风暴(brain-storming)最早是精神病理学上的用语,指精神病患者的精神错乱状态而言的,如今转而指无限制地自由联想和讨论,其目的在于产生新观念或激发创新设想。而头脑风暴法由美国创造学家奥斯本(A. F. Osbom)于1939年首创,是一种激发创造性思维的技法。该方法主要由小组人员在正常融洽和不受任何限制的气氛中以会议形式进行讨论、座谈,打破常规,积极思考,畅所欲言,充分发表看法。

在群体决策中,由于群体成员心理相互作用影响,易屈从于权威或大多数人意见,形成所谓的"群体思维"。群体思维削弱了群体的批判精神和创造力,损害了决策的质量。为了保证群体决策的创造性,提高决策质量,管理上发展了一系列改善群体决策的方法,头脑风暴法是较为典型的一个。

1) 头脑风暴法的操作

每一个头脑风暴小组的成员分为领导者、记录者和小组成员三种角色。领导者必须是一位善于聆听的人。在头脑风暴前,他需要精炼地叙述进行头脑风暴的原因,并准备热身活动。在头脑风暴过程中,他要提醒成员注意基本规则,烘托气氛。记录者应清楚地记下每一个想法,并保证每个人都能清楚地看到。记录者与领导者可以是同一个人。头脑风暴小组成员人数应在5～10人。理想的人数通常是6人或7人。参加者中如果包括一位曾经参与过要讨论的课题的人,效果会更好。[3]

2) 头脑风暴法的原则

头脑风暴法主要遵循以下四条原则。

---

[1] 王星河. 缺点列举法与希望点列举法在产品设计中的组合应用[J]. 艺术生活,2010(3):62-63.
[2] 信建英. 希望点列举法在产品创新设计中的应用探讨[J]. 科技与创新,2017(10):59.
[3] 水志国. 头脑风暴法简介[J]. 学位与研究生教育,2003(1):44.

(1) 排除评论性的判断。任何人在与会期间不允许对别人提出来的设想做出评论、批评、讽刺、挖苦,禁止任何否定、反感等含义的非语言行为,以此来解开大脑的限制,发掘潜在的创造性思维。

(2) 鼓励"自由想象"。让与会者自由思考,允许任何异想天开、天马行空的观点。

(3) 对设想有数量上的要求。要求提出设想、方案、观点、意见达到足够的数量。设想越多,越可能解决问题。

(4) 探索研究组合与改进设想。要求与会者除本人提出设想外,还需提出帮助他人改进设想的建议;或者要求与会者将其他人的设想综合后提出新设想。

3) 头脑风暴法的派生类型

头脑风暴法也有几种派生类型,如默写式、卡片式和反头脑风暴法。[1]

(1) 默写式头脑风暴法。默写式头脑风暴法采用书面提出创新设想的形式来开展。每次会议由6个人参加,针对会议议题,要求每人在5分钟内提出3个创新设想并写在各自的纸上,故又称六五三法。使用默写式头脑风暴法巡回作业,半小时可传递6次,共产生108个设想。

(2) 卡片式头脑风暴法。卡片式头脑风暴法是指针对一定的会议议题,与会者先以书面的形式在规定时间内写下规定数量的设想(如五条以上),一张卡片只写一条设想。然后,在与会者依次宣读设想时,如果自己发生了"思维共振"而产生了新的设想,则应立即填写在备用卡片上,待大家发言完毕,将所有的卡片集中,并按内容进行分类,便于开展集中思维阶段的讨论,最后挑选出最佳方案。卡片式头脑风暴法把书面发言与口头发言的优点结合起来,有利于分类整理。

(3) 反头脑风暴法。反头脑风暴法是背向头脑风暴法的基本原则,要求与会者对别人提出的构想百般挑剔,而构想者也据理力争,从而使构想更加成熟与完善。反头脑风暴法一般不是用在最初的发散思维阶段,而通常在第一轮的集中思维之后,对初选的构想做进一步的讨论使用,而且应宣布故意挑剔的原则,强调对事不对人,最后的成果仍归集体所有。

4) 头脑风暴法的影响因素

研究证明以下因素影响头脑风暴法的有效性。[2]

(1) 产生式阻碍。互动群体在用头脑风暴产生观点的过程中,在某个成员阐述自己观点时,其他成员通常会出现两种情况:一是要避免遗忘自己还未表述的观点;二是要被迫听别人的观点,结果导致注意力分散或阻碍产生新的想法,继而影响整个群体观点产出的效果。随着互动群体规模的增大,产生式阻碍越严重。

(2) 评价焦虑。在采用头脑风暴法的小组里,小组成员可能会担心小组内其他成员的评价,如自己设想的价值、设想的新颖性,从而可能不会把自己的有些设想表达出来。

(3) 社会惰化。社会惰化即个体倾向于在进行群体共同工作时,比自己单独工作时投入努力减少的现象。社会惰化有责任分散的原因,当小组成员意识到他们的观点将被汇集

---

[1] 周耀烈. 创造理论与应用[M]. 杭州:浙江大学出版社,2000:95.
[2] 王国平. 不同变式的头脑风暴法对大学生创造性思维结果影响的实验研究[D]. 苏州:苏州大学,2006.

作为一个整体来看待、分析时,他们可能会减少自己的努力程度。小组成员也有可能感觉到自己的观点并不一定就是小组所需要的。这种对自身观点价值的不肯定也造成了一定的社会惰化。还有学者认为不同特征的任务导致社会惰化的可能性也不同,如果任务的特征是以最佳的观点来处理的则更易导致社会惰化,而如果任务的特征只是把所有的观点汇集在一起则不易引起社会惰化。在运用头脑风暴法时,如果更多地强调观点的质量而非数量,更易导致社会惰化。

3. 设问法

设问法是通过提问的方式,对要改进的事物进行分析、展开、综合,以明确问题的性质、程度、范围、目的、理由、场所、责任等,从而由问题的明确化来缩小需要探索和创新的范围的方法。简单地说,它是围绕已有事物提出各种问题,发现事物存在的问题,从而找出需要革新创造的技法。设疑提问对于发现问题和解决问题是极其重要的。提出了一个好的问题,就意味着问题解决了一半。提问题的技巧高可以发挥人的想象力,所以善于提问题是创造型人才重要特点之一。这类技法简单易学,应用范围广,因而具有普遍性意义。尤其是检核表技法几乎适用于任何类型和任何场合的创新活动。因此,有人给予其"创造技法之母"的美誉。[①]下面主要介绍两种常用的设问法:5W1H法和奥斯本检核表法。

1) 5W1H法

5W1H法又称六合法,首创于第二次世界大战时期,此法要求人们从When(何时)、Where(何地)、Who(何人)、What(做什么)、Why(为什么)、How(怎么做)6个方面对事物进行思考,便于有目的地解决问题。

若用5W1H法进行产品设计研究,可从以下思路进行思考。[②]

第一,What(做什么)。在进行产品设计的时候,首先要清晰地知道产品的属性功能与影响,这一问题主要是对产品提出类似以下问题,这个产品是什么东西?为什么要设计这个产品?这个产品投入市场后能够带来什么经济、社会、文化效应?

第二,Where(何地)。是指这个产品在哪里销售,这个产品的使用环境如何。通过对销售市场的分析,可以预想到产品的未来。如果是东南亚市场,则要注意东南亚对产品的价格要求,定价不可过高。如果是做欧美市场,那么要了解到欧美是一个高福利的发达区域,他们对产品的品质十分注重,且对生态环境的要求十分苛刻,设计的产品要注意环保性、垃圾的可回收率、是否方便垃圾的分类处理等。

第三,When(何时)。这一项要思考的问题有:这个产品在什么时间工作?这个产品的工作时间是否是连续性工作?冬季使用还是夏季使用?这样的分析会使我们在设计产品时更加具有针对性。如果是工具类产品,需要一天8小时的操作需要,那么耐磨性等质量方面的设计要纳入考量范围;如果是冬季使用的产品,可以思考能否使产品带给人们温暖。而如果是夜间使用,比如手电筒,如何能使人在黑暗中快速找到它?

第四,Who(何人)。这一类问题要思考:产品给什么人用?购买者又是谁?男性还是女性使用?受众人群的职业、喜好分析。婴儿使用的产品不仅要考虑婴儿的使用舒适度和

---

① 曾垂荣.创造学理论实务[M].成都:西南交通大学出版社,2003:173.
② 工业设计俱乐部."5W1H"——做设计研究的一种方法[J].工业设计,2015(10):34-36.

安全性,还要考虑这个产品的购买者——妈妈们的购买倾向和操作便利性。学生使用,价位上会是一个重要标准,所以在设计之初便要考虑生产成本的因素。全方位地分析人群的特征,会让这个产品在市场上更容易被接受,从而达到预期的成功。

第五,Why(为什么)。要思考:为什么要推出这个产品?为什么我们需要这个产品?这一类问题的思考目的在于明确产品功能,挖掘潜在的消费需求,找到目前类似产品的市场缺口。与此同时,追问事物的本质有助于创新灵感的发现。

第六,How(怎么做)。主要是追问:如何实现产品的功能?有没有更好的方法实现?用什么工艺、材质、颜色实现?在有了大概的轮廓之后,我们会对目标的实现进行方式上的思考,比如需要怎样设计才能解决这些问题?需要用什么材质才能保证在特殊环境下产品的安全性?换个方式实现这个功能行不行?从而寻求最优解。

近年来对原始的 5W1H 进行了改进,发展为 5W2H 法,即增加了"How much"(做到怎样程度)。这种方法主要是通过提问克服原有产品或做法的缺点,完善其功能,扩大其效用。如果现行的做法或产品经过 7 个问题的审核已无懈可击,便可认为这一做法或产品可取。如果 7 个问题中有一个答复不能令人满意,则表示这方面有改进余地。如果哪方面的答复有独创的优点,则可以扩大产品这方面的效用。[①]

2)奥斯本检核表法

该方法是运用美国亚历克斯·奥斯本博士提出的一种检核表而进行创意的方法。所谓"检核表"是人们在考虑某一问题时为了避免疏漏,把想到的重要内容扼要地记录下来制成的表格,以便于以后对每项内容逐个进行检查。检核表根据需要解决的问题或者需要创造的对象列出。[②] 奥斯本检核表引导主体在创造过程中对 9 个问题进行思考,以开拓思维、促进新方案的提出。

该表包含的 9 个问题如下:第一,能否改变?即能否在现有事物的基础上做些改变?如颜色、音质、味道、式样、形状、花色、品种、意义、制造方法等。第二,能否增加?即能否扩大现有事物的适用范围?如现有事物的适用范围、使用功能、使用数量、使用寿命等。第三,能否减少?即能否缩小现有事物的体积,或使其长度变短,厚度变薄,质量减轻,使其结构简单化等?第四,能否替代?即现有事物能否使用其他材料、能源、工艺?第五,有无其他用途?即现有的事物能否做出一些改变后扩大用途?第六,能否引入?即能否从其他的创造性设想中引入技术、原理,能否模仿?能否从其他领域、产品、方案中学习借鉴新的材料、造型、工艺、思路?第七,能否换个方向思考?即现有的事物的里外、上下、左右、前后、主次、因果等顺序能否颠倒?第八,能否组合?即能否使其与其他事物相组合?能否与别的产品在原理、材料、部件、形状、功能等方面进行组合?第九,能否变换顺序?即现有事物能否变换排列、位置等顺序?

奥斯本检核表法的核心是改进,其实施步骤如下:首先,根据创新对象明确需要解决的问题;其次,根据需要解决的问题,参照表中列出的问题,运用丰富想象力,强制性地一个个核对讨论,写出新设想;最后,对新设想进行筛选,将最有价值和创新性的设想筛选出来。[③]

奥斯本检核表被公认为效果显著,有利于帮助创意主体进行多角度的思考及有目的的提问,使其思路更加开阔。

---

①② 席升阳,韩德超,韩信传. 国内外主要创新方法研究及应用评述[J]. 创新科技,2010(8):14-16.
③ 田青. 奥斯本家和表发对创造性思维产出影响的实验研究[D]. 苏州:苏州大学,2012:24.

第五节　创意能力的提升

首先让我们看一个故事：一家啤酒公司发布了一则消息，面向各大策划公司诚征宣传海报，开价是 50 万元。消息一出，国内许多策划公司纷纷趋之若鹜，不到半个月时间，这家啤酒公司就收集了上千幅广告作品，但是这些作品大都不尽如人意，最终，分管宣传的负责人只得从上千幅作品中选择了一件较为满意的作品。

这幅作品的大致内容是这样的：一只啤酒瓶的上半身，瓶内啤酒汹涌，在瓶颈处有一只手紧握着，拇指朝上，正欲顶起啤酒瓶的瓶盖。这幅海报的广告标语是："忍不住的诱惑！"

但是，这幅作品交给啤酒公司的老总定夺时，老总仅仅看了两秒左右就给否决了，理由是：这种创意略显生硬，并且用拇指来开酒，这种做法十分危险。若是用这种广告，因开酒而导致拇指受伤者肯定会大幅度增加，势必会有许多消费者来起诉啤酒公司，那就得不偿失了。

这无疑是一个完美的拒绝，既说出了拒绝的原因，又彰显了啤酒公司对消费者无微不至的关怀。

看到这家啤酒公司的老总如此挑剔，许多策划公司纷纷望而却步。这时候，一个艺术系的学生听说了这个消息，当即胸有成竹地拨通了该啤酒公司的电话，他打算试一试。啤酒公司的老总同意了他的要求，两天后，这位学生就拿着自己的作品走进了该公司老总的办公室。也同样是两秒左右，啤酒公司的老总从座位上站了起来，激动地说："年轻人，太棒了，这才是我想要的！"这位艺术系的学生也如愿以偿地得到了 50 万元酬金。

第二天，啤酒公司的海报就铺天盖地地见诸各大平面媒体。想知道这幅海报的内容吗？其实很简单：一只啤酒瓶的上半身，在瓶颈处有一只手紧握着。瓶内啤酒汹涌，几乎要冲破瓶盖冒了出来，这时候，紧握瓶颈处的那只手用拇指紧紧地压住瓶盖，尽管这样，啤酒还是如汩汩清泉溢了出来。这幅海报的广告标语是："××啤酒，精彩按捺不住！"

同样是一只拇指，仅仅是变换了一下位置，向上移动了一厘米，转换了一下姿势，就赢得了 50 万元！这在许多人看来，未免也太投机取巧了，然而，你可曾想过这样短短一厘米的背后，境界差距有多少呢？

这就是创意能力的天壤之别。其实，一个真正富有创意的人，就是能从废墟中发掘到金矿的人。① 创意水平的高低归根结底取决于创意者创意能力的高低。创意能力是创意人才创造力的集中体现，创意人才应努力提升自身的创意能力。创意能力的培养要从以下方面着手。

1. 加强个性修炼

国内外的大量研究表明，富有创意且创意能力强的人具有某些突出的个性特征，努力

---

① 张为. 一厘米的差距[J]. 政府法制, 2011(6): 52.

培养自己具有这些素养,对于取得创意活动的成功具有非凡的意义。

1) 勇敢

勇敢是创造力个性中最重要的特征。马克思曾说过:"在科学的入口处,正像在地狱的入口处一样,必须提出这样的要求——这里必须根绝一切犹豫,任何怯懦都无济于事,只有勇敢者才能进入科学的殿堂。"勇敢之所以比其他特征重要,是因为任何才干离开了勇敢,就不能上升到创造性水平。对公认的东西表示怀疑,除旧布新需要勇敢;善于想象,提出似乎不能实现的目标,然后努力去实现它,需要勇敢;不怕自己的见解同大多数人对立,甚至冲突,也需要勇敢。普希金说:"做勇敢的人吧,勇于扫视广阔的视野,创造性思想也就随之而来。"正是这种"思想上的大无畏"使人能够冲破传统的束缚,登高望远,人们才能头脑清醒地审视和评价一切事件,引出正确的结论,最终得到出乎意料、异乎寻常的成果。因此可以说没有勇敢精神,人类就没有创造。

2) 进取

锐意进取的人,很容易发展成为创造性人才,或者说作为创意开发者的人格因素中,应当具有进取精神。这种精神往往通过狂放、自信、目标意识等素质特征表现出来。具有某种"狂"劲的人,往往喜欢选择一般人认为高不可攀的目标去攀登,而且不怕他人的怀疑和讥讽,不怕难以想象的环境压力与艰辛道路,能够朝着选定的目标挺进。

许多创造实例表明,勇敢的进取精神乃是创造的催化剂。没有向创造领域挺进和立志取得新成果的精神支持,人们不可能有克服创造障碍的精神能量,更谈不上有获得高水平创造成果的可能。

3) 执着

具有进取精神的人,虽然心志高远、锐意进取,但并不是好高骛远,对自己的奋斗目标是非常清楚的,他们执着地追求自己的目标。

而好高骛远的人往往没有目标意识。有一则故事让人回味无穷。有一天,老李要在客厅里钉一幅画,请邻居老王来帮忙。画已经在墙上扶好,正准备钉钉子,老王说:"这样不好看,最好钉两个木块,把画挂上面。"老李遵从了他的意见,让他帮着去找木块。木块很快找到了,正要钉,老王说:"等一等,木块有点大,最好能锯掉点。"于是便四处找锯子。找到锯子还没锯两下,他说:"不行,这锯子太钝了,得磨一磨。"老王家有一把锉刀,锉刀拿来了,他又发现锉刀没有把柄。为了给锉刀安把柄,他又去校园边上的一个灌木丛里寻找小树。要砍下树,他又发现那把生满铁锈的斧头实在是不能用。他又找来磨刀石,可为了固定住磨刀石,必须得制作几根固定磨刀石的木条。为此,他又到校外去找一位木匠,说木匠家有一个现成的。然而,这一走,就再也没见他回来。当然,那幅画,老李还是一边一个钉子把它钉在了墙上。当天下午,再见到热心的邻居老王时是在街上,他正在帮木匠从五金商店里往外运一台笨重的电锯。

工作和生活中有好多种"走不回来"的人,他们认为要做好这件事,就必须先去做前一件事。他们逆流而上,寻根究底,直到把最初的目标忘得一干二净。这种人尽管忙忙碌碌,一副很辛苦的样子,但终其一生也不会有什么成果。

创造活动中,要防止这种"走不回来"的现象,创造是一种有目的的实践活动。创意开发者一定要有目标意识,在行动中必须朝着一个明确的目标前进。问题在哪里?什么是问题的实质？如何解决这个问题？如果连这些基本问题都没搞清楚，势必会像故事中那位帮忙的邻居一样，辛辛苦苦去做那些与目标毫不相干的事情。

4）自信

自信是取得事业成功的基石。一个创意者只有相信自己的能力和力量，才能敢于去竞争，敢于去拼搏，敢于去追求卓越。我们中国人出于谦虚，当取得成就时，往往说"我不行""还差得很远"。而美国人却往往非常自信，认为：自己是世上唯一的，所做的事是最好的。正如著名学者卡耐基所说："你应庆幸自己是世上独一无二的。"法国哲学家卢梭也曾说过："自信心对事业简直是奇迹，有了它，你的才智可以取之不尽，用之不竭。一个没有自信心的人，无论他有多大才能，也不会有成功的机会。"可见，对于创意来说培养自信心是十分重要的。

具有较高创造能力的人，往往具有很强的自信心，自信心不仅是个性心理的重要组成部分，它更是创造力中不可缺少的心理品质之一。它往往在集体创意开发活动中表现出来，只有自信的人才敢于怀疑、敢于创新。教育心理学家肯尼思·哈伍德（Kenneth Harwood）比较了高、低创造成果的两组年轻的科学家，结果发现前一组表现出了相当高的自信和对抗"社会压力"的能力，后一组经常试图在周围人中建立良好的形象而表现出相对较低的自信水平。

日本有所著名的企业家预备学校，其中有门"课程"，就是让学员早晨在东京繁华大街上跑步，并在众目睽睽之下高呼口号："我们是世界第一！"据说，经过这种训练的学员，好多都创造出了"世界第一"的成绩。

在古希腊阿波罗神庙墙上，刻着一句千古名言："认识你自己！"要认识自己，就要相信你自己，对自己有信心。在创意开发者的精神世界里，不能没有自信。

5）好奇

爱因斯坦说："我没有特殊的天赋，我只是有强烈的好奇心。谁要是体验不到它，谁要是不再有好奇心，也不再有惊讶的感觉，他无异于行尸走肉，他的眼光是模糊不清的。"好奇心像是探照灯的光柱，它永远把探索的光芒投向创造的未来。一个人对自然界和社会上各种事物的好奇心越强烈，探索的光芒就越亮，一切奥秘乃至奇迹都会暴露在好奇心的巨大视野之内。相反，一个人如果墨守成规，对周围的事物都习以为常，熟视无睹，那么他的探索范围将会十分有限，什么发现都做不到，甚至连创造的机遇碰在鼻尖上也不知是什么东西。

好奇心与怀疑精神有着密切的关系。一般来说，当人们寻求真理的好奇心受到传统习俗或传统科学的压制时，好奇心就马上转化为怀疑精神。古人云："学贵知疑，小疑则小进，大疑则大进。"建立在仔细观察和深刻思考基础上的怀疑精神，是对好奇心的进一步推进。这种怀疑精神越深刻、越有力，对探索的目标越清楚。

好奇心与怀疑精神，可以帮助人们在创造领域内搜索有意义的目标，并勾画新事物因果关系的网结，但这并不意味着他们一定会创造出奇迹，因为提出问题并不等于解决问题。提出的问题只是在满河坚冰上打个窟窿，而解决问题犹如破冰远航，还需要克服无数的艰难险阻，才能到达创造的彼岸。

6）独立

独立性是探究精神的一个必要条件，总想依靠他人的能力进行创意开发，往往会一事无成。而且富有创造力的人,往往具有很强的独立性。他们喜欢自己选定课题,而不太喜欢接受别人的安排和支配,他们有较强的自我决断力,选定目标后就会付诸行动,很少后悔和犹豫不决。

爱因斯坦就具有极强的独立性,他很早就为自己定下了两条与众不同的要求:第一,无论什么原则对自己而言都不存在;第二,不被任何人的意见或建议所支配。他那深奥的相对论也许就是在这种无拘无束的思索空间中产生出来的。当然,这里的独立性并不是单纯地追求标新立异,也不是炫耀自己。

7) 冒险

很多成功的创意开发,不仅需要把握机会,而且离不开谨慎的冒险精神,或者用俗话来说是"胆大心细"。创意开发活动是一种机会与风险并存的实践,只想抓住机遇而不敢冒险的人,事实上是很难成功的。相反,敢于接受挑战的冒险者,才有可能创造奇迹,从而出类拔萃。

冒险是具有高度创意能力的人的一项极为重要的素质,愿意冒险的精神正是决定你释放创意及获得快乐的关键因素。没有什么比退缩更能抹杀创意,由于改变的速度太快,我们没有机会仔细研究,只有冒险才会获得更多成功的机会。

对于普通人而言,冒险意味着赌博,意味着远离安全,靠近失误或者失败,而创意恰恰意味着要冒风险。

8) 意志

意志是克服困难以实现预定目标的一种心理素质,它与自信心是相辅相成的。自信心会培养出坚强的意志,坚强的意志又会强化自信。创意工作是开拓性、创造性的工作,必然伴随着一系列困难,要想获得成功,必须磨炼自己百折不挠、勇往直前的韧劲儿,在困难、挫折、枯燥、孤寂面前毫无惧色,勇于战斗,最终才能完成艰巨复杂的任务。郑板桥曾写过一首诗:"咬定青山不放松,立根原在破岩中,千磨万击还坚劲,任尔东西南北风。"这正是对意志形象的描述。创意者若意志薄弱,知难而退或任凭感情支配,是不会成功的。

意志的表现就是坚强的毅力和恒心,这也是不少科学家的宝贵素质,因为无论是对自然科学还是对社会科学的研究,没有坚韧的毅力和恒心是难以取得成功的。爱迪生发明电灯,只为寻找一种合适的灯丝,他前后对6000多种材料进行了试验,可是灯丝仅是灯泡中许许多多零件中的一个,电灯又只是他一生中众多发明中的一项,由此可以想到,他一生中经历的失败又有谁能数得清呢?

过人的毅力是创意的基础,因为在创意成真之前会有无数次意想不到的尝试、失败,再尝试、再失败的过程,这是考验一个人毅力的重要过程,同样也是通往成功的必经之路。

9) 兴趣

兴趣是人们力求认识某一事物或爱好某种活动的一种选择倾向,兴趣是创造力的原动力。富有创意开发能力的人,从小都对各种事物很有兴趣且很敏感。发明大王爱迪生一生有1300多项发明,创造发明何以如此之多?他的生平传记揭示,其创造的胚芽似乎是从幼年坐在鸡蛋上模仿母鸡孵小鸡开始的,兼作他指导教师的母亲对儿子这种执着的超级兴趣精心呵护,终于使这位发明天才成长起来。这说明兴趣是创造的催化剂。

兴趣是人们力求认识某种事物或爱好某种活动的倾向,它影响人们对事情的注意、选择和态度。好奇心较强的人也是易于对人和事产生兴趣的人,好奇心强,才能萌发想象力和创造意识,感兴趣才能使这种想象力和创造性持续下去,进而导致创意活动的展开,取得成功的创意。

兴趣不仅会影响一个人的工作态度,影响他对问题的钻研,甚至会影响他的敏感性。一个人对其所从事活动的兴趣越浓厚,事业心就越强,就越能排除一切干扰,全身心地投入到创造性的活动中。广泛的兴趣还可以使人博采众长,见多识广,善于在复杂的形势和关系中随机应变,使自己立于不败之地。同时,也能团结不同特点的人,创造一种和谐、愉快的气氛,才能顺利开展工作。

2. 强化知识素质

创意工作是一项在现代科学技术指导下的有意识的复杂活动,是一项科学性和艺术性相结合的工作。要胜任这项工作,仅凭经验和热情是远远不够的,必须具备扎实的科学基础和丰富的知识素养。

创意活动讲究厚积薄发,没有全面的知识储备,是很难有好的创意的。创意者要具备多方面的基础知识。

1) 要学习哲学

哲学不是一般的知识,它涵盖了人们的世界观、人生观和方法论。从这个意义上说,哲学就是人的思维和行动的"能力学"。作为人生观,它是积极人生、乐观人生的阳光雨露;作为方法论,它是磨砺人类思维的巨石。创意者要想提高自己的创意能力,必须用哲学方法充实自己的知识结构,因为许多创意都是在哲理和现实人生的结合点上迸发出来的。

2) 要学习历史

马克思、恩格斯曾说:"我们仅仅知道一门唯一的科学,即历史科学。"可见历史知识的重要性,学好历史知识可以使创意人具备公民意识和素质,具备世界性眼光,具备创新能力。没有历史,人就变得单薄;不懂历史,人永远是一个孩子。要知道,一个好的创意者不单要有深厚的文化底蕴,更要有在历史的足迹中寻找创新的能力。

3) 要学习文艺理论和美学理论

创意产业是离不开文化的,没有文化的创意其行不远,因此,没有文艺理论的基本知识和美学的基本知识是不行的。

4) 要掌握创造学知识

创造学是一门研究人类创造发明活动规律的科学。因为创造发明是人类劳动中非常高级、活跃、复杂,也是十分有意义的一种实践活动,其实质是人类追求新的有价值的功能系统。

在知识爆炸的年代,有关创造学知识的广泛应用,对任何一个实践领域都具有现实意义,对任何一个创意者都是不可缺少的。创造学已经发展并衍生出许多分支领域,大体归纳为三类。

(1) 创造科学:研究创造活动,揭示创造活动和创造过程的客观规律,是对创造学的基础理论研究。

(2) 创造性科学:研究人的创造性,开发人的创造性,培养、造就创造性人才,并为其提供理论依据。

（3）创造工程：研究各种创造发明方法，促进创造发明效率的提高。它是创造学最富于应用性的一个领域。

当今是创造的时代，一个人如果没有创造力，就会忙忙碌碌一辈子，没有创新方面的成就；一个企业没有创造力，就不能发展适销对路的新产品，就会在商品竞争中失去竞争力；一个国家、一个民族没有创造力，就很难繁荣，甚至会危及国家、民族的生存。因此，为了提高创意能力，创意者必须重视创造学的学习。

此外还要重视经济学、营销学、公共关系学、社会学等方面知识的学习。创意者对知识掌握得越牢固，知识面越宽，创意就会越活跃。

3．强化心理素质

心理素质是人的整体素质的组成部分。一个人的心理素质是在先天素质的基础上，经过后天的环境与教育的影响而逐步形成的。心理是人的生理结构特别是大脑结构的特殊机能，是对客观现实的反映。心理素质具有人类素质的一般特点，但也有自己的特殊性。创意者应强化如下心理素质。

1）乐于接受新观念

乐于接受新观念是创意的基本心态，不必讲求正误，不必固守旧观念，要能够对各种新思想、新做法、新事物都不抱成见，有选择地接纳。

2）思路保持流畅

思路保持流畅是产生更多想法的基本能力。在我们解决问题时，最先想到的点子通常是十分显而易见的且较普通的，没有任何创造性。当你逼迫自己想得更深入一些，就会释放更好的创意灵感进而生出很多更新颖、独特的想法。

3）敏锐的感受力

敏锐的感受力是深刻感受的能力，当你能敏锐地感觉到自己的感情时，你的感受力就增强了。能感受人类的所有情绪，同样你也能投入到自我和他人的感受当中，这样你的思想和情绪就更为丰富了。

4）有一种模糊的心境

这是一种帮助你拥有自信的心境，可使你对事物停留在模糊未定的状态，没有明确答案也没有关系。你能接受心中的创意偶尔需要多一点时间才会醒来，需要多一点耐心诱导。

这就意味着当你被"卡住"时不要惊慌，你愿意悬在未知的状态，静静地等待又一个灵感的绽放。

5）懂得变通

懂得变通是创意的必要条件，因为它使你能够轻易地"见风使舵"，也意味着你愿意让自己去经历各种新鲜的事物，用更开阔的胸襟来面对新世界。僵化是创意的头号杀手，不懂变通的人们都有着僵化的态度。失去弹性会使一个人先入为主地用过多的批评扼杀了尝试创新的机会。

6）喜欢混乱

喜欢混乱这种偏好往往是创意人的天生习性，你可能会经常看到他的办公环境是一团糟，但正是因为对混乱的偏好，促使他具备了从"无序"中创造"有序"及"混乱"中制造"整洁"的能力。他们会从这种混乱中寻找到挑战的兴奋和刺激。

7) 具有原则性

这里所说的原则是对拥有评价创意的可行方法的能力,对于那些善于改变和追求完善的人来说,这样的人会具有更大的创造能力。

8) 有很强的直觉

有很强的直觉是创意的又一个特征。直觉人人都有,但又有多少人能从简单的直觉中寻找到创意的灵感呢?相信自己的直觉,从中聆听到你内心冲动的旋律,采掘它并给予回应,也许又一颗创意之星将会诞生。

4. 提高业务技能

要成为文化创意人才,业务技能熟练程度也非常关键。这一要求主要针对文化创意实践人才提出,不少企业、政府等组织常利用工作年限等作为硬性条件进行人员筛选。

在文化创意实践、非单纯的文化创意理论研究中,文化创意工作的完成往往需要经过多个步骤。同样以企业的文化创意业务为例,企业开展文化创意业务需要从最初的调研分析开始,到文化创意方案的起草和设计,再到文化创意方案在各个层面的实施,最后是文化创意方案的评估和调整。每个步骤都有不同的业务流程,也需要不同的业务能力,这就要求各类型文化创意团队中的人才都必须对组织中至少一项业务流程非常熟悉,拥有精湛的业务能力,并能在最短时间出色地完成工作。例如,分析型人才必须了解完成一份全面的分析报告的步骤,并能熟练地收集资料、进行分析,规范地呈现分析结果;策划型人才则需要把握整个策划的流程,在了解企业需求后,通过一系列科学的操作,将充满创意且有价值的策划方案交予企业。

文化创意工作常常是庞大且复杂的,即使是文化创意下的一项细分业务都可能有巨大的工作量。文化创意人才不管专业知识如何扎实,业务技能如何熟练,都无法仅靠一人之力完成所有工作,因此对人才在统筹协调和指导监督上的能力也提出了新要求,这两项能力的养成能使文化创意人才成为一名出色的指挥官和管理者。其中,统筹协调能力指的是能调动不同团队或团队中不同成员的力量,通过合理分工和积极沟通,使人们团结协作完成任务。而指导监督能力指的是能根据业务内容,把自身的专业知识和业务技能传授给其他成员,提高整体成员的工作能力,指导他们按照要求完成任务,并相互监督。

因此,文化创意人才除了自身要在分析、策划、设计、公关等方面熟悉业务以外,还需要具备突出的统筹协调能力,以带领文化创意团队高效高质地达成业务目标。①

典型案例研究:《乌鸦喝水》引申出的创意②③

《乌鸦喝水》是义务教育课程标准实验教科书语文(人教版)一年级下册第19课的课文,讲的是一只乌鸦口渴了,发现了一个瓶子。可瓶口太小,水不多,它放进石子喝到了水

---

① 薛可,余明阳. 文化创意学概论[M]. 上海:复旦大学出版社,2021:144-150.
② 闫郢. 论原始信息在艺术创作中的运用策略——以《乌鸦喝水》引申出的创意案例为例[J]. 河池学院学报,2011(4):126-128.
③ 唐宁远. "新乌鸦喝水"与思维创新[J]. 广西电业,2004(12):69.

的故事。这篇古希腊的寓言故事,教导人们要勤动脑筋。很多人从这个故事里受到启发,用这个故事又做出了更好的创意。这里,我们以《乌鸦喝水》这一原始信息创作的作品为例,分析原始信息在艺术创作中的运用策略。

1. 宏观综摄

创意一:《乌鸦喝水》故事的结尾多了一句话"但是乌鸦还是死掉了"。书面上泼了几滴污水。这是一则环保公益广告,目的是警示人们珍惜并自觉地保护水资源,使其免受污染。首先对这一创意进行分析,在原始信息中,这只喝到水的乌鸦是聪明和勤劳的象征。现在乌鸦虽然成功喝到了水,但喝到的是污染过的水,聪明的乌鸦死掉了。当这则公益广告呈现在我们面前时,它会不经意间打开我们尘封已久的童年记忆:蓝天、绿水,以及喝到干净水的小乌鸦,一切没有被污染过的美好事物。但是由于我们自己的行为,使这一切都不复存在了。这与原乌鸦喝水的结局比较,不禁会使我们反省自己的行为,并意识到该如何去做,这样我们就可以轻易记住这则公益广告并认同它,广告的创作也就取得了成功。

宏观综摄的创意方式是从高、深、远的层次,以大和全的方位进行归纳,引发出一些设想。

此种创意方法易于缩短观众与作品之间认知与情感上的距离,会让观众在第一时间理解作品,留下深刻的印象。如杜尚在蒙娜丽莎的脸上画两撇胡子,从而成为达达主义的代表作。这就是对已有的信息采用拿来主义,在原始资源的基础上,从高、深、远的层次引发出新的设想。作品关键并不在于杜尚是否创作了《蒙娜丽莎》,而在于他加在上面的两撇胡须。杜尚的这两撇胡须使他的作品同达·芬奇的《蒙娜丽莎》都在艺术史上留下了绚烂的一笔。在克里斯托的"包扎的作品"中,他虽然不是建筑师,却以超凡的手段展现了空间中立体的魅力,这也是一种综合能力。[①]

综合是一种交叉,我们看到了在"综合"所营造的"丰富内容"的背后又形成了新的趋同,这并非"综合"的目的,"综合"是为了新的丰富,是为了达到高、深、远的层次。

2. 异同转化

创意二:画面显示的是海边浴场,天气异常炎热,所有的人都挥汗如雨。一个大遮阳伞下放着一大瓶清水和一堆石子,旁边竖一广告牌:"水免费,石子每颗一元"。

这是对《乌鸦喝水》故事的演义,乌鸦喝水的方式保存在我们记忆里的是一种思维定式,即乌鸦是以这种方式喝到了水。原故事只是通过乌鸦喝水的方式传达一种理念,就是要不拘于形式地解决问题。但本广告是针对乌鸦喝水的方法展开的创意,我们用乌鸦的方式得到水。同是卖水,换了种方式,众人或是新奇,或是反感,或是跃跃欲试,或是避而远之,或是心领神会。总之只要有反应,广告的效果就达到了。

异同转化是从相同的事物中找出不同点(或异化点),从不同事物中找出相同点的思维方式。

这种方式可使观众首先有了似曾相识的感觉,消除了陌生感,作品容易让观众产生共鸣,观众在本源与演绎之间进行比较、联想。慢慢理解了作品的含义,最后认同了作品。采

[①] 杨志麟. 设计创意[M]. 南京:东南大学出版社,2002:49.

用异同转化的方法是把创意以既陌生又熟悉的方式展现出来,能起到事半功倍的作用,这也许是艺术家有时更青睐于演绎经典的原因。如蔡国强先生所做的《草船借箭》就是借用了《三国演义》中诸葛亮草船借箭的故事,不仅赢得了中国观众的赞赏,同时也给熟悉三国故事的外国观众留下了深刻的印象;刘大鸿的《祭坛 2000》参照了凡·埃克兄弟的《崇拜羔羊》的构图形式;张垣的《愚公移山》也是采用了这种创意方法。异同转化的创意方法也是对信息使用最频繁的方法之一,它和原信息是一种藕断丝连的关系,或形近,或神似。

3. 反面求索

创意三:检验《乌鸦喝水》的故事结论是,瓶中水在很少的情况下,乌鸦是喝不到水的。

反面求索的创意方式是从已有事物或已有现象的相关功能、状态、位置、方向、方式、顺序等方面重新思考和创新。

这种方式是在原有的信息里找出不合理的地方,并在此基础上产生新的创意。在事实面前,观众抱着"原来如此"的心态,表现出一种自觉赞同的态度。其最大的优点是比较容易让观众信服,很自然地就接受了作者的创意。比如,在国外的一堂普通的阅读课上,老师让孩子们寻找《灰姑娘》故事中错误的地方。孩子们发现,当午夜十二点钟声响过之后,所有的东西都恢复原样,只有水晶鞋没变。于是老师告诉听故事的孩子们:"再伟大的作家都会有犯错误的时候,不要盲目相信并崇拜权威。"这位老师正是使用反面求索的创意方法达到了很好的教育效果。还有比这种方式更能增强孩子们自信的方法吗?这种创意方式如果运用得当,是一种很具有说服力的方法。

4. 直觉触发

创意四:"一只乌鸦口渴了……乌鸦喝不着水怎么办呢?"有一个答案是"用吸管"。

按照定性的思维模式进行阅读或思考,思路突然戛然而止,因为思路与原作不同了,"用吸管"的创意重新让人们有了新思路。

直觉触发的创意方式是在敏锐观察与丰富经验的条件下产生的直觉思维能力。这种方式把大家都已有所认知或约定俗成的东西转换成另外一种解决方式。当然,创意时的"丰富的经验"在某些情况下包含创意人所处时代与环境因素的影响。对于用吸管喝水的创意而言,如放在四十五年以前,大家看到后一定是不知所云,因为那时人们并不知道吸管为何物。因此这种方式具有一定的时代性与地域性,也就是通常所说的感性基础。这种方式的特点在于观者在对作品欣赏时产生很大的兴趣,进而质疑、思索,最后欣然同意。这是一种踩在他人肩膀上的行为,轻轻一个小动作完成一次大飞跃。比如,一幅反映修建金字塔的现代绘画,画面中出现了日本三菱起吊机和一群正要搬运巨石的埃及工人。这个画面只有借助想象才成立。在伊卡璐的广告作品中,我们看到王子不是用水晶鞋找到了灰姑娘,而是从灰姑娘头发里散发的伊卡璐香气里认出了自己的新娘。创意充满了浪漫气息,这种创意方法在处理信息时往往能起到出其不意的效果。

很巧的是,笔者最近读到了一则《新乌鸦喝水》的寓言,说有三只小乌鸦比赛,看谁先喝到小口径瓶子里的水,其中两只小乌鸦按照老前辈的办法,忙忙碌碌到处找石子提升水位,而第三只小乌鸦却独辟蹊径,找来一根麦秆插进瓶子,轻轻松松地就喝到了水。应该说,"冠军"非第三只乌鸦莫属。然而,担任裁判的老乌鸦却判它破了老规矩,与"冠军"无缘。

看罢此则寓言,我既为第三只聪明的小乌鸦打抱不平,也为前两只事倍功半的乌鸦感到可悲,更对墨守成规、封杀新生事物的老乌鸦感到可恨。时下,也有一些人像前两只小乌鸦一样,思想因循守旧,工作墨守成规,"身子进了新时代,脑子还停留在老时代";也有一些人,甚至是领导者,习惯于用老眼光看问题,用旧标准衡量新事物,跳不出思维定式的圈子,不懂创新、创意。实践证明,只有不重复别人,也不重复自己,坚持与时俱进,不断创意,不断创新,敢为人先,才能像第三只聪明的小乌鸦一样,轻轻松松地喝上甘甜的水。

思考与讨论:

(1)《乌鸦喝水》引出的创意对你有何启发?请你也运用一种创意方法就此进行一个创意。

(2)"龟兔赛跑"也是我们熟知的一个寓言,就此寓言你能引申出哪些创意呢?

(3)一个人如何才能成为善于创意的人?

第二章 文化创意产业基础

  资本的时代已过去,创意时代在来临;谁占领了创意的制高点谁就能控制全球!主宰21世纪商业命脉的将是创意!创意!创意!除了创意还是创意!

——[美]阿尔文·托夫勒

  在当今世界,很多国家都在根据一定的文化资源不断地提出新的产业创意,并使自己的文化资源蓬勃地发展为一种新兴的文化创意产业。我们看到,文化既支撑着一定的经济和政治,又使自己独立地走上了产业化的发展之路。[①] 中国改革开放之后,也迅速发展了自己的文化创意产业。但是,由于文化创意产业在整个世界尚属新生事物,它的很多基本理论问题还不清晰,因此,很有必要对文化创意产业的基本问题进行研究和梳理。

第一节 文化与文化产业

  文化及文化产业是文化创意产业产生和发展的沃土,研究文化创意产业,离不开文化和文化产业。

1. 文化

  在人类发展的历史长河中,物质生产活动是人类社会存在和发展的经济基础。200多年来世界工业的发展,特别是20世纪下半叶新技术革命包括以电子计算机为代表的信息技术的发展,培育了当代社会丰富的物质文明。与人类物质文明并驾齐驱的是人类的精神文明。从北京山顶洞人佩戴的兽骨项链和岩洞石壁上的壁画,到今天的数字影院和网络游戏,代表着人类在各个历史阶段的不同文化。[②]

  文化其实体现在一个人如何对待他人,对待自己,对待自己所处的自然环境。在一个文化厚实深沉的社会里,人懂得尊重自己——他不苟且,因为不苟且所以有品位;人懂得尊重别人——他不霸道,因为不霸道所以有道德;人懂得尊重自然——他不掠夺,因为不掠夺所以有永续的智能。

  品位、道德、智能是文化积淀的结果。文化不过是代代累积沉淀的习惯和信念,渗透在生活的实践中。文化是什么?这是一个极为抽象和复杂的问题,因为文化本身的抽象性、功能性和历史继承性导致了文化概念难以获得统一的认知和定义。国外的学者已先后对

---

  ① 徐仲伟,周兴茂,谈娅.关于文化创意产业的几个基本理论问题[J].重庆邮电大学学报(社会科学版),2007(11):60.
  ② 王安琪.文化创意产业相关概念阐释[J].经济师,2011(2):53.

它下过近200种定义,但至今尚未取得一致的意见。

1) 在词源学意义上"文化"的内涵

西语中的"文化"(culture)一词最早起源于拉丁语中的cultura,其词根是动词colere,原意是耕作土地,饲养家畜,种植庄稼,居住等,是指人类改造自然以获得适当生存环境的最初尝试。从拉丁语中发展而成的德语kultur和英语culture最早也是类似的意思。当代学者伊格尔顿说:"Culture at first denoted a thoroughly material process."(文化最初指的是一个全然的物质过程。)[1]从文化的原初含义中我们可以体会到,文化是人类早期进行社会实践和社会改造过程中形成的某些传统、习俗和价值观念,是人类思想的社会化表现。马克思主义认为文化起源于人类物质生产活动,是人类有思想的社会实践的一切成果。

在我国的语言系统中,"文化"是古已有之的词语。"文"的本义,是指各色交错的纹理。《易·系辞下》载有"物相杂,故曰文"。在此基础上,"文"又有若干引申义。其一,为包括语言文字内的各种象征符号,进而具体化为文物典籍、礼乐制度。《尚书·序》载有伏羲画八卦,造书契,"由是文籍生焉";《论语·子罕》载有孔子所说"文王既没,文不在兹乎",是其实例。其二,由伦理之说导出彩画、装饰、人为修养之义,与"质""实"对称,所以《论语·雍也》中载有"质胜文则野,文胜质则史,文质彬彬,然后君子"。其三,在前两层意义之上,更导出美、善、德行之义,这便是《礼记·乐记》所谓"礼诚而进,以进为文",郑玄注"文犹美也,善也"。"化",本义为改易、生成、造化。《庄子·逍遥游》载有:"化而为鸟,其名为鹏。"《易·系辞下》载有:"男女构精,万物化生。"《礼记·中庸》载有:"可以赞天地之化育。"[2]归纳以上诸说,"化"是指事物形态或性质的改变,同时"化"又引申为教行迁善之义。

"文"与"化"的结合使用在《易·贲》象传中有所体现:"刚柔交错,天文也。文明以止,人文也。观乎天文,以察时变;观乎人文,以化成天下。"[3]这里一方面把"人文"与"天文"相对照,另一方面又将"人文"与"化成天下"相关联。如果我们把"天文"理解为宇宙或自然,那么,"人文"就意味着人世间的一切或人类的文明。最早将"文"与"化"连用见于西汉刘向的《说苑》:"圣人之治天下也,先文德而后武力。凡武之兴,为不服也,文化不改,然后加诛。夫下愚不移,纯德之所不能化,而后武力加焉。"[4]意思是指圣人治理天下的原则总是先礼而后兵,动武一定是不得已的事。此处"文化"逐渐形成了"文治和教化"的含义。

因此,无论在西语里还是汉语里,文化都有表示人类有思想的社会实践的成果和人类社会实践所体现的人类思想的含义,而且这种人类思想的文明体现在人类生活的整个环节和各个领域,它也必然对后来人和其他人产生指导和教化作用。[5]

2) 分层意义上"文化"的内涵

随着时间的流变和空间的差异,现在"文化"已成为一个内涵丰富、外延宽广的多维概念,成为众多学科探究、阐发、争鸣的对象。

---

[1] Terry Eagleton. The Idea of Culture[M]. Oxford: Blackwell Publishers, 2000: 1.
[2] 卢涛,李玲. 文化创意产业基础[M]. 武汉:武汉大学出版社, 2014: 2.
[3] 李薇. 易经[M]. 延边:延边人民出版社, 2006: 200.
[4] 刘向撰,向宗鲁. 说苑校正[M]. 北京:中华书局, 1987: 65.
[5] 钟林. 文化的含义及其特征探微[J]. 学习月刊, 2011(2): 27.

人类学之父泰勒(Edward Burnett Tyler,1832—1917),曾给文化下了一个经典性的定义:"文化,就其在民族志中的广义而言,是个复合的整体,它包含知识、信仰、艺术、道德、法律、习俗和个人作为社会成员所必须具备的一些能力及习惯。"[1]这一说法至今仍为人类学界所普遍接受。中国的著名哲学家张岱年认为,文化是一个包含多层次、多方面内容的统一体系,或者说是由许多要素形成的有一定结构的整体系统。其主要结构大致可以划分为物质文化、制度文化和观念文化三类。[2]毛泽东则遵循马克思主义关于人类社会结构三维划分的思路,把文化看成与一定的经济、政治并列且相互作用的独立体系。

综合起来看,文化是一个复合的整体,既有一定的内在结构,又有广义和狭义之分。于光远甚至认为文化至少有三义:广义的文化即与文明同义;"中义"的文化,就是除了教育、科学、文学艺术这些最重要的文化之外,还包括体现在人们物质生活、精神生活和人们社会关系中的饮食文化、衣着服饰文化、建筑文化、日用品文化、医疗卫生文化、体育文化、游乐文化等;狭义上文化的概念,就是指教育、科学、文学艺术、新闻出版、广播电视、卫生体育、图书馆、博物馆等有利于人民群众知识水平提高的领域,这里包括精神文化的内容和传播工具两个方面。同时文化是人类劳动的创造物,但并不是一切创造物都可以称得上是文化,文化应能够一代一代地传下去。在近代社会中,由于信息事业和传播工具的发展,可传播性的内容连同传播工具也都成为文化的一部分。[3]

广义的文化通常是指人类有思想的社会实践的一切文明成果。《辞海》是这样给文化下定义的:"从广义的角度来说,文化指人类社会历史实践过程中所创造的物质财富和精神财富的总和。"英国文化史学者威廉斯在《文化与社会》中是这样描述文化的:"文化开始意指'一种物质上、知识上和精神上的整体生活方式'。"[4]中国著名思想家梁启超在《什么是文化》中提出:"文化是包含人类物质精神两面的叶种叶果而言。"[5]这里的"叶种"指人类的创造性活动,而"叶果"则指其创造的成果。他还列了一张表,说明这些叶种叶果在物质层面上包括衣食住行及其成品、开辟的土地、修治的道路、工具机器等;在精神层面上包括语言习惯伦理、政治经济法律、学术活动及其著作发明、文艺美术创作及其作品、宗教等。梁漱溟说:"文化,就是吾人生活所依靠之一切。文化之本义,应在经济、政治,乃至一切无所不包。"[6]中国文化学者余秋雨先生在博客里为"文化"做了如下定义:"文化是一种精神价值以及与此相呼应的生活方式,它的最终成果是集体人格。"陈华文在《文化学概论》一书中,给文化的定义为:"所谓文化,就是人类在存在过程中为了维护人类有序的生存和持续的发展所创造出来的关于人与自然、人与社会、人与人之间各种关系的有形无形的成果。"[7]因此广义的文化是指人类有思想的社会实践的一切文明成果,是人类在实践中所创造的一切物质财富和精神财富的总和。

---

[1] Tyler. The Origins of Culture[M]. New York: P.L.Harper and Brothers Publishers,1958:1.
[2] 张岱年,程宜山. 中国文化与文化论争[M]. 北京:中国人民大学出版社,1997:4-5.
[3] 于光远. 文化的含义[N]. 光明日报,1986-01-13.
[4] 雷蒙德·威廉斯. 文化与社会[M]. 吴松江,张文定,译. 北京:北京大学出版社,1991:17.
[5] 梁启超. 梁启超学术文化随笔[M]. 北京:中国青年出版社,1996:268.
[6] 梁漱溟. 梁漱溟全集[M]. 3卷. 济南:山东人民出版社,1990:9.
[7] 陈华文. 文化学概论[M]. 上海:上海文艺出版社,2001:1.

狭义的文化是指排除人们的物质创造活动和成果而专指人们的精神创造及其结果,主要包括信念、知识、文学、艺术、道德、法律和价值观等。著名人类学学者泰勒认为:"文化或者文明就是由作为社会成员的人所获得的,包括知识、信念、艺术、道德法则、法律、风俗以及其他能力和习惯的复杂整体。就对其可以作一般原理的研究意义上说,在不同社会中的文化条件是一个适于对人类思想和活动法则进行研究的主题。"① 美国人类学家克利福德·格尔茨认为:"文化是指一个群体或社会共同具有的价值观和意义体系,包括这些价值观和意义体系在物质形态上的具体化,主要包括人们的思维模式、生存模式和行为模式。"② 因此,狭义的文化指人们的精神活动及其社会表现。

无论是广义还是狭义,文化的核心都体现为价值观和思维方式,或者说,其核心就是一定的人文精神,它代表了人类独有的生活方式,属于人类社会上层建筑中的一种重要结构。③

1952年,美国文化学专家克罗伯和克拉克洪在《文化·概念和定义的批评考察》一书中,对西方自1871—1951年关于文化的160多种定义做了清理与评析,并在此基础上给文化下了一个综合的定义:文化由外显的和内隐的行为模式构成,这种行为模式通过象征符号而获得和传递。文化代表了人类群体的显著成就,包括他们在人造器物上的体现;文化的核心部分是传统观念,尤其是它们所带来的价值观;文化体系一方面可以看作活动的产物;另一方面则是进一步活动的决定因素。这一文化的综合定义受到普遍的认同,有着广泛的影响。

3) 文化的分类

从不同角度可以对文化做出不同的划分,如物质文化、制度文化和精神文化,主文化和亚文化,精英文化和大众文化,显性文化与隐性文化,世界文化和民族文化,等等。

汉科特·汉默里把文化分为信息文化、行为文化和成就文化。信息文化指一般受教育本族语者所掌握的关于社会、地理、历史等知识;行为文化指人的生活方式、实际行为、态度、价值等,它是成功交际最重要的因素;成就文化是指艺术和文学成就,它是传统的文化概念。④

4) 文化的影响

文化影响人的行为,打磨人的气质,浸润人的灵魂。一个人的饮食起居、待人接物,直至世界观、人生观、价值观的形成,都是文化熏陶的结果,人们的思维方式、价值观念和行为方式,也都是文化塑造出来的。美国新闻评论家和作家沃尔特·李普曼说:"思想家会离开人世,但他的思想将永不消亡,人不能永生,思想却可以永存。"人的活动总是某种文化的实现,文化总是长久而深刻地影响着人类发展。文化本身是极其抽象和复杂的,文化本身又是思想性的、社会性的和变化发展的。但是正是文化对人的巨大价值和文化本身的无限

---

① 爱德华·泰勒. 原始文化[M]. 连树声,译. 上海:上海文艺出版社,1992:1.
② 克利福德·格尔茨. 文化的解释[M]. 韩莉,译. 南京:译林出版社,1999:5.
③ 徐仲伟,周兴茂,谈娅. 关于文化创意产业的几个基本理论问题[J]. 重庆邮电大学学报(社会科学版),2007(11):61.
④ 亨廷顿. 文明的冲突与世界秩序的重建[M]. 北京:新华出版社,2010:10.

性,促动着我们不断地去探索文化、认识文化、理解文化和享受文化。[1]

历史证明,人类文化上的每个进步,都是迈向自由的一步。原文化部部长孙家正曾说:"文化从何而来? 由人化文;文化是做什么的? 以文化人。了解当代中国文化,就是了解当代的中国人。"在实现中华民族伟大复兴的历史进程中,文化为经济社会全面协调发展提供了强大的精神动力。就个人而言,文化能塑造健康人格,提升道德修养,展示良好形象;就群体而言,文化能统一思想认识,整合不同意见,规范群体行为;就社会而言,文化能维持公众秩序,化解各种矛盾,促进社会和谐。20世纪末朱光烈在其《知识就是力量吗?》一文中,提出了一个被认为是时代性的命题:"文化就是力量。"如今,文化是软实力,文化是生产力,文化也是一种无形而巨大的力量,已越来越成为人们的共识。[2]

2. 文化产业

探讨文化产业,先要了解一下产业的概念。长期以来,文化属于上层建筑,不属于经济范畴,更谈不上文化产业。中国古代的四大发明代表了灿烂的中国古代文化,其中造纸术和印刷术可以说是现代文化产业的重要源泉。在历史上,尽管这些发明带来了文化产品、文化商品及文化商品交易,但是并没有带来文化产业。

1) 产业的含义

产业(industry),在英文中与工业、行业等是同一个词。总的来讲,产业主要包括以下一些内容:一是有组织的劳动,特别是为创造价值而进行的系统劳动;二是企业,主要是指从事制造业、工艺、美术、商业等部门;三是产业,主要是指生产性或以营利为特征的劳动部门;四是工业,主要是指雇有大量员工和拥有大量资金的制造业部门;五是行业,主要是指一群以生产或营利为目的的企业或机构;六是整体的生产活动。因此,对产业的界定除特指工业之外,还泛指国民经济的各行各业。从生产到流通,从第一产业、第二产业到第三产业,以及文化、艺术、科技等,都可称之为产业。可见,产业完全是一个集合概念,它把同类对象集合为一个整体,或者说,产业就是具有同一种属性的企业的集合;同时,产业又是按照一定的标准对经济进行的某种部分或层次的划分。产业的基本单位是产业企业,并由生产同类产品的企业组成一定的企业集群。现代经济学还把产业划分为"朝阳产业""夕阳产业"等,这说明了产业具有历史的、发展的特性。[3]

一般地,产业是指由多个生产同类产品的组织形成的具有相当经济规模的社会经济形态。在农业社会,基本的生产单位是家庭,千千万万个家庭构成了农业产业,即第一产业。在工业社会,基本的生产单位是工厂,千千万万个工厂构成了工业产业,即第二产业。在现代社会,基本的生产单位是工商企业和服务企业,各经济发达国家或地区的服务企业创造了该国或地区70%以上的GDP,这些服务企业构成了现代社会的第三产业。

2) 文化产业概念的提出

机器大工业的发展促使西方一些国家用现代工业生产手段大批量复制文化产品并通过市场牟利。人们在分析上述现象时,提出了"文化产业"的概念。文化产业(culture

---

[1] 钟林. 文化的含义及其特征探微[J]. 学习月刊,2011(2):28.
[2] 王家忠. 文化创意产业读本[M]. 北京:中国社会科学出版社,2014:3.
[3] 郭辉勤. 创意经济学[M]. 重庆:重庆出版社,2007:92.

industry),是指一种经济体系或者是新兴发展模式,指现代社会以工业化的方式生产文化符号以满足人们精神消费所需要的产业。①

1926年,德国法兰克福社会学派的代表人物本雅明撰写了《机械复制时代的艺术作品》,提出了"文化产业"的概念,表述了"文化产业"与传统文化相区别的本质特征是"复制"。"复制"的结果是,文化产品由追求艺术价值转而迎合世俗,以扩大文化产品的批量生产和销售来追求最大利润。1947年法兰克福学派的霍克海默和阿多诺出版了《启蒙辩证法》一书,他们把文化产业定义为:凭借现代科技手段大规模地复制、传播和消费文化产品的工业体系。它包括传统的或前工业化时代的文化产品,如书籍和报纸;也指工业化的大众文化产品,如广播和电影。该书认为文化产业是一种标准化的过程,其生产的产品就像其他商品一样出于同一种模式,其产品已经失去了文化的内涵,而且束缚了大众的思想,成为统治阶级的工具。这里的"文化产业",翻译成"文化工业"可能更合适。可以看出,法兰克福学派对"文化工业"持有一种强烈的批判态度。

3) 国外对文化产业概念的代表性观点

文化产业作为一种特殊的文化形态和特殊的经济形态,影响了人们对文化产业的本质把握,因而不同学者对文化产业有不同的理解。代表性的观点有以下几个方面。

英国著名媒体理论家尼古拉斯·加纳姆(Nicholas Garnham,1983)从文化的商品性和服务性的角度来界定文化产业,将文化产业定义为:"那些使用工业化大企业的组织和生产模式,生产和传播文化产品和文化服务的社会化机构。"②

英国曼彻斯特大学大众文化研究所执行主任贾斯廷·奥康纳(Justin O'connor)认为:文化产业应兼顾"文化价值"和"商业价值"。商业价值体现在财富和就业上,但对大多数人来说,也体现在带动了文化消费主要场所的发展,所以文化产业的内涵必须是开放的。为此,奥康纳认为:"文化产业是指以经营符号性商品为主的那些活动,这些商品的基本经济价值源于它们的文化价值……首先包括我们平时所说的传统的文化产业——广播、电视、出版、唱片、设计、建筑、新媒体以及传统艺术——视觉艺术、手工艺、剧院、音乐厅、音乐会、演出、博物馆和画廊。"③

法国对文化产业的定义:"一系列经济活动,这些活动把文化的概念、创造、产品的特性与文化产品的制造与商业销售联系起来。"④联合国教科文组织对文化产业的定义:"文化产业就是按照工业标准,生产、再生产、储存以及分配文化产品和服务的一系列活动,以艺术创造表达形式、遗产古迹为基础而引起的活动和产出。"1986年,联合国教科文组织为了收集各国的文化统计数据,率先制定了文化统计框架,并于1993年做了进一步修正,成为规范各国文化统计工作以及各国建立自己的文化产业体系的参考标准。

1989年日本学者日下公人在他的著作《新文化产业论》中提出文化产业的定义:"文化产业的目的就是创造一种文化符号,然后销售这种文化和文化符号。"⑤这个定义既体现了

---

① 徐仲伟,周兴茂,谈娅.关于文化创意产业的几个基本理论问题[J].重庆邮电大学学报(社会科学版),2007(11):61.
② 蔡荣生,王勇.国内外发展文化创意产业的政策研究[J].中国软科学,2009(8):7.
③④ 黄辉.巴黎文化产业的现状、特征与发展空间[J].城市观察,2009(3):28.
⑤ 蔡荣生,王勇.国内外发展文化创意产业的政策研究[J].中国软科学,2009(8):77.

文化与经济的结合,也体现了哲学、心理学与经济学的结合。

1997年,芬兰在《文化产业最终报告》中,将文化产业定义为"基于意义内容的生产活动"。它强调内容生产,不再提工业标准,称"内容产业"包括建筑、艺术、图书、报刊、广播、电视、摄影、音像、游戏及康乐服务等。而芬兰学者芮佳莉娜·罗马(2002年)则用"金字塔模型"来解释文化产业的构成,她认为文化产业有双重含义:文化的产业化和产业的文化化。在金字塔模型中,文化产业处于金字塔的顶端,处于塔底的是由经济、技术和艺术组成的三角,这个三角共同支撑了文化产业。①

美国虽然没有官方认定的文化产业的说法,但在20世纪90年代,美国人用"版权产业"来说明文化产业的状况,将文化产业视为"可商品化的信息内容产品业"。其"版权产业"分为核心版权产业、部分版权产业、分销版权产业、版权相关产业等。

随着社会经济和文化产业自身的不断发展和完善,"文化产业"这一概念慢慢变为中性。

20世纪80年代以来,文化产业在西方发达国家迅速崛起,逐渐发展成为这些国家的支柱产业。实践表明,当一国人均GDP达到3000美元后,人们对文化产品的需求就会强劲增长,大众消费文化的时代就到来了。特别是数码技术和互联网的发展,使文化产品在大规模复制和大批量传播方面达到前所未有的水平,不但极大地降低了文化产品的生产成本,而且大大提高了文化产品的视觉冲击力和声音效果。②

4)我国对文化产业概念的认识

我国长期以来认为文化属于意识形态范畴,强调文化为政治服务,强调文化对老百姓的"提升"作用,未能很好地挖掘文化的产业功能。

我国对文化产业的认识可以追溯到20世纪80年代,当时日本盒式录音机在中国国内开始组装生产,录音磁带制品开始流行;随后,电视机、录像机生产线相继投产,录像带逐步流行。从此,以音像设备和音像制品为标志,中国的文化产业开始萌生。随着《渴望》等电视剧的热播,以及歌舞厅、卡拉OK厅、电子游戏厅在全国各地雨后春笋般地出现,中国的文化产业开始呈现出蓬勃发展的态势。1985年在国务院转发的国家统计局《关于建立第三产业统计的报告》中,首次将文化艺术列入第三产业。1988年,文化部在体制改革中新成立了文化产业司,这标志着中国政府正式承认文化产业。此后,中国的文化事业单位开始向市场经济转轨,文化事业单位逐渐转为企业化经营,文化市场逐渐繁荣。

文化产业作为社会生产力发展的必然产物,是随着我国社会主义市场经济的逐步完善和现代生产方式的不断进步而发展起来的新兴产业。

2000年10月,中国共产党第十五届五中全会通过了《中共中央制定国民经济和社会发展第十个五年计划的建议》,中国政府第一次在重要文件上正式有了"文化产业"的提法,提出"推动信息产业与有关文化产业结合。""完善文化产业政策,加强文化市场建设和管理,推动有关文化产业发展。"

2001年12月中国加入WTO。中国政府在加入WTO的相关文件中,对涉及音像制

---

① 蔡荣生,王勇.国内外发展文化创意产业的政策研究[J].中国软科学,2009(8):77.
② 王安琪.文化创意产业相关概念阐释[J].经济师,2011(2):53.

品、电影、图书、报刊、旅游等领域,在文化产品和服务市场准入等方面正式做出承诺,允许外资参与音像制品的分销,允许外资参与影剧院的改造,对外开放图书、报刊批发和零售市场,允许外资饭店进入中国市场等。这些内容其实是中国政府正式承认"文化产业"的法律性规定。

2002年,中国共产党十六大报告明确提出:"积极发展文化事业和文化产业。"此后,各地方政府纷纷制定本地文化产业发展规划,学术界对文化产业的研究空前活跃,文化体制改革开始取得实质性进展,我国的文化产业进入快速发展时期。

2003年,中共中央宣传部牵头成立了由国家统计局、文化部、国家广电总局、新闻出版总署、国家文物局、国家发展和改革委员会、财政部、国家税务总局、国家工商行政管理总局等单位参加的"文化产业统计研究课题组"。

文化部于2003年9月制定的《关于支持和促进文化产业发展的若干意见》中首次提出了文化产业的概念:"文化产业是从事文化产品生产和提供文化服务的经营性行业。文化产业是与文化事业相对应的概念,两者都是社会主义文化建设的重要组成部分。"《意见》将文化产业分为影视业、音像业、文化娱乐业、文化旅游业、网络文化业、图书报刊业、文物和艺术品业、艺术培训业几大门类。①

国家统计局于2004年在首次公布的《文化及相关产业分类》中提出了文化产业的概念:"为社会公众提供文化、娱乐产品和服务的活动,以及与这些活动有关联的活动的集合。"文化及相关产业的活动主要包括以下六类:①文化产品制作和销售活动;②文化传播服务;③文化休闲娱乐服务;④文化用品生产和销售活动;⑤文化设备生产和销售活动;⑥相关文化产品制作和销售活动。

文化及相关产业的范围包括三个层次。

第一层是文化产业核心层,指提供文化产品(如图书、音像制品等)、文化传播服务(如广播电视、文艺表演、博物馆等)和文化休闲娱乐的活动(如游览景区服务、室内娱乐活动、休闲健身娱乐活动等)。它构成了文化产业的主体。

第二层是文化产业外围层,指与文化产品、文化传播服务、文化休闲娱乐活动有直接关联的用品、设备的生产和销售活动。它为文化产业主体提供物质保障,是文化产业的支持。

第三层是相关文化产业层,指相关文化产品(如工艺品等)的生产和销售活动。它是文化产业的补充,从产业链的角度反映文化对社会经济的推动作用。

以上各层次包括的具体行业如下。

核心层包括新闻、图书、报刊、音像制品、电子出版物、广播、电视、电影、文艺表演、文化演出场馆、文物及文化保护、博物馆、图书馆、档案馆、群众文化服务、文化研究、文化社团、其他文化等。

外围层包括互联网、旅行社服务、旅游景点文化服务、室内娱乐、游乐园、休闲健身娱乐、网吧、文化中介代理、文化产品租赁和拍卖、广告、会展服务等。

相关层包括文具、照相器材、乐器、玩具、游艺器材、纸张、胶片胶卷、磁带、光盘、印刷设备、广播电视设备、电影设备、家用视听设备、工艺品的生产和销售等。

---

① 李正元.文化事业与文化产业的区别与联系——兼论期刊事业与期刊产业[J].出版科学,2012(6):14.

2012年国家统计局公布的《文化及相关产业分类》把文化产业调整为四类：文化产品的生产活动，文化产品生产的辅助生产活动，文化用品的生产活动，文化专用设备的生产活动。认为文化产业是指从事文化产品生产和提供文化服务的经营性行业，是按照工业化方式和贸易手段生产、再生产、存储、传播和分配文化产品与服务的一系列产业活动主体。文化产业有传统与现代之分。新兴文化产业是与传统文化产业相对的概念。新兴文化产业是指在现代科学技术推动下出现的新的文化行业。

党的十五届五中全会"关于十五计划的建议"，在党的文件中首次使用文化产业一词，由此文化产业进入国家发展战略视野。党的十六大报告中有了"文化事业和文化产业"并重的提法，大会报告中多次使用文化产业的概念。党的十六届四中全会进而提出"解放和发展文化生产力"的积极主张，提出了中国文化建设和文化产业发展的时代要求。党的十六届五中全会关于第十一个五年规划的建议在其"丰富人民群众精神文化生活"一段中，提出了文化产业的一系列任务。国家《文化产业振兴规划》使发展文化产业上升为国家战略。

2012年党的十八大报告中提出："增强文化整体实力和竞争力。加强重大公共文化工程和文化项目建设，完善公共文化服务体系。促进文化和科技融合，发展新型文化业态，提高文化产业规模化、集约化、专业化水平。构建和发展现代传播体系，提高传播能力。扩大文化领域对外开放，积极吸收借鉴国外优秀文化成果。我们一定要坚持社会主义先进文化前进方向，树立高度的文化自觉和文化自信，向着建设社会主义文化强国宏伟目标阔步前进。"深刻阐明了建设社会主义文化强国的战略目标，为文化产业发展擂响了隆隆战鼓，也对文化产业发展成为支柱产业指明了方向。

党的十八大以来，我国文化产业蓬勃发展。党的十九大报告指出文化产业蓬勃发展并予以了高度肯定。具体表现为以下方面：一是总量规模稳步扩大，对经济社会发展的促进作用明显增强；二是市场主体发展壮大，文化领域创新创业日趋活跃；三是新型文化业态发展强劲，文化产业结构逐步优化升级；四是文化产品和服务更加丰富，更好满足人民群众多样化精神文化需求；五是社会投资日趋活跃，文化产业投融资体系逐步健全；六是文化产业走出去步伐加快，日益成为推动中华文化走向世界的重要力量；七是政策法规体系逐步健全，文化产业发展环境进一步优化。①

党的十九大提出，要推动文化产业发展，健全现代文化产业体系，创新生产经营机制，完善文化经济政策，培育新型文化业态。这为新时代文化产业发展指明了方向。中国特色社会主义进入新时代，文化产业发展也进入了新阶段。

为了适应我国互联网时代文化新业态不断涌现的新形势，满足文化体制改革和文化发展规划的需要，2018年国家统计局发布了《文化及相关产业分类（2018）》。这次的新标准根据国民经济行业分类对《文化及相关产业分类（2012）》进行了修订，将原来的大类由10个修订为9个，中类由50个修订为43个，小类由120个修订为146个。其中，9个大类主要分为两方面：一是文化核心领域。以文化为核心内容，为直接满足人们的精神需要而进行的创作、制造传播展示等文化产品（包括货物和服务）的生产活动。包括6个大类：新闻信息服务、内容创作生产、创意设计服务、文化传播渠道、文化投资运营和文化娱乐休闲服

---

① 雒树刚.认真学习贯彻党的十九大精神 推动文化产业持续健康发展[J].时事报告,2018(1):79-92.

务。二是文化相关领域:为实现文化产品的生产活动所需的活动。包括3个大类:文化辅助生产和中介服务、文化装备生产、文化消费终端生产(包括制造和销售)。

2020年10月29日中国共产党第十九届中央委员会第五次全体会议通过的《中共中央关于制定国民经济和社会发展第十四个五年规划和二〇三五年远景目标的建议》中提出"繁荣发展文化事业和文化产业,提高国家文化软实力。坚持马克思主义在意识形态领域的指导地位,坚定文化自信,坚持以社会主义核心价值观引领文化建设,加强社会主义精神文明建设,围绕举旗帜、聚民心、育新人、兴文化、展形象的使命任务,促进满足人民文化需求和增强人民精神力量相统一,推进社会主义文化强国建设"的战略目标。其具体举措除了提高社会文明程度和提升公共文化服务水平之外,重点突出了"健全现代文化产业体系",即"坚持把社会效益放在首位、社会效益和经济效益相统一,深化文化体制改革,完善文化产业规划和政策,加强文化市场体系建设,扩大优质文化产品供给;实施文化产业数字化战略,加快发展新型文化企业、文化业态、文化消费模式;规范发展文化产业园区,推动区域文化产业带建设;推动文化和旅游融合发展,建设一批富有文化底蕴的世界级旅游景区和度假区,打造一批文化特色鲜明的国家级旅游休闲城市和街区,发展红色旅游和乡村旅游;以讲好中国故事为着力点,创新推进国际传播,加强对外文化交流和多层次文明对话。"

"十四五"时期是我国全面建成小康社会及实现第一个百年奋斗目标之后,乘势而上并开启全面建设社会主义现代化国家新征程、向第二个百年奋斗目标进军的第一个五年。党的十九届五中全会提出要繁荣发展文化事业和文化产业,提高国家文化软实力。"十四五"时期文化产业的新发展,必将对推进社会主义文化强国建设发挥重要的作用。

近年来,我国学者也从不同角度给"文化产业"下了不同的定义。从其存在及其过程来认识,认为文化产业是"以文化产品的生产、流通、消费和文化娱乐服务与消费为主体对象的产业门类";从其动力和手段上加以界定,认为文化产业是"商业文化凭借现代科技手段大规模地复制传播的大众娱乐文化体系";从其运营方式来分析,认为文化产业是"通过产业化和商业化方式所进行的文化产品和文化服务的生产、再生产、供应和传播"。从其部门的性质来定义,认为文化产业是把"生活消费、工作娱乐等活动与文化结合在一起,通过各种文化活动,刺激和增加人们的大量消费即能满足人们的文化和爱好的产业部门"。

5)文化事业与文化产业

文化是国家的"软实力"。文化是一个民族的灵魂,是推动经济发展的重要支撑,是综合国力的重要组成部分,同时也代表着一个国家和民族的文明程度、发展水平与高度。但在计划经济时期,文化隶属于上层建筑,文化作为一种事业,人们更多地看到其意识形态属性,而忽视它的产业属性。[1] 实际上,发展文化事业与文化产业是中国特色社会主义文化建设的题中应有之义,是传播先进文化强有力的"翅膀",文化事业与文化产业两业并举,是文化艺术生产力的一次大解放。社会主义市场经济体制的逐步建立,引发了当代文化的这场具有历史意义的裂变。[2] 什么是文化事业?尚无统一公认的概念。目前对文化事业有以下一些定义。

---

[1] 李正元. 文化事业与文化产业的区别与联系——兼论期刊事业与期刊产业[J]. 出版科学,2012(6):12.
[2] 温朝霞. 文化产业与文化事业之辨与辩[J]. 广州社会主义学院学报,2004(1):47.

定义1：文化事业是指为满足人们娱乐、休闲、健身、求知、审美、交际等精神需要和求知需要而组织活动，并提供经费、场地、器材和各种服务的社会公益性而非营利性的工作。① 这是以目标取向来下定义。

定义2：文化事业是指以继承和弘扬优秀传统文化，吸收和同化优秀域外文化，丰富和提高人们的审美水平、思想觉悟、道德素养和才智能力，纯化和优化社会风气、生产秩序、行为规范与价值取向，并能给人的全面发展和社会的全面进步提供精神动力与智力支持为目的的文化建设。② 这是以价值取向来下定义。

定义3：文化事业包括以下三个层次。第一层次是泛指整个文化。人们通常所说的"发展文化事业"就是指发展整个文化。第二个层次是指与文化产业相对的整个文化事业。具体包括公益性文化和部分亚市场文化，其特点主要是国家投资为主，其他投入（包括社会基金会、社会捐赠等）为辅，主要目的是满足公众文化需要，不是盈利。第三层次是指文化事业单位。所谓文化事业单位是指受国家各级文化行政部门直接管理的生产文化产品和提供文化服务的独立的社会组织。具体包括音乐、歌舞、戏曲、话剧、杂技等艺术表演团体，地方公共图书馆、博物馆、文化馆等，文学艺术、文物研究单位、画院等。文化事业单位既不同于文化行政管理机关，也不同于文化企业单位，其资金主要由国家财政拨款（目前也有些单位实行自收自支），没有创利创税任务，服务对象是全社会的公众。③ 这是以层次内容来下定义。

给文化事业定义应综合多个方面，从其基本性质、根本职能和目标取向等入手：首先，文化事业必须是一种公益性事业，决不以营利为目的，这是它区别于其他事业的基本性质；其次，文化事业所从事的是文化建设工作，具有国家行为特征，这是它的根本职能；再次，国家发展和建设文化事业的目的，是促进政治文明、精神文明、物质文明和生态文明建设，满足人民群众对文化日益增长的需求；最后，文化事业不是虚无缥缈的，必须由一些实实在在的部门和单位来承担，它同其他事业一样，在国民经济分类中属于一种行业。基于以上认识，可以给文化事业定义如下：文化事业是指从事文化建设和提供文化服务的公益性行业。④ 相对而言，文化产业就是指从事文化建设和提供文化服务的非公益性行业。

（1）文化事业与文化产业的区别。正确区分文化产业和文化事业是文化建设的基础性工作，也是发展文化产业的基本前提。否则，发展文化产业和文化事业就都无从谈起。文化事业与文化产业的区别主要有以下几个方面。

一是性质不同。按照国家统计局颁布的《文化及相关产业分类（2012）》之规定："文化事业"是指公益性文化单位的集合，"文化产业"是指经营性文化单位的集合。也就是说，文化事业是提供公共文化产品和服务的公益性文化部门，主体是事业性文化单位；而文化产业是从事文化产品的研发、生产、营销及提供文化服务的经营性行业，主体是文化企业法人代表。文化事业机构有严格的准入条件，且多为政府事业部门和部分事业性的单位，其主

---

① 段友君. 从文化产业发展的角度谈文化事业管理的思路转变[EB/OL]. [2008-08-07]. http://dangjian.ccnt.com.cn/whjs.php?col=432&file=16404.
② 艾斐. 文化事业与文化产业的关系[N]. 人民日报，2004-05-11：16.
③ 岳红记，高广元. 正确理解发展文化事业和文化产业的内涵[N]. 陕西日报，2003-04-30：5.
④ 李正元. 文化事业与文化产业的区别与联系——兼论期刊事业与期刊产业[J]. 出版科学，2012(6)：13.

要目标在于为公众提供公共文化服务,受政府行政干预和管辖。文化产业机构自由进入,公平竞争,产权清晰,企业是独立的法人;各主体根据市场的需要进行产业化运作,实行公司化管理,依法经营,自我积累和发展。①

文化事业具有公益性,文化产业具有经营性,这是两者在性质上的区别。可见,文化事业与文化产业的划分依据主要在于不同文化行业和文化产品市场属性的强弱,是否以营利为目的是两者最根本的区别。

二是目标指向不同。文化事业把社会效益放在第一位,虽然可以盈利,但其主要目标不是盈利,而是满足人们的精神文化需求,着眼于文化导向、国民教育感化,提高人民群众的思想和科学文化素质,推动社会全面进步及和谐发展。文化产业是由企业群组成的,是从事生产和经营活动的独立核算的经济组织,是以追求利润、产品的价值补偿和增值为目标的。在法律允许的范围内,文化产业常常把利润放在首位,同时兼顾社会效益。②

三是职能不同。文化事业的基本职能是保障公众基本文化权益,满足公众基本文化需求,如读书看报,收听收看广播影视,获取信息,参与公共文化生活等。文化事业具有点多面广、资源共享、内容丰富、形式多样、寓教于乐、雅俗共赏等特点,是社会上层建筑的重要组成部分,着眼于民族精神塑造,社会道德教化和主流价值观培育,彰显的是文化建设的社会职能。因而,文化事业要强调原则性,弘扬主旋律,体现国家的政策导向和舆论导向,努力提升公众的文化品位,增强全体公民的思想道德素质和科学文化素质,维护公共文化生活的公平正义,让城乡居民普遍享有基本公共文化服务。而文化产业的基本职能则是繁荣文化市场,着力于满足公众多方面、多层次、多样化的文化需求。由于社会分工、阶层分化、教育背景、兴趣爱好等原因,公众的精神文化需求呈现多元性、多样化特征。这种多样化的文化需求主要通过文化产业所提供的文化产品和服务来满足。文化企业根据市场行情和消费需求组织生产经营活动,为经济发展和社会进步创造物质财富,实现文化的经济价值和产业功能。同时,发展文化产业也有利于弘扬中华优秀文化,提升我国文化软实力。③

四是资金来源不同。文化事业主要由国家投资或社会资助,文化产业则由国有、集体、民营、外资等多渠道筹资。文化事业属于事业单位的行政管理体制,是社会上层建筑的组成部分,靠政府的财政拨款来运转,有着垄断性的行政资源配置。文化产业实行的是企业管理体制,靠市场来配置资源,靠商业运作来创造利润,有多种经济成分,其股权结构包括国有的、集体的、私营的、外资的以及其他混合所有制的。它以独立的市场主体、按照法人治理结构的要求自主决策、自主经营、自负盈亏。④

五是经营方式不同。文化事业机构有严格的准入条件,且多为政府事业部门和部分事业单位性质,企业化管理的单位团体,不拥有完整意义上的法人财产权。他们的主要经营目标在于为公众提供公共文化服务,经济上有各种政策优惠,受政府行政干预和管辖。其中,生产纯公共文化产品的部门资金完全来源于国家财政开支、社会赞助,生产准公共文化产品的部门资金一部来自于政府扶持、社会赞助;另一部分通过事业单位半企业化运作,

---

① 周正刚. 文化事业与文化产业关系辩证[J]. 东岳论丛,2010(11):140.
② 喻佑云,卢伶俐. 论文化事业与文化产业的关联与互动[J]. 特区经济,2006(1):329.
③ 张秉福. 论文化事业与文化产业的互动发展[J]. 出版发行研究,2014(10):13.
④ 周正刚. 文化事业与文化产业关系辩证[J]. 东岳论丛,2010(11):140.

如广告收入、门票收入等进行自我创收。文化产业机构自由进入,公平竞争,企业是独立的法人,享有完全意义上的财产权。各主体根据市场需要,以市场为中介进行产业化运作,运用公司化管理,依法经营,自我积累、自我发展。经营方式多为大批量生产,在生产、流通、消费、分配等环节与其他商品生产环节一样,按照产业运作方式和市场机制进行资源配置的优化,努力达到最适合生产规模、单位生产费用的界点。①

六是调控方式不同。文化事业由政府行政直接调控,而文化产业主要依靠政策法规,运用法律、行政、经济等手段实行间接调控。文化事业其决策机制源于政府政策法规、文化规划和上级意图与指令,属于直接调控。一般地,文化产业是以间接调控为主,主要通过法律、税收政策、价格杠杆等途径进行调控和引导,政府并不直接决定其生产和服务。国家可以通过立法,运用法律使文化企业依法经营,违法必究;同时进行税收政策引导,对社会最需要的产品实行低税,而对应加以限制的文化产品则实行高税;还可运用价格杠杆,对文化企业进行扶持和引导等。②

(2) 文化事业与文化产业的联系。正确认识文化产业和文化事业的联系同样是文化建设的基础性工作,也是促进两者协调发展的基本前提。文化事业与文化产业的联系主要有以下几个方面。

一是两者具有共同性。这种共同性表现在以下几个方面。

- 它们同属于文化建设的范畴,是统一于文化的两种形态,同是社会主义文化的重要构成部分。文化事业是文化产业之源,文化产业是文化事业发展到一定历史阶段的产物。如果没有文化事业的发展与繁荣,文化产业就失去了生存和发展的土壤。文化产业是从文化事业中派生出来的,它脱离不了文化事业的规则和方法。文化事业要靠文化产业来推动和发展壮大;文化产业只有依靠文化事业,才能获得依托和支持。

- 它们都以先进文化为发展方向。先进文化在于它的根本性质和作用是维护和促进先进生产力的发展要求,是文化建设之魂。文化事业作为先进文化传播的基本载体,文化产业则体现为先进文化的实践基地和传播途径,两者相互依存。尽管它们各自所具有的特点和发挥作用的方式不同,但它们的终极目的都是对社会与人的促进与提升。文化事业的主要职责在于继承和弘扬优秀传统文化,吸收和同化优秀域外文化,丰富和提高人们的审美水平、思想觉悟、道德素养和才智能力,纯化和优化社会风气、生产秩序、行为规范与价值取向,并能给人的全面发展和社会的全面进步提供精神动力与智力支持为目的的文化建设。文化产业虽然是以赚取利润为直接目的,文化产品和文化服务作为一种商品与商业活动,它们生产的意义、商品的价值、消费的需求必须符合先进文化和健康有益文化的要求,才能得到持续不断的发展。③

- 它们的存在价值都体现在创造、传承和弘扬中华民族先进文化上。在这一过程中,虽然它们担当的角色不同,但殊途同归,都是为了创造、传承和弘扬中华民族先进

---

① 喻佑云,卢伶俐. 论文化事业与文化产业的关联与互动[J]. 特区经济,2006(1):329.
② 周正刚. 文化事业与文化产业关系辩证[J]. 东岳论丛,2010(11):141.
③ 喻佑云,卢伶俐. 论文化事业与文化产业的关联与互动[J]. 特区经济,2006(1):329-330.

文化。
- 它们的终极目标都是服务社会,都要重视社会效益。国家大力发展文化事业和文化产业的目的,就是要满足人民群众日益增长的精神文化需求。因此,在"重视社会效益"的问题上,文化事业和文化产业是完全一致的。虽然文化产业并未像文化事业那样强调"把社会效益放在首位",但如果它只顾经济效益而忽视或放弃"社会效益",不能"满足人民群众日益增长的精神文化需求",最终必然要失去经济效益。① 如党的十九大报告中明确提出:"推动文化事业和文化产业发展。满足人民过上美好生活的新期待,必须提供丰富的精神食粮。要深化文化体制改革,完善文化管理体制,加快构建把社会效益放在首位、社会效益和经济效益相统一的体制机制。"在《中华人民共和国国民经济和社会发展第十四个五年规划和2035年远景目标纲要》中提出:"坚持把社会效益放在首位、社会效益和经济效益相统一,健全现代文化产业体系和市场体系。"
- 它们都是文化国力的重要组成部分。文化国力是指综合国力中的文化力,它体现着一个国家或地区的文化发展状况和建设成果,蕴含着推动经济与社会全面发展的精神力量和智力因素。文化事业与文化产业都是文化国力的重要组成部分。文学艺术等文化事业和演出业、娱乐业、旅游业等文化产业以及文化市场的发展都是民族文化精神与力量的直接体现,也是推动社会经济文化发展的重要力量。② 党的十九大提出"坚定文化自信,推动社会主义文化繁荣兴盛"的文化发展的重要方略,提出"推动文化事业和文化产业发展""提高国家文化软实力""要坚持中国特色社会主义文化发展道路,激发全民族文化创新创造活力,建设社会主义文化强国"。这都是增强文化国力的生动体现。

二是两者相互依赖。尽管文化事业与文化产业存在很大差异,对两者加以适当区分,以便更好地推进文化现代化的科学发展,是完全必要的,但两者都是生产精神文化产品的部门,都属于第三产业范畴,因而又不可能截然分开,其划分是相对的。在文化建设与发展的具体实践中,文化事业与文化产业关系密切,两者常常相互包含、相互渗透,交叉重叠之处较多,许多文化行业都兼具公益性与经营性的特点。一方面,文化事业中包含有文化产业的成分,认为文化事业不能营利或无法营利的观点是错误的,虽然它不以营利为目的。另一方面,文化产业中也渗透着文化事业的因素,如出版、广播、电视、电影等行业属于文化产业核心层,但其中渗透着大量的政治引导、思想宣传、道德教化、法律普及、文化传承、公益广告等文化事业性内容。实际上,市场经济条件下的大多数文化商业运作都包含一定的公共文化成分。③

三是两者相互转化。在文化建设过程中,文化事业和文化产业在一定的条件下还相互转化。回顾、反观世界文化产业的基本发展历程会发现,最初的文化资源和产品往往属于纯粹公共文化品,采用纯粹的事业管理体制。但是,随着人们文化消费需求的上升,有的文化产品逐渐具备了经济价值。同时,现代信息技术和传播手段的发展也拓展了文化产品的

---

① 李正元. 文化事业与文化产业的区别与联系——兼论期刊事业与期刊产业[J]. 出版科学,2012(6):15.
② 喻佑云,卢伶俐. 论文化事业与文化产业的关联与互动[J]. 特区经济,2006(1):330.
③ 张秉福. 论文化事业与文化产业的互动发展[J]. 出版发行研究,2014(10):13-14.

市场空间,这样部分文化事业就转化为产业。对于我国而言,我国文化资源和产品由公共产品向准公共产品、向文化商品转变的进程起步较晚。随着实践的发展和认识的提升,有的文化形式和行业,在彼一时空段不是产业,不能办产业;但在另一时空段可能是产业,可以办产业。如广播电视等就是这样,已从文化事业转化成产业或部分产业。文化事业是最典型的精神生产,但又离不开物质的外壳;文化产业属于精神生产,但不是所有的精神生产都能成为产业。在空间维度上,部分意识形态属性强,远离物质生活的文化不能办产业;在时间维度和历史进程中,文化事业是文化产业的前提和源泉,它由事业分化、转化发展而来。一方面,产业为事业提供物质支撑,为事业服务,在某种条件下,也可以转化为事业,构成事业的一部分。另一方面,有些文化事业,会随着社会的经济发展和人们消费水平的提高而发展成文化产业;有的事业经过改制、发展、剥离可以转化为产业。可见,文化事业与文化产业的划界是动态的。[1]

四是两者相互促进。文化事业与文化产业是相互促进、相辅相成的,它们一起构成我国文化建设的两种基本形式,共同促进社会进步和人的发展。一方面,文化事业是我国文化建设的主导,对文化产业具有导向和滋养作用。因为文化事业不仅能够为文化产业提供思想基础、艺术形式、文化资源及良好的文化生态环境,而且能够培育公众的文化消费需求,拓展文化产业的市场空间,促使文化企业不断提高产品质量,增强市场适应性。[2] 另一方面,文化产业是我国文化建设的重心,为文化事业发展提供物质基础和动力牵引。因为文化产业不仅能够积累资金,增加税收,革新技术手段,促进经济发展,使文化事业获得更为深厚扎实的物质基础,而且能够活跃和繁荣文化市场,提高公众对公共文化的消费期望,为文化事业发展提供强大驱动力,并潜移默化地影响文化事业的产品形式和精神气质。[3]

文化事业和文化产业在社会主义文化建设中虽然有着各自不同的角色定位和功能,它们互为两翼,是先进文化中共生与双赢的"并蒂莲",分别成为当今文化建设的两大重镇。只有两业并举,促进两者的互动发展,才能不断增强我国文化国力和国际文化竞争力,在全面建设小康社会的进程中,充分发挥文化对社会经济可持续发展的深层底蕴作用。

中华文化将在文化事业与文化产业的双轮驱动下,驶向伟大的复兴。

第二节　创意产业的内涵、特征和作用

创意产业是创意最典型的体现,这是创意的最终目的,否则创意只能停留在空想阶段,不能实现任何价值。在全球化趋势不断加强,国际竞争日趋激烈的今天,创意产业已经不仅仅是一个发展的理念,而是有着巨大经济效益和社会效益的新兴经济模式,创意产业已经成为世界发达国家经济的重要组成部分,它所形成的产值也越来越高,在世界各国GDP中的比重也越来越大。据联合国统计,1999年,世界创意产业的产值达2200亿美元,占全球总产值的7.5%,并以每年10%的速度增长,大大高于全球GDP 7%的增长速度。2005年全

---

[1] 周正刚. 文化事业与文化产业关系辨证[J]. 东岳论丛,2010(11):142.
[2] 范志杰. 论文化事业对文化产业的促进作用——基于钻石模型的视角[J]. 企业导报,2013(8):86-87.
[3] 张秉福. 论文化事业与文化产业的互动发展[J]. 出版发行研究,2014(10):14.

球创意产业的产值超过1.3万亿美元,2009年全球创意产业总产值超过4.2万亿美元。2005—2009年全球创意产业总产值年均增长率高达34.1%,远远高于同期全球GDP的增长速度(6.5%)。

各国(地区)政府从战略上高度重视创意产业的发展。创意产业已经成为21世纪的朝阳产业,是城市经济的新载体和新形式。它是以创意为核心,以文化为灵魂,以科技为支撑,以知识产权和自主品牌的开发与运用为主体的知识密集型、智慧主导型战略性新兴产业。最近几年来,创意产业受到了全世界的关注,英国、美国、日本、韩国、新加坡等国家都把发展文化创意产业作为提升国家综合竞争力的主要手段,并制定了创意产业发展战略,成立专门机构进行统一指导、落实和推进。创意产业引发的热浪正以前所未有的传播速度影响着中国各地的经济发展方式,改变着传统的经营模式,也革新着人们的观念和思维方式。

创意产业脱胎于文化产业又超越了文化产业,是经济发展模式的一种创新,它强调用全新的思维逻辑方式融入现有产业实现价值创新,从而促进对经济运行系统的创新,对产业结构的优化和对区域综合竞争力的提升,实现经济发展方式的转变。

创意产业起源于世界经济中心城市,又繁荣、集聚于世界经济中心城市。伦敦、纽约、新加坡等中心城市都把创意产业作为支柱产业来发展,创意产业对提升这些城市(国家)的竞争力起到了至关重要的作用。

面对创意产业发展的巨大机遇,发展中国家的城市和地区也不甘示弱,正努力抓住历史所赋予的发展机遇,如我国的北京、上海、广州、天津、深圳、苏州、青岛等城市正积极投身于创意产业发展的大潮中。

1. 创意产业的历史由来

1) 从文化工业到文化产业

长期以来,文化艺术外在于国民经济,文化与产业没有关系,也从未进入经济学家的视野。进入20世纪以来,工业化对文化艺术冲击很大,特别是对音乐、小说、电影影响很大。为此,德国著名社会哲学教授阿多诺和霍克海默于20世纪40年代提出了"文化工业"一词,从哲学的高度对文化工业进行了激烈的批判和坚决的否定,认为文化工业制造了虚假的需求和虚假的满足,是资本主义技术统治和工具理性发展的必然逻辑。他们认为,文化商业化在工业化的影响下通过完美的技术驯服群众,背离了启蒙理想,成为"欺骗群众的启蒙精神",是对真正的文化艺术的背叛。"所有文化、艺术和娱乐消遣的作品,都按照一个虚假的公式,用于使文化工业完善化,并不断地实现完善化。"

伴随着文化对经济的影响越来越大,20世纪七八十年代法兰克福学派批判发生了转向。英国继承了新古典经济学对艺术应用的观念,以城市复兴为目标开始寻求用文化重新定义传统产业,电影、电视、音乐等巨大的商业领域被重新贴上了"文化"的标签,并通过艺术实践和集聚战略促进城市复兴。20世纪80年代,英国大伦敦市议会积极推行文化战略,把文化产业纳入政府政策议程,这是文化产业概念第一次以正面意义出现在地方政府政策中,引起了广泛关注。

大伦敦市议会强调了文化产业的提出有其深刻的政治经济意义。一是强调了那些缺乏公共资助系统而以商业化运作的文化活动是创造财富和就业机会的重要源泉;二是人们消费的绝大部分文化商品和服务(包括电视、广播、电影、音乐、报刊、广告等)与公共资助系统无关。从此,英语中单数的"文化工业"(cultural industry)变成了复数的"文化产业"(cultural industries),文化产业概念进入了政策领域,突破了人们传统上对文化艺术的狭隘理解,重新认识了文化艺术的巨大经济作用,调整和重组了文化产业各个门类,彻底地扭转了法兰克福学派的负面影响。

2)从文化产业到创意产业

1986年,大伦敦市议会遭到了当时执政的保守党废除,实施多年的大伦敦文化战略随之搁浅。不过,工党执政的谢菲尔德、格拉斯哥、曼彻斯特、伯明翰和利物浦等城市继续推行文化产业,形成了独具特色的文化经济政策。可以说,文化产业作为政治修辞进入了英国地方政府文化政策,源于在野工党政治斗争的需要,带有很强的意识形态色彩,而且在工党政府执掌地方政府权力的时候付诸实施。

20世纪90年代初,英国政府委托相关文化部门起草国家文化发展战略,并于1993年公布了题为"创造性的未来"文化发展战略,成为英国历史上第一次以官方文件形式颁布的国家文化政策,而且"创造性"一词也被引入了文化政策文件,成为文化政策的核心。

1997年,英国工党赢得大选,当政的布莱尔政府迅速成立了由多个政府部门和产业界代表组成的"创意产业特别工作组"(the creative industries task force)。成立后的工作组于1998年11月发布了第一份创意产业路径文件,从中第一次明确提出了创意产业的概念,即创意产业是"源于个体创意、技巧和才华,通过知识产权的开发和利用,具有创造财富和增加就业潜力的产业"。"创意产业"概念取代"文化产业"概念,是英国工党在野十余年期间推行地方文化政策的延续和发展,突出了文化艺术经济增长的重要意义,淡化了文化产业的政治色彩。创意产业更强调创造性,凸现了创意产业对于创造财富和增加就业的巨大促进作用。

至此,创意产业在全英范围内蓬勃发展,创意产业从边缘进入了中心,成为发展新经济的增长点。从文化产业到创意产业,不仅体现了英国政府文化政策的变迁,还体现了对"文化产业"认识观念的变迁。文化产业具有集约化、规模化的工业特征,而创意产业更强调了每个个体的创新精神、创业能力和创造力的发挥与应用,强调创意、想象力和科技的重要作用,通过知识产权的保护创造财富和就业机会,从而促进整体经济的增长。

2. 创意产业的内涵

创意产业又称创意工业、创造性产业、创意经济、文化创意产业等,它是基于创造力而形成的产业。

创意产业作为一个术语出现于20世纪90年代,但创意产业的理念可以追溯到德国经济学家熊彼特。早在1912年,他就明确指出,现代经济发展的根本动力不是资本和劳动力,而是创新。所谓创新,就是"建立一种新的生产函数",也就是把一种从未有过的关于生产要素和生产条件的"新组合"引入生产体系。创新的关键就是知识和信息的生产、传播和应用。

著名经济学家保罗·罗默也在1986年撰文指出,知识具有组织创造无限财富的潜能,创意会衍生出无穷的新产品、新市场和创造财富的新机会,所以创意才是推动一国经济成长的原动力。

作为一种国家产业政策的创意产业概念最早明确提出的,则是英国的"创意产业特别工作小组"。1998年和2001年,该工作小组对创意产业的概念定义为:"哪些源于个体创造力、技能和才华,通过知识产权的开发和利用,具有创造财富和发挥就业潜力的产业。"他们提出的"创意产业"的概念已被许多国家和地区的政府所采用,并被纳入各个国家或地区的相关政策。实际上,由于各国不同的文化传统和产业发展路径,"创意产业"的具体名称、定义、内涵和产业范围都存在一定程度的差异。在概念的名称上,创意产业在英国称为"创意产业";在欧洲一些国家一般称为"文化产业",中国过去也习惯沿用这一概念;在美国和澳大利亚称为"版权产业"。

在概念的定义上,新西兰、芬兰、西班牙、美国、德国、澳大利亚、韩国、新加坡等国家都对创意产业进行了定义。不过,最具影响力的除了上面提到的英国定义外,还有联合国教科文组织在蒙特利尔对创意产业的定义:"按照工业标准生产、再生产、存储及分配文化产品和服务的一系列活动。"根据这一概念,创意产业包括物质形态的生产和服务两个方面,它是从事文化产品的生产经营活动以及为这种生产和经营提供相关服务的行业。

美国著名经济学家凯夫斯给创意产业做了如下定义:"创意产业提供我们宽泛的与文化的、艺术的或仅仅是娱乐性的产品和服务,包括图书及杂志出版、视觉艺术、表演艺术、录音制品、影视及时尚、玩具和游戏等。"

有"创意产业之父"之称的英国经济学家约翰·霍金斯在其《创意经济:人们如何从思想中创造金钱》一书中,将创意产业定义为:"其产品都在知识产权法的保护范围之内的经济部门,并认为版权、专利、商标和设计产业四个部门共同构建了创意产业和创意经济。"这个定义扩展了创意产业的内涵,把属于自然科学中各部门的专利研发活动也纳入创意产业,从而有效地解决了创意活动中科学与文化艺术相分离的问题。

约翰·哈特利在其所著的《创意产业读本》一书中指出:"'创意产业'这一概念试图以新知识经济中的新媒体技术发展为前景,描述创意艺术(个人才能)和文化工业(大规模生产)在概念和实践层面上的配合,供新近才实现互动交流的公民——消费者所用。"约翰·哈特利对创意产业的描述,非常准确地把握住了创意产业的两大要素,这就是个体创意和产业化生产,并且强调了消费者在创意产业中的积极作用。也就是说,在知识经济的趋势和新媒体科技的发展之下,创意产业把公共艺术和商业市场,把艺术(即文化)直接与传媒娱乐(即市场)等大规模产业联系起来,在某种程度上解决了两者的对立,并极大地超越了两者,从而衍生出更多的市场可能性和机会。

我国创意产业刚刚起步,还没有把创意产业纳入正式的统计范畴和指标核算体系,对创意产业的内涵还处在不断探讨中。在对创意产业本质特征分析的基础上,我国学者也在《中国创意产业发展报告》(2006年)中给创意产业做出了如下定义:"创意产业是指那些具有一定文化内涵的、源于人的创造力和聪明智慧,并通过科技的支撑作用和市场化运作可以被产业化的活动的总和。"学者丁俊杰、李怀亮和闫玉刚在其著作《创意学概论》中对创意产业定义为:"创意产业是在世界经济进入知识经济时代这一背景下发展起来的一种新兴产业,是个体创造性劳动与现代大规模文化生产紧密结合的产业。它推崇创新、推崇个人创造力、强调文化艺术为现代文化工业生产提供具有知识产权性质的、可转化的创意设计和构思,由此而支持和推动经济的发展。"

目前,我国学者认为创意产业应包含三方面的内容:一是通常所说的文化及相关产业;二是与通信、网络相关的软件、游戏、动漫等产业;三是与传统产业相关的各类设计、咨询策划等产业,包括工业设计、建筑设计和会展策划等内容。

由于知识产权法的具体规定不一,各国都结合本国的实际提出了创意产业的概念。总的来说,对创意产业的内涵界定需要明确以下几点。

1)创意产业是以文化为基础、以创意为核心的生产要素

创意产业按照创意性质和文化应用的区别可以分为两个大类:一类是通过赋予历史文化某种新的内涵,从而给予产品或服务以艺术想象力的消费性创意产业;另一类是探索适合本土文化需求的产品设计创新或企业经济体制、管理模式应用创新的生产性创意产业。

2)创意产业是以知识产权为核心资产的新产业门类

创意产业需要有知识产权法来保护其创新成果。创意产业是一个智力密集型产业,创意存在于技术、经济和文化艺术等多个方面。由于创意知识在转移中不具备排他性,必须有知识产权的保护才能够创造财富。

3)创意产业必须重塑传统产业系统

创意产业只有重塑传统产业系统才能实现其创造财富的商业化结果。创意产业概念的提出,意味着它已经超越一般文化产业,更加强调文化产业与第一、第二以及第三产业的融合和渗透。

通过研究与对比各国和各地区关于创意产业的内涵和政策,我们不难看出:创意产业是以创意为中心,以市场为导向,以知识产权为保障,按照工业标准和商业运作方式进行的内容创作、生产、流通和分配,为人们提供文化产品和文化服务,最终实现利润最大化的大规模商业活动的产业集合。

3. 创意产业的概念界定

与创意产业相近的概念很多,如文化产业、内容产业等,这些概念在很多时候往往混杂在一起,所包含的产业门类也往往重叠在一起,使人们难以区分。实际上,它们之间还是有一定区别的,并不完全相同。我们这里主要从创意产业与内容产业、文化产业上加以区分。[①]

1)创意产业与内容产业

"内容产业"这一提法是在 1995 年"西方七国信息会议"上首次出现的。次年欧盟在《信息社会 2000 计划》中把内容产业定义为制造、开发、包装和销售信息产品及其服务的产业,其产品范围包括各种媒介的印刷品、电子出版物和音像传播。1998 年,经济合作与发展组织(OECD,简称为经合组织)发表《作为新增长产业的内容》(Content as A New Growth Industry)专题报告,把内容产业界定为"由主要生产内容的信息和娱乐业所提供的新型服务产业",具体包括出版和印刷、音乐和电影、广播和影视传播等产业部门。该专题报告进一步把"内容"划分为两类:一类是旧媒体,也就是传统的视听和音乐内容,以"一对多"形式由单一生产者向众多受众传播;另一类是新媒体,综合了数字文本、资料视听内

---

① 丁俊杰,李怀亮,闫玉刚. 创意学概论[M]. 北京:首都经济贸易大学出版社,2011:95-97.

容等多媒体服务,通过数字化终端或互联网传送。由此,内容产业主要包括媒体内容及其服务产业,尤其是数字化产品的文化内容。

2) 创意产业和文化产业

创意产业与文化产业是两个非常接近甚至经常相互换用的概念,这就使得这两个概念容易混淆。众多专家往往也都将两个概念作为可以互相替代的概念来使用,默认这两个概念实际上并不存在什么实质性的差异,而且它们所包含的范围也基本一致。如薛永武在《关于文化与文化产业研究的几个理论问题》中指出:"创意产业无论是什么内容,都属于观念形态的文化……文化产业中的'文化'本身又是一种观念形态,是区域经济与产业经济文化创造者创意的感性显现,因而文化产业又可以称之为创意产业。"值得注意的是,在赢得 1997 年大选胜利以前,英国新工党的相关文件中一直都使用"文化产业"这个概念。但在大选胜利之后,"文化产业"就被"创意产业"所代替。英国这种将"文化产业"迅速转变为"创意产业"的做法在某种程度上是为了制定文化政策的需要带有很强的政治色彩。其实,英国所定义的创意产业,实质上就是文化产业,只不过是"创意产业"一词更加突出强调了文化产业中的创意特性,侧重点不同而已。[1] 实际上,创意产业与文化产业还是有着一定的不同的。

如前所述,文化产业指的是按照工业标准生产、再生产、储存以及分配文化产品和服务的一系列活动。文化产业是产品的文化内容和工业化制造的一种结合,而创意产业显然强调的是产业的内容,而且是具有创意的内容。两者的具体区别如下。

首先,创意产业的最终结果虽然与文化产业所指的产业基本一致,如广告、建筑、艺术、古董市场手工艺、设计、时尚设计、电影、互动休闲软件、音乐、电视和广播、表演艺术、出版和软件等行业,但创意产业已经从上述产业部门中分离出来,成为独立的产业部门,它所生产的主要是如上行业产品的创意,如广告、建筑、服装、手工艺生产中的设计创意,电影、电视生产中的题材构思、出版和软件制作中的选题策划、艺术表演的导演形式、各种产品的生产工艺、标准以及销售模式等。如果没有了创意,创意生产也就不可能存在下去。而如何实现这些创意,则是文化产业和其他产业部门所要去完成的。从这一意义上看,可以说创意产业位于文化产业生产的上游,是对传统文化产业的一种超越。文化产业的生产是创意产业成果的产品化,是对创意的实现和实践。创意产业的成果如果不能转化为实践或产品,那么这个创意也就走向失败。

其次,创意产业与文化产业的联系不是由产业链来决定的,而是由价值链定律来完成的。创意产业正居于这种价值链的高端地位,而不是简单的文化产业流水线上的一部分或一个阶段,它对于文化产业具有通过分配利润而不是通过生产来获取更多利润的特权。从更广义的角度看,创意产业也是创意新产业,它在客观上已经成为知识经济时代的一个标志性产业。创意产业的边界将涉及具有高科技含量、高文化附加值和丰富创新度的任何产业。

再次,创意产业具有知识产权,而文化产业并不一定具有知识产权,如一些文化活动、网吧经营、古籍出版等,这一点很重要。具有知识产权的文化产业显然具有更高的附加值,

---

[1] 卢涛,李玲.文化创意产业基础[M].武汉:武汉大学出版社,2014:7.

可获取更多的利润,这就是文化产业走向创意产业的根本原因。

尽管做了上述区分,但在具体操作上,尤其是在一些政府的实际操作上,并没有对文化产业与创意产业做出严格区分,两者甚至可以互换使用,但有时也把文化产业包含在创意产业之内。比如,全球文化多元化联盟就强调创意产业包含文化产业。创意产业除了包含传统的文化产业,如印刷、出版、多媒体、视听产品、设计产品等之外,文化及艺术所生成的作品,不论是原始的还是加工的创意或艺术的元素,都可成为创意产业。

一般地,创意产业包括了文化产业,但它比文化产业具有更强的延伸性,或者说更具有产业化,与营销更靠近。这样,由上游创意到企业化的产品开发,再到下游的营销,就形成了一个完整的产业链条,构成了一个创意经济实体。

由以上分析可知,文化产业、内容产业与创意产业三个概念虽然外延大致相同,而且其内容内涵都以"文化"为核心,但三者所强调的侧重点是不同的。文化产业这个概念更加强调该类产品及其服务的特殊属性,即数字化内容和区别特征;而创意产业显然更加强调产业内容的创造性和创意的自主知识产权。应该说,从文化产业到内容产业再到创意产业,内容得到了一步步地强化,而最初的工业化机械生产则被逐渐弱化,因为当技术不再是产品生产的制约性因素后,产品的内容,尤其具有创造性的内容,则直接关系到产品的市场和价值。创意产业这个名称就表明了,这个产业不是进行文化产品的简单复制,而是一个充满创造性的领域,而这将直接导致产品的价值增值。

4. 创意产业的本质

只通过英国创意产业特别工作组对"创意产业"做的定义——创意产业是"源于个体创意、技巧和才华通过知识产权的开发和利用,具有创造财富和增加就业潜力的产业"还不足以完全反映创意产业的本质。要想认识其本质,必须分析创意产业的四个构成元素,分别是:文化、人的创造力、科学技术和产业化,四者紧密结合,缺一不可。文化借助科学技术,发挥人的创造力形成创意成果(作品),最后将创意成果推向市场,进行产业化运作,买卖创意产品,从而形成了"创意产业"。

这里实际存在两个过程:创意作品形成过程和创意产品形成过程,按照马克思主义劳动价值论来分析,前者是价值创造过程,而后者是价值实现过程。两个过程紧密衔接才能形成创意产业,缺少前者,创意产业成了"无源之水,无本之木",而少了后者,创意产业无以为继,缺少发展的动力。

这样,四个元素、两个过程分别从内部构成(静态分析)和形成过程(动态分析)深入而完整地分析了"创意产业"的本质,即"创意产业是指那些具有一定文化内涵的、源于人的创造力和聪明智慧,并通过科技的支撑作用和市场化运作可以被产业化的活动的总和"。

5. 创意产业的特征

创意产业的兴起是产业发展演变的新趋势,它既具备知识服务业的业态,又有如下特征作为其标志。

1) 创意产业具有高风险性、融合性、高附加值、强渗透性、低污染和低能耗的特点

人们对每一种产品的需求在日益提升的同时,必须看到这种需求又有很大的不确定性。首先,每一种创意产品对于消费者需求来说,存在着时尚潮流、个人嗜好、传播炒作、时

机选择、社会环境、文化差异、地域特色等多种不确定因素,客户只有在创意产品呈现在眼前时才会辨别是否是自己需求的产品,因而也大大增加了创意产品的风险。其次,对创意产业的投资是一种风险投资,创意产业无疑是风险产业,它以知识创新和高新科技为支持体系,具有可能的高收益、高回报和高增长潜力的特性,但这种高收益可能遭遇风险。即使是十分成熟的好莱坞电影,同一个著名导演,也无法保证其每一部电影都能成功。此外,随着科技的发展,人们获得信息的渠道越来越多、时间越来越短,盗版和模仿技术的日益进步和快速增长,产品流行与落伍的变化,都使得创意产品中创意的生命力受到一定的威胁,创意产品时刻都在经历着市场的瞬息万变以及知识保护不力等带来的巨大压力。

在组织形态上,创意产业打破了传统产业的界限,可以同时与不同的产业产生关联,如第一产业、第二产业、第三产业均可以与创意产业相互融合,由文化衍生而来的内容产业、信息经济提供的技术水平以及知识经济的背景,共同为创意产业提供了发展舞台。国际上普遍认为,创意产业作为一项新兴产业,它以文化创新为核心,以高新技术为依托,通过产业价值链的形成与延伸创造经济价值,融合性是其基本特征之一。

创意产业的核心生产要素是信息、知识及文化和技术等无形资产,因此,该产业是具有自主知识产权的高附加值产业。创意产品通过创意设计为传统产品植入了文化的附加内涵,且往往是传统产品在注入这种符号后价值会得到极大的提升,而且更受市场的欢迎,一次投入就能够得到广泛的价值体现,无孔不入地渗透到一切可能的市场领域。

创意在这里是技术、经济和文化等相互交融的产物。创意产品是新思想、新技术、新内容的物化形式,特别是数字技术和文化、艺术交融和升华,技术产业化和文化产业化交互发展的结果,可以渗透到许多产业部门。正因为如此,创意产业很难从传统产业类型中完全分离开来,强渗透是其重要特征。

创意产业是以知识密集型、脑力创新劳动为主,其核心生产要素是从业人员的创意智慧,与传统产业相比具有低污染和低能耗的特点,创意产业既不需要消耗大量的自然资源,也不同于制造业靠厂房、机器、资源和劳动力,不会产生污染。

2) 创意从业人员主要是更加关注自己产品的知识型劳动者

创意从业人员的工作有其特殊性和不可替代性。他们不断创造新观念、新技术和新的创造性内容,职业能力既来自于个人经验的积累,也来自于个人灵感的迸发。生产方式是以脑力与体力、手工与信息化等现代化手段相结合,实现智能生产与实时敏捷生产。在发达国家,随着工业化的发展和后工业化社会的进步,教育和研发、文化、金融等众多领域的创意人群在人口中所占比重正在增加。

3) 创意产品呈现出创新性(创造性)、智能化、特色化、个性化、艺术化的特点

创新性是创意产业的灵魂和本质。它主要指创意产品或创意活动的生产和营销。每一项创意产品都应当独具匠心,别出心裁,避免陈规俗套。创新不是简单地重复而是创造,这需要创造者投入极大的创作激情来完成。创新性还意味着对各种资源进行有效整合和重组,意味着把"特殊"上升为"一般",即让一般的人都能够接受和认同这种创新的思维与模式,这样才能"击中"人心,在市场上获得超值的效益。

创意产品有其相同的特性,即以文化、创意为核心,运用知识和技术,产生出新的价值,是创意灵感在特定行业的物化表现。电影、电视广播、录像带、音乐产业、出版业、视觉艺术

产业等文化产品,是与新科技和传媒相结合的产品,达到大量生产并掀起全球性商品流动与竞争。而传统工艺或创意设计产品,可能是手工的、少量生产的产品,它们都呈现出智能化、特色化、个性化、艺术化的特点,它们的价值并非局限于产品本身的价值,还在于它们所衍生的附加价值。比如那些具有版权的产品,包括著作、电影和音乐的出口能比服装和汽车等制造业产品的出口获得更多的利润。

4)创意产业技术向数字化、知识化、可视化、柔性化方向发展

从世界范围来看,现代科技的发展尤其是信息技术、传播技术、自动化技术和激光技术等高科技的广泛运用,给创意产业带来了革命性的影响,产业应用的技术正向数字化、知识化、可视化、柔性化方向发展。

5)创意产业组织呈现集群化、多样性

当今社会,创意产业已不再仅仅指个体设计师、艺术家的灵感突发,而是知识和社会文化传播、产业发展形态及社会运作方式的创新。创意产业的发展并不仅仅是个人和单个企业的行为,而是需要集体的互动和企业的地理集聚,形成集群化的环境。创意产业集群的特征是生活和工作结合,知识文化产品生产和消费结合,有多样化的宽松环境,有独特的本地特征,而且与世界各地有密切的联系。

6)创意企业小型化、扁平化、个体化和灵活化

创意产业的企业呈现出小型化、扁平化、个体化和灵活化的特点,以少量的大企业、大量的小企业为普遍现象。一个小的设计公司虽然只有几个或几十个人,但其设计创意人员占据主导地位,处于产业价值链的高端,对周边制造业能起到重要的带动作用。

7)创意管理向信息化、网络化、知识化方向发展

创意通常是个人的灵感体现,往往是零乱的、不系统的,因此,创意企业需要利用信息化、网络化的手段,通过知识管理来整合和集成。只有通过现代管理手段,整合从研发到营销环节的各种资源,才有可能针对消费者需求,更快、更好地创造出市场需要的产品,实现企业的最大效益。

由以上分析我们可以看出,创意产业还具备这样几个特征:首先,它要包含人的创造力的内容,那些没有创造性的活动不能归到创意产业中;其次,一个创意必须可以产业化或者具有一定的产业化潜力,才能称为创意产业的内容,那些无法被产业化、小作坊式的生产模式不能称为创意产业;再次,创意产业在本质上应该是一种文化的外在体现,它的本质是文化,也就是说是人类文明的体现,没有文化内涵的内容也不能被称为创意产业;最后,创意产业还应该具有科学技术的支撑。

6. 创意产业的作用

1)创意改变竞争格局

1997年亚洲金融危机时,韩国三星集团(以下简称三星)还背负着170亿美元的债务。一味地模仿别人的技术,制造大量没有创意的廉价产品,并采取过分追求规模化的生产以价格制胜的经营方式作为谋利手段,其结果是在国际市场上成为"低价低质"的代名词。而今天,三星已跻身世界五百强之列,品牌价值一路攀升,连索尼、英特尔和微软等世界一流跨国公司,都在积极寻求机会,与其结成战略联盟伙伴。究竟是什么让三星迅速得以重生?创造三星辉煌成就的武器就是将"创意"融入从研发到生产的每一个环节,从简单的组

装技术开始,到产品设计技术,再到产品核心技术,凭此三星拥有了在世界占有率排名第一的产品。十年时间,三星再也不是那个"廉价"的品牌商,渐渐成为高端产业和品牌的代名词,使全世界彻底改变了对三星的看法,完成了一个由模仿者到跟随者再到领跑者的成功蜕变。

精致是创意的基础,从工业化生产到原创性、精致化运作,韩国已渐渐成为引人瞩目的一个创意型国家。它的崛起带给我们的启示是:在竞争对手越来越多,越来越强大的今天,只有提升品牌的设计原创性,使品牌进一步精致化,才能最终提升品牌的价值。

2) 创意改变国家

"创意经济"最大的特点就是高附加值、高利润、低耗能。在今天,许多发达国家已经把制造业视为低层次、低效益产业,正逐渐向其他国家或地区转移;而一些低能耗、高利润、高附加值的创意工作则留在了自己的国内。比如苹果公司的计算机、手机等产品,其核心的设计与技术都是在美国本土完成,而产品所需要的各个部件则可能是在日本、韩国等国生产,最后在中国组装完成。

在日本,许多大型企业如丰田汽车、索尼、松下等,都在国外设有许多工厂,但这些企业的主要研发中心都留在了日本本土。

受创意的影响,新西兰一跃成为世界的旅游热点。在2001年之前,新西兰还只是南半球上一个默默无闻的国家,而在2001年12月《指环王》上映之后,新西兰一夜之间成为全世界游客心驰神往的旅游胜地,凭借电影《指环王》与《金刚》所展现的让人叹为观止的自然景观,吸引了世界各地的游客纷至沓来,为新西兰带来了滚滚财源。

3) 创意改变历史

回顾人类社会的发展史我们会发现,人类文明总是伴随着伟大创意的诞生而不断前进,飞机、蒸汽机、电灯、汽车、计算机……这一个个创意与发明,见证了人类发明史的发展。时至今日,"创意"已不仅仅是指某种职业或者工作方式,"创意"已经发展为独立的经济形态。创意产业不仅成为众多国家经济新的增长点,而且成为其他产业的"助推器",带动了整体经济的发展。在一些发达国家,发展创意产业已经被提到了发展的战略层面。美国人说"资本的时代已经过去,创意的时代已经来临",日本人喊出了"独创力关系到国家兴亡"的口号,韩国人则贴出了"资源有限,创意无限"的标语,创意经济的重要性越来越受到了世界的关注。

第三节 文化创意产业的含义和特性

发展文化创意产业,不仅可以加强我国文化产业的质量,也能为社会发展提供创造性活力。当前,文化创意产业正以前所未有的速度和规模在全球范围内迅速崛起,并正日益成为经济社会发展的新的增长点。然而,迄今为止,人们尚未就"文化创意产业"的内涵形成共识,"文化创意产业"概念还处于需要进一步发展和清晰的阶段。

1. 文化创意产业的概念

由于创意产业为创意人群发展创造力提供了根本的文化环境,文化产业就自然地和创意产业交融在一起,文化产业与创意产业的概念经常被交叉使用。不过,文化产业具有集约化、规模化的工业特征,而创意产业强调的是每一个个体的创新精神、创业能力和创造力能否得到最大程度的发挥。因此,尽管两者包含的行业内容具有较大的重叠性,文化产业和创意产业仍然分属于两个不同的概念。

文化创意产业这一概念源于我国台湾。2002年台湾地区"文化创意产业推动小组"参考联合国教科文组织与英国政府对于文化产业和创意产业的定义,将文化创意产业定义为:"文化创意产业是源于创意或文化累积,透过智慧财产的形式与运用,具有创造财富与就业机会潜力,并促进整体生活提升之行业。"可见,我国台湾地区提出的"文化创意产业"是同时强调其文化性和创意性的。

我国香港特区政府在2003年正式发表的《香港创意产业基础研究》(*Baseline Study on Hong Kong Creative Industries*)中使用了"创意产业"这一概念,并将11项行业纳入其中。然而到了2005年,香港特区政府又在官方文件中将"创意产业"改称为"文化创意产业",并将其作为推动经济发展的新的增长点之一,11月成立策略发展委员会,进行政策性的大力扶持。类似于英国大选前后的概念选择变化,香港特区政府所做出的从"创意产业"到"文化创意产业"的转换,一定程度上也是为其制定相关政策服务的,并没有过多地从概念内涵上进行区分。

2006年9月13日,中共中央办公厅、国务院办公厅印发了《国家"十一五"时期文化发展规划纲要》,"文化创意产业"这一概念首次出现在党和政府的重要文件中。在我国北京、上海、深圳等城市正在建设一批创意产业基地和创意产业园区,北京市"十一五"规划中明确提出要使文化创意产业成为经济发展的支柱产业。2006年12月,北京市统计局、国家统计局北京调查总队联合制定并发布《北京市文化创意产业分类标准》,将文化创意产业定义为"是以创作、创造、创新为根本手段,以文化内容和创意成果为核心价值,以知识产权实现或消费为交易特征,为社会公众提供文化体验的具有内在联系的行业集群"。这个定义较以前的文化产业的定义有了很大的区别,在保留文化的同时,更加突出强调了创新的特性。相比国家统计局2004年制定的《文化及相关产业分类》,文化创意产业较文化产业扩大了知识产权服务、其他专业技术服务和其他计算机服务等行业内容。[①]

2014年3月,国务院出台《关于推进文化创意和设计服务与相关产业融合发展的若干意见》,对文化创意产业的形态和业态进行了界定,明确提出了国家发展文化创意产业的重点任务,标志着国家已经将文化创意产业放在文化创新的高度进行了整体布局。

不难发现,文化产业和创意产业属于两个概念,但是两者包含的行业内容具有较大的重叠性。按照世界创意产业之父霍金斯的理论,创意产业可以分为"文化类创意产业"和"科技类创意产业"两部分。通过对行业数据的分析发现,在创意产业的各行业中,对国民经济拉动作用最大的往往是处于第二产业、第三产业产业链前后端的科技类创意产业,其中以设计服务、咨询策划、软件研发等行业为代表的科技类创意产业的销售收入占到整个创意产业销售收入的85%左右。文化产业根据创造性所占的比重分类也可以分为传统类文化产业和创意类文化产业。传统类文化产业主要指传承传统文化为主的文

---

① 吴庆阳. 文化创意产业概念辨析[J]. 经济师,2010(8):58.

化产业,如传统戏剧表演、传统民间活动、传统手工工艺和饮食文化等。而创意类文化产业是指需要通过个人创意、创造、创作来体现成果的文化产业,如新闻出版、电影和音乐、广播和电视、歌舞表演等。按照上述分类办法,可见科技类创意产业虽然具有一定的文化属性,但以科技属性占主导地位,所以不能归为文化产业;传统类文化产业由于其创意性不强,不符合创意产业定义的基本要素,所以不能归为创意产业。而文化类创意产业和创意类文化产业从各自所包括的行业范畴和特点来看基本一致,因此文化类创意产业基本等同于创意类文化产业。[①] 文化创意产业中的"文化"二字使得该产业的内涵更加清晰。如果单纯看"创意"二字,并非一定要与文化关联,只要是产生新思路、新潮流、新产品的思想活动都是创意,甚至生活中也处处有创意。而文化创意产业界定了该产业的产出是以文化内容为核心的产品与服务,显然,此时的"创意"是从生产的角度对产业的概括,"文化"是从消费的角度加以概括。[②] 在概念的定义上,"文化创意产业"应该理解为由"文化"和"创意"共同作为双重的定语来修饰"产业"比较合理,即"文化创意产业"同时具备"文化产业"和"创意产业"特征,是文化产业和创意产业的"交集",体现的是文化积累和科技创新的融合[③]。

我们可以给文化创意产业下这样一个定义:文化创意是依靠个人的知识、智慧、技能、灵感、天赋,通过科技与艺术这两大手段,对文化资源进行创造、重构、嫁接和提升,并与其他产业融合生产出具有文化艺术元素的高附加值的产品与服务,以满足人类感性需要和理性精神需求的产业。[④]

2. 相关概念辨析

在人们的认识中,文化产业、创意产业和文化创意产业这三个概念还存在交叉、重叠、边缘模糊的情况。为促进文化创意产业健康发展,亟须加强对文化产业、创意产业、文化创意产业的理论研究,厘清它们之间的区别,弄清各自归属的产业边界,摒弃思想认识上的误区。

1) 文化创意产业与文化产业

文化创意产业和文化产业非常接近,两者很难加以区分。事实上,众多专家往往也都将两个概念作为可以互相替代的概念来使用。因为从文化的起源来看,文化自身都是人类创意的结果。作为文化积极成果的物质文明和精神文明,无一不是人类创意的精华和结晶,所以说文化产业自身就包含着创意因素,文化产业不可能离开创意而存在,文化产品和文化服务的生产与供给过程就是创意的转化过程。从这个意义上讲,文化产业就是文化创意产业。在西方,(文化)创意产业包含了与文化事业相对应的文化产业,因为文化本身就是一个创意的过程,只有人类才有创造性,才有创意,也才有了文化。正如卡西尔所说:人是符号的动物,世界是一个由"符号"创造出来的文化宇宙。没有创意就没有文化,创意是文化的固有含义,是文化的本质属性,它的产业自然就叫创意产业。文化产业与文化创意

---

① 兰建平,傅正. 创意产业、文化产业和文化创意产业[J]. 浙江经济,2008(4):41.
② 赵继敏. 文化产业与创意产业的概念探讨[J]. 对外贸易,2011(12):64.
③ 吴庆阳. 文化创意产业概念辨析[J]. 经济师,2010(8):58.
④ 李世忠. 文化创意产业概念探微[J]. 经济论坛,2008(11):87.

产业都是市场化行为,都以满足人们的精神文化消费需求为目的,都追求商业利润的最大化。但是,后者重点突出"创意",是"创意为王"的产业,它生产和销售的是"创意",这是文化创意产业与文化产业的根本区别。

文化产业不向第一、第二产业渗透,而文化创意产业则是把文化与创意通过艺术与技术的手段,与第一、第二、第三产业融合,从而形成一个更大的产业群和更长的产业链,它强调文化艺术对三大产业经济的支持与推动,服务于生产领域,提升三大产业产品的附加值,并优化产业结构。①

与文化产业相比,文化创意产业并不涉及传统文化产业,反而还增加了包括软件、计算机服务、专业设计等传统文化产业以外的科技创新活动内容;另一方面,"文化产业"更多地强调文化产品和服务的生产和提供,而"文化创意产业"则更为突出"个人创意"和"内容生产",文化创意产业不包括"传统的受赞助的艺术部门"。在整个文化产业中,文化创意产业更偏重智慧文化产品的产业链运作,更强调对文化资源的创新开发,而创意是其核心启动力。比如电影院、书店、画店、印刷厂、大剧院、电视台、互联网等行业或产业,它们经营文化产品,提供文化服务,但由于涉及原创的因素较少,只能归属于文化产业而不能归属于文化创意产业。而电影制片、出版、作画、文化演出、电视节目制作、动漫制作、互动游戏软件制作等这些行业,由于具有原创性质,能形成知识产权,故属于文化创意产业。②

传统文化产业各个部门之间的协作关系不明显,各自独立性较强。与以往的文化产业不同,文化创意产业强调的是创意及新的运作方式,强调的是一种融合。创意产业是依靠原创者的知识与智慧,通过知识产权的开发、运用和保护,促成不同行业、不同领域的重组与合作。它把原来不相关的门类,如知识、信息、高科技、艺术等集合在一起,并与之互相关联、互相渗透。文化创意产业是开发新的领域、新的需求和新的跨行业产业平台的产业经济形态,是关于文化的大规模产业经济和市场运营的产业。文化创意产业是文化产业发展到一定阶段的产物,它与文化产业不是简单的同义词,更不是对传统文化的简单复制。它是由版权产业、内容产业及体验产业、文化贸易产业共同组成的,在新的文化背景下,依靠人的灵感和想象力,借助高科技对传统文化资源的再提升,产生高附加值产品,创造财富和就业潜力,并具有自主知识产权的创意性知识密集型新兴产业集群。③

2)文化创意产业与创意产业

所谓文化创意产业,就是要将抽象的文化直接转化为具有高度经济价值的"精致产业"。换言之,就是要将知识的原创性与变化性融入具有丰富内涵的文化之中,使它与经济结合起来,发挥出产业的功能。显然,这是一种使知识与智能结合创造产值的过程。文化创意产业是依靠创意人的智慧、技能和天赋,借助科技对文化资源的创造与提升,通过知识产权的开发和运用,具有创造财富和就业潜力的行业。文化创意产业具备原创性质,能够形成知识产权,从而具有创意产业的一般属性,而强调"文化积累"则又将文化创意产业同一般意义上的创意产业区别开来。相对于文化创意产业强调文化价值、文化资源的开发与利用,创意产业更为强调个人的创造力的实现。④

---

① 李世忠. 文化创意产业概念探微[J]. 经济论坛,2008(11):88.
②④ 吴庆阳. 文化创意产业概念辨析[J]. 经济师,2010(8):58.
③ 徐延. 文化创意产业概念辨析[J]. 当代传播,2007(4):86.

是否划分或者如何划分"文化创意产业"与"创意产业"的界限,取决于人们对"文化"的认识。在这方面,大卫·赫斯蒙德夫有着十分清醒的判定,他认为,并不是所有具有创意的产业都是文化创意产业。他强调的是"与社会意义的生产最直接相关"这一点。的确如赫斯蒙德夫所说,与充满了丰富的表征意涵的歌曲、叙述、表演不同,小汽车虽然也离不开创意性设计与营销,但是,几乎所有小汽车的首要目的都不在于创意效果,而在于运输,因此不在文化创意产业之列。

有必要在创意产业和文化创意产业这两个概念之间加以适当的区分。区分的主要标志是看"文化"(社会秩序得以传播、再造、体验及探索的一个必要的表意系统)和"科学""技术"在创意产业中何者占据主体地位。如果创意是"文化"的创意,而这样的创意又取得了规模性的商业价值,它就是文化创意产业;反之,如果创意是"科学""技术"的创意,并同时被运用于产品的生产之中,它就是一般的创意产业,与文化创意产业存在着区别。①

3) 文化创意产业与传统文化产业

以传承传统文化为主的文化产业,例如,传统戏剧表演、传统民间活动、传统手工工艺和饮食文化等,因为基本上是成型文化产品的简单再生产,所以它关注的是创意结果的工业化复制和市场化发展,而忽视文化产业本身要求的创新和变革,这种低端的生产型产业可称为传统文化产业。文化创意产业与传统文化产业关系密切,没有传统文化产业的发展和积累,就不可能有今天的文化创意产业出现。传统文化产业的理论和实践发展为当代文化创意产业提供了很多可资借鉴的经验。发展文化创意产业,必须着眼于本民族的传统文化资源,大力弘扬传统文化的精髓,传统文化可以为文化创意产业的发展提供丰富资源。没有对传统文化的继承,文化创意产业就是无源之水、无本之木。②

但文化创意产业优于传统文化产业,两者存在以下不同。

(1) 关注点不同。传统文化产业关注的是文化行业的经济价值,并未将"创意"提升到与"文化"并驾齐驱的重要位置。与传统文化产业不同,文化创意产业不仅仅是传统国民经济统计意义上的产业概念。创意是文化创意产业的核心与关键。这种创意不是对传统文化的简单复制和开发,而是依靠创意人才的智慧、灵感和想象力,借助于高科技对传统文化资源进行再创造、再提高。如果缺乏好的创意,文化资源就会闲置浪费。相反,一旦创意的核心作用得到重视和实际应用,很多文化资源便可充分焕发活力,获得市场成功。没有创意的激活,传统文化资源再丰富,也很难转化为深受当代观众欢迎的文化产品。

(2) 发展方式不同。传统文化产业和文化创意产业都强调后续产业链的发展。然而传统文化产业的产业链是线性发展的,即通过文化产品的先导性作用,引领与之相关的后续产品开发,如授权产品、相关玩具、主题公园等。文化创意产业则通过"创意"整合原本毫不相干的产业门类,并以创意为核心实现齐头并进。文化创意产业中的创意因素无所不在,占据产业价值链的高端。产品设计、建筑设计、手工产品的制作、艺术品设计与制作、广告创意等,创意活动与几乎所有的产业相关。发掘每一个产业中的文化创意因素,以文化

---

① 朱自强,张树武. 文化创意产业概念及形态辨析[J]. 东北师范大学学报(哲学社会科学版),2012(1):119.
② 杨志. 论北京创意文化产业与传统文化的良性互动[J]. 北京师范大学学报(社会科学版),2007(6):109.

创意来提升产品的附加价值,培育只属于自己的核心竞争力,这不仅是文化创意产业的题中应有之义,更成为体现文化创意产业价值的关键。和传统产业的发展方式不同,文化创意产业是以创意驱动制造工艺,创新营销手段,开发衍生产品,形成多元整合、一次投入、多次产出的链条。在这个链条中,创意是核心价值,产业链通过创意的"价值扩散"来实现——原创企业通过合作开发、专利技术或者版权转让形式,把创意的核心价值扩散到周边关联产业中,形成长线生产能力,扩大产业链的规模。[1]

3. 文化创意产业的基本特性

任何一种文化创意活动,都要在一定的文化背景下进行。但创意不是对传统文化的简单复制,而是依靠人的灵感和想象力,借助科技对传统文化资源的再提升。文化创意产业属于知识密集型新兴产业,综合关于文化创意产业的种种阐释,文化创意产业体现出以下基本特性。

1) 文化性

这是就文化创意产业的基本内容而言的。实际上,任何文化创意产业都必须以一定的文化为基础,任何创意既是对一定文化的创新,同时创意本身也必须是有文化的。任何文化创意活动,都是以知识和智慧创造为特征的文化符号的积累、生产、交换和消费的产业活动,它同传统的以自然资源为基础的物质生产活动相对立。文化创意产业的产品或服务注重科学技术与创新文化的结合,这个文化特性并不意味着一定要和传统的文化结合,而是多元文化的创造性组合。创意产业具有很强的人文性。创意产业是通过创造性思维激活思想、激活文化、激活情感、激活概念所产生的创新性理念,可为产品注入新思想、新文化、新情感、新概念、新时尚,能大大提高文化附加值,带来可观的经济效益。[2]

2) 创意性

所谓创意,其本意一是创立新意或标新立异,二是提出创造性的见解、方案、意境等。文化创意产业就是以一定的文化为基础进行创新的产业。有人认为,文化创意产业的根本就是创意,"创意为王",创意是文化产业的生命。文化创意产业的核心在创意。文化创意产业是一种先进文化,文化创意企业就是"人脑+计算机+文化"。有人问比尔·盖茨关于创意开发在微软的重要性,比尔·盖茨说:"对于所有公司来说,最重要的事情就是尽量雇用最聪明的员工,并为他们提供能将创意转化成现实的资源。"事实上,在1992年,世界500强企业的行列里,当微软排名首次超过通用的时候,《纽约时报》立即评论:"微软的唯一工厂资产是员工创造力。"可以说,有了丰富的想象和创意,就有了财富基因。创意无所不在,它可以在许多行业中显示出不同凡响的能力。

我们大致可从以下一些方面来分析文化创意产业中的"创意"。一是创意需求。不是消费引领创意,而是创意引领消费,随着人们物质生活水平的提高,对精神性、文化性、娱乐性、心理性的产品需求必然会越来越大,这是文化创意产业发展的根本动力。我们既要紧紧抓住消费者的文化需求,又要千方百计地创意出新的需求。二是创意产品。不是生产引领创意,而是创意引领生产,文化创意产业生产的文化产品,一定要能充分吸引消费者的眼

---

[1] 卢涛,李玲. 文化创意产业基础[M]. 武汉:武汉大学出版社,2014:10-13.
[2] 王家忠. 文化创意产业读本[M]. 北京:中国社会科学出版社,2014:9.

球和注意力,要能"击中"他们的心灵,只有这样,才能既在市场上获得经济效益,又在社会中获得社会效益。但对于每一个具体的文化产品来说,都具有新颖、流动、易逝、时尚等特点,因此,需求不但具有很大的不确定性,而且具有一定的风险性。风险投资被认为是当代经济增长和文化创意产业的发动机,成功与风险并存,这就是文化创意产业的魅力。三是创意的原创性和不可复制性。只有原创的,才是真正意义上的创意,真正的创意是不可复制的。①

3) 高附加值性

文化创意产业具有高附加值特性。文化创意产业处于技术创新和研发等产业价值链的高端环节,是一种高附加值的产业。文化产品,尤其是原创性的文化创意产品,都是高附加值产品,其科技和文化的附加值比例明显高于普通的产品和服务。所以,文化创意产业也必然是具有高附加值的产业,这是因为从事文化创意产业的劳动是复杂劳动,而复杂劳动的价值是简单劳动价值的若干倍,特别是从事原创性文化产品制作的劳动,其价值与简单劳动的价值相差更大,这完全符合经济学的相关规律。正因为投资文化创意产业的回报远高于其他产业,所以众多的投资者才会趋之若鹜。

4) 强融合性

文化创意产业具有强融合性特征。文化创意产业作为一种新兴的产业,它是经济、文化、技术等相互融合的产物,具有高度的融合性、较强的渗透性和辐射力,为发展新兴产业及其关联产业提供了良好条件。文化创意产业能与其他相关的各行各业相互渗透,达到你中有我、我中有你、共同发展、互惠互赢的效果。通过这种融合,可以把第一产业农业、第二产业制造业、第三产业服务业有机地融为一体,不但有利于产业的对外延伸,而且可以大大地拓展产业的发展空间。具体表现在:文化创意产业与第一产业农业相融合,将创新性的思想和理念应用于农产品的生产和经营,形成农业文化创意产业,实现农业发展模式的转变;文化创意产业与第二产业制造业相融合,通过向传统的制造业中注入文化和科技元素,将制造业升级为创意创造业,提升产业中企业的效益和竞争力;文化创意产业作为第三产业服务业的一部分,通过新知识、新技术、新理念,带动相关产业形成联动式发展。② 文化创意产业在带动相关产业的发展、推动区域经济发展的同时,还可以辐射到社会的各个方面,全面提升人民群众的文化素质。

5) 高知识性

文化创意产业具有高知识性。文化创意产品一般是以文化、创意理念为核心,是人的知识、智慧和灵感在特定行业的物化表现。文化创意产业与信息技术、传播技术和自动化技术等的广泛应用密切相关,呈现出高知识性、智能化的特征。③

6) 产业性

创意成为产业形态后,文化创意产业的商品性、市场性凸显,已为人类社会创造出极大的财富,因而产业性成为其基本特性之一。创意文化不是在传统社会中为了"修身、齐家、

---

① 徐仲伟,周兴茂,谈娅.关于文化创意产业的几个基本理论问题[J].重庆邮电大学学报(社会科学版),2007(11):63.
② 李艳杰.浅谈文化创意产业的特征及对经济发展的作用[J].经营管理者,2011(6):163.
③ 张振鹏,王玲.我国文化创意产业的定义及发展问题探讨[J].科技管理研究,2009(6):565.

治国、平天下",而是有供人消费的价值,当然也丝毫不缺乏促进人性升华与提高的社会价值。这种文化不是子承父业的家传秘方、手工作坊,而是一种社会性文化产业,它可以成为产业链、产业带、产业园区,可以振兴经济。值得注意的是,在当今社会,产业的发展依赖于对知识产权的保护,确立严格的产权保护制度,才能发挥文化创意产业的高收益优势。①

7)高风险性

文化创意产业中产品需求、创造都具有不确定性,因而带来产业的高风险性。与传统产业生产满足人们基本需求的物质性必需品不同,文化创意产业生产的产品大多是满足人们精神层面的需求,而精神需求最大的特点就是既具有多样性,又富于多变性,不同时间、不同地区、不同年龄、不同性别的人,其精神需求是大不相同的,即便是同一个人,在不同的时间、不同的地点,需求也是不同的。此外,文化创意产品还具有易复制的特征,使得文化创意产业中产品的供需矛盾格外突出,因而其经营风险明显高于其他产业,具有高风险性。②

第四节 文化创意产业的分类和作用

1. 文化创意产业的分类

各个国家(地区)由于所处的经济社会发展阶段以及文化体系的不同,政府对文化创意产业关注、管理、支持的重点也不同,对文化创意产业内涵与外延的界定也存在相当程度的差异。英国的文化创意产业包括广告、建筑、艺术品、设计、电影、出版、软件等13个行业。美国则采用"版权产业"为主的分类方法,其版权产业涵盖的行业部门与英国创意产业的13个行业部门基本吻合。表2-1反映了部分国家文化创意产业所涵盖的行业范畴。

表 2-1 文化创意产业涵盖行业的国家的比较

国 家	产业概念	涵 盖 行 业
美国	版权产业	出版产业、音乐出版、电台、电视广播、有线电视、电影、舞台制作、广告、计算机软件与数据处理、建筑、计算机硬件、收音机
英国	创意产业	广告、建筑、艺术品、古董与工艺品、设计、时装设计、电影与录像、互动消闲软件、音乐、表演艺术、出版、软件与计算机、电视与电台
日本	感性产业	文化艺术、信息传播、体育与健身、个人爱好与创作、娱乐、观光旅游
新加坡	版权产业	艺术与文化、设计产业、媒体产业

以英国为例,在创意产业涵盖门类的界定上,英国文体部把就业人数、成长潜力、原创性3个原则作为标准,选定了13个门类作为创意产业的范畴,其每个范畴的核心活动如表2-2所示。

---

① 王家忠. 文化创意产业读本[M]. 北京:中国社会科学出版社,2014:10.
② 李艳杰. 浅谈文化创意产业的特征及对经济发展的作用[J]. 经营管理者,2011(6):163.

表 2-2 英国创意产业的分类

范 畴	核 心 活 动
广告	消费者研究、客户市场营销计划管理、消费者品味与反应识别、广告创作、促销、公关策划、媒体规划、购买与评估、广告资料生产
建筑	建筑设计、计划审批、信息制作
艺术与古玩	艺术品古玩交易包括绘画、雕塑、纸制作品、其他艺术（如编织）、家具、其他大量生产品（如大量生产的陶制、玻璃制品、玩偶、玩具屋、广告、包装材料等）、女装设计（含珠宝）、纺织原料、古玩、武器及防弹车、金属制品、书籍、装订、签名、地图等；零售包括通过拍卖会、画廊、专家现场会、专门店、仓储店、百货商店、因特网的零售
手工艺品	纺织品、陶器、珠宝/银器、金属、玻璃等的创作、生产及展示
（工业）设计	设计咨询（服务包括品牌识别、企业形象、信息设计、新产品开发等）、工业零部件设计、室内设计与环境设计
时尚设计	服装设计、展览用服装的制作、咨询与分销途径
电影与录像	电影剧本创作、制作、分销、展演
互动休闲软件	游戏开发、出版、分销、零售
音乐	录音产品的制造、分销与零售、录音产品与作曲的著作权管理、现场表演（非古典）、管理、翻录及促销、作词与作曲
表演艺术	内容原创、表演制作、芭蕾、当代舞蹈、戏剧、音乐剧及歌剧的现场表演、旅游、服装设计与制造、灯光
出版	一般图书类、儿童类、教育类、学习类期刊出版、报纸出版、杂志出版、数字内容出版
软件设计	系统软件、解决方案、系统整合、系统设计与分析、软件结构与设计、项目管理、基础设计
电视与广播	节目制作与配套（资料库、销售、频道）、广播（节目单与媒体销售）、传送

资料来源：袁帅.文化创意产业的概念及内涵研究[D]. 沈阳：沈阳航空工业学院，2009.

按照英国文体部的《英国创意产业比较分析》研究报告，上述 13 个创意产业门类可以进一步划分为产品（production）、服务（services）以及艺术和工艺（arts and crafts）3 个大类。其中产品大类包括出版、电视和广播、电影和录像、互动休闲软件和时尚设计 5 个门类，服务大类包括软件和计算机服务、设计、音乐、广告和建筑 5 个门类，艺术和工艺大类包括表演艺术、艺术和古玩和工艺 3 个门类。

我国目前尚没有明确的文化创意产业分类标准，与"文化创意产业"概念最接近的是"文化产业"。国家统计局发布了《文化及相关产业分类》（国统字〔2004〕24 号）。地方政府则分别发表了本地区的文化创意产业分类标准。国家文化产业分类标准和地方政府文化创意产业分类标准，在内容上有一些区别，但是没有清晰的边界。如上海将文化创意产业界定为：以创新思想、技巧和先进技术等知识和智力密集型要素为核心，通过一系列创造活动，引起生产和消费环节的价值增值，为社会创造财富和提供广泛就业的产业。在分类标准方面，上海借鉴欧美、亚太等发达国家和地区的分类统计标准，以 2002 年国家统计局公布的《国民经济行业分类》标准为基础，结合上海产业发展的重点和趋势，将文化创意产业分为研发设计创意、建筑设计创意、文化媒体创意、咨询策划创意、时尚消费创意 5 个大类，如表 2-3 所示。

表 2-3　上海文化创意产业分类

分　类	主要内容
研发设计创意	工业设计、工艺美术品设计、软件设计
建筑设计创意	工程勘察设计、建筑装饰、室内设计
文化传媒创意	文艺创作表演、广播、电视、电影制作
咨询策划创意	市场调研、证券咨询、会展服务
时尚消费创意	休闲体育、休闲娱乐、婚庆策划、摄影创作旅行

2011年4月1日起北京市首部关于文化创意产业类别划分的地方标准——《文化创意产业分类》正式出台。按照该标准的定义，文化创意产业指的是"以创作、创造、创新为根本手段，以文化内容和创意成果为核心价值，以知识产权实现或消费为交易特征，为社会公众提供文化体验的具有内在联系的产业集群"。在分类方法上，该标准将文化创意产业分为四个层次：第一层根据部门管理需要和文化创意获得的特点分为9个大类；第二层依照产业链和上下层分类的关系分为27个中类；第三层是文化创意产业的具体活动类别。根据该标准的分类方法，北京市文化创意产业中的9个大类指的是文化艺术，新闻出版，广播、电视、电影，软件、网络及计算机服务，广告会展服务，艺术品交易，设计服务，旅游休闲娱乐服务，其他辅助服务。①

通过对多个国家、地区和我国上海、北京文化创意，以及相关产业概念与分类进行对比研究，我们发现各个国家和地区文化创意及相关产业分类存在以下不足：一是分类标准制定者立场不中立、不客观。多数分类站在政府政策制定的角度，产业分类以服务于政府产业扶植、发挥优势产业的政策需要为目的，而没有真正站在学术分类的立场上。各国的分类五花八门，没有统一的标准，相互之间无法横向比较分析。二是忽略了文化艺术创作在文化创意产业中的核心地位。文化创意产业中最基础、最原始、最狭义、最核心的是文化艺术作品的创作，但是多数分类仅仅将其视为众多的子行业之一，没有放在中心的地位。许多分类重点体现了科学技术对文化创意产业的作用，却有意无意地忽视了文化艺术的核心地位。三是没有站在消费需要和顾客认知的角度进行分类。产业是一群存在内在联系的企业群体的集合，产业对应的是市场，即特定人群心理需求的集合。我们制定产业分类必须考虑人们的心理认知，否则制定出来的产业分类只能被市场认为是空中楼阁、纸上谈兵。比如，软件业、建筑业、旅游业、玩具业、家用电器业，无论是从业人员还是社会公众，他们都难以将这些行业与文化创意产业联系起来，无法得到业内人士和公众的认可，这样的分类标准也就失去了意义。②

文化创意产业是文化产业与创意产业的交集，即必须同时兼有满足大众精神需求的文化产品和密集创意的两大类产业特性，这是探讨文化创意产业分类的基本出发点。应当明确，所有属于文化创意产业的行业有两个必需的条件，二者缺一不可：一是与文化相关的创意；二是要能形成知识产权的科技行业，虽然发明创造能形成知识产权，但同文化无直接关系，不能称为文化创意产业。虽属文化产业范畴，但不具有知识产权的行业，如图书发

---

① 高颖,冯炜. 文化创意产业相关特殊问题的思考[J]. 学术探讨,2011(5): 260.
② 罗建幸. 刍议文化创意产业的定义与分类[J]. 科学·经济·社会,2012(1): 163-164.

行、电影放映、休闲健身、娱乐活动等,也不能作为文化创意产业。① 随着出版技术及传媒技术的发展,21世纪是图书、电影、电视等文化艺术产品的黄金时期。近年来新经济的兴起和IT产业部门的繁荣,给文化创意产业的发展注入了新的活力,文化创意产业已经不再是艺术或媒体本身,而是与数字技术密切结合在一起,几乎一切的文化创意产品都进入了数字化时代。在文化创意领域,科学技术与文化艺术高度融合,科技对文化艺术产品的产业化、普及化起到了巨大作用。② 在文化创意产业名下的产业门类应明显超越传统的三大产业,这些产业门类根本不能归入这三大产业的任何一个,而是与这三大产业都有交叉,是这三大产业中居于价值链高端的、富有高新技术和文化内涵的行业的融合。文化创意产业并没有明确的产业边界,而是以传统的三大产业为基础,有效拉动相关产业的发展。这些都丰富了文化创意产业的涵盖范围。

基于以上方面,借鉴国内外有关创意及相关产业分类标准,参照本书对文化创意产业的界定,我们将文化创意产业划分为以下十种类型:出版业、电影业、广播电视业、动漫产业、网络游戏产业、创意设计产业、文化创意旅游产业、广告创意产业、文化会展业和农业文化创意产业。具体将在本书第五章中进一步探讨。

2. 文化创意产业的作用

我国当前经济在经历了要素推动和投资拉动的快速发展阶段之后,更多地面临着资源、环境的约束,所以产业结构的优化、自主创新能力的提高越来越具有了时代的紧迫性与必要性。在我国产业结构优化过程中,文化创意产业具有不可替代的作用,世界上其他国家及我国的事实证明,文化创意产业正在成为改变世界的重要力量,是一国文化软实力的重要体现,是评价一国经济综合实力的重要指标。

1) 拉动经济发展

当今世界,科技创新和文化创意是推动经济快速发展的两翼,两者本应并驾齐驱,协同带动经济的发展。文化创意产业和科技创新对经济的推动作用如图2-1所示。③

图 2-1 科技与创意协同拉动经济发展

文化创意产业有别于任何其他传统产业,它是以人的创新能力为核心要素、以新技术革命为依托的一种非物质形态的经济,是国民经济发展到一定阶段的产物。它强调文化对经济的支持和推进,其最现实的意义表现在价值观念的转变和发展方式的转型上,其以科技创新、文化创意,通过发挥各种文化和创意要素对相关产业产生普遍而深刻的带动作用,

---

① 朱相远. 文化创意产业的兴起与分类[J]. 数据,2006(5):17.
② 罗建幸. 当议文化创意产业的定义与分类[J]. 科学·经济·社会,2012(1):164.
③ 王立真. 浅谈文化创意产业在我国产业结构优化中的作用[J]. 现代经济信息,2012(7):308.

有效提升产业的发展质量和创新能力,共同促进经济增长。① 文化创意产业为经济发展带来新的经济增长点,从而为国家或区域经济增长注入强劲动力。在区域经济发展到一定阶段会出现缺乏经济支点的当今社会,文化创意产业成为全球关注的焦点。② 从相关统计数据来看,通过文化创意的发展,产业转型取得了积极成效。比如,山东省全面优化经济结构,着力推进文化创意产业发展,使文化创意产业成为山东省快速增长的产业之一。近年来,山东文化产业增加值年均增长15%以上,高于同期GDP增速。2017年山东省文化产业实现增加值近3120亿元,占GDP比重约为4.29%。与文化创意产业增量相伴生的是产业主体实力不断增强,涌现出大众报业集团、山东出版集团、山东广电网络有限公司和山东影视传媒集团等一批大型骨干文化企业和企业集团。目前,山东文化创意产业已经初步形成了"三核(济南、青岛、烟台)四区(儒家文化转化区、红色文化旅游区、工艺美术聚集区、民俗文化产业区)两带(大运河文化创意产业带、海洋文化创意产业带)百城千点"格局,成为山东省经济结构战略调整的重要支点。③

由此看来,文化创意产业已成为产业经济转型中新的增长点,是拉动经济发展的重要力量。

2) 促进经济增长方式转变

1990年,西方著名经济学家波特提出经济发展四阶段理论,即要素驱动阶段、投资驱动阶段、创新驱动阶段和财富驱动阶段。我国目前的经济增长方式,更多的是靠低端的劳动密集型产业,属于粗放型、资源型为主的经济增长方式。文化创意产业作为知识经济的一种新形态,处于技术创新和研发的产业价值链的高端环节,是一种高附加值的产业,以人的主观能动性和创造性为核心要素,通过创意将各种资源优化整合成为创造财富的资本,从而冲破传统的资源、环境、资本的约束,将经济发展阶段提升为以创新驱动的第三阶段甚至是以财富驱动的第四阶段,使经济增长朝着集约型、内生型的方式转变。

文化创意产业最重要的经济资源是人的创造性,而人的创造性又是一种清洁、可再生的资源,深入挖掘人的知识、智慧、灵感在创造财富和增加就业的同时,并不会增加对环境的压力,所以它是典型的低污染、低消耗、高附加值的产业,其发展对于我国不断优化调整产业结构及转变经济发展方式会大有裨益。④

3) 推动产业结构的优化升级

所谓产业结构优化升级,是指在各产业和各行业及各种企业中不断淘汰旧技术、采用新技术,使产业结构逐步向高一阶段转化,即向实现国民经济现代化方向发展。文化创意产业以创新为核心,具有极强的渗透力和辐射力,能与传统的第一、第二以及第三产业进行"无缝嫁接",从而拉长传统产业的价值链,实现对其的优化升级。此外,文化创意产业还可以以独立的产业形式存在,通过不断地创新,成为国民经济的主导产业,从而实现对产业结构的优化升级。

(1) 文化创意产业对第一产业的优化升级。具体来看,文化创意产业对第一产业的影

---

① 龙真. 论文化创意产业对文化产业发展的引领作用及其创新对策[J]. 中国出版,2016(2):53.
② 李艳杰. 浅谈文化创意产业的特征及对经济发展的作用[J]. 经营管理者,2011(6):163.
③ 胡爱敏. 探析山东文化创意产业的发展路径[J]. 中国国情国力,2019(11):36-39.
④ 王立真. 浅谈文化创意产业在我国产业结构优化中的作用[J]. 现代经济信息,2012(7):308.

响不仅仅是简单的渗透,而是对第一产业增长的核心要素进行新的鉴定,用创意经济时代的思维方式来发掘新的经济增长道路。文化创意产业中,创意不仅仅是对产品的设计,对概念的包装,还包括对商业模式、机制的创造创新。[①] 所以文化创意产业对第一产业的影响包括空间上的植入和要素上的重新组合。其中,空间上的植入是将文化创意移入农业部门,发展新型观光农业,赋予农业以全新的文化产业和旅游产业的属性,在发展农业种植功能的同时,增加农业生态旅游的功能,将农村生活包装成一种度假休闲的新体验方式,为农业发展寻找全新的发展模式。要素上的重新组合是指在增加生产创意农产品的同时,创新农业发展的新模式,通过一些文化的创意,做好农产品的新品种研发、生产、营销策划和品牌创造与包装,提高农产品的种植与经营效率,从而形成良性互动的农业产业价值链。如甘肃省临洮县一方面为农业投入创意产品,加入创意要素,当地的三江公司对马铃薯等进行文化包装,注册了"薯一薯二",打造具有地方文化特色的农业品牌产品和礼品蔬菜,使产品产值翻了近10番。另外,该县依托洮河沿线自然生态、田园景观、民俗风情以及特色农业生产活动,积极开展集观光旅游、农耕体验、民俗风俗游、科普、文化和农业现代化成果展示于一体的乡村旅游系列,使全县旅游收入连创新高。可见,文化创意产业通过空间植入和要素的重新组合,能大大提高第一产业的产品附加值,实现升级优化。[②]

(2)文化创意产业对第二产业的优化升级。首先,文化创意产业对单一的制造企业产生影响。一方面,文化创意产业凭借其深厚的文化底蕴,结合人的智慧、创造力,对制造业注入文化因素,使其附加更多的文化内涵,从而塑造有文化特色的品牌,通过文化品牌效应,吸引消费者眼球,从而使有限的资源创造更大的使用效率和价值,推动第二产业的优化升级;另一方面,文化创意存在于产品研发、工业设计、品牌推广和广告策划等各行各业,各种文化创意产业的发展,通过知识产权的转让,促进创意要素向传统产业的衍生渗透,使制造业能够在生产过程中投入更多的创意产品,提高产品的技术含量和文化含量,满足越来越多的消费者的个性化、差异化需求,提高第二产业的附加值与内涵式升级。[③]

其次,文化创意产业对整体的国民经济中的第二产业产生影响。文化创意产业通过向第二产业渗入创意要素,注入文化生机,增加其产品的文化内涵,提高产业附加值,实现第二产业的内涵式扩大再生产,从而推进第二产业的优化升级。文化创意产业的发展可以带动一连串的产业。在生产过程中,文化创意产业是将原创性的文化创意规模化、产业化、实物化,它以创意为核心,需要将非物质的创意这一资源变成客观实在,所以能够拉动与其相关的前向和后向产业的发展。如拉萨市为推动文化创意产业发展,积极建设我国西藏文化旅游创意园区,这一创意园区的建设必然首先会拉动拉萨各种民族建筑、项目建设和各种基础设施建设,进而带动相应的建筑材料、装饰材料、各种电子器件的生产。而各种材料的生产又会进一步带动挖掘采矿等各种产业的发展,带动后续产业的发展。如文化创意产业带动书籍、报刊及印刷业突飞猛进地发展,进而扩大对纸张的需求,拉动造纸业的发展。又如建材业中创意广告的发展,拉动了建材业的发展,建材业的发展又带动了建筑及装饰等行业的发展。

---

① 张书成,贾清.文化创意与商业模式研究新探[J].今传媒,2011(4):64.
② 王立真.浅谈文化创意产业在我国产业结构优化中的作用[J].现代经济信息,2012(7):308-309.
③ 尹宏.现代城市创意经济发展研究[M].北京:中国经济出版社,2009:175.

(3) 文化创意产业对第三产业的优化升级。文化创意产业是第三产业的一部分,它自身的发展本就推进了第三产业的扩大与发展。但由于文化创意产业所具有的联动性、融合性,使它对第三产业的影响远远超过它自身发展所带来的拉动,造成了乘数效应。文化创意从研发、宣传、传播到最终消费,都在带动第三产业的发展。在研发的初始环节,文化创意产业能够带动研发、培训行业的繁荣。当然,文化创意产品都需要策划和营销,在宣传、传播阶段,文化创意产业的发展需要策划营销等中介服务业的同步发展,才能准确把握市场,迎合市场需求,赢得消费者。文化创意产业与营销策划业相得益彰,相互促进,一起提升第三产业的内涵式发展。对文化创意产品的传播,带动了广告、电视、报纸、网络等行业的飞速发展。文化创意本身作为一种生产要素,成为各种文化创意产业的源泉,推动着产业的发展。在最终的消费阶段,文化创意产业也带动了一些与之互补的第三产业的发展。比如,文化旅游业的发展会带动相关区域的餐饮、旅馆、交通和娱乐等行业的发展。

文化创意产业的核心是人的创造性思维,人的创意在此成为最有活力、最具优势的可再生资源和生产要素,将其融入各行各业,能有效地催生出许多新兴行业。同时,创意产业本身有其自身的衍生性。以动漫产业为例,研究显示,动漫产业有其独特的市场运作和盈利模式。一般是以漫画周刊或动画片为先导,塑造具有市场吸引力的卡通形象,然后再有与之配套的音像、图书等多媒体产品,之后再进入网络游戏、手机游戏等相关领域,最后凭借其强大的社会影响力,与服装、文具、玩具、食品等传统产业结合,多用作其商标等,赋予这些传统行业以动感,增加其内涵,实现这些行业的优化升级。①

文化创意产业在我国产业结构中不可或缺,规范发展文化创意产业已成为越来越重要的议题。

4)解决就业难题

文化创意产业所涉及的领域范围非常广泛,其门类和形式的纷繁多样是传统产业所无法比拟的,因此,创意产业创造了大量的就业机会,具有强大的吸纳就业能力。根据西方学者的相关研究,文化产业与劳动力就业之间存在显著的正向相关关系,文化创意产业的发展为全社会提供了9%以上的就业容量,而且呈现出接近总体就业增速4倍的扩张速度,继而备受关注。② 文化创意产业吸纳的劳动力,既包括拥有丰富知识、多种技能和高素质的创意人才,也包括普通的劳动力资源,是当今各国解决就业难问题的重要途径。如作为世界文化创意产业发源地的英国,目前拥有与创意产业相关的企业超过15万个,文化创意产业的就业人数近200万,占英国就业人口总数的8%以上,已成为英国就业人数最多的产业。近年来,文化创意产业也成为我国各地解决就业难题、带动就业的重要举措之一。如陕西省千阳县通过发展当地非物质文化产业带动就业。千阳县大力弘扬非物质文化遗产的保护、传承,把保护非物质文化遗产作为文化产业助力脱贫攻坚的重中之重来抓,大力发展刺绣、剪纸等非物质文化产业,助力脱贫攻坚。县财政投入资金,支持非物质文化产业的保护、技能培训、宣传等。他们按照"县级培训大师、合作社培训骨干、镇村提升技能"的思路,先后在村文化分馆、县西秦刺绣文化产业园举办"千阳剪纸""千阳刺绣""千阳灯盏头碗碗

---

① 王立真. 浅谈文化创意产业在我国产业结构优化中的作用[J]. 现代经济信息,2012(7):309-310.
② 史鑫,高长春. 文化创意产业对城市经济增长的作用机制研究[J]. 现代商业,213(33):80-81.

腔皮影戏"等非遗项目培训,有计划、分层次对农村妇女进行刺绣、剪纸等制作技能培训,为各村培训出一大批带领周边群众的能人。还积极引导贫困群众培育文化产业,勤劳致富。将农村有刺绣、剪纸兴趣和特长的妇女,以户为单位,通过产业搭载的方式,就近加入刺绣、剪纸专业合作社,由合作社引领和带动群众通过从事刺绣、剪纸产业实现致富目标。全县已成立刺绣工艺品专业合作社21个,建成工艺品制作专业村11个、工艺品培训基地5个,涌现出一大批龙头企业和刺绣产业带头人,辐射带动从事刺绣、剪纸制作实现就业的妇女达万余人。[①]

5) 提升城市综合竞争力

从世界范围来看,文化与经济越来越融为一体,文化竞争力正在成为一个国家或地区的综合竞争力的重要组成部分。文化创意产业作为当今文化产业中的一大亮点,成为提升城市功能,加快城市转型,增强城市竞争力的重要方式。文化创意产业通过集约型地利用土地资源,集聚高层次创意人才,打造全球商业品牌,创造高附加值利润,为城市发展注入新动力,通过打造创意城市,全方位地提升了城市的综合竞争能力。[②]

(1) 文化创意产业优化城市经济结构。现阶段,城市经济增长离不开文化创意产业的融入,这不仅能够对城市经济结构有所调整和优化,还能够根据城市居民消费的需求丰富文化创意的产品,提高服务的质量。表现为以下两个方面。

一是优化城市产业结构。文化创意产业属于消费型服务行业,因此就赋予了文化创意产业多项功能。也就是说,不仅为生活型服务业提供了诸多功能,还为生产型服务业提供了支撑,使文化创意产业在优化城市产业结构方面发挥重要的作用。而如何优化城市产业结构,其主要运用两种有效路径进行了分析:文化创意产业是第三产业,对加快第三产业结构调整具有重要的作用;文化创意产业与第一、二产业融合后,能够带动第一、二产业的转型和升级,还发挥着优化城市产业结构的作用。

二是提升城市消费结构。消费结构发生的变化能够充分反映人们生活水平较之前的较大变化。同时,消费结构的变化,也能够充分反映居民的消费特征和现阶段居民的消费趋势以及社会发展状况。特别是人们消费结构的升级,使得人们的消费观念发生了翻天覆地的变化,从基本的物质消费逐渐转向为高端产品消费,甚至对于文化方面的投入越来越大。而文化创意产业对提升城市消费结构具有如下两个方面的作用。第一,文化创意产业在不断的发展中,衍生出了很多创新的产品,这些产品能够满足人们多样化的需求和对多层次产品和服务的追求。因此,文化创意产品或者所提供的服务大多与人们的生活息息相关。而人们通过文化消费不仅能够提升自身的素质,还能够显著提升人们对于品质生活的追求,从而使得人们的生活消费习惯发生了巨大的改变。第二,一些文化创意产品所潜在的价值和凸显出来的文化内涵,能够有效地激发起人们的消费欲望,从而推动消费不断升级。因此,文化创意产业在改变人们消费观念和消费能力方面发挥着积极的作用。

(2) 文化创意产业改善和提升城市环境。改革开放40多年来,城市化现象逐步凸显,

---

① 赵利平. 千阳发展非物质文化产业带动就业[J]. 西部财会,2021(3):19.
② 李艳杰. 浅谈文化创意产业的特征及对经济发展的作用[J]. 经营管理者,2011(6):163.

特别是一线城市,如上海、北京、广州等城市发展迅猛,逐步成为大型企业和各地人才聚拢的集聚地,充分反映了这些城市的经济状况高于其他城市。但是经济提高的同时,随之而来的就是环境污染问题。如近几年常常会出现干旱、洪水、雾霾等自然灾害。以北京为例,人口的增长和工业的逐步发展,机动车数量随之增多,使得空气污染越来越严重,导致雾霾天气频频出现。尤其是近两年,雾霾天气覆盖的城市较多,平均天数也出现了增长的趋势。而越来越严重的环境问题,有效地推动了我国城市的转型和发展。与此同时,资源枯竭已成为阻碍城市发展的瓶颈。仅仅依靠单一的物质资源,如煤炭、石油和水等资源,这些资源并不是取之不尽、用之不竭,如果不给予重视,自然资源将会逐渐枯竭,进而严重影响城市生态环境的建设。即便各个城市经济得到迅猛发展,但是资源枯竭和环境被破坏的问题也会随之增多。由此可以看出,我国有些城市过于依赖资源和环境的优势等作为经济增长点,虽然能够获取短期的利润,但严重阻碍了城市的可持续发展。因此,一些资源枯竭型城市和工业型城市通过发展文化创意产业,不仅能够转变经济的发展方式,对产业结构进行调整,还能够发挥节能减排的作用,从而使得这些城市逐步走向可持续发展的道路,并从低碳经济转型。如文化创意产业带动沈阳这座城市实现了转型和发展。沈阳具有丰富的文化资源,如一宫两陵、辽滨古城、盛京四塔等文化资源,并且沈阳还是一座历史悠久的文化名城,保留了大量的工业遗产,如沈河、皇姑、和平、大东、铁西等几个沈阳的老城区。在对这些老城区进行修缮和复兴时,主要以"保留—再利用—再创造"为创造理念,从而推动城市的发展和更新。沈阳铁西区的工业基地是东北老工业基地的核心,该区保存了大量的厂房、机械设备和仓库等工业资源和遗产。虽然该城区经历过"东拆西建",但是铁西区为了能够保护工业遗产,则对这些设备和厂房等进行了利用和再开发。通过多年的发展,铁西区创建了"铁西创意文化园""劳动公园""中国工业博物馆",保存了我国工业发展的历史记忆。同时,还利用废弃的铁路建成有轨电车观光线路。沈阳沈河区通过依托丰富的文化资源,大力开展文化创意产业,通过对老城区"方城"进行改造,并创建了沈阳钟厂文化创意产业园区项目,使得该城区形成了"一轴六路三广场"的文化发展格局,赋予了旧城区新的功能。沈阳城区的工业遗产和文化资源进行开发和再利用,不仅延续了沈阳老城区的工业文脉,还对传承工业文化发挥了重要的作用。可见,大力发展文化创意产业成为改善和提升城市环境的主要选择路径之一。

(3)文化创意产业提升城市形象。文化创意能够促进产业转型和升级,从而成为新时代提升城市竞争能力的关键指标。因而对城市竞争能力和经济能力进行判断时,不能仅仅从经济的角度去分析,还需要从生活环境、人文环境、社会和谐程度等方面进行分析。而文化创意产业不仅能够为当地带来较大的经济效益,还能够对地方文化特色给予一定程度上的保护,从而为促进城市形象转型提供一种更加适宜的产业形态。其主要表现在:第一,通过将地方文化资源进行合理配置后,能够建立自身独特的文化符号。在这些文化符号的交换中赋予文化创意产业更多的文化内涵,从而有效地提升城市的竞争能力,对提升城市形象发挥着重要的作用。第二,文化已成为城市建设过程中最关键的环节,与城市的发展和形象的塑造等有着直接的关联。目前,我国已有一些城市通过依托文化创意产业来塑造自身的形象,从而使得城市焕发着新的魅力和活力。如丽江凭借着当地的地理优势和雪山、古城、民族文化等特色和资源,不断融入现代化时尚元素,在大力发展文化旅游业和民族民间手工艺等文化创意产业后,其已成为中国乃至世界著名的旅游城市。又如潍坊国际风筝节、青岛啤酒节、洛阳牡丹文化节等的创办,为提升城市的竞争力,创建了自己特定的文化符号等提供了指引。[1]

6) 提升国家文化软实力

提升国家文化软实力是指把国内的文化理念和文化产品推到世界上去。在当今,文化创意产业作为包括文化软实力在内的综合实力竞争的重要载体,集中体现了国家和民族的特点,日渐成为提升国家文化软实力,增强文化产业的竞争力和文化影响力,获取竞争优势的关键要素。有鉴于此,文化创意产业的发展水平,已经成为国际公认的衡量文化产业发展进程和经济社会产业竞争力的重要指标。中国有着悠久的历史和丰富的文化资源,是文化资源大国,软实力的核心是具有吸引力的价值观。因此,发展文化创意产业,发掘和传承中华传统文化的精髓,在国际市场上营销"中华牌"文化产品,能有效提高中华文化的国际影响力和竞争力。通过输出民族文化品牌,我们的文化产品可以更具全球化的市场视野并且形成国际竞争优势。在引领文化消费的同时,潜移默化地传播中华文化的价值观念,最终得以不断提高国家文化软实力。[2]

7) 推动社会和谐与进步

根据美国心理学家马斯洛的"需求层次论",人的需求分为五个层次:生理需求、安全需求、爱和归属的需求、尊重需求和自我实现需求。这五个需求由低到高,随着人的发展而不断递进。目前,社会经济的发展,使得人们的物质生活极大丰富,生理需求、安全需求等人类基本的需求早已得到满足。在这种情况下,人们的消费重心开始转向教育、科技、文化、旅游等领域,社会进步的速度也随之加快,从而为文化创意产业的发展提供了更多的商机。反过来,文化创意产业的发展又进一步满足了人们对于文化、教育、娱乐、休闲等更高层次的心理需求,提高了人民群众的生活水平和质量,促进了人的全面发展,在推动社会和谐与进步,维护社会稳定等方面起到了积极作用。这具体表现为如下三点。[3]

(1) 文化创意产业满足了人们不断增长的文化需求。文化创意产业的发展为人们提供了更多休闲、娱乐等文化创意产品,这些文化创意产品以文字、影像、声音等通俗化的形式加以表现,在内容上更多侧重于大众化的情感表现。它是文化与创意的融合,也是文化与科技的对接,并在这种融合与对接中呈现出与古老文化样式不同的新特色,打破了在传统文化中泾渭分明的"雅""俗"界限,使得其产品真正能够"雅俗共赏",从而更多地满足人们对于文化、休闲、娱乐的内在需求。

(2) 文化创意产业促进了教育的多样化普及和提高。文化创意产品不仅仅是娱乐的,在通俗化、大众化的形式之中,很多文化创意产品也蕴含了大量科技性、教育性内容。人们在消费这些文化创意产品的过程中,往往也能学习到很多原本不曾了解的各种知识。比如,2008年随着北京奥运会的临近,使奥运知识普及成为一个十分迫切的任务。如果依靠传统的教育方式,有关部门即使耗费大量人力、物力,也很难较为全面地覆盖受众群体。同时单纯的讲解也会使得对奥运知识并不了解的普通大众在面对枯燥的数字、概念时产生厌

---

[1] 王冰.文化创意产业在城市转型中发挥的重要作用[J].红河学院学报,2020(10):77-80.
[2] 龙真.论文化创意产业对文化产业发展的引领作用及其创新对策[J].中国出版,2016(2):53-54.
[3] 卢涛,李玲.文化创意产业基础[M].武汉:武汉大学出版社,2014:35.

烦情绪。而《福娃奥运漫游记》则通过动漫的形式,将各种奥运知识、历届奥运会的举办情况等,全面、通俗地表现出来,还使人们在轻松的娱乐消费过程中了解到更多的与奥运相关的知识。再如,湖南三辰卡通有限公司创作的我国第一部大型科普动画系列故事片《蓝猫淘气 3000 问》,以活泼可爱的卡通形象、引人入胜的故事情节,向少年儿童传播了大量的科技知识。

(3)文化创意产业促进卫生、体育等各项社会事业的发展。奥运会标和吉祥物的设计、体育彩票的发行,都能给体育、卫生等各项社会事业带来巨额回报,从而推动其健康发展。2022 新春伊始,北京冬奥会在万众期待中拉开帷幕,三九寒天并未消减全民的奥运热情,美轮美奂的开幕式、炫酷刺激的冰上项目、赛程安排、中国队夺金热门以及各国运动员等,和冬奥会有关的一切都成为热议话题,而其中家喻户晓的"顶级流量",无疑是冬奥会吉祥物——冰墩墩。这只身着冰雪般透明的宇航服、脸周环绕五色冰丝带的大熊猫吉祥物,设计思路是将中国最具特色的国宝动物与科技感、未来感相结合,同时紧扣冬奥会的冰雪元素和速度感特征,可爱与时尚并存。随着冬奥会渐入佳境,冰墩墩形象在冬奥会场馆和电视荧幕中无处不在,其呆萌可爱又时尚的形象吸引了诸多关注。这只将可爱与时尚无缝融合的科技感大熊猫,引爆了国民热情,也获得了全世界的关注和喜爱,抢购其周边衍生产品一时成为风潮,出现"一墩难求"现象。①

8)弘扬中华传统文化

中华文化源远流长、博大精深,积淀着中华民族的深厚精神追求。挖掘传承民族文化的形式有很多种,而首先需要改变的是我们的认识和思路。对传统文化资源的开发利用,要打通文化创意产业和文化产业的关节点,把能够体现中国优秀传统文化的一些文化资源经过系统整理,使之进入文化的生产过程中,解决浅层次的文化传播问题。通过整合传统文化资源,增加文化自信力,激发民众对中国文化、民族文化的热爱与渴望,创造出具有丰厚知识产权的文化精品,这种文化精品承载着民族魂、中国梦,具有无形价值,是中国文化创意产业形成民族凝聚力的关键所在。近两年,中央电视台开办了以弘扬和传承优秀传统文化为主旨的《中国汉字听写大会》《中国成语大会》《中国谜语大会》《中国诗词大会》等原创文化节目,将中华文化元素与现代电视节目形态有机结合,在深入挖掘传承传统文化资源、创新节目形态方面进行了有益探索,备受业界赞誉和观众追捧。节目引发了全年龄段、不同文化程度电视观众对汉字文化、诗词文化、民族文化的广泛关注,在全国掀起了一阵民族文化热潮。这种形式简单、收视率高、制作成本低、冠名费奇高的文化节目,成为一系列名副其实的低投入高产出的中国电视好节目。② 如 2016 年推出《中国诗词大会》,这一原创文化类节目以"赏中华诗词、寻文化基因、品生活之美"为宗旨,集传承、传播、娱乐、文化普及于一体,很好地促进了电视媒体与中国传统文化的有机融合。这是央视秉承国家媒体责任,占领中国传统文化传播阵地的里程碑式经典之作。在当前东西方文化激烈碰撞交融的

---

① 毕舸.冰墩墩火了,文化 IP 产业如何保持长久热度[EB/OL].[2022-02-08]. https://www.sohu.com/a/521997487_100293833.

② 龙真.论文化创意产业对文化产业发展的引领作用及其创新对策[J].中国出版,2016(2):54-55.

新时代,我们必须重塑中华优秀传统文化的价值,凝聚实现中国百年复兴的强大内生力量,提升国家的文化软实力。《中国诗词大会》通过独特的文化视角和电视媒体的节目形态,既普及和激发了国人了解和学习中华传统文化的浓厚兴趣,又通过选手对决和特邀嘉宾的精妙解读,使中华传统文化得到潜移默化的传承和传播。①

第五节 文化创意产业的发展趋势

当前,中国文化创意产业发展已经进入重要的转型时期。新时代文化创意产业发展需要从"文化+创意"向"文化+创意+科技"的方向转变,这具体体现为以下发展趋势。②

1. 文化创意产业数字化发展

随着科技的发展和普及,"文化+创意+科技"逐渐取代过去单一的"文化+创意"的发展模式,数字化已经成为当代文化创意产业发展的重要趋势,数字化发展已成为文化发展的突出特点之一,互联网也成为当代中国最重要的文化创意产业平台。在文化活动方面,线上数字化聚集性文化活动逐渐成为趋势。"云博物馆""云旅游""云音乐会"等不断涌现,人民网、字节跳动、腾讯以及各地政府对"云端展会""云端论坛"首次进行了大规模实验,各地景点基于VR和全景视觉技术开发线上游览平台并向社会投放,以满足消费者多样的文化需求。如故宫博物院推出了"VR故宫""全景故宫""云游故宫观展",敦煌研究院也利用数字资源推出了"数字敦煌"精品线路游、"云游敦煌"小程序等系列线上产品。此外,移动游戏、短视频平台、社交网络等媒介在全民居家时期的全线爆发,使得线上文化产业发展表现抢眼。

在文化创意生产方面,线上办公新形式迅速普及。数字化技术的运用带来新的社会认识,培养了新的消费习惯,创造了新的效率增长空间。这意味着线上教学、办公、教育、培训、咨询服务乃至工业生产等业态,将会迎来更深刻的发展机遇,从而进一步影响文化创意企业的生产和办公方式。在新冠肺炎疫情期间,多家服务商向社会免费开放远程办公产品,从而帮助减少人员流动,其中包括阿里巴巴的钉钉、华为云的WeLink、腾讯的腾讯会议、字节跳动的飞书、国外远程办公及会议软件Zoom等。这为文化创意产业的远程办公与云协作提供了可能。不少艺术设计、网络文学、游戏设计等对计算机技术具有较高依赖度的行业通过云办公的方式实现复工。

2. 文化创意产业移动化发展

在移动网络和体验经济时代,文化创意产业成为拉动城市经济发展的新引擎。当前,诸多国家文化创意产业的增长已高于同期GDP的增速,文化创意产业创造了新的经济增长点,在推动传统产业转型、促进产业结构调整、高新技术化等方面发挥着重要作用。其中,文化创意产业的移动化发展是其一大趋势。

---

① 许晓辉,李蕊. 从《中国诗词大会》谈电视媒体对中国传统文化的传承与传播[J]. 当代电视,2016(7):78.
② 薛可,余明阳. 文化创意学概论[M]. 上海:复旦大学出版社,2021:426-428.

全球移动通信系统协会预测,到 2025 年全球 5G 连接数量将达 14 亿个,未来 15 年间,5G 将为全球经济增加 2.2 万亿美元 GDP。有专家称,未来 5G 技术与人工智能、大数据等紧密结合,将会开启一个万物互联的全新时代,相关领域将呈现出蓬勃发展态势,文化创意产业也在移动化发展进程中迎来重大发展机遇。同时,文化与互联网、旅游、体育等行业融合发展,跨界融介已成为文化创意产业发展最突出的特点,数字内容、动漫游戏、视频直播等基于互联网和移动互联网的新型文化业态,成为文化创意产业发展的新动能和新增长点。随着 5G 的商用,传输成本大大降低,"平台＋技术＋内容＋垂直运作"将形成文化创意产业的新生态,产生巨大的商机,文化创意企业要走出"舒适区",打破"思维定式",提前布局,打通线上线下,连接技术和内容,融合传统和现代,经风雨、见彩虹,实现新的跨越式发展。

其中,中国文化创意产业的移动化发展尤为显著。目前中国已经迈入了移动互联网全民时代,在 2018 年,中国移动互联网用户人数已达到 8.2 亿,移动互联网数据流量同比增长 189％,其中,短视频对中国互联网流量和使用时长的增长功不可没。移动应用和涉及的细分领域主要集中在游戏、视频、新闻、社交、电商、金融(手机银行、传统券商、P2P、直销银行、银行信用卡)、房产(含开发商类)、旅游(在线旅游服务平台、航空、酒店)、生活服务、教育、医疗、母婴、出行、汽车服务等方面。"互联网＋"时代为传承文化传播提供了广阔舞台,使传统文化活起来、火起来,更在传播过程中不断被筛选和再造,最终变得更加大众化和生活化。随着 5G 技术的发展,文化创意产业与"虚拟现实""人工智能"等新技术融合,将给人们带来更新颖的文化体验。

3. 文化创意产业交互化发展

如今,因互联网打破了空间与时间的壁垒,消费者可以参与到文化创意产业的设计中,增强他们的参与感和认同感。增强文化创意产品设计的交互体验可以实现更加个性化的设计,满足消费者对产品个性化的需求,使产品更有针对性,从而吸引更多的消费者为文化创意产品买单。同时,随着科技手段的运用,文化创意产品设计正走向体验和价值融合的服务模式。要提供融合产品体验和产品价值的服务,产品设计要从消费的角度转型到服务的角度,整合平面、交互产品以及空间。此时,科技就成为其重要手段,在产品设计过程中将依托用户体验,利用科技手段来分析用户的交互体验,进而因人而异地设计出满足消费者需求的产品,提升消费者的满意度,增强用户体验,实现文化创意产品交互化发展。

如今,动漫游戏、网络文学、网络音乐、网络视频等数字文化创意产品已拥有广泛的用户基础,与百姓生活越来越密切,并在诸多新科技,如 VR、AR、全息投影等的帮助下,实现了各种用户体验全新形式,不仅在视觉上增强用户对产品相关性的认知,而且节省用户选择产品的时间和精力。随着 5G 应用广泛融入社会,文化产品的数量与种类将会不断丰富,音乐、动漫、影视、游戏、演艺等传统业态的数字化程度将不断加深,具有可视化、交互性、沉浸式等特性的文化创意产品和服务也将不断涌现。通过移动智能终端参与互动体验,身临其境地体验不同类别的文化创意内容,必将成为文化创意产业未来发展的重要趋势。

典型案例研究：迪士尼的成长轨迹①~③

1. 沃尔特·迪士尼和米老鼠

He still speaks for me and I still speak for him.（米老鼠和我们仍然是彼此的代言人。）

——[美]沃尔特·迪士尼

1923年的夏天，来自美国中部堪萨斯城的年轻卡通画家沃尔特·迪士尼带着无数的希望携弟弟诺伊来到加利福尼亚州开创事业。1923年10月16日，当纽约发行商温克尔成功地发行了迪士尼的卡通系列《爱丽丝喜剧》时，沃尔特·迪士尼和其弟诺伊·迪士尼以注册资金3200美元创办的迪士尼兄弟卡通制片厂在同天正式挂牌运营。不久，在诺伊的建议和坚持下，公司更名为沃尔特·迪士尼制片厂。

1972年，沃尔特·迪士尼在这四年当中专注于《爱丽丝喜剧》系列的制作。之后，他萌生了创造《幸运兔奥斯瓦得》的想法，并在不到一年的时间内神速地创造了26个奥斯瓦德卡通短片。然而，沃尔特·迪士尼意外发现他的发行商开始运用比迪士尼制片厂更便宜的价格自己制作幸运兔卡通系列。通过仔细阅读与发行商的协议，迪士尼兄弟才发现，《幸运兔奥斯瓦德》版权归发行商所有，而非影片的制作者迪士尼制片厂。这是沃尔特·迪士尼在现实中遇到的最为惨痛的教训。别无选择，迪士尼公司必须创造新的版权属于自己的卡通形象，这个新的形象就是米老鼠（Mickey Mouse）。

1928年11月18日，纽约的克鲁尼剧院，米老鼠在动画片《蒸汽船威力号》中首次亮相，一个新的卡通明星由此诞生。很快，米老鼠风行全美国，米老鼠卡通短片系列跟风出世。由此，迪士尼公司走出困境，踏上了迈向未来的成功之路。

2. 从米老鼠到娱乐产业巨无霸

一切都源于一只米老鼠。

——沃尔特·迪士尼

正如沃尔特·迪士尼一再强调的，迪士尼公司生存乃至作为娱乐产业的建立和发展，一切都始于米老鼠，这个由沃尔特·迪士尼创造，并不断由其卡通制作合作伙伴发展和创新的充满生命力的虚拟人物形象，以及以米老鼠为代表的由一批经典虚拟卡通人物（如唐老鸭、白雪公主和七个小矮人等）构成的系列娱乐和日用消费商品品牌，最终形成了涵盖电影制片与发行业、主题公园与旅游业、专利消费产品、电视与媒体网络业这些全方位的娱乐文化创意产业。在20世纪80年代的发展中，迪士尼公司几经自我调整、自我飞跃，不断全方位发展、创新，始终如一地奉献快乐，创造了财富的奇迹、生命力的奇迹、人类创意史上的奇迹。

1）米老鼠：从一个虚拟卡通人物到系列娱乐产品和日常应用产品

从1928年11月18日，在纽约克鲁尼剧院上演的动画片《蒸汽船威力号》中首次亮相，

---

① 丁俊杰，李怀亮，闫玉刚. 创意学概论[M]. 北京：首都经济贸易大学出版社，2011：235-243.
② 徐丹，张梓轩. 童话王国的创意之举——迪士尼公司创意机制研究[J]. 电视研究，2008(4)：73-75.
③ 迪士尼公司. 迪士尼中国官网[EB/OL]. [2016-11-24]. http://www.dol.cn/.

自此以后米老鼠相继领衔主演超过 120 部的卡通片。到 1932 年,在短短四年的时间当中,已有超过 100 万的儿童加入了"米老鼠俱乐部"。

在米老鼠作为一个畅销的卡通形象通过卡通片变得家喻户晓、深入人心的时候,一个历史的机遇改变了米老鼠的命运。20 世纪 30 年代初,一个来自纽约的商人带着他的"把米老鼠的卡通形象印在铅笔上"的独特创意想法来找沃尔特·迪士尼,他用 300 美元获得了在其制造的铅笔上印有米老鼠形象的专利使用权。这个交易,为迪士尼公司开辟了一个新的商机和拓展了一条新的盈利之路:将米老鼠产品化!从此,米老鼠玩具以及印有米老鼠各类形象造型的餐碟、牙刷、收音机等产品在日常生活中随处可见。米老鼠的商品化更加广泛而深入地将米老鼠的形象传播到社会的各个角落,这一过程又进一步提升了其品牌号召力和市场需求量。哪里有消费需求,哪里有娱乐需求,迪士尼公司就发展到哪里。商品化的米老鼠又带动了米老鼠娱乐化的进一步发展。1930 年,电视系列片《米老鼠俱乐部》一经播出,立即成为最受孩子们欢迎的儿童节目且受欢迎程度经久不衰。至此,米老鼠的形象作为一个娱乐商业品牌广泛而深入地根植于人们的日常生活中。

2)从一只米老鼠到一个娱乐王国:迪士尼公司的市场化、产业化、国际化之路

(1)从单纯的卡通片产品到整合产业链的建立。沃尔特·迪士尼有一句名言:"我这样做,是因为我想做得更好。"沃尔特·迪士尼的可贵之处,首先在于他的永不满足、不断创新和超越的精神。

在米老鼠取得巨大成功之时,沃尔特·迪士尼没有陶醉在成功的喜悦中,而是马不停蹄地带领他的合作同仁积极寻求在米老鼠卡通片系列制作中不断突破和超越。在创意内容上,迪士尼公司通过系列制作,把一个简单、快乐的米老鼠卡通形象逐渐赋予了一个"人"所具有的丰富的内心情感世界,并将其生活和情感放入米老鼠的家庭生活。至此,米老鼠不再是一个抽象的卡通形象,米老鼠的故事展示的是生活在虚拟世界中的一群同人类一样有着喜怒哀乐和悲欢离合生活的米老鼠们的真情故事。米老鼠和其家人朋友在卡通片系列生产中不断成长,米老鼠的世界在不断扩大,米老鼠的生命力不断延续。迪士尼公司不断挑战时代的局限,使米老鼠卡通系列实现了从无声到有声,从黑白到彩色,从卡通短片到动画故事片,从动画师笔下画出的动画到由真人演出的舞台剧等转变。米老鼠这个快乐简单的卡通形象已经自我发展成为一个米老鼠娱乐产业链。至此,米老鼠变成了一个长青的娱乐产业形象的代言人,一个划时代的奇迹。

在成功开发以米老鼠为品牌的系列卡通电影及各类日用商品同时,迪士尼积极探索并创造新的动画形象,以新的动画形式讲述动画故事,带给观众新的惊喜。从 1937 年奥斯卡特为《白雪公主与七个小矮人》开设最佳动画片奖至今,迪士尼公司在 80 多年发展过程中,为世界奉献了如《爱丽斯漫游仙境》(Alice in Wonderland,1951)、《美人鱼》(The Little Mermaid,1989)、《狮子王》(The Lion King,1994)等超过 300 部以动画为主的故事片。塑造了一批像唐老鸭、白雪公主、美人鱼等经典动画形象。这些经典的动画形象如同米老鼠一样,由于深受观众的喜爱而迅速由一个单纯动画形象,通过形象专利的特许经营开发,发展成系列娱乐产品和日用消费产品,并发展成一条条娱乐品牌产业链。

(2)从娱乐产业链到娱乐产业网络的建立。1955 年,一个以迪士尼公司经典动画人物组成的虚拟世界——迪士尼乐园在美国加利福尼亚州洛杉矶对公众开放,这是迪士尼公司

发展的一个新的里程碑。迪士尼乐园一次次把观众在电影中看到的虚拟世界变成了可游玩、可感受的崭新的娱乐体验。与此同时,迪士尼乐园的开放,把旅游业、房地产业、餐饮业等相关产业统统融入迪士尼的娱乐消费网络。随着迪士尼动画故事的不断延续,一个个新的经典动画人物在迪士尼乐园安家。迪士尼乐园在保持传统吸引力的同时,不断自我更新、自我发展,并始终充满新的生命力。随着迪士尼乐园在美国佛罗里达州的奥兰多、日本的东京、法国的巴黎、中国的香港和上海等地开张,迪士尼公司的娱乐消费网全球延伸开来,迪士尼公司成为自我创造、自我更新、自我扩张的娱乐巨无霸。

现在迪士尼娱乐在世界范围内成功铺设了电影制作网、发行网、电视网、音像图书出版发行网、专利产品制造销售网、主题公园旅游度假网、房地产开发网。哪里有娱乐需要,哪里就有迪士尼公司;哪里没有迪士尼娱乐,迪士尼公司就开发到哪里。迪士尼公司娱乐产业环环相扣,无所不在,牢不可破,它的发展与时俱进甚至推动引领了时代的发展。

迪士尼公司创造了一个长生长盛、自产自销的盈利模式,以及轮次递进滚动增值收入模式。每年迪士尼故事片的海内外院线发行获得票房的第一轮收入。DVD、音乐CD发行为第二轮收入。接下来,主题公园再加进新的动画人物所带来新的卖点的创收构成第三轮收入。第四轮收入是特许形象产品的经营销售。在美国专利版权法保护下,迪士尼公司通过发放特许经营权的商家,产品范围从文具产品、日用产品、电器产品到艺术收藏应有尽有。迪士尼公司的电影发行通过自己的发行渠道,迪士尼公司的电视播出通过自己的电视播出平台,迪士尼公司的特许专利商品通过4000家迪士尼专利商店直接销售自己的品牌产品。最后,电视和网络媒体再完成第五轮收入。迪士尼的盈利模式、运作模式都是建立在自产自销的良性循环轨道之中。一个个迪士尼产品在市场的投放获得多层的利益回报,一个个迪士尼产品的纵横推广获得既稳定又十分可观的收获。

3. 迪士尼公司的成功之道:迪士尼理念

沃尔特·迪士尼说过:"给所有来到这快乐之地的人们'欢迎',迪士尼是你的乐园。在这里,过去美好的记忆被唤醒,年轻人面对挑战和承诺未来。迪士尼乐园给予人们的是充满希望的那些创造美国的理想、梦想和严峻的现实。这个希望将成为全世界快乐和激励的源泉。"由此可见,迪士尼的成功是天才创意的成功,是传播的成功,更是理念的成功。

1) 带给大众崭新的娱乐体验

从米老鼠到迪士尼乐园,迪士尼公司所带给人们的是一种全新的快乐体验。迪士尼公司开创了一种以卡通人物拟人化来构筑一种虚拟世界的娱乐方式。这种虚拟的人物、虚拟的世界给人以幻想、理想,这种体验在生理、心理和心灵的三个层面让人体验快乐。迪士尼公司的快乐体验同时是一种分享的快乐体验,让孩子和家人,不分年龄、不分身份、不分种族、不分语言地去分享同一种天真、美好、新奇、难忘的快乐。这是超越现实生活的童话般的虚拟世界的快乐,在这里人们可以忘记现实,真切地体验快乐的真实。

2) 体现格式化的价值观

电影产业根植于大众文化。大众认同感是其成功与否的基本因素。认同感决定着市场化。对电影来说,观众就是市场,观众喜欢,就有市场;否则,就无市场。迪士尼电影似乎找到了观众"喜欢"的基本特点:用符合大众价值观的道德标准和审美视觉讲述大众喜欢的故事和人物。这个"喜欢"能让人轻松愉快,能给人带来积极乐观的力量或人生的启迪。

以米老鼠为代表的迪士尼电影是一个个关于符合大众价值观的故事和人,迪士尼电影所传递的文化信息基本都是统一在这个大的价值观的基调上的。迪士尼公司产业化、国际化的成功不仅依靠其完善的运作机制和雄厚的资本这些物质条件的外因,还依靠在长期的探索中找到了人类共有的价值观所在的内因。体现格式化的标准价值观如下。

(1) 真、善、美、战胜假、丑、恶。

(2) 家庭第一,亲情、爱情、友情为人生最宝贵的财富。

(3) 忠诚、善良、努力是一个人应有的品质。

(4) 推崇个人奋斗,有志者事竟成。

3) 消费体验贫富趋向

沃尔特·迪士尼的过人之处就是开创了美国娱乐文化的新的消费传统:在物质层面,让所有的孩子都可以拥有自己的米老鼠,即最富有和最贫穷的消费者的观赏和购买目标趋于一致;在精神层面,让米老鼠的性格和精神融入孩子们的成长中。

每一种产品都有它特殊的属性、特殊的消费群体。经济收入、生活品位、审美趣味、消费习惯等决定着消费者对产品的选择和钟爱,而这些因素也把消费者从客观上作了分层。如高端消费让大众望尘莫及,大众消费又让富有者远离。而迪士尼公司产品的特征是让消费者的观赏和购买目标趋于一致。迪士尼电影是孩子和家长共同喜爱的电影。迪士尼产品是大部分阶层共同拥有的产品。富有者可以拥有富有者的迪士尼,可以拥有特制的迪士尼汽车和手制手表,价值连城;普通消费者可以拥有普通的迪士尼产品;而贫穷的消费者同样可以得到自己的迪士尼,如米老鼠铅笔、米老鼠娃娃等。

一只米老鼠造就了迪士尼娱乐王国,造就了世界文化产业的奇迹,造就了时代的娱乐神话!

大道至真至简,迪士尼的成功在于它给人们带来了梦想,为人类创造了快乐。

4. 迪士尼公司的创意机制

作为世界传媒巨擘的迪士尼公司,其创意机制的完善与有效,在很大程度上推动了其在文化产业领域的遍地开花。这一涵盖了娱乐节目制作、主题乐园与度假村、玩具、图书、电子游戏和BAC、ESPN等传媒网络的传媒王国,颠覆了很多人在创意机制方面持有的传统理念。迪士尼公司的创意机制为文化创意产业的创意生产展现了一个可供参考的图景。

1) 四大部门同为创意引擎

迪士尼公司的四大部门为主题乐园与度假区部门(在三大洲有5个度假区和1个主题乐园)、传媒部门(ABC、ESPN、迪士尼频道、迪士尼网络)、影视制作部门(动画、故事片及电视节目制作)、消费品部门(品牌授权及出版业)。此外还有一个以这四大部门为基础跨国开展业务的国际事务部。在很多关于迪士尼公司的产业链的理解中,通常将迪士尼公司的四大部门视作一个线性的链条。而事实上,发展中的迪士尼公司的创意机制是在"人人创意"的企业氛围中,四大引擎共同发力。迪士尼公司每个部门的每个人时时处处都被鼓励进入一种创意状态,创意活动无处不在。传统上的创意产业链大都是动画片推出以后大家一起围绕动画片推广产品,但现在从四大部门出发的协和产业链已经发展得非常出色,任何一个部门都有创意出来，并可以影响各个部门的工作。

这一环节的具体实现途径表现为，上述四大部门的执行官，每周都聚在一起举行周会，分别讲述本部门正在做的创意以及遇到的问题。然后四大部门一起考虑如何展开互动，以便共享、融合这些创意。最为典型的例子是《加勒比海盗》的诞生。电影《加勒比海盗》源自迪士尼公司一个主题乐园里的游乐项目——海盗船。自从1960年推出以来，该项目在乐园里广受欢迎。后来迪士尼公司根据这个项目制作了一部电影，并连续拍摄了3集。影片的推出对促进乐园的游玩起到了很大的作用。与此同时，由于电影和游乐项目的共同推出，消费品的生产与授权也获得了很大的成功，对出版业、游戏业都产生了极大的带动作用。另外，迪士尼公司颇负盛名的"小铃铛"，其创意最初是从消费品部的玩具部门产生的，然后公司请著名的儿童小说家写了一本故事书。现在，小铃铛已拓展到游戏领域和影视领域。

2) 保护之网激励人人创意

迪士尼公司首席创意执行官约翰·莱斯特曾这样介绍自己的工作："作为公司创意方面的总领导，我的任务很简单，就是保证公司每一个层次的创意人员都能够充分发挥自己的能力。"保护措施与激励措施的制定与实施，能激发员工自由创意的灵感。

迪士尼公司动画部门的管理人员要在以下两个层面使得部门里的创意热情与灵感层出不穷：第一是要保证每位员工都能参与一部极其成功的产品，这个产品一定是可以值得他们一辈子骄傲的作品，让他们始终都能感觉到因为自己参与了这样一部成功的产品而充满动力。第二个层面是要确保这些创作人员有一种主人翁的感觉，即哪怕他在这部片子中只做了一点工作，也要让他觉得他是这部片子不可或缺的人。据心理专家研究，真正以创意为生的人都有这样一种初衷，就是总想展示自己的才华。创意机制就是要给他们提供一种保护环境，使他们有不断实施创作欲望的可能，在这种环境下造就一种氛围，即大家想从不同的方面、不同的程度去尝试，而且怎么尝试都不会被指责，他们就会尽全力去进行创意。

3) 品牌价值内化创意内容

对迪士尼公司来说，品牌价值是指在资产之外迪士尼品牌给观众带来的内容体验。因此，在其公司的整个系统中，品牌价值归属品牌管理部门进行内容把关，而品牌授权等与资产有关的品牌事宜则归属品牌运营部门。在迪士尼公司，"Disney is special entertainment with heart"（迪士尼是触及心灵的特殊娱乐）成为公司全体员工所坚守的品牌价值。这一品牌价值在迪士尼公司的发展历史中被逐渐确定并严格恪守，它是消费者对迪士尼产品内容的期待与迪士尼公司对消费者的承诺所达成的共同取向。具体分析这一品牌价值："娱乐"是指迪士尼公司的工作内容——是为消费者生产欢乐；"特殊"是指迪士尼公司如何做娱乐——是用特别的方式把娱乐带给受众；"触及心灵"是指迪士尼公司力图使所做的任何事情都有社会含义，有对人的特别影响——体现在创意者生产的内容中，便是对积极、乐观精神的体现与倡导，对具有普世价值如善良、信赖、责任、情感等故事的需求，对以儿童为观众群的产品不出现任何暴力的、色情的语言与镜头的要求，以及任何节目的结尾必以大团圆为收场的设计，所有这一切，都是要传达一种信息，即生活要充满健康与希望。

在这一品牌价值导向下，迪士尼公司各部门创意人员的任何想法、做法都会与品牌管理部门一再沟通,包括园区的运营、设施的设计、影视作品的创作、产品的宣传等各个领域的创意者,都要确保成型的产品与迪士尼品牌价值的内容含义相一致。在他们看来,生成娱乐的最基本的状况是一样的,即使没有价值观而只借助某种刺激方式,人也是可以娱乐起来的,但是这种娱乐所带来的商业价值比较小。如果把价值观放到娱乐中去,把最基本的积极向上、乐观友善、家庭和睦等观念融于故事中,则将会产生更多的利润。

在迪士尼公司内部,品牌价值的含义带有一些解释性的文字。作为一家提供娱乐及创意的公司,迪士尼公司的创意基本是在交流过程中产生的。他们认为,管理者如果把所有的东西都规定得很死板,就会违背创意产生的过程,就会抹杀创意的灵感和热情。但是,有些需要强调的原则会有明确的条文,比如不道德的行为绝不允许把它英雄化,反面的东西不能进行美化,跟人开玩笑时不能嘲讽等。此外,任何原来没有做过的新产品必须与品牌管理部门沟通并备案。在成型之前一定要考虑品牌价值的管理,比如迪士尼公司的电影不允许出现脏话。

4) 专业——技术成就创意梦想

创意的真正成型需要各专业工种的分工与合作,也需要不断开发新技术,使匠心独具的创意得以实现,并以产品的形式最终呈现在消费者面前。迪士尼公司的发展历史一直是专业不断细分、技术不断革新的历史,从无声电影到有声电影的使用,从黑白片到彩色片的过渡,再到计算机技术应用于动画创作,迪士尼公司对各专业人员的培养和对技术的研发提升,保证了创意机制的终端——产品得以实现。而人员专业性的提高和技术的革新,也使得更多更丰富的创意不断涌现。这一良性循环使迪士尼公司在文化产业领域的领先地位得以保持。

在工业化运作较为成熟的迪士尼公司,很多职业被细化,如动画师的职业已经细化为包括动画脚本师、动画造型师、动画摄影师等多个职业。

创意是文化产业拓展利润空间的主导因素,迪士尼公司的成功模式中,产业内部完善的创意机制是推动其发展的关键保障。实现作坊式生产到创意工业化的转变,营造机制内部人人创意的文化氛围,实施有效措施保证创意机制内各部门的融合与互动,打破传统线性产业链思维,建设各部门立体的、协和的创意产业链,同时实现专业分工的细化和技术的保证,将在很大程度上促使文化创意产业实现操作层面与整体实力的提升。

思考与讨论:
(1) 迪士尼公司创意产业成功的原因是什么?
(2) 迪士尼公司为什么能够成为全球文化产业霸主?
(3) 创意企业可以从迪士尼公司借鉴哪些经营理念?
(4) 从正、反两方面讨论在上海设立迪士尼乐园的问题。

第三章 文化创意产业运作

当前全球风起潮涌的创意产业正是文化生产力大释放的体现,它的发展已超越了作为一个产业发展的层面,不仅以其高增值、强辐射的特征与各产业融合发展,而且以一种新的思维方式实现了产业的创新,也推进了文化的发展和繁荣。

——厉无畏

第一节 文化创意产品及其价值实现

文化创意产品随着现代化社会的不断发展,逐渐成为市场的新颖消费品。文化创意产品一般是以文化、创意理念为核心,是创意人的知识、智慧和灵感在特定行业的物化表现,即其创意来自文化的产品设计。文化创意产品主要是透过文化器物本身所蕴含的文化因素的分析,然后转化成设计要素,运用设计为这些文化因素寻求一种符合现代生活形态的新形式,并探求其被使用后在人们精神层面上的满足。它处于技术创新和研发等产业价值链的高端环节。文化创意产品与信息技术、传播技术和自动化技术等的广泛应用密切相关,其中电影、电视等产品的创作是通过与光电技术、计算机仿真技术和传媒等相结合而完成的。文化创意产品中,科技和文化的附加值明显高于普通产品和服务。①

1. 文化创意产品的特点与层次

文化创意产品指的是文化创意产业中产出的制品或任何制品的组合,包含硬件载体和文化创意内容。文化创意内容是文化创业产品区别于大多数传统意义上的普通产品的关键,体现了文化创意的核心价值。文化创意内容是不能独立存在的,而必须与硬件载体相互依存,因此,文化创意产品的价格主要是由不易量化的文化创意内容的精神价值和易于量化的硬件载体的成本组成的。文化创意产品的属性包括文化创意价值属性和经济价值属性。文化创意产品所表达出来的精神活动及所带来的影响是文化创意价值属性;文化创意产品的经济价值是指通过对文化创意产品的定价以及把文化创意这种无形资本转换为有形资本带来的间接和直接的就业和经济增长所产生的总的经济效益。②

1) 文化创意产品的特点

由于文化、创意和高科技元素的植入,决定了文化创意产品的特点。对文化创意产品特点的研究,有助于探索其价值的实现路径。

(1) 使用价值和价值的不确定性。文化创意产品的特点和其生产制作不同于一般传

---

① 白雪艳. 我国文化创意产品消费市场分析与对策建议[J]. 对外经贸,2012(6):59.
② 栾海龙. 试析文化创意产品价值的实现路径[J]. 中国市场,2016(18):40.

统产品,这使文化创意产品本身的价值和使用价值具有不确定性。

一方面,文化创意产品的价值是不确定的,从消费者的角度来看,文化创意产品为消费者创造产品价值,包含了功能价值和观念价值。功能价值主要是指物理功能,是商品的物质基础,主要指向市场价值;而观念价值是商品中包含的能够符合一部分社会群体精神追求和文化崇尚需求产生共鸣的无形附加物,是文化的附加观念。文化创意产品的价值更多依赖于消费者个人的精神和文化偏好,不同的需求偏好者对同一个文化创意产品可能会从不同的需求角度出发,对其文化价值、艺术价值、娱乐价值或者是商业开发价值做出不同的价值评价,而且只有在认同这种文化创意商品的价值之后,消费者才会做出购买决定。这种依照消费者主观标准对文化创意产品进行评价的特点,使文化创意产品的价值具有不确定性。

另一方面,文化创意产品的使用价值具有潜在性和不确定性。文化创意产品的内涵是文化资源与创意结合的非物化形态的观念、内容、符号。消费者购买文化创意产品是因为其所具有的审美价值、思想、内容、愉悦功能等,满足的是其精神文化的需求。如对一部电影的使用,从观看使用中可以直接得到精神上的满足感或视觉上的愉悦等;而对一部电影的版权使用是看不见摸不着的,该电影版权本身并不具有任何价值,可以说它们的使用价值是潜在的,电影的使用价值只有通过版权交易、电影的发行才能体现。因此,文化创意产品的使用价值是潜在的、不确定的。①

(2) 生产过程成本复杂性。文化创意产品作为人类社会一种特殊的知识产品,其生产过程不是一个简单的过程,而是复杂的脑力劳动过程,其生产过程成本非常复杂。同一般物质产品的生产不同,决定文化创意产品价值量的是精神生产劳动。由于精神生产劳动具有独创性,无法以社会必要劳动时间作为确定价值量的唯一标准,因而文化创意产品生产过程成本具有复杂性。文化创意产品价值链增值能力呈现先期研究与开发附加值高、中期生产制造利润低、后期营销利润高的"微笑曲线"特点②,同时显示了文化创意产品高成本研发、低成本制造、复制产品的成本几乎为零的特点,这是传统商品生产过程中所不具备的,这种成本复杂性给产品定价带来了极大的困难。文化创意产品在未被生产出来之前,市场对它的需求是难以判断的,具有高风险性和不确定性。这就决定了文化创意产品难以采用以生产者为导向、以费用为基础的成本定价模式,而适宜采用以消费者为导向的、以价值为基础的差别定价模式。③

(3) 流通过程的共享性。传统商品交易中,有形产品如果进行交换,生产者将让渡使用价值,丧失所有权和使用权。但作为具有知识产权的创意商品可以在同一时间内分别由若干人使用,与他人共享创意产品与创意服务。传统产品如洗衣机、汽车、手机等,使用的过程实质上就是其价值的消耗过程。

但是,创意产品知识共享和重复利用的特殊性,以及其产业链各环节的相互联系,使创意产品的使用过程不但不会像传统物质形态产品那样消耗其价值,而且在一定条件下可转换为其他使用价值并带来大量的增值价值。例如,一个音像产品、一项设计技术的专利,

---

① 张迺英,巢莹莹,钱伟.文化创意产业管理与实务[M].上海:同济大学出版社,2020:91.
② 厉无畏.创意改变中国[M].北京:新华出版社,2009.
③ 张迺英.文化创意产品价值的实现路径分析[J].社会科学,2012(11):61.

版权人和专利权人既可以自己使用,也可以同时转让给他人使用,或者由若干使用者同时共享这项专利。一部历史悠久的动画片《米老鼠和唐老鸭》,迪士尼乐园进行全球扩张时使用该片不但不消耗其价值,反而随着产业的衍生而使其价值不断增大。

创意产品应用于具体的工艺生产过程中,通过合理有效地运用,其使用价值不仅可以等量地转移到新产品中去,而且可能会创新出其他新的产品,或改革原有产品,在同样条件下创造出更多更好的物质财富,开发出更多的能量。这种知识的独享和共享行为并不会降低创意产品的价值,不会影响版权和专利技术的质量,这就是创意产品与创意服务的非排他性特征。这些特征使创意产品不同于传统产品使用的消耗性,而是可以进行重复使用,并带来这类产品的重复生产,因而易于形成规模经济效应,能有效降低社会交易成本。①

(4) 文化创意产品和其他传统产品一样,在没有被交易以前,商品的价值和使用价值不可能体现,只有在交易发生后,商品的使用价值和价值才会体现。但是,文化创意产品交易的内容与一般传统商品交易内容的不同是蕴含在文化创意产品背后的知识产权交易内容。

文化创意产品无论价值有多高,因其复制成本的归零特性,一旦得不到知识产权保护,产业将面临任意仿制和抄袭,产品的价值就不能体现。

作为具有知识产权的文化创意商品,又可以在同一时间内分别由若干人使用,与他人共享文化创意产品与服务,这就是文化创意产品流通过程的共享性和重复利用性特点。这是传统商品交易中不具备的。

传统商品交易中,生产者将让渡使用价值,丧失所有权和使用权。文化创意产品流通则不同,例如,一个音像产品,一项设计技术的专利,版权人和专利权人既可以自己使用,也可以同时转让给他人使用,或者由若干使用者同时共享这项专利。这种知识的独享和共享行为并不会降低文化创意产品的价值,不会影响版权和专利技术的质量,这就是文化创意产品与服务的非排他性特征。

文化创意产品还可以进行重复使用并带来这类产品的重复生产,因而易于形成规模经济效应,能有效降低社会交易成本。传统意义上尤其是物质产品生产所占有的自然资源特性,形成产品后很难再次完全利用,当然有些物质产品可以通过再生资源的利用,使其进入另一个制造通道。

但是,文化创意产品由于是对文化资源的再利用和再开发创造,具有非实物形态,同时又具有个人意义的创造性劳动成果。

因此,同一文化资源题材可通过创意创造出不同的精神产品,如相同的历史故事,可以创作成电视剧、小说等不同形式的文化创意产品,也可以由不同的创作者从不同的视角,在不同的阶段对其进行不同的演绎,生产出不同的文化创意产品。

文化创意产品的知识产权交易具体涉及文化创意产业不同领域创意符号、创意要素、创意所有权、创意使用权等的交易内容,还有特定文化创意产品的著作权、专利权、商标权等交易内容。如美国迪士尼产品,其增值部分就是迪士尼这个创意符号、商标和

---

① 张迺英.创意产业理论与实践[M].上海:同济大学出版社,2015:112.

版权。

知识产权保护是文化创意产品的一个核心问题,文化创意产品的开发均有独创性和成本复杂性,而复制成本却呈现归零性,从而使文化创意产品的知识产权保护问题显得非常重要,也成为文化创意产业发展的一个重要标志。[①]

2) 文化创意产品的层次

根据产品的整体概念,产品可以划分为三个层次:一是核心产品层,也叫核心利益,是指产品能给购买者带来的基本利益和效用,也就是产品的使用价值;二是形式产品层,指消费者需要的产品实体的具体外观,是核心产品的基本表现形式,它包括产品的包装、品牌、材料、工艺、款式、性能等可以为顾客识别的基本特征;三是附加产品层,指消费者购买产品时所能得到的附加服务和附加利益的综合,包括服务、信誉、形象、关系等。这三个层次构成了产品整体的概念,它们密不可分,紧密相连。

从广义的角度理解,文化创意产品具有一般产品的共性,即有着核心产品、形式产品、附加产品三个层次。但是文化创意产品是一种新的产品类型,其特殊性在于其形式产品在文化创意产品价值中所占的比重远远小于核心产品和附加产品,是承载核心产品和附加产品的载体,或者说是体现核心利益和附加利益的一种形式表现。比如,作为文化创意产品的正版软件,其光盘的刻录成本非常低廉,价值主要体现在软件的知识产权上,光盘知识作为载体;博物馆的艺术品主要传递创作者的意识,其物质载体仅是其表现形式。在现有的市场条件下,文化创意产品的形式层与附加层体现出来的都是对核心利益的附加,在对文化创意产品进行分析时,可以将形式层和附加层合并。随着时间的推移、消费需求的变化以及消费个性特征的不同,形式层和附加层也会不断地进行改变和扩展。

根据以上分析,我们可以把文化创意产品的结构主要划分为两个层次:一是"创新+文化"核心价值层,该层的内容仍然是指创意产品从知识创新和文化等多方面给消费者带来的基本利益和效用;二是可变附加层,这一层包含了创意产品的形式层与附加层的所有内容,并且当中的每个元素都不断地发展变化,随时都有可能增加新的元素。这种动态产品概念更能体现创造产品区别于其他产品的独特之处。

2. 文化创意产品价值的实现途径

1) 增值显性价值,引导文化消费

文化创意产品是一种同时具有显性和隐形价值的观念性产品。对消费者来说,某个产品只有一定的内容创意还不够,其载体形式具有的显性价值才能更加吸引消费者,因此,通过某些特定的方式实现其显性价值尤为重要。通过显性价值获得的文化创意产品,可以使消费者在从产品中获得愉悦心情和精神的同时,使该文化创意产品能够更好地流通于市场。为了实现文化创意产品的显性价值增值这一目的,就要增大文化创意产品的宣传力度,实现其产品价值的增值。如一首《老鼠爱大米》的网络歌曲,在文化创意企业的运作下,赚了整整1亿元。这首歌继网络成名之后而发展出同名小说、同名音乐电影、电视剧和手机游戏。多重利用和广泛延伸,使这个并不复杂的文化创意产品瞬间

---

① 张迺英,巢莹莹,钱伟.文化创意产业管理与实务[M].上海:同济大学出版社,2020:93-94.

成名。

2) 挖掘隐形价值,创造文化消费

文化创意产品在生产过程中,要努力把文化资源转化为文化内容,充分发挥人们对产品的创造力,来挖掘文化创意产品中的隐形价值,创造文化的消费。内涵丰富的、各式各样的文化创意产品的价值主要体现于精神内涵内容,内容创意是实现文化创意产品价值的核心和基础,内容创意是属于高级地位的,对产业链起着至关重要的影响,并且内容创意也是能够吸引消费者的关键所在。如目前美国是世界上文化创意产业最发达的国家之一,不仅自身市场繁荣,而且在全球化视角下进行运作。《花木兰》这个源自中国的古老故事内容,经无数中国人口口相传流传至今,但美国好莱坞的电影工业将其摇身一变成为一部赏心悦目的盈利机器,催生出了巨大的产业价值,堪称挖掘文化创意产品的隐形价值及创造文化消费的经典之作。

3) 加强知识产权保护,保障价值的实现

通过相关文化创意产品的研究及经验表明,保护文化创意产品的知识产权对其发展是至关重要的,具有特殊形式的文化创意产业对知识产权有着很高的要求,保证文化创意产业能够持续发展和生存的关键是维护其知识产权。怎么才能做好知识产权的保护工作呢? 由于网络技术高速发展与发达的信息时代,严重阻碍了人们对文化创意产品的知识产权保护,通过各种信息技术所发生的侵权事件频频发生,比如出版行业、媒体等的版权内容被大量传播、复制和下载等。尽管我国已经颁布了多项法律法规来保护知识产权,但是人们对知识产权的认识度还是很低,更主要的是由于知识产权的维权具有很高的成本,其维护方面也存在着很多漏洞,对文化创意产品价值的实现造成了很大的影响,因此要提高人们对知识产权的认识和加强对文化创意产品知识产权的维护,保障其价值的实现。① 例如,英国的文化创意产业发展蓬勃,得益于知识产权保护相关法律法规的完善性。欧洲内部市场协调局副局长彼得·劳伦斯在上海接受人民网记者专访谈到英国文化创意产业的发展时,强调了知识产权保护的重要性。彼得·劳伦斯认为,在如今的数字化时代,特别是文化创意产业时代,知识产权保护越来越重要。而如何加强人们的知识产权意识,彼得·劳伦斯介绍了他通过在英国做关于版权保护框架政策调研和研究工作中的体会:首先要保证,如要在这个产业里开办公司,这些公司发起人必须了解知识产权保护的重要意义;另外,他们必须知道从哪里找到工具保护其知识产权。此外,彼得·劳伦斯还介绍了英国推出的一个项目,即在一些大学的媒体专业和音乐系等推出一些课程,内容为关于如何进行知识产权法和知识产权保护。②

4) 转变人们的消费观念,培育消费偏好

消费者如何分配收入很大程度上由消费观念决定。受中国传统的消费观念影响,居民收入水平提高后在餐饮、旅游和教育上消费支出增加。然而,在发达国家人们的选择则更倾向于具有较高文化内涵的文化娱乐消费。所以转变我国消费者的消费观念无疑

---

① 栾海龙.试析文化创意产品价值的实现路径[J].中国市场,2016(18):47.
② 魏倩.文化创意产业 知识产权保护越来越重要[EB/OL].[2010-09-28]. http://ip.people.com.cn/GB/12845414.html.

是一个大规模消费行为的干预和价值观的塑造过程。消费行为的改变涉及文化习俗、社会影响、教育导向和个人兴趣爱好等多方面因素,这些都需要政府、社会和个人共同做出努力。政府在考虑文化娱乐设施的投入时应将重点放在普及性的设施建设上,更多地免费开放博物馆和展览馆等公共设施,并适当补贴高水平的文艺演出和艺术活动,使其价格更容易为一般的消费者所接受。此外,家庭是文化活动的重要基层单位,应通过引导性的措施如社区文化建设、环境渲染和招贴画等宣传方式,倡导文化进家庭,并以家庭文化水平和意识的提高促进整个社会文化消费能力的提高,进而促进文化创意产品需求和消费增长。

文化创意产品品质、品位越高,对消费者鉴赏能力的要求越高,提高人们对文化产品的欣赏能力和水平是促进我国文化创意产业发展的一个重要前提。欣赏能力取决于消费者的文化修养和受教育程度,即对文化创意产品的消费偏好水平。提高我国消费者文化创意产品消费偏好水平是一个长期的过程,必须通过政府、学校、社会和家庭各方面的努力才能实现。例如,学校可以增加文化艺术类选修和鉴赏课程,鼓励有影响的艺术家进入大学课堂授课,文化产品生产经营企业不应仅注重"价格"对需求的影响,文化创意产品内容和品质、消费者消费的动机、消费者消费时的社会环境等也应该受到企业的关注。要充分了解文化产品的目标群体偏好,以有效激发目标群体的文化创意产品需求。①

第二节　文化创意产业的生产组织

生产组织形式是人类为了生存发展的需要而建立起来的,是一个复杂和动态的经济现象。最早的生产组织形式产生于原始社会的部落中,随着人类社会大分工和生产范围的不断扩大,生产组织形式也愈加复杂起来。总体上看,人类的生产组织形式经历了从简单的个体劳动到复杂的合作生产的过程。对于文化创意产业来说,其内部的生产形式有着较为突出的个体创造性,这与创意本身的特性紧密相连。但文化创意产业显然不可能是完全的个体劳动,它同样也需要相互之间的合作,而在这一相互合作的过程中,创意才会不断涌现,从而进一步促进文化创意产业的发展。② 基于文化创意产业的内部生产形式,基本的文化创意产业生产组织是文化创意企业;从文化创意产业的外部产业链条来说,它需要较高程度的群集化,文化创意产业集群化是当今文化创意产业发展的趋势之一,对此我们将在本书第四章予以介绍,这里先着重介绍一下文化创意企业。

1. 创意企业与文化创意企业

创意企业概念提出首先来源于实践领域,以英国政府1997年成立的"创意企业特别工作小组(CITF)"以及1998年发布的《创意企业图录报告》为标志。该报告将创意企业定义为源自于个人创意、技巧和才华,通过知识产权的生成和取用,具有创造财富和就业力的企业。理论上,美国经济学家Caves将创意企业定义为提供具有广义的文化性艺术性或者仅

---

① 白雪艳. 我国文化创意产品消费市场分析与对策建议[J]. 对外经贸,2012(6):60.
② 丁俊杰,李怀亮,闫玉刚. 创意学概论[M]. 北京:首都经济贸易大学出版社,2011:129.

仅是娱乐价值的产品和服务的企业。① 英国经济学家 John Howkins 认为创意企业是其产品都在知识产权法保护范围内的经济部门，即围绕着专利、版权、商标、设计四大类知识产权形式的相关组织构成了创意企业和创意经济。② Chris Bilton 和 Ruth Lear 从文化的角度认为，创意企业是生产"符号产品"的企业。③ Richard Caves 从创意企业的产品和服务特征的角度出发，认为创意企业是提供具有广义文化、艺术或仅是娱乐价值的产品和服务的产业，其经济活动会影响文化、艺术和娱乐商品的市场供求关系与价格。④ 创意企业最显著的特征是鼓励个人创造力的无穷释放，这种释放创造了新的产品和新的市场需求。⑤ 创意企业与其他企业有着很大的区别，其生产和提供的产品和服务具有文化内涵和精神属性。从这个角度出发，创意企业可以理解为专门向消费者生产和提供精神产品及其服务的企业。⑥ 在创意产业和创意经济中，创意企业承担着集成创意并创造价值的责任和使命，是创意价值的裂变器。⑦ 创意企业是知识高度密集的企业，因此，从这个角度，可以将创意企业看成高度专有的具有再生能力知识的仓库。⑧ 综合来看，创意企业是以创意为核心，以知识产权为保障，以营利为目的，按照商业运作方式进行创意产品和服务创作、生产和销售的经济组织。⑨

不同于普通企业，作为一种具有经济性和社会性双重属性的特殊社会组织，学者们一般是在文化创意产业的概念上衍生出对文化创意企业的定义。鉴于文化创意产业的文化属性、创意核心和技术载体等共同特征，文化创意企业可以被看作以先进的科学技术为手段和表现形式，以向顾客提供差异化的、有新意的并具有文化内涵的产品或服务为目的的营利性组织。⑩ 作为产业层面的微观运行主体，文化创意企业需要在市场机制的作用下，按照产业标准和规律进行文化创意产品和服务的创作、生产、传播和扩散，以实现企业的发展目标。

2. 文化创意企业的特征

文化创意企业作为生产或者销售文化创意产品，或者是为生产或者销售文化创意产品提供辅助服务的企业，除了具有和自身经营的文化创意产品相关联的特征外，还具有以下几个共同特征。

1）员工及其创意是企业最重要的资产

文化创意产业是高附加值产业，其核心生产要素是信息和知识，特别是文化和科技等

---

① CAVES.Industries: Contracts between Art and Commerce[M]. Cambridge: Harvard University Press, 2000.
② John HOWKINS. The Creative Economy: How People Make Money from Ideas[M]. London: Penguin Books, 2001.
③ Chris BILTON, Ruth LEAFY. What Can Managers Do for Creativity? Brokering Creativity in the Creative Industries[J]. International Journal of Cultural Policy, 2002(8): 49.
④ CAVES. Creative Industries: Contracts between Art and Commerce[M]. Cambridge: Harvard University Press, 2004.
⑤ 厉无畏,王慧敏. 创意企业促进经济增长方式转变——机理·模式·路径[J]. 中国工业经济,2006(11): 5.
⑥ 李向民,王萌,王晨. 创意型企业产品特征及其生产决策研究[J]. 中国工业经济,2005(7): 112.
⑦ 田亚平,李卓华. 创意企业管理创新的新视野[J]. 北华航天工业学院学报,2010(6): 37.
⑧ 孙斌,蔡华,陈君君. 创意企业内外部知识共享与创新整合发展机制[J]. 经济与管理研究,2009(10): 105.
⑨ 关祥勇. 创意企业与创意企业的共同演化研究[D]. 西安: 西北大学,2011: 65-66.
⑩ 郜子珩. 文化创意企业的创新成长过程研究[D]. 西安: 西北大学,2011: 21-22.

无形资产,而这些核心要素的载体是文化创意企业的员工。

文化创意企业最重要的资产就是其所拥有的创意人员及其创意。① 文化创意企业是知识高度密集的组织,这些知识栖息于创意人员的大脑中。在文化创意企业中,知识型员工常常成为创意企业价值创造的核心要素,甚至超越有形资产为创意企业创造更多的竞争力。②

文化创意产业的核心在创意上,那么对于文化创意企业来说,真正的优势在于好的想法;对于一个影视公司来说,意味着是一个好的剧本;对于动漫企业来说,则意味着一个成功的动漫形象或者吸引人的情节;因此对于一个文化创意企业来说,真正关键的在于能够拥有优秀的创意人才。所以对于文化创意企业来说,高素质的员工,绝对是一笔不可忽视的财富。这些员工必须都有足够的灵感和创意,并在生活中发现常人无法发现和关注的东西,这样才能不断有新的创意。

文化创意企业的员工具有相应的专业特长和较高的个人素质,属于知识型员工,他们大多数接受过系统的专业教育,具有较高学历,掌握一定的专业知识和技能。同时,由于受教育水平较高的缘故,他们大多具有较高的个人素质,拥有能激发创意灵感的设计高手和特殊专才。③ 他们善于进行自我组织、自我管理,更喜欢宽松、灵活、自主的工作环境,追求个性化、多样化,要求拥有较大的工作范围与权限,注重自我引导和自我管理。④ 文化创意企业员工重视职业生涯规划,对职业目标有较高的定位。与一般员工相比,他们更加重视目前工作与自己职业目标的关系,也更加渴望拥有一份有助于职业目标实现的工作。他们对职业的忠诚度高于对企业的忠诚度,他们希望在文化创意产业领域做出成绩,但不拒绝文化创意产业中其他企业给予更好的发展机会。文化创意企业员工对于自我实现与社会尊重的需求更强烈。他们注重自身价值和社会价值的实现,渴望看到工作的成果,喜欢承担具有挑战性和自主性的工作,对自身素质的提高和事业的进步有着较高的追求。他们具有强烈的社会责任感,能十分明确自己的权利和义务,期待自己的工作更有意义。⑤

然而,由于文化创意企业工作流动性高。文化创意企业员工占有知识这一专有的生产要素,而且他们有较强的学习能力,因而拥有远远高于传统员工的职业选择权。一旦现有工作没有足够的吸引力,或缺乏充分的个人成长机会和发展空间,他们会寻求新的职业。因此,对于一个主要依靠人的思想来盈利的文化创意企业来说,如何发现这些具有创新思想的人,并成功地留住他们,是一个不小的挑战。

2) 文化创意企业收益具有不确定性

相对于其他企业来说,文化创意企业拥有更大比重的无形资产,而无须在固定资产上占用大量的资金,而且无形资产的价值不会像固定资产那样存在着明显的损耗。相反,有些无形资产的价值会在一定程度上出现增加的情况,比较典型的就是品牌效应,像迪士尼这样的公司,很大的一部分利润来源于无形资产。但对于文化创意企业来说,它的收益往

---

① 孙斌,蔡华,陈君君. 创意企业内外部知识共享与创新整合发展机制[J]. 经济与管理研究,2009(10):105.
② Richard Florida. Cities and the Creative Class[J]. City and Community,2003(3):3.
③ 高福安. 我国文化创意产业现状分析与对策[J]. 太原科技,2007(2):1.
④ 巢忠炜. 知识型员工的特点及激励方式浅议[J]. 商业文化,2008(2):56-57.
⑤ 王献东. 文化创意企业特征与工作压力管理策略分析[J]. 太原科技,2009(5):30.

往也具有很大的不确定性。

文化需求具有多层次、易变化和不确定的特点,而文化创意产品的生产基于文化资源的丰富性和主观创意的多样性,因此一般具有强烈的个人色彩。所以,相对于物质产品市场而言,文化创意市场往往存在着更加尖锐的供求矛盾。另外,现在处于网络信息化时代,信息的传播速度极快,新产品的研发速度也极快,这使得文化创意企业的发展面临很大程度的风险挑战,这种风险的不确定性也成为融资贷款难的一个重要原因。另外,文化创意企业的产品中大多数都是无形资产,如动漫、影视、设计、广告等,这些无形资产与有形的固定资产相比,没有实体的东西,大多都是一种概念、一种想法,其本身也具有较大的不确定性和难预测性。①

3)文化创意企业具有独特的组织形式

文化创意企业往往在地理上集聚于某一地区,形成文化创意产业集聚区,从而形成规模优势。一般地,文化创意企业往往只从事自己最擅长的工作,即核心业务,对于非核心业务一般采取外包的方式。由于环境与业务的复杂多变,文化创意企业一般采取扁平化的组织结构。② 不少创意企业构建了"平台式"的运作模式。平台制适合用于降低创意产生过程的不确定性,可以有效缩短创意企业价值链周期,降低企业的交易费用,从而实现更大的盈利。③

4)创意企业中创意工作流程具有非程序化的特点

文化创意企业工作具有高度的挑战性和创新性。这类工作往往需要员工运用知识去对某些环节进行思考,其工作没有固定的工作流程。创意人员在易变和不确定环境中从事创造性的知识工作,其工作过程往往没有非常固定的步骤和程序,呈现出较大的随意性和主观支配性,灵感和创意可能发生在任意的时间和场合。④ 因此,文化创意企业工作过程中,往往难以对员工的工作过程实行监督控制,对员工的绩效考核难度大。

5)科技对文化创意企业发展具有巨大的推动作用

对于整个文化创意产业中的企业来说,高科技扮演着越来越重要的角色,很多的创意开始只是天马行空的设想,而只有科技的支持才可以把很多原来只能想象的东西变成真实的存在。因此,文化创意产业往往与尖端的科学技术密切相连,文化创意产业充分体现了新经济的特点。

6)知识产权的保护对文化创意企业而言尤为重要

文化创意企业具有创新性的特点,而且在文化创意企业中知识产权的保护是一个不容忽视的问题,因为这关系到一项好的创意产品能否为企业带来长期的超额收益。如果没有得到良好的产权保护,从而使垄断性消失,则会使超额收益也消失。因此对于文创企业来说,产权明晰很重要,越是法律体系相对健全的国家,越容易有更多的创意被采用⑤。

---

①⑤ 李和荟,曲琳琳,孙哲.文化创意企业概况与特点分析[J].东方企业文化,2013(11):55.
② 王献东.文化创意企业特征与工作压力管理策略分析[J].太原科技,2009(5):30.
③ 胡泓媛,皮圣雷.创意企业"平台制"模式的交易费用逻辑分析[J].商业时代,2012(29):88.
④ 葛东霞,高长春基于零度管理思想的创意企业组织模式研究[J].上海对外经济贸易大学学报,2016(5):52.

3. 文化创意企业的分类与要素

1）文化创意企业的分类

文化创意企业根据不同的标准,有多重分类方法。[①]

(1) 按照发展时间以及和高科技的关联程度划分,文化创意企业可以分为传统文化创意企业和现代文化创意企业。传统文化创意企业包括各种文化活动,比如经营室内棋牌、旅游、动植物观赏、古玩等企业。现代文化创意企业具有信息和科技含量,包括提供摄影服务、电子图书音像产品和服务等企业。当然,还有许多企业介于两者之间,呈现出传统文化创意企业和现在文化创意企业互相融合、渗透的特点。

(2) 按照和创意产品的关系划分,文化创意企业可以分为生产类企业、销售类企业和提供辅助服务类企业。生产类文化创意企业是指文化创意产品的构思和创作的企业,该类企业是文化创意产品的直接提供主体,包括经营图书及新闻写作、电影制作、文艺创作、软件开发等企业。销售类文化创意企业是致力销售文化创意产品的企业,包括经营广告、出版、展览、互联网等企业,这些企业对文化创意产品进行推广,把创意转化为财富。提供辅助服务的文化创意企业是指为文化创意产品的生产销售提供辅助服务的企业,包括提供设计、信息、咨询、中介等服务性企业。由于文化创意企业尚属新兴事物,分工并不是很细致,不少文化创意企业往往兼顾生产、销售和提供辅助服务。

(3) 按照创意的含量和属性,可将文化创意企业分为原创类文化创意企业、运作类文化创意企业和延伸类文化创意企业。原创类文化创意企业包括经营出版、报纸、广播电视、文艺演出、电影等企业。之所以把出版业放在首位,是因为其产品是处于时代前沿的自然科学和社会科学的专著和论文,是人类智慧的凝结、人类进步的阶梯,创意性突出。有些学者认为新闻没什么创意,不应该列入创意产业。但是新闻发展至今,已经脱离了简单文字描述的阶段,各种深入访谈、报道层出不穷,其间凝结了创作者的无限创意。

运作类文化创意企业包括经营计算机及其软件、音像、广告、互联网等企业,这些企业创意的成分小于原创类企业,但是创意过程和高新技术密切挂钩,创意的难度也不低,而且创意所带来的经济价值可能更大。

延伸类文化创意企业包括提供服装设计、体育娱乐、企业形象设计、商务服务等企业,这些企业和创意本身的关联度不大,但却是新型文化创意企业的代表,是原创类文化创意企业的延伸。

2）文化创意企业的要素

构建文化创意企业需要具备基本的条件,这些基本条件就是文化创意企业的要素。

(1) 资金要素。由于文化创意产业主要生产的是"创意",属于知识密集型产业,因而文化创意企业在初创期对资金的要求不是很高,所以我们可以看到大多数的创意企业是中小型企业,一般员工在 50 人以下,资产规模不超过 500 万元。但资金是开始和开展任何生产活动的基础,中小型创意企业要向更高层次发展,充足的资金是不可缺少的。

(2) 设备要素。对于创意寄托于硬件才能成形的产业,如音乐、游戏,相应的设备是企业运转的必要条件,尤其是对于那些设备先进性是否与创意质量高低密切相关的产业。往

---

① 蒋三庚.创意经济概论[M].北京:首都经济贸易大学出版社,2009:42-43.

往高质量的设备需要大量的投资。尽管如此,文化创意产业中也有某些行业,如平面广告设计,虽然也要依赖于一定的硬件设备,但其投入相对要小得多。

(3) 人才要素。该要素对于文化创意产业尤为重要,是创意的源泉所在,也是一个文化创意企业最宝贵的财富,拥有大量资金和先进设备的企业未必能够找到合适的人才。创意产业所需的人才必须具有卓越的创造力和想象力,同时要具备熟练运用各种软硬件实现创意的操作能力。这样的人才除了具有先天禀赋外,更在于后天环境的培养。"千军易得,一将难求",更何况创意的产生绝非仅靠某个将才就足够了。一个优秀的文化创意企业必定要聚集大量优秀的创意人员,相互交流,共同合作。

(4) 技术要素。文化创意产业本身就包含新技术的创造,如应用软件产业。在当今信息时代,文化创意产业不再局限于传统的创意产生转化方式。当代文化创意产业更强调建立在技术平台上,运用现代技术支持创意的商业化运作。如美国的好莱坞是全世界较大较强的影视创意产业基地,高科技在这里有着充分的用武之地。在某种程度上,也是依赖于高科技,好莱坞电影才取得了今天这样的辉煌成就。文化创意产业发展的趋势必定是越来越大程度地依赖于技术的发展和应用。

(5) 信息与知识要素。文化创意产业本质上就是信息与知识的多次开发和重组,因此文化创意产业首先需要占有大量的信息与知识。又由于创意来自思维的突破,信息和知识最好要采自于不同领域,以扩展思维的广度和深度,迸发出创意的火花。另外,信息与知识必须快速更新,以便紧跟时代和消费者的快速变化。在文化创意产业内建立起畅通的信息渠道和强大的知识传递共享平台非常重要,它们不仅提供大量多样化的信息与知识,而且能够保证其有序合理地传递、储存和利用。

4. 文化创意企业与传统企业的比较

在传统企业中,为了满足人们对物质产品的需求,通过组织的领导引力、理性化引力、专业化引力、合成引力、凝聚力,使企业成为物质资源的价值升值器。在文化创意企业中,为了满足人们日益丰富的文化、精神产品的需求,企业通过开发人类的智慧资源,集成人的创意价值,协同人的创意与一切发展要素,使企业成为作用于发展资源的价值裂变器。文化创意企业与传统企业相比,在资本、能力、管理、产品的知识、智慧、创意等方面的含量更高,文化创意企业的发展过程更具物质、精神、经济、社会、生态文明性。

1) 企业资本比较

创意经济是整合、开发、组织人脑的智力资源的经济,是人类文化和技术结合下所产生的创新力推动的经济。在创意经济年代,市场中商品的价值在人的创意推动下呈现出了性能价值、感觉价值、市场价值到社会价值发展的层次特征,而企业在商品价值竞争中的生存发展越来越依赖员工的智慧去进行价值创新,市场中的价值竞争促使企业组织成为创造价值的生命有机体。文化创意产业与传统产业相比,其本质区别在于:它主要消耗的不再是物质资源,而是人脑的智力资源。如果说传统企业的资本侧重于土地、金钱和设备,那么文化创意企业的资本更侧重于人力资本、知识资本和创意资本,因为投资的价值决定了资本的变化。

2) 企业能力比较

传统企业通过企业家的才能、组织的结构力和合成力、专业化的生产力、文化的软实力,使其能力突出表现在有效地配置资源以提高生产效率和物质资源价值。而文化创意企业是通过对人的创意的释放、整合、组织、开发,且使人的创意作用于企业拥有的资源产生价值的裂变上。所以,文化创意企业的能力更突出地表现在对人的创意的价值集成和创意资源的经营上,我们称其为企业的创意价值裂变力。如果说传统企业的能力突出表现在制造力上,那么文化创意企业的能力就突出表现在创造力上,前者属机械运动力;后者属原子裂变力,提升价值的能量更大。

3) 企业产品比较

在人们生活质量的标志主要是由人的物质需求是否得到充分满足的年代。传统企业主要生产满足人们物质需求的产品,产品的价值体现在性能价值上。当人类经济社会发展到一定水平时,文化和科技发展极大地丰富和提升了人们的生活质量,生活质量的评价越来越侧重于人的精神需求是否得到满足上,产品精神价值的要求越来越高,人们更需要创意改变生活。文化创意企业的产出侧重于文化精神产品,我们称其为创意产品,且产品固化质量在符合标准的前提下,在满足人们对产品的性能价值的要求下,创意产品的质量更注重满足人们的文化感受价值、市场价值和社会价值,也就是创意产品满足了人们需求的价值层次更高。

4) 企业管理比较

传统企业管理由管物、管事、管组织到管人,树立了以人为本的管理理念。但依据管物的物理、管事的事理和管人的情理,使企业组织呈现了有效的机械运动、物理运动的景象。以人为本的管理研究了人的经济需求、社会需求,从而调动人的积极性和主动性,使组织充满活力。文化创意企业也管人、管物、管事、管组织,但是从人性自由创造的价值运动、生物运动、社会运动等高级运动创造价值效率的角度去管理,让人的特质创意潜能得到充分的释放,让人的智慧资源与其他企业资源协同,让人类科技与文化集成去创造价值,使管理过程更有效地提高创造价值的效率。

5. 文化创意企业的组织模式

在现代文化产业中,创意个体、创意团队和创意组织的共生以及不同类型和不同规模创意组织的共存,决定了文化产品创意和生产的组织模式是多样化的。现代文化创意企业的组织模式主要有三种。[①]

1) 雇用制

雇用制即岗位制的组织模式。采取这种方式的有广告公司、视觉设计企业、游戏软件公司、出版社、杂志社、报社、电视台等创意组织或这些组织中的主要生产环节。即这种模式总是存在于各类创意组织之内,而且创意组织不仅雇用创意人员,也雇用非创意人员。当前文化产业中的大部分组织都属于这种形式,它们都设计创意开发、生产、传播和销售中的某一个或几个环节,既有创意设计人员,又有一般的管理人员。这种组织符合现代企业制度,多数为文化创意公司。

2) 采购制

采购制指的是创意组织在创意已经基本完成或取得阶段性结果之时介入,收购后经过再创意后销售,常见于出版社出版一般书籍或唱片公司购买网络歌曲等过程,这种模式可

---

① 人力资源和社会保障部教材办公室.文化产业创意师[M].北京:中国劳动社会保障出版社,2011:32-33.

以在创意组织与创意人、一般投资人与创意组织、一般投资人与创意人之间。通常来说,这种组织并没有涉及创意的生成与开发,它仅仅是将创意产品购得再往外推销,文化创意的代理、经纪公司就多属于此类。

3) 签约制

签约制有时也称为项目制,指创意组织在创意活动尚未开始前介入,直接参与创意过程,签约双方共同承担创意风险的模式。风险分担比重因不同行业而异,电影投资人、电影制片商和导演,出版社与签约作家之间的协议,都是签约制的例子。签约制类似于合同制,一经签订合同就共同承担风险,因此签约双方都需要密切关注市场动态,根据市场风向对创意的创作、营销等进行调整,双方的合作非常重要。

不同的组织模式面对的环境与风险都不一样,或大或小。在实践中,组织会根据不同的环境和风险自发或被迫进行调整,只要能获取收益或避免损失,组织的扩大和缩小都有可能。但是,组织形式或组织配置的落后就可能导致创意经营失败。因此,市场化经济条件下,文化产业组织的构建就显得极为重要,科学、完整、简约化的组织能最大限度地规避风险冲击,但如何构建还需要人们不断探索和总结。

6. 文化创意企业的管理问题

1) 人员管理问题

创意企业的核心人员一般包括艺术创意人员、设计创意人员、策划创意人员、市场创意人员、管理创意人员等,他们负责创意产品和服务的研发设计,尤其是"超级创意核心"——艺术家往往特别强调创意工作时的绝对自由和独立,因此其工作特点呈现出较大的主观性和随意性,难以监督、控制和考核。如何管理创意人员,发挥其最大的工作效率,是创意企业管理的一个难题。

2) 成本管理问题

创意企业中人力成本、研发成本和宣传成本等在总成本中占有较大比重。前期投入巨大,因此隐藏的投资风险也就很大。在满足市场需求,生产顾客满意的创意产品的前提下,如何控制成本是创意企业面临的一个现实问题。

3) 知识管理问题

创意企业是知识密集型企业,知识会随着共享而增加。但仅仅拥有知识并不能创造价值,知识只有在用来提升企业的运营价值时,才能成为一项有用的资产。在提升价值的过程中,创造知识和拥有知识都没有运用知识重要。实际上很多领先企业面临知识泛滥的问题,很多创意企业最大的问题在于不能将很多有创意的想法付诸实施。①

4) 流程管理问题

创意企业成员的知识大多具备以行动为基础的,反而常常难以用语言描述主体是如何行动的,即高度集成的隐性知识。②创意产品的设计中,灵感和创意不是在流程化的过程中产生的,而是具有偶发性特点,可能发生在任意的时间和场合,因此,对创意企业员工的工作过程很难进行规范化。③

---

① 佚名. 哈佛经典:从创意到创新[EB/OL]. [2014-03-01]. http://www.unjs.com/ziliaoku/gl/35512.html.
② 德普雷,蒂森. 零度管理[M]. 李家强,译. 北京:中信出版社,2004:10.
③ 葛东霞. 高长春基于零度管理思想的创意企业组织模式研究[J]. 上海对外经贸大学学报,2016(5):54.

第三节 文化创意产业的市场交易

文化创意产业是依靠个人的创意、技巧及才能,通过知识产权的生成与利用,具有创造社会财富和就业机会潜力的产业。文化创意产业市场交易与传统产业市场交易在形式上截然不同,让更多的人正确认识和选择文化创意产业市场交易形式,深入开发和不断完善文化创意产业交易市场,是文化创意产业繁荣和发展的重要基础。

1. 文化创意产业市场交易的特点

文化创意产业的市场交易以产品的不同而采取了不同的交易形式,不论何种交易形式,文化创意产业的市场交易都具有如下特点。[①]

1)交易价值的难以确定性

要交易,就牵涉到一个交易价格问题。但文化创意产业所创造的产品的价格是很难确定的,这主要是与文化创意产业所生产的精神性产品有关。具体来说,一方面,创意商品大多是独家原创,因此其天然地具有一时的独家垄断性质;另一方面,衡量创意商品价值的大小无法用一连串的量化指标加以具体表述,只有出售创意的一方拿出足以说服购买方的理由,才有望确定一个令自己满意的价格;而创意商品的购买方,也很难凭一己之意来咬定一个可以让售卖方完全满意的价格,尤其是当他们希望以相当于市场平均价格或低于市场平均价格来购买创意产品时,定价谈判就很难成功。

2)信息的不对称性

文化创意产品的交易具有一定的信息不对称性。创意购买方在购买时,实际上对相关的信息了解甚少。因为创意出售方不可能把创意的各个方面都清楚地透露给购买方,更不可能把其中所隐藏着的风险与局限性告诉对方。出售创意的一方只告诉对方这种创意的美好前景,至于这种前景能否在现实中实现,则几乎是不可能预先试验的,这就使得购买方在创意市场交易价格谈判中处于劣势地位。这种劣势几乎是不可避免的,因为创意是不可能先试用再付款的。又由于创意开发的无限延伸性,这实际上也就导致了交易的不彻底性,使得买方很少能够通过买断而独家垄断。

3)交易的风险性

信息的不对称会直接导致文化创意产业交易的风险性。事实上,任何交易都有一定的风险性,但对文化创意产业来说,这种风险更大。具体来说,文化创意市场的交易大多是在产品和服务提供前完成的,买方并不清楚事后由卖方提供的产品是否能够符合实际需要、是否能够达到预期效果——虽然在购买创意之前也会有市场分析,这就使买方承担着极大的风险。在一般商品的现货交易中,人们习惯于对商品的质量、功效等方面指标进行现场反复检验,只有确认货真价实后才决定购买并完成交易,即使如此,人们还少不了会有程度不一的风险意识。在欧美的一些发达国家,商品制售商为了彻底打消买家的风险顾虑,

---

① 丁俊杰,李怀亮,闫玉刚. 创意学概论[M]. 北京:首都经济贸易大学出版社,2011:140-141.

为了提高市场的销售率,他们经常对某些重要的大宗商品(如电器、照相机等)采取先试用后购买的促销手段,降低购买者的购买风险。与之相比,创意商品更多见的是一种"倒过来"做的市场交易,即先通过交易双方的议价、定价和成交来完成市场交易。在经历了较长时间后,买家才能体验到创意商品的生产或创意的服务;在经历了较长时间段后,买家才能体验到创意商品和服务的实际效用,它与传统的"一手交钱,一手交货"存在着很大的不同,这无疑就增加了创意购买方的风险。比如,艺术品的拍卖,买方实际上处于明显的交易劣势,遭遇投资风险的概率相当巨大,原因有两个:一是艺术品的真正价值难以认定,甚至鉴定的难度也很大,没有比较科学的鉴定手段。二是赝品问题。各拍卖公司往往在其《拍卖规则》中声称:"买方应亲自审验拍卖品原物,并对其竞买行为自行承担责任。""本公司对所有拍卖品的真伪及品质不承担瑕疵担保责任。"如此一来,拍卖方就根本不承担任何风险和责任,吃亏的自然是消费者。如果拍卖公司与卖家勾结,"克隆"真品,为买家设套儿,那么买方受到的损失就更加严重,这就是文化创意产业所遭受的风险。

此外,文化创意产品的交易还涉及很多法律问题,甚至是国际的法律,如果不懂这些,就很容易被别人欺骗而遭受损失,这样的例子是很多的。

2. 产品交易的长期性与反复性

文化创意产品市场交易方面往往也显现出交易的长期性、反复性的特点,这是由其精神性特点决定的。如 Windows 操作系统,卖方与买方不是实施一次市场交易就完结,而是要不断地跟随软件开发的进程来时不时地进行下一次交易。从 Windows 95、Windows 98、Windows Me 到 Windows XP,买方不得不一次次被微软这个大卖家牵着鼻子走。这是微软求之不得的,也是买方无可奈何的。再比如,对那些经营有方的顶级文艺团体、学艺机构来说,他们愿意花大成本精心打造品牌剧目,并借助规范化、创意化的市场交易运作,努力将经典剧目的市场品牌效益不断放大,从而使特定的节目品牌、院团品牌能够保持在长期交易、反复交易的状态。美国的林肯表演艺术中心、肯尼迪表演艺术中心、波士顿交响乐团、纽约城市芭蕾舞团、英国皇家国家剧院等均属于此。

3. 文化创意产业市场交易的形式

文化创意产业的市场交易形式多种多样,文化创意企业在运营过程中可以灵活使用,以取得良好的效益。①

1) 消费性文化创意产品的交易形式

成型文化创意产品和内涵文化创意产品的交易属于消费性、终结性的交易,可以"一手交钱,一手交货"。

(1)"绝版"文化创意作品一次性交易。如美术、广告、建筑、手工艺、设计、时尚、电影、互动休闲软件、表演艺术、音乐、出版、计算机软件、电视、广播、古董等作品,包含了作者的创意劳动,大多是完成品。由于它们没有进入出版印刷或批量复制系统,属"绝版"作品,标

---

① 陶学忠. 创意产业市场交易形式与问题分析[J]. 商场现代化,2007(10):337.

价较高。

（2）产业化文化创意产品重复性交易。在绘画、书法、雕塑、文物、古玩、手工艺制品、表演艺术、电视节目及广播节目等作品中，对有较大的市场价值的创意作品，通过大量复制来扩大交易规模。如版画家可将自己的版画创意作品借助工作室的公司化运作，用流水线复制的方式大批量推向市场；戏剧影视节目通过工业复制技术，将艺术成果转换成数字光碟出售给消费者。

2）投资性文化创意产品的交易形式

潜在的、前期的、虚拟的、思想性的、理论性的文化创意产品和动态研发的文化创意产品属于投资性的、前置性的交易。

（1）合同约定式。即受买主的定向意愿委托，按合同约定进行的交易。这类交易的售卖方一般是高校、科研院所、设计机构、中介咨询公司及临时性的专家课题小组，主要是以招标、委托或协作进行的课题研究。买卖双方按主题、时间、成果、经费等约定，以签合同并支付启动费完成首次交易，待研究结束通过鉴定，委托方支付剩余经费后才算完成整个交易。

（2）周期孵化式。即仅有一个动议或设想的文化创意项目或文化创意产品，在正式面世之前进行的交易。这种交易常见于区域开发或以建筑物为载体的文化创意产品。现在的新区域开发，人们更关注文化内涵及其竞争力。如中国共产党"一大"旧址区域内的"新天地"开发建设项目，是以潜在产品、虚拟产品、思想产品的方式进入实质性市场交易的。它不仅是一个城市土建项目，也是一个将传统与现代、文化与时尚有机结合的文化创意开发项目，这种项目对风险投资的吸引力非常大。

3）文化创意成果的转化交易形式

对某些蕴含着巨大商业价值和市场潜力的创意，通过特定的交易形式，能更好地实现成果的产业化、商业化。

（1）文化作品与相关衍生品的转化。一些畅销的图书及图像作品等，成为商家衍生产品开发的目标。如系列小说《哈利·波特》有了骄人发行量后，电影制片商向作者购买了改编权，拍出了同主题电影，与小说形成互动并能共赢。有的商家追风开发衍生产品，将相关的人物形象和标识的玩具、饰品、箱包、文具等投入市场，且取得了不错的成效。

（2）电影电视与文化创作的互动。将小说、诗作、漫画、Flash动画改编成电影、电视剧、小品、话剧等，形成了文化创作成果转化影视剧作的改编权交易。有些影视制片商为了激发作家创意和获取更大效益，与作家合作进行市场前景很好的创作。他们将工序倒过来，瞄准影视市场需求，一起编创故事情节，迅速将影视剧推入市场。当影视剧播映走红时，同名小说也迅速推出。

（3）纸质传媒与高科技互动。随着互联网信息量的爆发式增长，网络内容开发商开始把注意力投向了传统的纸质媒介领域，借助信息高速路和大容量数据库的技术平台，以相对低廉的价格完成了双方买卖交易，使大量的纸质传媒制品实现了数字化，并逐渐建成数字图书馆。

4）知识产权的交易形式

文化创意产业的市场交易对产品的"创意"更加关注，其文化内涵、科技内涵、市场前景、相关性价比、市场影响力等是交易双方最为注重的。

（1）创意符号交易是指开发某文化创意产品的衍生产品，买卖其创意符号的使用权限所进行的交易。如迪士尼公司制作的动画片《米老鼠和唐老鸭》,让"米老鼠""唐老鸭"的形象在全世界观众的心目中扎下了根。许多商家想借助这些形象来发展自身业务,通过购买其有限使用权,增加了自家产品品牌的力度,也使自家产品的文化内涵得到增值。

(2) 创意要素交易是指文化创意企业将自己创意的标准进行交易。如麦当劳和肯德基将自己的标准化作业、统一口味、统一形象等标准流程创意、运作流程创意卖给加盟店,加盟店必须遵守这些流程。

(3) 商标的交易是指即将倒闭破产的企业被迫拍卖自己的商标或商品商标拥有者出售商标。

(4) 专利和著作的交易。以下情形都属于专利和著作的交易:如唱片公司通过签约,取得一大批艺人创作歌曲的版权和发行权,再经过唱片的制作、包装,并利用自身营销技巧及渠道销售。音乐人授权电台播放其音乐。出版社与作者签订合同后获得图书的发行权利,还有由原书创意引发的知识版权延伸交易,如购买转载权、影视改编权、广播播讲权等。

第四节　文化创意产业的投资与融资

文化创意产业要获得长足的发展,单纯依靠自身的力量是不够的,需要外来资本的注入,或者说文化创意产业自己要能融到一定的资金。能否顺利地进行融资,对于文化创意产业的发展至关重要,尤其是对一些中小型文化创意企业或者刚刚起步的文化创意企业而言更是如此。

1. 文化创意产业投资与融资的特征

无论是投资还是融资,都是资本在市场上的运作活动,并遵循资本的趋利性、增值性。就文化创意产业的投资与融资特征来说,大致有高风险、高回报、高时效三大特征。[①]

1) 高风险

文化创意产业是典型的高风险投资行业,对文化创意产业的投资是一种风险投资。文化创意产业投资的高风险表现在一系列的不确定性方面。

(1) 文化创意产业形成过程的不确定性。我们知道,在文化创意产业链条的两端维系着不同群体:一端是具有独特创造力的艺术家和设计师们;另一端是众口难调的消费大众。文化创意产业的形成需要将这两者进行有机衔接,构筑成功的文化创意产业价值链,其间存在诸多不确定的因素。

(2) 文化创意产品市场需求的不确定性。文化创意产业生产的产品不是一般的物质性产品,而是融精神、文化、娱乐等为一体的产品。对于每一个具体的产品如电影、电视剧、广告片、MTV、动漫、网络游戏等来说,需求就会有很大的不确定性。每一个文化创意产品对消费者需求来说,有着时尚潮流、个体嗜好、传播炒作、时机选择、社会环境、文化差异、地域特色等多种不确定因素,因而也大大增加了产品市场化的风险。

(3) 文化创意产品复杂性形成的不确定性。文化创意产品的复杂性包括纵向复杂性

---

① 丁俊杰,李怀亮,闫玉刚.创意学概论[M].北京:首都经济贸易大学出版社,2011:146-147.

和横向复杂性。所谓纵向复杂性是指产品之间在产品水平、等级或质量的不同,它关乎产品的原创性、技巧性或艺术境界的评价。横向复杂性则是指不同类别不同特色之间的区别。同等水平的创意产品之间也会因为消费者的习惯、偏爱而让他们做出不同的选择,横向复杂性激发了产品种类的多样性。因此,对于文化创意产品这一复杂的混合体进行投资,需要充分估计由不确定性带来的投资风险。

2)高回报

风险越高,回报也就越高。文化创意产业投资的高回报主要表现在以下方面。

(1)创意的反复使用带来的长期利润。由于文化创意产品的内容价值可以供人们多次消费,反复使用,不会因成千上万的人享用之后就磨损了,因而可以一次投资,多次获利。

(2)创意价值链的群聚效应带来的额外利润。创意价值链的群聚效应所带来的额外利润是指一次投资,多处获益。

(3)文化创意产品的迅速传播带来的规模利润。文化创意产业所包含的广告、艺术、设计、电影、出版、游戏与网络等,无不强烈地依托新创意、新设计,其产品的传播更强有力地依靠科技水平。它能很迅速地在市场上蔓延,形成新的消费浪潮。这种大规模和大范围的传播就使得投资回报率很高。

3)高时效

相对于其他产业,文化创意产业对投资的时机把握要求非常高。选择有利的时机进行投资,可以取得"资"半"利"倍的效果。其高时效性主要体现在两个方面:投资周期长短与投资收益的高度相关性,投资时机与投资收益的高度相关性。

2. 文化创意产业的融资途径

融资是创意能够成为产业的首要环节,文化创意产业融资是指创意企业根据其创意及其产品开发所需的资金,通过一定的渠道,采取适当的方式获取资金的行为。文化创意产业是一个高资金投入行业,即便是优秀的创意作品,也需要投入大量资金运作,以扩大影响力,最终才能产生经济效益。以电影业为例,在我国制作一部小成本电影,要花费3000～5000万元;而一部大片的拍摄,动辄需要上亿元。如《金陵十三钗》制作成本高达6亿元人民币;美国迪士尼电影公司2007年推出的《加勒比海盗3》制作成本超过3亿美元,投入资金非常多。再如,作为北京文化创意产业的示范基地和文化地标的798艺术区,每平方米的日租金价格从最初的0.6元、0.8元上升到1.8元,再到后来的3.5元、8元甚至10元。创意园区日租金的不断高涨,使得只有资金雄厚的大项目才能入驻、运营。因此,文化企业仅仅依靠自身内部资金积累是难以快速发展起来的。特别是在我国,从事文化创意的很多是中小企业,资金限制导致文化创意产业中很多是小制作,做不到持续性开发,无法打造品牌。总之,对以中小文化企业为主体的我国文化企业而言,融资问题是其生产的首要问题。近年来,我国文化企业融资难的问题日益凸显。根据文化和旅游部对300家民营文化企业的专题调研结果,56.7%的企业认为融资困难,超过80%的企业主要依赖自身积累。若要从根本上解决我国文化创意产业融资困局,就要针对文化创意企业的实际,大力创新金融产品,拓宽融资渠道。①

---

① 李雅丽,吴秀红. 我国文化创意产业融资现状、困境及对策[J]. 市场论坛,2018(8):41-44.

综合有关研究,文化创意企业的融资途径主要有以下几种:风险投资、上市融资、银行贷款、民间信贷、政府专项基金等。①

1) 风险投资

任何产业的发展都会遇到投融资的风险问题,文化创意产业的发展也不例外。首先对于文化创意产业的投资方来说,必然会遇到投资亏损的风险问题。这些亏损主要源于以下几个因素:一是成本的不确定性。文化创意产业的投资不同于一般实体产业的投资,也不同于其他服务业的投资。文化创意产业的投资往往会随着文化载体的制作过程而不断发生变化。二是收益的不确定性。一般的实体产业往往依据行业多年形成的潜规则,能够从大体上估算出投资的成本和预后的收益,但文化创意产业则不同。由于文化创意产业媒体的特殊传播特点,即效果的长期性和流动的迅速性,使得计算文化创意产品的价格变得极为困难。现实中,大多数的文化创意产业投资者只是以该媒体是否植入了实体企业的广告以及这一广告是否达到了预期的宣传效果作为出资的理由。而这一出资又隐含着巨大的收益风险。三是市场的不确定性。尽管文化创意产业的发展具有一般产业所不具有的各种内在属性,但文化创意产业的产品也必须走市场化发展路径,因为没有了市场的推动,文化创意产业既不会开始,也不会获得发展;没有了市场的营销,文化创意产业的发展既不会获得应有的收益,也不会得到受众的支持。而文化创意产业市场同其他市场不同,这一市场是瞬息万变的,而且某些灵感也是需要随时汲取的,错过了最佳的时机,创意没有产生,生产和制作就变得极为艰难,所以市场的不确定性给文化创意产业的融资带来了极大的风险。但风险投资仍然是当今世界上文化创意产业发展的首选融资途径,并受到各国文化创意产业精英们的认同和支持。

2) 上市融资

对于国有大中型企业来说,上市融资是一种解决资金问题的主要渠道。改革开放几十年来,通过股票市场来筹措资金以维持企业的运转,已经成为后发市场经济国家助推经济发展的利器。

对于文化创意产业来说,上市融资也是解决资金链生态运作的重要环节。当然,要想促进文化创意产业的大发展,不能把上市融资作为一种主要的渠道,毕竟有各种条件限制了上市。但可以通过变通的形式,生成特定的市场融资模式;也可以在审计规范化和会计常规化的路径下,在纽约纳斯达克上市或者在中国香港 H 股上市。当然,对于文化创意产业来说也可"借壳上市",这样不仅可以解决企业股份的分割问题,而且可以快速实现资源的优化组合。在非严格的意义上,"借壳上市"可以说是一种股市融资的大胆探索,可以在实践中尝试。

3) 银行贷款

银行作为企业资金的储蓄池,在文化创意产业的发展中也起到了重要的作用。根据近几年来的调查,文化创意企业获得银行贷款的主要方式是授信额度贷款。授信贷款主要凭借的是企业的信用额度。现在国家专门开通了查询注册企业授信额度的网站,只要是公开注册的国内企业,都可以查询信用度问题。之所以提倡文化创意产业发展的信用贷款模

---

① 戴建忠,冯雪.中国文化创意产业融资模式探索[J].商业时代,2014(13):90.

式,就是因为大多数文化创意企业不具备实体企业抵押物权的明晰性。而且在文化产品还没有成型之前,将影片、视频、广告微电影、出版物等知识产品的产权抵押给典当公司或者小额贷款公司,一般在现实意义上不具备可操作性。当然,授信贷款的缺陷是资金融资量小,而且有单笔的限制,并且利息很高,还款压力也大。上述风险投资和上市融资模式属于长期融资行为,而且还款的压力较小;而银行贷款具有放贷速度快的特点。所以只要企业提供各种材料和手续,最快的可以一周内放款。至今,影视作品、文艺演出等文化产业获得银行贷款的消息不断出现,但银行对文化企业贷款项目仍很谨慎。这就需要我们多方面采取措施,实现文化创意企业和银行关系的双赢。

4) 民间信贷

民间信贷是相对于官方信贷而言,是指民营金融机构提供的各种金融服务以及非金融机构的自然人、工商企业以及其他经济主体之间的金融活动。民间信贷分为正规和非正规两种形式,前者主要是指那些在我国正式金融体制内并受金融监管部门监管的民间信贷,主要有城市信用社(城市商业银行)、农村信用社(农村商业银行)等,贷款公司、农村资金互助社及村镇银行等新型民间金融也已经被央行纳入金融机构的范围;后者主要是指游离于现行制度法规边缘,在政府监管之外所存在的金融行为,例如民间借贷、合会、私人钱庄,财富管理、结构性理财产品等。除去民间借贷的风险和负面效应来说,这些非政府的借贷模式不仅及时解决了文化创意产业的资金问题,而且使文化创意产业的发展呈现出多姿多彩的局面。

5) 政府专项基金

在文化创意产业的起步阶段,国家以及各级政府是文化创意产业的投资主体。一般来说,文化创意产业的企业规模较小,风险较高,在筹集资金开办公司或进行业务拓展方面很容易出现困难。因此,需设立多项资助计划协助文化创意产业获取资金。从国内外实践来看,政府在这方面发挥了积极作用。

以常州市为例,调研结果显示政府投资成为常州市文化创意产业融资的重要来源,23.08%的企业以政府资助为主要融资方式,另外还有 33.33% 的企业以其为辅助融资模式,这说明政府投资对文化创意产业融资有着巨大作用。考虑到文创企业处于初创期和成长期的企业较多,各级政府采用直接投资的补助方式,给予这些企业最初的资金支持,并帮助其迅速成长,对缓解产业融资难极其重要。常州市文化产业投资基金由政府设立,利用其引导作用,调动金融机构等社会资金共同投入,且经过数年的探索和成长,文化产业基金已经具有一定的规模。对于那些有较大增长潜力、新兴的非上市中小型文化创意企业,文化产业投资基金会重点投资,因为这类企业处于成长初期,有很大的增长空间。虽然文化创意产业的发展很大程度上依赖于文化产业投资基金的推动,但是我国目前还没有专门针对文化产业基金的相关法规,因此在设立、运转和管理方面还存在很多问题。[①]

6) 众筹融资

众筹融资是互联网金融创新的一种方式。众筹即大众筹资,是指个人、团体、企业或非营利组织通过互联网向公众展示项目的创意或特色以吸引公众的关注与支持,以获得项目

---

① 蒋惠凤,李昕,姚莉,等.常州文化创意企业融资模式研究[J].常州工学院学报,2019(4):43-48.

启动所需的资金。众筹主要是通过展示创意来吸引公众的支持,这与文化创意产品的创意本质不谋而合。

众筹融资一般由筹资人(项目发起人)、出资人(公众)和众筹平台(中介机构)三方构成,资金来源不再局限于银行、企业或风险投资人,还可以是对筹资项目感兴趣且有支持能力的普通大众。相对传统融资方式而言,大众筹资更为开放,凡是网友喜欢的项目,都可以通过众筹方式获得项目启动的第一笔资金,具有进入门槛低、筹资目的多元化等特征,极大地弱化了资产抵押物的作用,为创业募资、自由软件、艺术创作、设计发明、科学研究、公共专案等活动提供了无限可能。美国众筹平台第一巨头 Kickstarter,以音乐、电影、漫画等文化创意项目为主,参与投资支持的公众人数超过 300 万人。2011 年 7 月,中国首家众筹平台"点名时间"上线,筹资项目涉及设计、科技、音乐、影视、漫画、出版、游戏、摄影等类别,拉开了众筹融资的序幕。随后追梦网、天使汇、大家投等众筹平台纷纷上线,发展十分迅猛。①

众筹不但能帮助文化产品创意者筹集到资金,还能提供早期市场需求的预测,整合来自大众支持者的不同资源以帮助创意者进一步完善产品。目前的众筹模式一般有债权众筹、股权众筹、奖励众筹和公益众筹,其中奖励众筹与股权众筹是文化创意产业的主要众筹融资模式。奖励众筹也称"产品众筹""回报众筹"等,指支持者出资支持项目以获得产品实物或服务的回报。股权众筹指支持者对项目出资获得项目发起方一定比例的股权以获取未来的收益。随着市场上文化类众筹平台的火热发展,众筹融资模式已成为文化创意产业融资的重要方式之一。②

此外,文化创意产业的融资途径还有外资投资、基金会投资以及股东自有资金等。中国作为一个机会多、资金相对稀少的国家,外资(FDI)投资模式自然被青睐。基金会投资模式是以非营利组织为主体,基金会选择的投资对象不是以市场盈利能力为主要衡量标准,更多地带有"公益"色彩。股东自有资金融资手续简单、方便、融资成本低,但融资金额有限,因此为大部分初创企业所采用。

3. 文化创意产业的融资流程

对于投资方来说,选择投资对象要谨慎,而对于创意企业来说,选择融资渠道同样需要谨慎。在融资之前必须要做好充分的准备和论证工作:一是要运用科学的方法,详细分析和评估从创意产生到创意产品形成时产业化运作所需要投入的资金,避免不必要的资金引进;二是要正确分析企业的偿还能力,以保证一定的投资收益。文化创意产业的融资一般遵循以下流程。③

1) 寻找风险投资机构

利用各种渠道与风险投资机构接触,通过参加高交会、到产权交易所挂牌、直接上门等各种途径来推销自己,寻找风险资本。

2) 项目评审

在进入评审程序之前,要了解风险投资者的产业投资偏好,特别要了解他们对投资项

---

① 蔡付斌,陈莎莉. 景德镇陶瓷文化创意产业投融资体系研究[J]. 对外经贸,2017(8):63-65.
② 陈肖华,李海峰. 文化创意产业众筹成功融资影响因素研究——基于 SOR 模型[J]. 财会通讯,2019(2):29-32.
③ 丁俊杰,李怀亮,闫玉刚. 创意学概论[M]. 北京:首都经济贸易大学出版社,2011:145.

目的评审程序。要学会从对方的角度来客观地分析本企业。很多创业人员出身于技术人员,很看重自己的技术。但实际上,风险投资者看重的不仅仅是技术,而是由技术、市场和管理团队等资源整合起来后产生的赢利模式。风险投资者要的是投资回报,而不是技术或企业本身。

3)价值评估

文化创意企业还必须配合做好风险投资机构的价值评估与原创调查。一旦风险投资机构对该项目产生了兴趣,准备做进一步考察时,它将与企业签署一份投资意向书,以对企业进行价值评估与尽职调查。通常创业者与风险投资机构对创业企业进行价值评估时,着眼点是不一样的。一方面,创业者总是希望能尽可能地提高企业的评估价值;另一方面,只有当期望收益能够补偿预期的风险时,风险投资机构才会接受这一定价。所以,创业者要实事求是地看待自己的企业,配合风险投资机构做好尽职调查,努力消除信息不对称的问题。

4)交易谈判与签订协议

双方还将就投资金额、投资方式、投资回报如何实现、投资后的管理和权益保证、企业的股权结构和管理结构等问题进行细致而艰苦的谈判。如达成一致,就将签订正式的投资协议。在这一过程中,创业企业要摆正自己的位置,充分考虑风险投资机构的利益,并在具体的实施中给予足够的保证。

4. 文化创意产业投融资机制的构建

文化创意产业处于技术创新和研发等产业价值链的高端环节,是经济、文化、科学技术等相互融合的产物,文化创意产业在促进经济转型升级中的作用越来越明显。但融资成为制约其发展的主要瓶颈,因此要高度重视文化创意产业的融资问题,加强文化创意产业投融资机制的构建。

1)构建文化创意产业多元化融资体系

要进一步拓宽多元化融资渠道,引导社会资金进入文化创意产业,形成多渠道、多形式的产业融资体系。鼓励文化创意企业利用企业债券、公司债券、短期融资、中长期票据、中小企业集合票据、资产债券、外汇信用凭证等多种金融工具,拓展融资渠道;要放宽政策,允许社会资本、养老基金、保险基金等设立文化创意产业发展基金,鼓励其建立文化类信托投资公司,发起文化创意产业专项信托计划,重点扶植中小文化创意企业;同时要发挥资本市场的融资功能,加强适合创业板市场的中小文化创意企业项目的筛选、培训、辅导和推介工作,鼓励成长性文化创意企业通过中小企业板、创业板上市融资;鼓励已经上市的企业通过公开增发、定向增发、企业债券等再融资形式进行融资、并购和重组;支持、引导社会资本以股份制、联营、独资等形式,参与兴办国家政策许可的影视制作、放映、演艺、娱乐、书报刊印刷、发行、会展、中介服务等文化创意企业。[①]

2)完善文化创意产业自身信用建设

文化创意产业目前所面对的资金困难,在很大的程度上是与文化创意产业较普遍、较严重地存在着的产品质量信用、商业购销信用、借款归还信用、合同履行信用的低下紧密相

---

① 葛欣航. 发达国家文化创意产业融资发展经验与借鉴[J]. 当代经济,2012(8):10.

关的。文化创意产业必须从战略的高度提高对诚信建设的认识,必须切实加大诚信建设工作的力度,力争在尽可能短的时间内重塑自身的形象。文化创意产业应按照世界贸易组织的规则科学制定自身的经营战略,积极地融入国际竞争的大环境中,自觉地按市场经济规律办事。应该尽快建立、健全内部管理制度,从不规范管理转向适应市场经济环境和世界贸易组织规则的规范管理,从经验式管理转向科学管理与现代管理。①

3) 完善文化创意产业投融资中介服务体系

加快完善和制定专利权、著作权、版权等文化创意产业无形资产评估、登记、质押、托管、流转和处置变现的管理方法,简化质押程序,降低质押成本,缩短质押时间,提高质押效率;积极培育和完善知识产权登记、评估、转让、交易流转市场,设立文化产权交易所等文化创意产业投融资平台,建立文化创意产业征信咨询平台,搭建各类资本的投融资项目桥梁,收集、代理、发布各类文化产权信息,举办各类供求双方对接洽谈活动,定期向金融机构推荐文化创意企业贷款项目;提供文化创意产业的物权、债权、股权、知识产权(版权)的交易、租赁、采购、登记、托管、认证、代理、经纪及合同备案等综合服务;为各类金融机构和独立投资咨询机构在投资文化创意产业项目时提供策划、咨询、评估、法律、审计、会计等方面服务,帮助那些正寻求股权融资的文化创意企业的经营管理者出谋划策并提高其经营管理能力。②

4) 积极发挥政府的引导作用

(1) 政府在财政政策上给予大力支持。财政投入大力支持,使得文化创意产业有充分的资金运营。加大对文化创意产业科技创新的投入力度,没有科技创新则只能称为文化产业,引导各企业将最新的科技理念转化为成果,提高核心竞争力。建立省—市—区(县)三级的文化创意产业基金,建立各个分行业的发展基金。鼓励各种资本、包括民间资本进入文化创意产业,以合资联营等方式促进资金的有效流动。在缓解资金紧张的状况后,扶持若干个有规模的文化创意产业集团和具有核心竞争力的特色文化创意产业。

(2) 建立文化创意产业贷款担保基金。担保基金能够促进文化创意产业平稳发展,由政府牵头注资,建立担保体系,吸引社会各界参与,可实现投资主体多元化。市场化的运作体系和政府政策的导向相结合,建立多元化担保业务,实现公平竞争,大力发展文化创意产业的融资渠道,实现多元化。

(3) 完善税收制度。在鼓励技术创新的基础上,制定详细的产品创新认定标准,同时对创新成果在税收方面给予优惠。对于政府重点扶持的文化创意产业,可免去行政事业性收费,在企业所得税方面也给予优惠。根据文化创意产业的产品特色和服务差异实施差别税率,建立动态的财税支持机制。根据文化创意产业所处的阶段不同,实施不同的税收管理,比如初期的研发成本大,准予抵扣企业在初始阶段购买版权、专利权等无形资产的进项税额。对中小型企业实施税收扶持,例如,减免中小型文化创意产业的赋税,提高增值税起征点等。破除地域限制,各地方政府要有长远眼光,完善地方性政策法规。③

---

① 王迪,袁悦. 我国文化创意产业融资存在的问题及其解决对策[J]. 中外企业家,2015(7):32.
② 王家庆. 文化创意产业融资方式创新研究[J]. 技术与创新管理,2013(7):304.
③ 汪春阳,陈军光. 文化创意产业投融资机制构建研究[J]. 合作经济与科技,2014(12):78.

（4）大力推进以版权融资为核心的知识产权融资。知识产权质押打破了传统上以实物抵押贷款的模式，对于拥有具有经济效益前景的技术，但又缺乏实物担保的企业，能很好地解决其融资窘境，非常适合文化创意企业。全国已经有30多个城市出台了有关知识产权抵押融资的政策。但目前的知识产权质押主要集中在发明专利和商标权上，而版权才是文化创意产业的灵魂。① 文化创意产业的独创性、高附加值性、持续营利性和多种技术的高融合性等产业特征都是由版权带来的。版权融资是商标、专利权质押贷款的延续和深化，也是知识产权融资的重要组成部分。②

（5）对违法经营的活动打击。一是要与企业进行结合，把国内的优秀原创作品及其衍生产品作为重点，对违法经营的活动进行打击，知识产权的保护力度要加强，争取为文化产业的发展提供一个稳定的市场环境；二是在准入制度上要加大审核，将那些冲着政府优惠政策而非发展产业本身的文化创意企业挡在门外；三是在执法度上要加强，要对非法行为进行严厉的打击，将那些腐朽的、垃圾的文化产品从市场中清除。③

第五节 文化创意产业链的构建

文化创意产业链具有高度的产业融合性、较强的渗透性和辐射力，文化创意产业的发展离不开完整高效的产业链，产业链的建设和完善是实现我国文化创意产业发展的关键环节。当今的市场竞争，尤其是国际竞争，已经不单纯是企业和产品的竞争，更是产业链的竞争。

1. 产业链的定义

产业链的思想来自亚当·斯密关于分工的卓越论断。早期观点认为，产业链是制造企业的内部活动，它是指把外部采购的原材料和零部件，通过生产和销售等活动，传递给零售商和用户的过程。传统的产业链概念局限于企业内部操作，注重企业自身资源的利用。马歇尔将分工扩展到企业与企业间，强调行业间分工协作的重要性，可谓产业链理论的真正起源。

对产业链的认识，目前学术界尚未达成共识。从已有文献看，有代表意义的定义主要有：李仕明从政府和企业的角度论证了产业链，认为"企业经营要有好的'上家'和好的'下家'，这种经营环境中的上游—中游—下游，对企业而言通常称为供应链，对政府而言则称为产业链。"杜公朴、夏大慰主编的《现代产业经济学》从价值链的角度论证了产业链，指出"产业链是构成同一产业内所有具有连续追加价值关系的活动所构成的价值链关系"。郑学益从核心竞争力的角度论证了产业链，认为"产业链就是以市场前景比较好、科技含量比较高、产品关联度比较强的优势企业和优势产品为链核，通过这些链核，以产品技术为联系，以资本为纽带，上下连接，向下延伸，前后联系形成链条，这样一个企业的单体优势就转

---

① 赵策. 版权融资是文化创意产业的灵魂[N]. 中国高新技术产业导报，2008-01-02（B07）.
② 王家庆. 文化创意产业融资方式创新研究[J]. 技术与创新管理，2013(7)：304.
③ 王迪，袁悦. 我国文化创意产业融资存在的问题及其解决对策[J]. 中外企业家，2015(7)：32.

化为一个区域和产业的整体优势,从而形成这个区域和产业的核心竞争力"。蒋国俊、蒋明新从战略联盟的角度论证了产业链,提出"产业链是指在一定的产业群聚区内,由在某个产业中具有较强国际竞争力(或国际竞争潜力)的企业,与其相关产业中的企业结成的一种战略联盟关系链。"哈里森将产业链定义为"将采购的原材料转换为中间产品和产成品,并且将产成品销售到用户的一种功能性网链。"龚勤林博士认为,产业链是各产业部门之间基于一定的技术经济关联并依据特定的逻辑关系和时空布局关系客观形成的链条式关联关系形态。周新生教授认为,产业链指一产业在生产产品和提供服务过程中按内在的技术经济关联要求,将有关经济活动、经济过程、生产阶段或经济业务按次序连接起来的链式结构。

结合现实中的成功产业链例子和各位学者提出的产业链定义,我们可以对产业链这样定义:产业链是在一定的地理区域内,以某一个产业中具有竞争力或竞争潜力的企业为核心,与相关产业的企业以产品、技术、资本等为纽带结成的一种具有价值增值功能的战略关系链。产业链向上游延伸一般使得产业链进入基础产业环节和技术研发环节,向下游拓深则进入市场拓展环节。产业链的实质就是不同产业的企业之间的关联,而这种产业关联的实质则是各产业中的企业之间的供给与需求关系。产业链的本质是用于描述一个具有某种内在联系的企业群结构,它是一个相对宏观的概念,存在两维属性:即结构属性和价值属性。产业链中大量存在着上、下游关系和相互价值的交换,上游环节向下游环节输送产品或服务,下游环节向上游环节反馈信息。①

在经济竞争全球化、市场国际化、经济信息化和知识化的时代背景下,由于环境、竞争、需求、技术等动态不确定性,企业的经营模式和经营观念发生了根本的转变,越来越多的企业感到单靠自身的力量难以适应这种环境的变化,因此,打造产业链势在必行。②

2. 文化创意产业链的结构

文化创意产业链是以创意为灵魂,以文化为基础,通过经济链条中各个环节的分工协作、整合运用,将文化产品从创意开发、生产制作到营销流通开发成一条龙服务的文化经济模式。在文化创意产品交由消费者使用之前的所有环节,都是文化创意产业链的组成部分。同其他产业类似,文化创意产业链也可以分为上游、中游、下游等环节,包括内容产业、设计制作产业和营销服务产业等层面。经过创意、设计制作和营销服务等阶段,产业链延伸性非常强,扩展空间随创意而不断衍生和扩展。文化创意产业是一个开放性的产业,很难完全描述该产业的发展链条。但是,按照产业链条的基本原理,可以轮廓性地展示文化创意产业,以便启发政府、相关产业部门和企业更好地制定产业政策,把握产业发展规律,做好文化创意企业经营。③ 构建完整的文化创意产业链,能够使文化创意产业更加具有创新性、规模性、连贯性,从而产生更大的经济效应。

发展文化创意产业的核心就是要构筑文化创意产业链,并尽量拓展延伸,以形成规模,获得最大经济效益。创意产业链强调以创意为龙头,以内容为核心,驱动产品的制造,拉动

---

① 胥悦红,段晓兵. 创意产业链的构建探析[J]. 商业时代,2010(4):109-110.
②④ 郭鸿雁. 创意产业链与创意产业集群[J]. 当代经济管理,2008(7):38.
③ 鲍蔚,周彬,王劭君. 文化创意产业链及发展对策研究[J]. 产业经济,2011(4):25.

批发和营销，带动后续产品开发，形成上下联动、左右衔接、一次投入、多次产出的链条。在建立产业链的过程中，"分工协作"和"价值扩散"成为两个相互对应的导向。"分工协作"要求每一家参与协作的企业具有更高的专业性、更突出的核心专长和核心技能，从而提高经营效益，降低生产成本；"价值扩散"指将企业创造的核心价值通过合作开发、技术或者版权转让的形式，扩散到周边产业中，形成长线生产能力，扩大价值产出量。不少创意产业的企业通过发展规模经济和"一体化战略"（例如，从创作一部小说的主人公开始，便开始设计整个产品链，包括文学人物、影视角色、音乐制品、后续产品及推销、主题公园、网页和所有电子商务），使延长的创意产业链产生巨大的效益。北京的派格太合公司与云南的文化工作者在大型原生态民族歌舞《云南映象》的成功基础上，投资筹建《云南映象》专业公司，利用电视媒体和国际演出两个平台推出后续产品，引进了澳大利亚的舞美人才，按照国际惯例对《云南映象》进行再包装，而后进军国际市场；同时，用艺术品牌开发《云南映象》的DVD、烟、酒、茶、纪念品、服装、文具、出版物等衍生产品，形成产业链条，逐步建立像百老汇那样的品牌演出剧场，这就是一个令人鼓舞的例子④。

根据国家《文化产业振兴规划》及目前的文化创意产业学术研究成果，总结出文化创意产业链的框架结构如图3-1所示。①

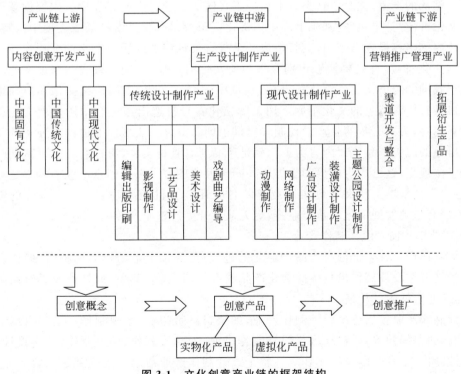

图 3-1　文化创意产业链的框架结构

1）产业链上游：内容创意产业

按照欧盟相关计划，内容创意产业的主体是"制造、开发、包装和销售信息产品及其服

---

① 傅琳雅.文化创意产业链的构建及发展战略[J].沈阳工业大学学报(社会科学版)，2014(4)：109.

务的产业",包括各种媒体传播的纸质印刷品、音像电子出版物、音像传播内容、用作消费的各种数字化软件等。内容创意产业是以哲学社会科学为理论基础和实质性内容,借助于文化创意人才的天赋、智慧和科学知识,运用创意方法和技术,对历史素材进行挖掘和再创新,对社会现实进行提炼和创新升华,对人类未来进行畅想和创新性想象,形成文化创意产业丰富内容素材的产业活动。它位于产业链的顶端,控制整条产业链的有效运作,是文化创意产业的基础和上游"原料和能源",在文化创意产业价值链"微笑曲线"的最顶端,具有很高的附加价值。

内容产业是文化创意产业链的核心和源泉,是文化创意产业中的主导产业。作为核心内容创新形式的革新,不管是生产设计制作环节,还是营销推广管理环节,强调的都是内容为王。① 没有好的创意来源及能力,设计制作产业和营销服务产业便无从谈起,因为文化创意产业最终是由消费者买单的,只有创意性内容能够吸引住消费者,才有可能实现中下游产业的经济效益。因此,必须高度重视哲学社会科学成果产业化导向,积极引导哲学社会科学研究工作者面向社会大众市场需求,研究开发符合社会大众需要的科研成果,并积极推进其产业化。②

中国上下五千年历史悠久,文化传统源远流长。丰富的文化资源为文化创意产品的产生提供了肥沃的土壤,同时也从根本上保证了我国文化创意产业的发展。内容创意要建立在中国文化资源"符号化"的基础上。中国文化资源"符号化"是指将最能表现中国特色、地域精神特质的内容提炼出来,将其打造成一个具有某种特殊内涵或意义的标识。任何国家和地区的文化符号,首先要能够识别属于当地文化的特征,并能有效表达当地文化的独特性。基于我国的历史文化资源优势,应分别从中国固有文化、中国传统文化和中国现代文化中打出具有中国特色的文化王牌。用王牌文化符号打造出最适合中国发展文化创意产业的创意内容,为下一步的生产设计制作提供了创意概念。实现产业链的首要一环就是必须打造出色的源头产品,要"内容为王",就是产品要有真材实料,有内容,有价值,同时制定产业链整体规划,这已成为业界和学界所共同认可的理念。文化创意产业的核心是创意内容,创意内容从根本上将文化创意产业链的各个环节有机地串联起来。没有好的创意内容,就不能有效地发展文化创意产业链,更无从设计生产整个产业的下游产品。③

2) 产业链中游:设计制作产业

设计制作产业就是把创意产品产业化的过程,是连接上下游产业的枢纽,即依据创意概念和策划方案设计制作出具体的文化产品的产业活动。④ 其中,设计产业具有高附加价值,制作产业有低附加价值。

设计制作产业包括传统设计制作产业,如编辑出版印刷、影视制作、工艺品设计、美术设计、戏剧曲艺编导等,还包括现代设计制作产业,如动漫制作、网络制作、广告设计制作、装潢设计制作、主题公园设计制作等。整个设计制作产业活动的灵魂就是内容产业,缺少内容就无法完成设计制作环节,内容的创意性和创新性是出色的文化创意产品得以设计生

---

① 杜德斌,盛垒. 创意产业:现代服务业新的增长点[J]. 经济导刊,2005(8):78-82.
② 鲍蔚,周彬,王劭君. 文化创意产业链及发展对策研究[J]. 产业经济,2011(4):25.
③ 傅琳雅. 文化创意产业链的构建及发展战略[J]. 沈阳工业大学学报(社会科学版),2014(4):109.
④ 张京成. 中国创意产业发展报告[M]. 北京:中国经济出版社,2006:68.

产和流通的先决条件。

设计制作产业的正常发展离不开文化创意产业园的平台支撑。文化创意产业园具有聚合效应,是文化创意产业集聚的载体,包括有相关文化创意设计方面的企业、提供高科技技术支持的企业、国际化的策划推广和信息咨询等中介机构,还有从事文化创意产品生产的企业和在文化经营方面富有经验的经纪公司等。它们能够有效发挥文化企业的规模效应,是设计制作产业发展所需要的基础。有了创意产业园的支持,相关文化创意产业设计企业得以在生产制作环节生成创意产品。

在设计制作产业中,高新技术的运用也应摆在突出位置。无论是编辑出版、影视制作还是动漫及网络,都越来越多地运用信息技术、数字技术、动漫技术等,这使得文化创意产品设计制作成为可能,同时也大大推动了文化创意产业的进一步发展。[①]

3）产业链下游：营销服务产业

在创意内容基础上设计制作出的文化创意产品需要借助于各种媒体,通过畅通的渠道链和资金链,传达或送达社会大众消费者手中、眼中和脑中,满足人们的精神需求。

要想将文化创意产品和服务推广出去,交由消费者使用,并最终被消费者接受,首先要重视渠道开发与整合。合适的渠道能够使优秀的创意内容转变为最终消费品,进而创造价值,因此渠道是产业链发展过程中的关键。在对创意产品传播推广的过程中,单一的渠道推广方式已远远不能满足文化创意产业推广的要求,渠道的整合能力至关重要。渠道的整合不只是占据各种渠道和资源,更要运用整合营销传播的理念,尽可能实现传播资源和传播渠道的最大化。在传播过程中应以消费者为核心,以资料库为基础,以建立消费者和品牌之间的关系为目的,以一种声音为内在支持点,以各种传播媒介的整合运用为手段进行综合运用。[②] 我国文化创意产业的营销推广需要对不同的渠道进行360°整合,利用新闻事件、广告活动、公关营销、会展路演等多种形式对创意产品进行传播,深入挖掘消费者的内在需求,从而达到全方位多角度的传播效果。

文化创意产业的最大特点是衍生性。通过产业链下游的营销推广,拓展衍生产品,利用文化衍生品可实现文化创意产业的价值增值。把主体产品或服务中的核心文化提炼出来,开发生产出新产品,并通过流通和销售实现价值的衍生。[③] 大量开发文化创意产业的衍生产品,要符合消费者的消费追求和个性需要,将不同的行业联系在一起实现二次衍生品生产甚至多次衍生品生产,使文化创意产业在行业间进行多方向发展。文化衍生产品规模化生产能够使文化创意产业实现最快捷、最经济的增值,也是经营者和文化产业机构努力追求的方向和目标。[④] 文化创意产业链的延伸,可以衍生出新的商品市场,如动漫及其衍生品,包括与动漫形象有关的服装、玩具、文具、电子游戏、主题公园等衍生产品。

此外,必须系统研究消费者对于创意产品的需求及偏好,制定可行的市场分析规划,并精心设计具有竞争吸引力的产品定位,以实现文化创意产品的市场化。打造营销服务产业品牌,提高产业活动的品牌价值,越是有品牌的服务,就越能够获得高附加价值。

---

① 鲍蔚,周彬,王劭君.文化创意产业链及发展对策研究[J].产业经济,2011(4):26.
② 傅琳雅,傅琳晶.大数据时代的营销革命：一场席卷全球的商业变革[J].中国商贸,2013(12):21-22.
③ 舒尔茨.整合营销传播：创造企业价值的五大关键步骤[M].北京：清华大学出版社,2013：41.
④ 傅琳雅.文化创意产业链的构建及发展战略[J].沈阳工业大学学报(社会科学版),2014(4):110.

文化创意产业链可以简要分解为：内容创意产业→设计制作产业→营销服务产业→衍生产业。各环节之间存在一定关系,且各个环节都有增值,都能带来利润。中国人民大学文化创意产业研究中心执行主任金元浦对如何打造整个产业链进行了概括：首先要有好的创意,接下来是产品要有真材实料,有内容,有价值,之后是建立良好的传播渠道,有效地传播宣传产品,赢得一批忠实的观众,使人们消费,这样产业链才有可能延长。

3. 文化创意产业链的建设对策

以产业链视角研究中国文化创意产业发展问题是一项庞大而复杂的"系统工程",但却是中国文化创意产业做大做强的必由之路。研究分析认为,中国文化创意产业的产业链研究缺乏系统性,产业链建设整体水平不高,文化创意产业中的创意研发、市场营销等环节都需要进一步提高和发展。有鉴于此,建设和完善文化创意产业链,应注意采取如下对策。

1) 加强文化创意产业规划,维护产业链的完整性

当前,我国大多数省区市制定了文化创意产业发展规划,并将之纳入国民经济和社会总体发展规划之中,从而开启了新中国历史上前所未有的"文化产业规划"时期。加强这一时期中国"文化产业规划"实践状况的研究分析,认真梳理发展中遇到的实际问题,不断总结实践发展经验,对于进一步完善中国文化产业发展规划的科学性,更好地促进文化产业的科学发展,具有重要意义。但是目前我国文化创意产业规划也面临着两大问题：一是规划与实践严重脱节。相关部门制定规划很认真,规划也比较完善,但对规划落实情况的监督、反馈与总结不足,造成规划对实践的指导意义较低；二是规划衔接严重脱节。各级政府、相关部门制定的规划条块分割倾向较重,缺少统一策划,对整个产业链发展缺少整体设计,行业衔接、区域衔接、资源衔接不足。因此,在下一步产业发展过程中,我国各级政府、相关研究机构、文化企业集团应该加强宏观调控和微观指导相结合的产业规划研究,以促进整个产业的行业、区域、资源协同发展。政府及相关管理部门应该明确各个产业链条的分工协作,以此来维护产业链的完整,确保产业链产值、利润的最大化,形成有利于文化创意力集聚、迸发、可持续增长的氛围。某种产品设计开发的同时也应有相关产业的互动,分工不明确就会使重复性劳动的数量增加,这会降低产品的价格和利润。只有文化创意产业各环节分工协作,才能够推动其可持续性的发展。[①]

2) 加强衍生产品研发销售,实现产业价值最大化

研究文化创意产业链时,衍生产品的研发与销售以及后续配套文化服务的宣传与推广往往容易被忽视,但实际上,这一环节日益成为保障投资方、制作方、发行方收回并持续获得利润的重要环节。文化产品的延展多数发生于文化产业链的下游,国外的成功经验表明,动漫衍生产品的开发与销售是文化创意产业获利最大的环节,要实现文化创意产业的持续盈利,衍生产品环节不容忽视。在我国,文化创意产业衍生品运作的成功案例也很多。比如《喜羊羊与灰太狼》不仅缔造了国产动画片的票房奇迹,还有效开发出了电影、系列故事图书、玩具等衍生品形式,并努力借此实现文化创意产业链的全链条发展。目前,国内大部分文化创意企业,尤其是动漫企业并不具备动漫衍生产品成功运营所需要的大规模的资金储备,以及在销售渠道铺设和产品推广方面的经验积累,因而衍生产品研发和销售环节

---

① 傅琳雅. 文化创意产业链的构建及发展战略[J]. 沈阳工业大学学报(社会科学版),2014(4):110.

价值没有被开发。为此,需要采取与产业链下游的衍生产品生产商合作,共同建设销售渠道,有效地将外部优势整合到内部全产业链的运营当中,建立并完善文化创意全产业链,实现产业价值的最大化。①

3) 吸引和培养"三重复合"型人才,加快文化创意产业链发展

文化创意产业的发展需要依托创意与创新型人才,但全国范围内创意人才的匮乏是普遍现象。创意是文化创意产业链的灵魂,而创意的竞争来自于人才的竞争。传统高等教育所培养的技能单一的创意人才已无法适应文化创意产业的要求,时代需要的是具有"三重复合"能力的创意人才。②"三重复合"能力是指:一是要具有文化创意产业专业素养,即有影视、动漫和网游设计等方面的技能;二是要能够实现文化与科技相融合,具有运用当代数字技术及互联网技术完成文化产品制作的能力;三是具有品牌学、营销学和新闻传播学的相关技能,将文化产品塑造成品牌并推广传播。单纯的高校教育难以满足文化创意产业对"三重复合"人才的要求,只有通过不断的理论学习和社会实践,才能实现能力的复合。在现在的教育体制下,培养出来的相关人才大多是单一类型的,而真正意义上的"三重复合"型人才既要有很高的文化素养,又要能够熟练应用现代科技,还要懂得如何迎合市场需要。国内很多高校已经设置了广告学等相关创意专业,接下来的任务是进一步调整高校中与文化创意相关专业的课程设置和培养方向,对单一创意人才的培养模式进行调整,增加不同方向的创意课程和营销管理课程,为培养"三重复合"的文化创意人才而努力。同时,高校要加强学术与实践的结合,引进国外先进学术思想,加强与企业的联系,使政产学研相结合,从而构建完整的产业链。要提供具有发展潜力的工作机会,不断引进国内外文化创意优秀人才,大量吸引其他发达国家文化创意产业在中国的投资,学习国内外先进的创意理念和经营模式,从而加快文化创意产业链发展。③

第六节 文化创意产业的知识产权保护

知识产权是创意产业的基础,不能产生知识产权的文化创意产业不是真正的创意产业,不受知识产权保护的文化创意产业是没有生命力的产业。

1. 知识产权——创意产业的核心价值

文化创意产业的原动力是创意,创意本质上就是创造性的智力成果,但这个智力成果多是思维观念一类,仅存于人脑,尚待以一定的形式外化表达。而知识产权的客体,也正是创造性的智力成果,但这个智力成果绝大多数是外化的实体(如产品发明、文字图案商标、文艺作品等,例外情况如方法发明和商业秘密),因此有必要引入"创意成果"这一概念,通过它将创意与知识产权联系起来,进而揭示创意产业与知识产权的内在联系。所谓创意成果,即创造性思维活动的产物,如一件发明或一部作品等。实际上,笔者是由创意产业的视

---

① 董承华,王莹莉. 产业链研究发展文化创意产业的关键环节[J]. 北京工业大学学报(社会科学版),2013(4):32.
② 赵巍,傅琳雅. 论准广告人的创感能力培养[J]. 广告人,2013(4):150-151.
③ 傅琳雅. 文化创意产业链的构建及发展战略[J]. 沈阳工业大学学报(社会科学版),2014(4):111.

角入手,把"创意成果"等同于作为知识产权客体的"智力成果",仅当创意"跳出"人脑并体现为存在于外且能为人所感知的创意成果时,即"转化"为作为知识产权客体的智力成果时,才能受到知识产权保护。

创意成果等同于智力成果,而创意成果就是创意产业的"产品",因此,文化创意产业的"产值"正是通过对创意成果上的知识产权的享有而得以实现的,即知识产权乃文化创意产业的核心价值。文化创意产业的精华是人的创造力,需要有知识产权法来保护其创新成果,创造力必须要有知识产权保护才能创造财富。

1) 知识产权贯穿于文化创意产业运作的整个流程

创意的主要投入是自身创造力和社会公共知识。新生的创意也是一种知识,构成社会公共知识增量的一部分。与此同时,这个过程也是知识产权创造的过程,创意人拥有创意的全部知识产权,他可以将创意的全部知识产权分解为多个互不重叠的部分,分别授权、许可给多个或一个开发人使用。开发人从创意人那里有偿获得部分或全部创意知识产权,以此为基础进行商业化开发,以向市场出售创意商品的方式获得报酬和补偿。对以知识产权为核心价值的创意产品,往往也可以被无穷复制和易于传播。创意产生之后,不具有天然的稀缺性,因而不具有边际效用价值,从而不能成为财产。因此,必须由法律造成人为的稀缺性,才能使知识产权成为经济学意义上的财产。知识产权制度就是作为社会对创意产品权利人的知识产权标的所提供的法律保护。

2) 创意产业知识产权相关权利中支配权的法定性

支配权是指对知识的经济意义上的排他使用权、复制传播权、凝结该知识使用效果的产品销售和许诺销售权、修改权、使用知情同意权、利益分享权等,以及对上述权利及支配权本身的处分权。法定的支配权就是为了创意活动和创意产业的价值实现创造条件。从产业收益上看,文化创意产业的收益往往是通过经营许可和分成契约的方法来确立的。在经营许可之初,因创意人员的讨价还价能力决定了文化创意产业的收益水平也较低,但当文化创意产品得到普遍接受和认可后,文化创意人员的讨价还价能力增强,进而带来文化创意产业的收益水平大幅度提高。

3) 合理的知识产权保护制度是发展文化创意产业的必备条件

如果没有知识产权保护,文化创意产业将面临任意仿制、随意复制的混乱局面。失去利益的保障,也就没有了创意的动力,整个行业都将面临生存和发展的危机。文化创意产业所有的技术创新追求均力求充分考虑现代社会中那些集体和个体消费者的独特创意,因此,对文化创意产业的激励标的在于激发其创意能力。结合目前我国知识产权法的体系构成,以及部分地区对于创意产业的具体分类,可以将文化创意产业与知识产权法保护范围对应起来。

知识产权保护制度对于创意的影响主要存在于三个方面:一是解决了创意的非排他性问题,通过知识产权保护制度构筑起技术或信息壁垒,保护了创意的回报;二是建立合理的投入收益率,发挥市场机制,使资源主动寻求创意;三是鼓励创意有偿扩散,加大了创意的应用范围。由于知识产权保护并不阻止思想启发,因此一项创意得以安全展现很有可能激发另一项甚至多项创意的产生。因此,发展文化创意产业必须首先建立起合理的知识产权制度。

2. 创意产业的知识产权保护方式

从目前我国知识产权的立法来看,可以作为我国知识产权法律保护的对象的包括作品、技术发明、工业品外观设计、集成电路布图设计、植物新品种、商业秘密、各种商业标记和各种制止不正当竞争等权利。与此相适应,我国也形成了以著作权、专利权、商标权和商业秘密等制度为核心的知识产权保护法律制度。从当前文化创意产业所涉及范围来看,包括了广告、艺术、工艺、设计、电影、音乐、表演艺术、出版、软件、玩具与游戏、电视广播、视频游戏等诸多领域。文化创意产业所涉及的这些领域对我国知识产权保护对象的范围提出了新的挑战,其中与之关系最密切的是著作权、专利权和商业秘密等制度在应对文化创意产业知识产权的保护上亟待完善。

1) 专利权保护

一般而言,专利权是发明者就其技术发明所享有的专有权利。在我国可以作为专利权客体的是发明、实用新型和外观设计三种。专利被视为各种知识产权中受到保护最强,也是市场竞争中最犀利的手段。甚至可以说,"拥有了专利权,创意企业就拥有了核心竞争力。将创意产品通过专利进行保护是科技创意企业得以发展壮大的中国式保障"。[①]

(1) 我国专利权制度的完善。我国的专利权制度在应对创意产业发展知识产权的保护上尚有保护不利之处,亟待立法完善。第一,在专利权的客体方面,我国在立法上采用了禁止性规定,专利权客体不具有开放性。随着创意产业的发展,欧盟、美国和日本等都放宽了一些计算机应用软件的可专利性条件。如欧盟 2005 年通过的"计算机相关发明可专利性的指令建议"中认为,涉及计算机程序的发明不论是以商业方法、数学或其他方法实施,只要能产生超过正常程序和计算机、网络或其他可编程部件之间正常的物理互动的技术效果的,即计算机程序的运行能产生有益效果的,就具有可专利性。我国关于这方面的规定显然已经有所落伍,对于专利权的客体的规定,我国应该改变这种禁止性的不予授权的立法方式。第二,在授予专利的实质性要求方面,关于新颖性和创造性的标准应当重新定位。在新颖性上,由于创意产业中大量信息技术的应用,使得网络等现代媒体的兴起给新颖性标准带来许多新的问题;在创造性上,基于创意产业的发展,对于计算机软件的创造性,有必要放在对其功能的判断上,而不是放在突出的实质性特点和显著的进步上。商业经营方法软件的创造性认定上,如果利用一种数据处理系统将某种商业经营方法在电子商务中加以实现,其本身就具有创造性;但是只是简单地将传统的商业经营方法转化为商业经营方法软件,是不具有创造性的。与此同时,对于创意产业中的实用新型和外观设计,应当进行新颖性审查,可以不进行创造性审查和实用性审查。原因在于:第一,创造性审查和实用性审查相对较难,进行这两项审查,不符合快速便捷的立法目的;第二,这也不利于竞争激烈的创意产业的发展;第三,在专利的审查程序方面,现行专利法中对于实用新型和外观设计没有确立公开制度,在对两者进行初步审查没有发现驳回理由的,国务院专利行政部门就可以做出授予实用新型或外观设计专利权的决定,向申请人颁发专利证书,并进行登记或公告。行政部门在进行审查的同时,应当将实用新型和外观设计的申请相关信息进行公开,接受社会公众的监督,从而保证真正权利人的权利不受侵害。另外,我国专利法中没有

---

① 刘华源. 创意产业中的知识产权保护[J]. 法人,2008(6):38.

规定审查时限,而创意产业中创意产品不断推陈出新过程中涉及大量的实用新型和外观设计,因此对于实用新型和外观设计的时限不宜过长,否则对于创意产业的专利权保护会相当不利。①

(2) 文化创意企业的专利保护。这应该从以下三个方面着手:首先,确定可予专利保护的对象。在文化创意产业之中,由于新技术的使用,往往会形成新的功能型产品或者新的生产工艺,比如新的存储介质或者新的影片制作工艺等,这些产品和工艺是可以授予发明或者实用新型专利权的。所以,在形成文化创意产品的过程中,应该充分挖掘其中可以授予专利权的对象,在获取居于核心地位的文化版权的同时,获得各种形式的专利权。其次,及时申请专利保护。不同于版权法上的自动保护原则,专利权的取得必须经过申请、审查、授权等一系列法律手续,所以,对于文化创意产品开发中形成的可予以专利保护的对象,应该积极履行相关的申请手续。应当注意:申请专利保护的发明创造必须具备新颖性,所以在申请专利之前相关的产品或者工艺应该予以保密。一旦公开销售或者使用,将因为新颖性的丧失而无法获得专利保护。这就要求文化创意单位建立有效的内部保密制度和管理制度。最后,积极运用专利战略,实现专利价值的最大化。专利战略是现代企业竞争取胜的重要法宝,文化创意单位应该注意运用专利防御、专利进攻、专利池、专利转让和许可等一系列现代专利战略,以实现其专利产品价值的最大化。②

此外,在申请时既要注意满足授予专利的实质条件,即专利"三性"(新颖性、创造性以及实用性),又要注意专利的时间性和地域性。

2) 著作权保护

著作权是指文学、艺术和科学的创作者对其所创作的作品享有的权利。根据我国《著作权法》的规定,作品的种类可以分为文字作品;口述作品;音乐、戏剧、曲艺、舞蹈、杂技艺术作品;美术、建筑作品;摄影作品;电影作品和以类似摄制电影的方法创作的作品;工程设计图、产品设计图、地图、示意图等图形作品和模型作品;计算机软件;法律、行政法规规定的其他作品等,共九类。而创意产业的发展要求我国著作权保护的客体应当予以拓宽。当前许多文化创意产业的发展依赖于信息技术,这在很大程度上突破了我国著作权的客体,例如,广告设计、网页设计、多媒体作品、网络游戏等都应当纳入著作权保护的客体之列。此外,我国的著作权制度还应当顺应文化创意产业发展的需要,建立数据库法律保护专门制度,就现有法律框架而言,我国应当在著作权法中对数据库的定义及法律保护做出明确规定,同时还应当对我国计算机软件保护制度进行完善。可以在著作权立法中尝试借鉴和运用专利法和商业秘密保护立法中的一些思想和内容,对计算机软件进行专有保护。

著作权对文化创意产业的生存和发展至关重要,是文化创意产业的生命线,著作权保护是该产业全部知识产权保护的核心。建立文化创意产业的著作权保护,重点应从以下三个方面着手:一是尽快将创意形成作品。思想和表达二分法是著作权法的基本原则。所谓思想和表达二分法,指的是著作权法仅仅保护作品的表达形式,而隐藏在作品之中的思想、感情和观点并不为著作权法所保护。《伯尔尼公约指南》第2.3条强调:"一个基本要点在

---

① 张丽艳.论创意产业知识产权的立法保护[J].北方经济,2011(7):67.
② 杨德桥,韩弘力.论文化创意产业知识产权保护体系的构建[J].北京化工大学学报(社会科学版),2013(2):13.

于,创意本身不受版权保护。"TRIPS(贸易知识产权协定)第9条第2款同样指出:"版权保护应延及表达,而不延及创意、过程、操作方法或数学概念本身。"文化创意的核心是创意,最有价值的也是创意,而创意属于内在的思想或者感情的范畴,不受著作权法的保护。为此,在创意形成后应该尽快将其表现为文字、图片、影视、模型等作品,以取得法律上的保护。知名的"女子十二乐坊案"是著作权法不保护创意的典型案件①,在该案中,一个媒体策划人提出了一部策划书,里面讲到一群年轻女子,身着不同服饰,各自演奏着笛子、二胡等不同乐器,他将创意告诉了自己的朋友,结果他朋友将该创意创作为作品后搬上了荧屏并取得了巨大的成功。该创意策划人于是提出了侵权之诉,结果一、二审法院都认为不侵犯著作权。该案中,策划人的朋友虽然利用了他的理念和想法,但是基于该创意自行创作了作品,所以其行为不构成侵权。著作权法对文化创意的保护是通过作品的角度进行的。二是为作品创作保留必要的证据。目前,关于作品著作权的获取,全世界通行的做法是自动取得,也就是说作品完成后无须履行任何手续,甚至不需要固定在一定的载体之上,就可以受到著作权法的保护。但是实际上,如果在作品创作完成后不及时固定证据,日后万一发生剽窃或者抄袭等侵犯版权的行为,权利人往往面临着因为难以举证而败诉的风险。举证难几乎是所有知识产权权利人面临的共同难题,为此,应该从两个方面做好必要的准备,以防不测。一方面,对于日常创作的普通作品应该注意保留纸质版本,因为单纯的电子版本由于其权属信息易于修改,因此难以在法庭上作为创作时间上的有力证据,而纸质版本的完成时间一般可以通过鉴定的方式大体确定,能够有效地证明创作的时间;另一方面,对于作品中的精华部分或者是核心作品,因为具有较大的商业开发价值,从而极易成为侵权者觊觎的对象,所以应该通过正式的版权登记固定享有著作权的证据。著作权证据的固定对于预防诉讼风险和有效打击侵权具有重要意义。三是充分利用著作权限制制度,借鉴他人的创意,丰富自己的创作,以实现更大的商业价值。为了保护社会公共利益,版权法对于著作权人的权利进行了多方面的限制,从而形成了范围广阔的公共领域。隐藏在作品之中的创意并不为版权法所保护,属于公共领域的范畴。任何企业或个人的创意能力都是有限的,学习或模仿他人的创意从来都是创作的来源之一。应该注意挖掘他人作品中的创意,赋予这些创意不同于原创者独特的表现形式,也不失为创新的来源之一。比如广州军区杂技团利用杂技的形式重排了西方经典芭蕾舞剧《天鹅湖》,引起了西方世界的极大关注。西方主流报纸《纽约时报》为此还特意做了一个1分30秒的录像放在其网站上,形成了很大影响。这样的形式虽然不是原创,但仍属于一种创新,也是受到著作权法保护的创作。②

3) 商标权保护

在创意成果产业化过程中,商标权保护是创意成果产生市场效应的一个有力武器。虽然有的创意成果会受到版权法保护,但是将这些成果中符合商标申请条件的那部分注册为商标,可以充分利用品牌效应开发衍生产品。对于那些不受版权保护的创意成果,商标保护策略则尤为重要。如在我国,目前卡通角色的名称、形象等是不受版权法保护的,而我国也没有规定商品化权。因此,将这些独具创意的名称、形象等注册成商标,不仅可以保护这

---

① 女子十二乐坊侵权案创意之争孰是孰非[EB/OL]. [2013-01-31]. http://news.sina.com.cn/s/2004-11-25/10465029107.shtml.

② 杨德桥,田荣哲. 论文化创意产业知识产权保护策略的构建[J]. 北京邮电大学学报(社会科学版),2013(6):35.

些创意成果,还可以通过商标许可开拓衍生产品市场,促进这些创意成果在商业上的广泛应用。当然,这些名称、形象等依然须满足商标法规定的注册条件才能注册为商标。而在取得注册商标后的授权许可中,权利人也应谨慎行使自己的权利,谨慎选择有质量、有信誉的商家,防止因滥用许可而损害其所拥有的品牌利益。

4) 商业秘密权保护

商业秘密权是一种在商业实践中日益得到重视的知识产权形态。商业秘密是指不为公众所知悉,能为权利人带来经济利益,具有实用性并经权利人采取保密措施的技术信息和经营信息。商业秘密权主要用来保护那些无法或者不适宜通过著作权及专利权进行保护的商业信息。在创意产业的发展中,一部分智力成果可以转化为受著作权保护的作品或者受专利权保护的外观设计、发明或实用新型技术,但也有相当数量的智力成果,比如独特的分析技术、策划方案、营销计划、商务模式,虽然也属于知识产权的范畴,却无法适用于著作权法、专利法、商标法等法律的保护,企业必须以商业秘密的保护方式来保护。运用商业秘密保护创意成果,必须满足商业秘密的构成要件:其一,所谓商业秘密,即其具有不为公众所知悉的特性;其二,必须具有经济价值,即该信息具有确定的可应用性,能为权利人带来现实的或者潜在的经济利益或竞争优势;其三,该信息已由合理的保密措施所保护。

商业秘密权的独特价值决定了它在文化创意产业保护中将会发挥重要的作用。首先,商业秘密可以为尚处在创意形成阶段的智力成果提供有效保护。形成创意是文化创意产品开发的前提条件,在某种意义上也是最关键的步骤。但是形成过程中的创意,由于尚没有获得作品意义上的表现形式,或者还没有达到可以申请专利保护的条件,所以无法获得著作权法和专利法的保护。为了防止他人采取不正当手段窃取正在酝酿中的创意,就必须借用商业秘密权方式对其进行保护。其次,对于那些已经完成但是无法利用著作权或者专利权进行有效保护的创意信息,也只能以商业秘密权的途径进行保护。因为有些智力成果,比如策划方案、商务模式、营销计划、市场预测报告等,或者因为没有科学意义上的实用功能,或作品的表达形式无法获得专利法和版权法的保护,或者即使得到著作权保护也仅仅限制"复制"的行为,而难以限制他人堂而皇之地实施,从而在实际上起不到保护的效果。[①] 最后,由于采取商业秘密保护无须履行任何法定手续,成本较低,同时创意本身也无须满足任何特定形式要求,可以较为容易达到商业秘密保护的条件,所以采取商业秘密权的途径便利可行。商业秘密权能否提供有效的保护,不但取决于商业秘密法的保护力度,更取决于秘密拥有主体所采取的保密措施,这就要求文化创意企业建立完善的保密制度,包括保密机构的建立、涉密文件或硬件措施的保护、与员工签订保密协议等。[②]

目前我国关于商业秘密的保护主要是采用反不正当竞争保护方法,通过《中华人民共和国反不正当竞争法》进行规制。但是《中华人民共和国反不正当竞争法》自身对于商业秘密的保护又缺乏系统性,同时《中华人民共和国民法通则》《中华人民共和国合同法》《中华人民共和国刑法》《中华人民共和国科学技术进步法》《中华人民共和国劳动法》等又都从不同角度对商业秘密的保护作了规定,使得商业秘密保护的规定分散,缺乏统一性。因此我

---

① 刘勇,穆向明.河南省文化创意产业知识产权保护与利用问题研究[J].咸宁学院学报,2011(8):25.
② 杨德桥,田荣哲.论文化创意产业知识产权保护策略的构建[J].北京邮电大学学报(社会科学版),2013(6):37.

国有必要出台《中华人民共和国商业秘密保护法》,对商业秘密保护的范围、基本原则、确定商业秘密权、商业秘密的构成要件、侵犯商业秘密的行为和承担的法律责任等做出系统规定。

5) 反不正当竞争保护

文化创意企业在保护其创意智力成果时,所面临的主要防范对象是同行业的竞争对手。著作权、专利权、商标权和商业秘密权等知识产权形态虽然已经给创意产权人提供了相对系统而有力的保护,但是由于上述法律在保护对象和保护手段上所采取的是列举主义而难免有所疏漏,所以创意成果得不到保护或得不到充分保护的情况仍然存在。反不正当竞争法中的知识产权条款由于运用了含义宽泛的术语,被认为是对各种具体知识产权难以周延之处提供了兜底保护或者附加保护,因而在商业实践中得到了广泛的运用。① 《中华人民共和国反不正当竞争法》把规制对象限定于商业领域内的"经营者",正好契合了文化创意企业制止竞争对手不正当竞争的需要。反不正当竞争保护对于文化创意企业的意义体现在三个方面:首先,为创意企业的商誉提供保护。商誉包括品牌商誉和产品商誉,有可能为竞争对手不当借用(搭便车)或者恶意诋毁,而商誉自身因不属于任何一种具体形态的知识产权而无法受到知识产权单行法的保护,所以采取反不正当竞争的方式保护商誉也就成为创意企业的不二选择。其次,对于具体形态知识产权难以保护的创意本身提供保护。不少有价值的创意由于不表现为作品,不属于科学意义上的技术方案,同时一旦在商业上公开使用就难以保密,所以无法通过著作权、专利权和商业秘密权的方式进行保护。但是如果竞争对手在商业中实施该创意而与创意企业进行竞争,则完全可以通过反不正当竞争的方式进行阻止。最后,保护创意企业的成功的艺术风格。创意企业的艺术风格是由该企业在开发创意产品的过程中缓慢形成的,表达了本企业的引人注目的特征。刻意模仿他人的艺术风格属于不正当竞争的范畴,虽难以认为侵犯了哪种形态的知识产权,但可以通过制止不正当竞争的方式进行有效阻却。②

3. 文化创意产业知识产权保护的对策

文化创意产业具有鲜明的知识产权性。文化创意产业当中有形资产较少,其核心生产要素是信息、知识、文化和技术等无形资产,创意产业覆盖了设计、文艺、咨询策划和时尚消费等诸多技术密集与知识密集的领域。对于高度创造性的文化创意产业来说,一个有效的知识产权保护系统至关重要。如果没有这样一个系统,那么创造力所能带来的利润将很快消失。因此,加强知识产权保护是发展创意产业之本。

1) 强化保护意识

文化创意产业的发展建立在完善的知识产权保护制度的基础之上,知识产权保护是其不断发展、占领市场的重要保障。因此,国家要有意识地引导创意企业,使企业重视自身知识产权保护制度的建设工作,完善知识产权相关管理制度,制定知识产权工作规划、计划、管理办法,在文化创意产业的研发、设计、生产、经营等各个环节进行知识产权的全面保护。

---

① 郑成思. 反不正当竞争——知识产权的附件保护[J]. 知识产权,2003(5):3.
② 李明德. 知识产权保护与文化创意产业发展[EB/OL]. [2008-04-24]. http://www.sipo.gov.cn/ztzl/ywzt/zscqzl/zlmt/zwcx/200804/t20080424_392551.html.

从企业自身来说,要有知识产权的保护意识。企业要重视版权、商标、专利、商业秘密的保护,加强自我保护机制。企业应将版权登记工作摆在第一位,版权保护是文化创意产业知识产权保护的龙头,虽然自动保护原则是版权保护的主要特征,但为了摆脱其自身的不易举证、保护力度弱等缺点。企业要切实保护自身的合法权益,就要主动进行版权登记工作。商标保护也是一项重要的知识产权保护工作,因为它是一个企业的重要标识和品质保障,对企业的商标进行注册能够有效地维护企业的形象,防止企业商标被恶意抢注,避免被不法分子破坏文化创意企业的产品形象。

无论是创意产品的消费者还是创意产品的创作者,就个体而言,都应具备尊重他人知识产权的意识和知识产权自我保护的意识,熟识知识产权保护的基本法律法规。一方面,做到自己不去侵犯他人的知识产权;另一方面,一旦遇到侵权行为,能够及时合理地利用法律武器进行自我保护和维权。新闻出版总署署长柳斌杰曾经说过:"中国反盗版最终仍取决于民间。"这就意味着只有全方位地提高公众知识产权意识,才能从根本上保护文化创意产业的知识产权,才能杜绝盗版侵权等违法行为的发生。[①]

2) 开展系统研究

要对创意、创意产品和文化创意产业的发展规律展开系统的研究。知识产权制度是指涉及知识产权的法律、法规和国家政策的总和。具体到文化创意产业来讲,应当在系统研究文化创意产业发展规律的基础上,围绕产业链的每个环节,研究与知识产权相关的制度、政策体系和市场环境,系统地归纳提出创造、保护和利用知识产权的政策体系。这些环节包括:创意研发阶段的鼓励创新、创意产品转化和生产阶段的知识产权保护、创意产品交易(中介服务)阶段的知识产权利用等。

3) 加强制度建设

要加强文化创意产业知识产权保护的制度建设。文化创意产业知识产权制度建设主要解决三方面的问题:一是既要完善知识产权管理和执法体系,又要国家创意产业发展规划的知识产权管理,建立与知识产权制度有关的市场秩序等制度建设;二是要关注文化创意产业园区、文化创意企业和个人的知识产权保护和利用问题;三是基于创意权利人利益和公共利益平衡的原则制定最优专利保护宽度。

动态地来看,知识的创新和积累是社会福利增长的重要源泉,只有给予知识创新以足够的激励,社会福利的长期增长才有保障;但从静态来看,排他性的权利会导致不等程度的垄断,从而造成福利损失。知识产权保护的核心就在于寻求合理的"度"。适度的专利保护对技术创新和社会福利都至关重要。构建文化创意企业知识产权中介体系。

文化创意产业的核心是知识产权的保护、利用与开发,它需要知识产权中介机构来协助创意企业完成价值实现。知识产权中介服务是指在知识产权商品化过程中,为市场主体提供的咨询、代理、推广、投诉等各项与知识产权有关的服务。

国内外文化创意产业实践显示,文化创意企业以中小型为主,各种资源条件有限,知识产权的保护能力较弱,且大多数企业处于经营创意作品的阶段,缺乏知识产权的市场开发能力,需要中介服务提供相关服务。中国文化创意企业知识产权中介需求特征主要有:

---

① 吴慧娟. 浅议我国文化创意产业的知识产权保护[J]. 法制与社会,2013(8):260.

信息需求多;专业要求高;维权比例大。此外,知识产权中介服务机构还需有足够的资源获取能力为那些法律知识空白、市场难以把握、内部资源缺乏的创意企业提供较好的服务。

4)强化法律保障

要加强立法,加大知识产权保护力度,为文化创意产业的发展营造有利的法制环境。对文化创意产业的发展来说,保护创意者的知识产权,具有至关重要的意义。文化创意产业以知识产权为核心资产,保护知识产权是关键一环。首先,要制定健全的知识产权法。与发达国家相比,我国知识产权立法还比较滞后,远不能适应现代市场经济和国际化发展的需要。对知识产权方面的法律尚存在一些不明晰的地带,需要尽快完善相关法律制度。其次,要加强执法力度,加大宣传,普及知识产权保护的法律意识。同时,在全社会形成尊重知识产权的良好氛围,加大对侵权、盗版行为的打击力度,对侵犯知识产权的行为要严惩不贷,以净化知识创新环境。

5)建立行业联盟

为了保障文化创意产业的知识产权权利,实现良性发展,既需要国家从宏观上制定与文化创意产业相关的知识产权战略,同时也需要文化创意企业制定与自身相匹配的知识产权战略,以确保其在创意市场的有利地位。从发达国家文化创意产业发展的经验来看,强大的行业组织在行业自律,加强与政府部门联系,推动相关立法或者政策出台,降低维权成本并共同抵御侵权、促进交流合作等方面发挥着重要作用。根据我国当前文化创意产业知识产权保护的现状,比较可行的举措是建立相对健全的行业联盟,定期组织入会企业进行交流,各文化创意企业可以在交流中吸取某些企业产权纠纷的教训,避免重蹈覆辙。而且创意企业联盟还可以协调创意企业会员之间的产权纠纷,形成一个相对和谐的纠纷解决平台。

6)加强队伍建设

加强知识产权人才队伍建设,充分借助政府、学校和社会各界的知识产权专业人士的力量,开办相关讲座与研讨会、由政府部门人员对最新法律法规及政策进行解读,由专家学者对理论进行分析研讨,由专业机构进行实务操作指导等方法,加强对政府工作人员、企业内部管理人员等的知识产权培训,使管理者准确定位自身发展阶段,准确采取保护措施,填补保护黑洞。加强知识产权领域的专业人才队伍建设,辅助文化创意产业的发展,以防止创意流失而造成企业不必要的损失。

4. 大数据时代文化创意产业的知识产权保护

随着移动互联网、信息技术、云计算的快速发展,人类已经进入了以大数据为代表的数字经济时代。"大数据"开启了人类历史上的一次重大的时代转型和社会变革,这个概念已经渗入人们生活的各个领域,成为未来一切经济活动的发展方向。

在大数据背景下,数字技术与文化创意产业高度融合,导致在文化创意产业保护方面出现了很多新挑战,更加凸显了文化创意产业法律保护的必要性和紧迫性。

1)文化创意产业在大数据时代的特点

从1994年4月中国首次实现与国际互联网的连接,到2021年互联网时代的风起云涌,互联网的普及已经从人们的生活习惯到工作方式的多个层面改变着国内的经济文化模式。[①]

近年来,大数据的飞速发展使得文化创意产业对于消费者需求以及市场需求定位的分析方式更加多种多样。[②] 例如,亚马逊、谷歌通过对消费者购买行为的分析,得到消费者的偏好,如通过海量数据发现消费者对某一情节或类别书籍有偏好,从而以定制化的方式完善作品及迎合市场需求。通过大数据分析得到目前市场受欢迎的艺术品以及作家等信息,提供给收藏投资者作为重要的参考指标,从而提高投资人的决策效率、投资的准确性以及高回报性。通过利用海量数据的分析、预测、定位,从而识别市场需求,有效缩短生产者和消费者的距离维度,将生产消费从先生产再消费的模式转变到边生产边消费以及提前预测研发的模式中。[③]

2) 大数据时代知识产权保护的意义

大数据时代,数字技术已经渗透至文化创意产业,大数据不仅改变了文化创意产业原有的要素形态,也重构了文化创意产业生产、加工、传播的运作过程,使文化创意产品更多地表现出数字性、高附加值性和网络动态性的特征。这一变化过程深刻改变了文化创意产品的内涵和形式,也加快了文化创意产品的传播速度,扩大其影响力和需求市场;另外,信息的指数级增长、需求的个性化与复制成本的急剧降低,也为文化创意的法律保护带来了新的问题和挑战。[④] 因此,在大数据时代,对数字化形式下的文化创意的产权进行有效的保护是文化创意产业持续健康发展的关键。

3) 大数据时代知识产权保护面临的困境

文化创意产业发展的关键要素点在于创意性、知识性、融合性,这三个要素点对于资源、人才具有高度的依赖性。随着大数据和文化创意产业的融合,大数据背景下文化创意产业知识产权保护面临困境。[⑤]

(1) 个人信息数据的泄露。互联网上个人信息数据泛滥,使得消费者所有的消费行为以及购买行为爱好倾向变得透明可视。用户在互联网上留下的消费记录、出行痕迹、个人隐私信息、浏览记录、搜索记录等,可以通过数据分析、可视化完整地还原一个人的消费偏好。也就是说,在大数据时代发展下,个人产生的数据并不是简单的电子数据。这些数据在时代的发展中变得具有数据价值和商业价值。个人数据的"共享"已经模糊了数据的所属权以及处置权[⑥],目前国内尚未形成体系化的、针对性保护个人数据的条文章程,仍存在法律漏洞,一些移动应用和网络平台存在滥用用户信息的现象,有的平台还利用这些海量的单一数据侵害个人隐私以及财产。

(2) 文化创意难得到保护。创作人员天马行空的思维与商业人士的利益至上思维本

---

① 孙玉荣.大数据时代我国文化创意产业知识产权保护的路径选择[J].北京联合大学学报(人文社会科学版),2014(2):156-161.
② 于建辉.大数据背景下的知识产权保护[J].法制博览,2018(20):225-226.
③ 王静.大数据背景下知识产权法保护方式分析[J].职工法律天地,2017(10):111-112.
④ 王磊.大数据时代知识产权保护探究[J].学术论坛,2021(2):155-161.
⑤ 李佳洁.浅析大数据时代背景下知识产权与隐私权的关系[J].法制与经济,2018(8):151-155.
⑥ 苟民华.苏州文化创意产业知识产权保护问题与对策分析[J].法制博览,2017(25):45-46.

身就存在极大的矛盾。在大数据时代,一方面,信息传播速度飞快,文化创意产品在一定的资源平台下可以达到飞速的传播和宣传,其带来的影响力以及市场需求一定程度上急速扩大;另一方面,文化创意产品的复制、仿制的成本就会变得很低,使得高创造性的价值变得普通平常。如果知识产权得不到保护,创意给创作者带来的回报会大大降低甚至迅速消失,创作者会逐渐失去对创造行为的兴趣,创意性工作可能会断层。①

4) 大数据时代知识产权保护的策略方式

基于大数据背景下文化创意产业的特征和面临的知识产权保护困境,可以运用以下方式加大大数据时代文化创意产业的知识产权保护。

(1) 树立数据产权意识。现在已经进入数字经济时代,数据已经是重要的战略资源,谁掌握了数据,谁就掌握了未来发展的主动权,因此树立数据产权意识,加强数据的知识产权保护,是数字经济时代的必然要求。在大数据时代,文化创意所需要的个人的信息数据大量存在于社交网络、移动智能终端等网络平台,而一些大的网络运营商和互联网平台已经对数据资源形成了实质的控制并通过算法合谋形成了垄断,②而公民群体作为数据和信息的授权人是完全不能控制自己行为所产生的数据的,因此在立法上应明确数据的产权,明确数据经营者收集、复制、储存及使用个人数据的频次和界限,即使收集之后也要进行去标识化处理。

(2) 构建大数据公共服务监管体系。毫无疑问,大数据时代文化创意的保护必须充分发挥大数据的作用,应建立文化创意大数据平台,构建知识产权大数据公共服务监管体系。2019年国家知识产权局印发《关于新形势下加快建设知识产权信息公共服务体系的若干意见》,重点强调将各机构的互联网信息平台纳入知识产权信息公共服务体系,积极推进国家知识产权大数据中心建设工作。根据该意见精神,应尽快构建文化创意知识产权大数据平台,将知识产权管理部门、文化创意企业、创意个人等纳入其中,建立统一的创意标准与规范,便于文化创意知识产权的申请、管理、保护、监督与维权,从而形成完整、统一、高效的文化创意公共服务监管体系。③

(3) 反对利用大数据进行不正当竞争。目前各类平台应用以及网站都对数据信息存在获取行为。对于各平台在数据采集过程中是否遵循合法原则、正当原则、必要原则的数据采集原则,是否仅收集获得信息主体授权内容均为未知事宜,但是部分站点中,主体用户行为均存在记录,用户一举一动均产生大量数据。尽管目前在倡导数据有度的理念,用户在数据生命周期中的参与似乎仅在产生数据环节,对于数据的具体使用以及处置只有企业内部人员了解。在用户数据进行商业化后,利用大数据进行恶性竞争的事件层出不穷。许多恶性竞争事件利用平台数据进行不正当竞争而受到制裁。与之相比,文化创意产业背景下利用大数据方式进行文化创意定制化或者剽窃复制似乎变得举重若轻。建议采取措施反对利用大数据进行不正当竞争。通过政策法规要求限制数据库内容的使用以及数据的收集保存,从源头掐断利用大数据进行的恶意不正当竞争。④

---

① 姜琳.大数据时代背景下文化创意产业知识产权保护策略分析[J].法治与社会,2021(11):25-26.
② 张进.大数据背景下关于算法合谋反垄断规制研究[J].淮南职业技术学院学报,2020(2):143-145.
③ 张进.大数据背景下文化创意产业法律保护探析[J].法治与社会,2021(18):158-159.
④ 姜琳.大数据时代背景下文化创意产业知识产权保护策略分析[J].法治与社会,2021(11):25-26.

在大数据时代背景下，海量的数据给人们提供了新的数据分析发展方向，但是如何规范使用这些数据也变得十分迫切。突破大数据时代文化创意产业知识产权保护的瓶颈，以全新的举措强化知识产权的保护，才能鼓励创新，营造良好的创作氛围，推进文化创意产业整体的可持续发展。

总之，文化创意产业的发展离不开知识产权的支撑与约束，没有对创新成果的保护和激励，也就没有中国创意经济的发展。目前，我国知识产权的法律制度已经相对齐备，保护体系也基本完善，文化创意企业应当抓住时代赋予的机遇，树立知识战略观，不断提高知识产权意识和管理水平，迎接国际竞争的挑战。

典型案例研究：山水实景演出《印象·刘三姐》[①]~[④]

《印象·刘三姐》实景演出的概念源自壮族民间传说——歌仙刘三姐，与广西壮族地区的歌圩文化有密切关系。而近现代对于刘三姐文化的传承主要通过戏剧和电影方式，将刘三姐文化推向了高潮。迤逦的桂林山水、美丽的刘三姐和优美的山歌成为桂林的形象要素，吸引了大批游客纷至沓来。2004年，大型实景演出《印象·刘三姐》公演，演出由我国著名导演张艺谋任总导演，王潮歌、樊跃任导演，国家一级编剧梅帅元任总策划、制作人。前后共有67位中外著名艺术家参与创作，参与演出的演职人员达600多人，演出方案修改100次，演出时长约70分钟。

《印象·刘三姐》以刘三姐的经典故事为线索，集合桂林12座著名山峰和1654平方千米水域的旅游空间，通过借鉴电影《刘三姐》的故事情节与场景要素，以一种全新的艺术表现形式进行创造性回归，通过现代手段与技术创造性地把漓江山水与广西经典山歌、漓江渔火、当地民俗风情等有形、无形元素融合，并借助歌曲、舞蹈、灯光等元素的完美组合以实景演出的方式呈现给旅游者，很好地表现了广西地域文化的人文要素。该项目既独具舞台魅力，又不失原始山水生态风貌，既不同于传统的文艺演出，也不同于传统的山水观光旅游，而是开创了一种全新概念的旅游形式——山水实景演出。《印象·刘三姐》迅速成为阳朔的又一张旅游名片。

《印象·刘三姐》自2004年正式公演，在世界范围内引起了巨大关注，吸引了大批国内外游客。剧场规模至今已扩建三次，总座位数由原来的2200个增加到了3500个，始终保持着年演出量在400多场、场均游客量有2000多人的稳定势头。据官方统计，《印象·刘三姐》的推出，已将游客在桂停留时间延长了0.34天。截至2019年7月，共演出7000多

---

① 贾婉文.产业融合视角下的文化创意旅游案例研究——以《印象·刘三姐》为例[J].旅游研究，2015(7)：37-44.
② 孙九霞，王学基.旅游凝视视角下的旅游目的地形象建构——以大型演艺产品《印象·刘三姐》为例[J].贵州大学学报(社会科学版)，2016(1)：47-57.
③ 李广宏，吴大为，杨洁.大型实景演艺旅游产品的开发研究——《印象·刘三姐》与《印象·丽江》的对比[J].凯里学院学报，2016(4)：68-73.
④ 陈星，范静.山歌唱出十个亿：印象·刘三姐幕后的故事[M].北京：西苑出版社，2011：10-15.

场,接待国内外观众1800万人次,营业收入超20亿元,开启了山水、文化、旅游融合发展的模式。① 这组统计数字说明,阳朔的旅游经济有了新的增长。同时,凭借《印象·刘三姐》景区强大的人气。阳朔县的房地产、酒店业、度假、农业、渔业等相关产业可以得到迅速发展,阳朔旅游业也有了质的飞跃。

《印象·刘三姐》的推出还丰富了旅游产品,改变了旅游消费模式。在《印象·刘三姐》景区,观众在白天观看刘三姐山水实景,晚上观赏场面恢宏、气势磅礴的《印象·刘三姐》实景演出,体验不同的民俗文化,改变了中国传统的白天看景、晚上睡觉的旅游管理方式。现在的《印象·刘三姐》还推出春、夏、秋、冬四季以及雨天、晴天等方式不同的版本,而针对漓江水流、水位的变化,也采用了一些相应的调整管理措施,使得《印象·刘三姐》除了恶劣天气外都能够进行全天候的演出,淡化了中国旅游的淡旺季概念。

1.《印象·刘三姐》的演出内容

目前演出的剧目包括《序·山水传说》《红色印象·山歌》《绿色印象·家园》《蓝色印象·情歌》《金色印象·渔火》《银色印象·盛典》《尾声·天地唱颂》7个剧目。以下是梅帅元的《印象·刘三姐》剧本。

序:山水传说

观众进场时,天已经全黑,隐约可见一面白帆,耸立在观众席前方水域。辽阔的江面上,偶然闪动几点渔火,传来几声渔歌,营造着宁静的氛围。

音乐渐起,回响在深远的夜空。

水中的白帆上,出现了黑白电影,山、水、竹林、小船、渔夫……

白帆开始向水中漂移,音乐渐渐强烈……

突然间,十二座彩色山峰在背景里亮起来,构成方圆两公里的巨幅画面。

白帆载着黑白电影驶入五彩的群山。

"唱山歌"的音乐主题及歌唱由山水间飘来。白帆与电影随歌声落下,水中现出一幅画框,传说中的刘三姐形象出现在画中。

田家河里飞出一只小竹排,上边立着阿牛哥,他奋力向画中的刘三姐划来。

竹排与画的"双人舞"。

山光与水色的"二重唱"。

它们歌唱着,舞蹈着,消失在山水之间。

印象之一:白色·仙境

书童山小舞台。

一束定点光照出一位白纱女子飘逸的舞蹈,恍若梦境。

仙境般的音乐中,舞台前区灯亮,一片水雾升起。20位白衣女子飘然而至。

白衣女子沐浴之舞,闪烁于波光中。

众女子烘托出"漓江女儿"裸浴的场面。

---

① 文化和旅游部.文化和旅游部举行第十届全国杂技展演新闻发布会[EB/OL].[2019-07-10]. http://www.scio.gov.cn/xwfbh/gbwxwfbh/xwfbh/whb/Document/1659169/1659169.htm.

山、水、人,构成"天人合一"的印象。

灯暗。小岛散开,消失在黑暗中。

印象之二:红色·山歌

音乐突然从天上回到人间,热烈而浓郁。黑暗中无数的火把和竹排吆喝着由右岸朝水中浮岛划来。

浮岛上正放着电影《刘三姐》对歌片断。

渔民们举着火把上浮岛,拥挤着观看电影。

观众席前的小舞台灯亮,出现男女两组对歌场面。

音乐由电影中变成现场对歌,电影与渔民们成了现场对歌的衬景。

江中,一条象征爱情的红绸被拉起来,一男一女牵着红绸两端渐渐靠近,缠在了一起。

歌声中止,无数的绣球由小舞台上飞向观众。

灯暗。

惊天动地的鼓声。

强烈的灯光在鼓声中再次亮起,渔民们已下到水中,拉动埋伏于水中的红绸。无数的红绸从水中升起,飞过江面,起伏交错,纠缠不清。

火一样的爱情覆盖江面。

场景转换。天空中,探照灯束的爱情之舞。

印象之三:绿色·家园

书童山下。暮色黄昏。

清脆的牛铃声在暮色里响起。

晚归的农夫赶着牛群穿过树林。

有船开来,满载而归。村妇们挑着竹筐走向归船。

戏水的村童光着屁股跳入江中。

一组渔夫唱着调子走过台口,肩上竹竿上挑着鱼鹰。

另一组打鱼人出现在水中,赶着鱼鹰们捉鱼。

归船升起炊烟。

炊烟、渔火、牧歌,构成我们美丽家园的印象。

印象之四:蓝色·岁月

夜色,江水深蓝。

竹林、木楼、月亮,在歌唱中来到我们面前。

一位老渔妇在小船上织着网,织着织着,江上升起无数的小白网。

织着织着,网又化成了一江渔火,闪烁在岁月的尽头。

这一幕像是老渔妇的回忆,虚幻而缥缈。

当"连就连"的歌唱响起时,老渔妇转过身去,留给观众一个苍凉的背影。从她身后转出一对天真的孩子,他们在小船上过家家玩。

一只只小白船向他们游来。

歌声,浪漫而纯真。

渔火,灿烂又苍凉。

印象之五:银色·盛典

清脆的鼓点与银器的晃动声。

观众席前小舞台灯亮。一队身着银落盛装的女子摇晃着银饰走过。

书童山下出现另一队银落女子。

更多的银落女子出现在江中漂来的浮排上。

当银落姑娘布满江面时,她们身上的灯饰开启了。

水中的银色灯舞,明灭闪烁,变幻莫测。

银灯之舞至高潮时,水中大浮岛突然分离,载着众银落女子向观众席漂移过来。

银落姑娘以民族大礼的方式向观众致意。

"多谢了"音乐以交响合唱方式出现。

几个巨大的灯排由田家河驶出,占满江面,构成美丽的图案。

渔火重现。

天空中突然飘起了无数的小天灯,占满观众的视野,把演出推向高潮。

尾声:多谢了

满江华彩中,载着刘三姐的白色画框由远而来。

小竹排上兴起了无数小画框。

音乐重现"唱山歌"的音乐主题,委婉动人。

那片美丽的白帆升了起来,画中的刘三姐回到了电影中。

渔夫们、银落姑娘簇拥着电影行进,来到观众面前。

电影内容变成演出的回顾,总导演、制作人、排练的场面一一再现。

银幕上出现主创人员名单。

演出结束。

2.《印象·刘三姐》的特色

《印象·刘三姐》山水实景剧场位于广西桂林阳朔县书童山下,电影《刘三姐》拍摄时曾在这里取景。该剧场实际上是漓江和田家河交界处一片开阔的江面,面积165.4平方千米。两条水系交汇的地方有半岛延伸至水面,沿江12座山峰与半岛隔江相望。于是,开阔的江面作为舞台,12座山峰构成背景,半岛梯田形布局作为观众席,形成了山水组合的天然剧场,如图3-2所示。

1) 真正意义上的实景演出

《印象·刘三姐》包含最自然的山、最美的水、最真的实景。《印象·刘三姐》是在天然非人造的实景下进行演出的,是真正意义上的实景演出。《印象·刘三姐》山水剧场坐落于阳朔县城漓江与田家河交汇处,与闻名遐迩的书童山隔河相望。方圆1654平方千米的书童山段漓江水域是其演出的舞台,一望无际的天穹形成了舞台的天然幕布,周围拔地而起的12座笔直的山峰构成了舞台的背景图画。

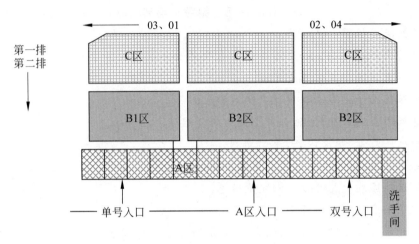

图 3-2 《印象·刘三姐》演出观众席总布局

2)饱含张艺谋商业电影制作风格

张艺谋 2002 年后转型执导的商业片无论是《英雄》《十面埋伏》还是《满城尽带黄金甲》《金陵十三钗》,无一不是超大规模的投资,超庞大的演出阵容,而《印象·刘三姐》似乎也继承了他的这种制作风格。2004 年 3 月 20 日《印象·刘三姐》成功首演,其投资额为 7000 万元,演出人员达 600 多名,当时阳朔县全年的旅游总收入是 4.06 亿元,《印象·刘三姐》的投资额几乎占到了阳朔县全年旅游总收入的 1/6。

3)根植于地方文化

山、水、船夫、渔船、鸬鹚、渔网、渔火、山歌、侗族女童、着盛装的各族少女等元素贯穿于《印象·刘三姐》演出的始终。而山、水元素则是对桂林千年山水文化最本色的表现,以最自然的山、最美的水,毫无修饰地展现在观众面前;船夫、渔船、鸬鹚、渔网、渔火等元素鲜活地再现了漓江上的船家文化,船家人生活、劳作的场景在演出中被一一展现;山歌,是对广西海歌文化最直白的表现;侗族女童、着盛装的各族少女则根植于广西特有的多民族文化,通过服饰、多声部合唱等展现广西民族文化的多彩。

3.《印象·刘三姐》的成功运作

1)得天独厚的旅游业基础

《印象·刘三姐》所在的桂林市旅游发展较早,当实景演艺产品面向观众时,在旅游基础与旅游服务设施等方面已具备相当的规模。作为国务院批准的 24 个对外开放的旅游城市中的一员,早在 1973 年桂林就成为中国旅游开发的"探路者",经过 30 多年的发展,在《印象·刘三姐》公演的 2004 年,桂林市已有星级酒店宾馆 40 多家,客房 10000 多间。桂林的旅游资源禀赋更是无与伦比,无论是历史文化底蕴还是自然景观,都有其独特以及稀缺的地方。1982 年,桂林被确立为国家历史文化名城,三年之后的"全国十大风景名胜评比"活动中,桂林山水位列第二,当时位列第一的是万里长城;1986 年桂林又被列为"七五"

期间全国重点建设的 7 个旅游城市之一。当实景演艺产品与观众见面时,桂林处于旅游地生命周期的发展阶段,在大量广告以及旅游者的宣传下,形成了成熟的旅游市场,外来投资增加,现代化旅游设施大量出现,旅游地经济结构发生根本性变化。

2) 文化创意产业发展的政策支持

1998 年,新任广西文化厅厅长容小宁一上任便提出了做文化产业的思路。容厅长做文化产业思路的提出,使当时已经在广西文艺界赫赫有名的梅帅元萌生了将桂林山水做成文化产业的想法,产生了将漓江风光与刘三姐的美丽传说创排成一个实景剧的初步构想。于是他立即写了一个项目建议书上交到区文化厅,很快便得到了厅里与计委的回复,批复项目可立项。同年,广西文化厅专门成立了广西文华艺术有限责任公司负责项目的筹备工作,明确由梅帅元运作,项目暂定名《漓江第二景》(实景演出《印象·刘三姐》的前身),自此《印象·刘三姐》走上了长达五年的创作之路。

3) 多元的创新性投资模式

《印象·刘三姐》对应项目采用的是多种资本参与的投资模式,总投资额在 7000 万元左右,而创作之初政府只投入了 20 万元的启动经费,资金缺口非常大,只能向社会融资,2001 年私人投资人黄守新向项目注入 630 万元资金,同年又吸收由广西维尼纶集团公司投资的 3000 万元资金,2003 年当地农业银行又向项目投入 2000 万元,自此就形成了有民营企业投资、有个人投资、有国有企业投资的多种资本投资方式。

4) 公司市场化运营

采用公司制运作是现代企业发展的趋势,也是经济快速发展的需要。公司制运作将会带来多样的经营手段、合理的人员安排、利润及人员效率的最大化。而成熟的市场化运营将会产生良好的投资机制、精细的管理运作、有效的营销机制、出色的市场推广和求变的创新理念。公司市场化运营模式将会使旅游演艺产品在策划、设计、投资、管理、运作、营销、市场推广、创新上有更多的选择。这样对于旅游演艺产品规避风险及取得成功有着积极的作用。

《印象·刘三姐》对应项目采用的是公司化运营的组织机制,桂林广维文华旅游文化产业有限公司负责着《印象·刘三姐》的运营。在公司的内部组织机制上也都采用的是总经理负责制,总经理负责着企业的日常经营管理工作,副总经理协助总经理分管剧场、人员调配等工作。副总经理下设营销总监一职,主要工作是项目的宣传营销与市场的开拓。营销总监又下设行政人事部、财务部、剧场管理部、营销部、采购部、艺术团六大部门,主要负责人员的任免与调动;演出的预算与收入的结算;舞台、灯光、音响设备的管理;项目的市场调研、广告促销、营销行政;演出所需人员、服装、道具的配备;项目的排演等工作。均衡的运营管理框架,使企业内部分工得以协调,如图 3-3 所示。

文化是民族的重要特征,是民族生命力、凝聚力和创造力的重要源泉。文化创意旅游商品为何能够被轻易仿制,泛滥于各景区景点,民俗主题公园为何往往只在经历短暂辉煌后,就变得门可罗雀,最后"关门大吉",究其根本都是缺乏民族地域文化精髓。《印象·刘三姐》与《印象·丽江》的成功与其自身融合地域文化不无关系,其他的演出可以复制它们的创作方法、运营模式,但永远不能复制其所表现的地域文化以及凸显的文化灵魂。

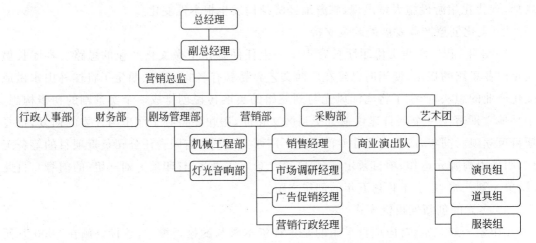

图 3-3 《印象·刘三姐》与《印象·丽江》公司内部运营结构①

思考与讨论:
(1)《印象·刘三姐》大型实景演艺旅游产品开发给我们哪些启示?
(2)请利用网络资源搜集大型实景演艺旅游产品《印象·丽江》的相关资料,并与《印象·刘三姐》进行对比,说明两者有何异同。
(3)结合本案例谈谈如何推进文化创意产业项目的成功运作。
(4)结合案例,谈谈文化创意产业与地方民俗旅游业协同发展的必要性及路径。

---

① 张顺行.我国大型山水实景演出运营分析[D].济南:山东艺术学院,2012:13.

第四章 文化创意产业集群

> 集群是特定产业中互有联系的公司或机构聚集在特定地理位置的一种现象。
> ——[美]迈克尔·波特

第一节 文化创意产业集群概述

全球已形成文化创意产业蓬勃发展的总体态势,如何才能推动文化创意产业的快速发展,从国内外的实践探索来看,集群化是文化创意产业快速发展的途径之一,创意产业需要企业间的地理集聚和相互作用;文化创意产业集群是一个具有长期性、复杂性的,由低级向高级发展的过程。细致研究文化创意产业集群,有利于指导我国文化创意产业的健康和可持续发展。

1. 文化创意产业集群的内涵

关于"集群"的标准概念,应该说来自哈佛大学商学院著名学者迈克尔·波特(Michael Porter),他将集群定义为同类和相关公司与机构集聚在一个特定地理空间。判断集群有两个标准,除了地理临近性外,还特别强调集群或园区内部的机构、公司和个人之间的相互关联性。也就是说,集聚在一起的艺术家、创意人才或文化公司,如果没有什么交易性或非交易性的关系,也不是真正意义上的集群。只有同时满足上述两个标准的集群,才能产生所谓的集群效应,如很强的创新能力、很高的生产率、明显的知识溢出等。[1]

文化创意产业集群是产业集群中新产生的一类具体形态,是指相互关联的创意企业、创意工作者与相关机构在具有一定的文化地理空间(主要包括高校、文化遗址地、艺术场所以及新规划的文化发展区域等)内,形成相对集中的区域集合体。[2] 考察发达国家和地区的经验可知,走集群化道路是文化创意产业快速发展的必然选择,因为创意产业需要集体的互动和企业的集群的地理环境。文化企业、非营利机构和个体艺术家集聚和互动,形成独特的集群的环境。[3]

产业集群化发展是产业内外部组织的更高形式,通过集聚集群模式,有效实现资源共享和降低交易成本,从而创造更多有效的供需市场,实现整体产业水平与竞争力的提升。文化创意产业集群与其他产业组织形式相比,表现出明显的群体竞争优势和集聚发展所带来的规模化效益,它的崛起是创意产业发展的必然趋势。从文化内容的创造和创意价值的

---

[1] 李蕾蕾. 文化创意产业集群的概念误区与研究趋势[J]. 深圳大学学报(人文社会科学版),2009(4):66.
[2] 张京成,李岱松,刘利永. 文化创意产业集群发展理论与实践[M]. 北京:科学出版社,2011:56.
[3] 胡小红. 文化创意产业发展规律及集群态势之启示[J]. 经济研究导刊,2012(6):189.

实现来讲,文化创意产业集聚区是一种特殊的文化生态环境,是环境、生产、文化和创意的集聚,是激发并实现创新、创造和创意的场所。[1]

一个较为完善的文化创意产业集群应包括以下要素,如图 4-1 所示:创意龙头企业、政府行业部门、资源投入商(即上游企业)、产品(包括衍生品)、销售商(即下游企业)和各类配套组织机构。从图中可以看出,产业集群已包括构建文化创意产业链所需的几乎所有条件:政府实行行业倾斜政策,龙头企业拥有较强的资源整合能力,数量众多的产业内上下游企业在同一区域集聚,以及各类辅助组织机构提供市场决策支持。从这个意义上说,创意产业集群有利于构建完整的产业链。[2]

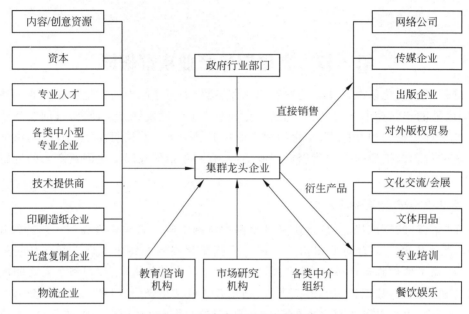

图 4-1 创意产业集群内部结构

2. 文化创意产业集群的特点

文化创意产业集群在区位选择、创作过程、创意产品、环境支撑四个方面有着共同的表现特征,而又催生出不同的集群特点。

1) 集群发展具有区位性、根植性

传统制造业集群主要考虑的是原材料、低成本劳动力资本的易获取性,一般靠近两三个大企业或其他群体而集聚于城市郊区。服务业集群的形成高度依赖于城市经济发展所缔造的经济基础、社会结构、产业网络、人才积聚等基础条件,对全球市场的依赖更大,一般集聚于大都市的 CBD。文化创意产业则可以摆脱传统的对地理区位的依赖,更多地考虑适宜创意阶层生活的"宜居"因素;同时集群所在区域要具备工作、生活和旅游休闲相结合的区位条件,为创意人群提供一个宽松愉悦的工作环境。此外,作为现代文化产业的高端产

---

[1] 曾珊. 文化创意产业集群化发展对策研究[J]. 科技进步与对策,2012(15):71.
[2] 刘寿先. 集群创新:创意产业集群的理论探索[M]. 北京:经济科学出版社,2015:19.

业，文化创意产业集群的形成与区域性人文环境有密切的关联性，历史传承和人文环境氛围为文化创意产业的集聚奠定了社会环境基础。文化创意企业集群的形成必须立足于本区域独特的文化积淀和氛围，并对其进行创造性开发和利用。也正因为如此，文化创意企业集群具有鲜明的地域特征。浓郁的艺术氛围、开放的文化元素、多元的城市文化气质及宽容的城市文化态度，对于创意灵感的迸发具有重要意义，是创意企业繁荣发展的基础。在充分的市场经济条件下，浓郁的城市文化氛围和创意环境会主动与市场相结合，促成文化创意产业集群的形成与发展。

2）集群生产具有关联性、科技性

创意产品的消费带有极强的主观性色彩，目标消费者的满意度是一个主观的问题，因此，创意工作者非常注重与目标消费者的交流和沟通。另外，文化创意产业中的产品往往不是一个具体的物质产品，而是一系列的活动过程，大都具有同步性、不可分割性和不可储存性，因此创意产品的生产和消费往往是同步发生、同时进行的，并且在此过程中创意产品的消费者直接参与，与生产者发生关联，具有很强的关联性。此外，作为一种全新的经济形态，文化创意产业本身就包含着丰富的智力和科技内涵。在一定意义上，科技已经成为主导文化创意产业发展的关键因素。一个新的创意必须通过某一种具体的形式表现出来，让人们听到、看到，这就需要有相应的技术支持，如提供计算机技术支持的公司、广告公司、制作绘画和喷图的公司等。科学技术的进步使人类的消费领域，尤其是精神文化消费领域得到了极大的拓展，同时也使文化的生产、传播、流通发生了深刻的变革。

3）集群创造具有创新性、风险性

文化创意产品的创造开发是创造性的生产活动，是一种特殊的知识产品的生产活动。就文化创意产品而言，它的创造与开发更需付出大量时间、精力、财力和创造者的知识、能力积累。另外，相对物质产品，文化创意产品及其创造过程具有"难开发、易复制"的特点，这使得文化创意产品的创造活动带有更大的风险性。因此，只有通过完善的知识产权制度，确认和切实保护文化产品组织者和创造者对于智力成果的合法权益，创造健康、稳定、竞争、有序的外部市场环境，文化创意产业才能得以维持并不断地发展壮大。良好的法制环境，尤其是知识产权保护法律法规的健全是对产品的原创性的承认和保护，是尊重和承认个人创造力的价值，鼓励创新，促进文化创意产业快速发展的关键，也是文化创意企业集群发展的重要保障，是发展文化创意企业集群不可或缺的平台。

创意产品的生产创作带有明显的随意性和松散性特征，具有明显的个性化、分散化作业方式的"后工业化"特点。同时，创意的本质为创新，创新就必然会面临各种各样的风险，尤其是创意要得到目标消费者在主观思想和情感上的认同和共鸣，而消费者地域和审美标准等的不同，使得创意本身就成为一种巨大的风险，这就要求必须根据文化创意产业的自身特点和内在规律，为其发展营造宽松民主、包容失败、支持探索的社会氛围和环境，以宽松、人性化的外部环境来促进创意工作者自由思维，从而激发其创意，以促进文化创意企业集群的发展。作为CBD，由于形成路径不同，区域环境不同，其文化创意集群类型会有不同。而每种类型又决定着集群发展的方式不同，受经济环境、市场环境影响程度不同。垂直关联型集群的发展主要取决于CBD核心企业的存在和发展。众多企业以产业链为纽带形成配套企业集群，其企业集群表现的根植性也比较强。水平关联型集群往往是由CBD

的商业集聚所引发和演进而成。企业之间业务关联度比较低,集群企业之间往往是竞争关系。因此,集群所显示的特点为创新性、风险性较强,而关联性、根植性较弱。当市场环境发生变化时,CBD企业集群就会出现变化和外迁。因此,研究CBD文化创意产业集群对CBD产业发展是很有意义的。

结合文化创意产业的特征我们可以从几个方面总结文化创意产业集群与传统产业集群的差异,具体如表4-1所示。

表4-1 创意产业集群与传统产业集群的对比

类别	创意产业集群	传统产业集群
集群核心	创意行为	一般创新行为
传播途径	以隐性知识为传播途径	以显性知识为传播途径
集群内容	生产经营企业、非营利性文化机构	以营利性企业为主
联结方式	文化、科技的传播与渗透	产品价值体现
集群特点	多样性、变化性	程序性、标准化
形成模式	人才吸引企业	企业吸引人才
区位选择	与城区不即不离	在城区之中

3. 文化创意产业集群的竞争优势

文化创意产业集群的竞争优势主要体现在以下几点。[①]

1)降低交易成本,提高生产效率

在产业集群内,由于各种相关企业相互集中在一起,空间上非常接近,这无形中就降低了原料和产品的运输成本,节约了生产时间,而当产品生产出来之后,又可以迅速地销售出去,这又能减少能源和原料消耗,减少库存量,从而也就进一步降低了生产成本。同时,由于相关企业在空间上的接近及长期合作,使得企业之间建立了相互信任的关系,在合作上也比较顺利和通畅,这实际上也就降低了企业之间的合作成本,尤其是合同谈判和执行成本。此外产业聚居区内完善的配套措施,也在很大程度上减少或减弱了很多外部因素对企业的影响。企业成本减低,无疑也就提高了企业的生产效率,从而也能创造更多的财富。

2)增强企业的竞争力,促进企业创新力

在产业集群内,各种竞争对手相互集中在一起,可以说是面对面的竞争,这就形成了一种独特的竞争环境,无形中加剧了企业间的竞争程度。竞争的加剧又刺激企业想要赢得竞争,就必须不断创新,否则就有可能被淘汰出产业集群。当然,产业集群内丰富的信息来源,也使得集群成员能够获得其实施快速创新所需要的资源。

3)降低进出风险,促进新成员的发展

在集群内部,由于具备资产、技术、投资商和人力资源等生产要素,且它们可以被方

---

① 丁俊杰,李怀亮,闫玉刚.创意学概论[M].北京:首都经济贸易大学出版社,2011:133-134.

便地纳入新企业的创业中,这也就使新企业进入的障碍较小。另外,集群往往能够给新成员提供一个巨大的市场,新成员可以相对方便地从集群已建立的关系网中开拓业务并获益。所有这些因素都降低了新企业的进入风险。同样,如果企业经营不成功,退出障碍也不大,这样就使集群的竞争优势增强了,会吸引更多的企业加入进来使集群不断向前发展。

4) 形成区域品牌

由于产业领域比较集中,各产业集群所生产的一些主要产品,一般都在全国甚至世界市场上具有较强的竞争力,占有较高的市场份额,享有相当的知名度。如海尔集团制造的冰箱,华为生产的手机产品,格力电器生产的空调等,都在国内或世界上具有较好的声誉。随着产品集群的成功,集群所依托的产业和产品不断走向世界,自然就形成了一种世界性的区域品牌。区域品牌与单个企业品牌相比,更加形象、直接,是众多企业品牌精华的浓缩和提炼,更具有广泛的、持续的品牌效应,它是一种珍贵的无形资产。这种区域品牌是由企业共同的生产区位产生的,一旦形成之后,就可以为区内的所有企业所享受,形成区域品牌效应,这种区域品牌效应不仅有利于企业对外交往,开拓国内外市场,确定合适对象的销售价格,也有利于提升整个区域的形象,为招商引资和未来发展创造有利条件。

第二节 文化创意产业集群发展分析

1. 文化创意产业集群发展阶段分析

同产品和企业具有产生、发展、衰落的生命周期过程一样,集群也具有成长周期性,即集群生命周期(cluster life cycle)。毛磊认为产业集群的生命周期是以集群内企业和机构的数量和质量为标志,以集群的形成期、成长期、成熟期、衰退期的全过程为具体表现形式。①

1) 集群形成阶段

文化创意产业集群的萌芽通常源于当地传统产业的衰败、历史悠久的文化传统、优良的自然资源环境以及较好的产业配套优势等多因素的积累。在文化创意产业集群的形成阶段,通常是由一些规模较小且雇用人员较少的文化创意企业组成,这些创意企业在规模、技术和人才等方面的异质性使得企业之间难以进行知识、创意等有用信息的交流,群内企业还没有建立完善的合作网络,即企业之间的网络联结度很低,因而企业知识的溢出和传播就无法产生,从而企业的知识获取路径仅靠企业自身的积累,集群内的集体学习机制缺失,组织学习能力较弱,创意产业集群内也缺乏科技中介组织等知识信息中心,以至于集群的整体创新能力不强。创意企业间缺少互信,从而在产品的研发、创新过程中更多地表现为相互竞争,而不是相互合作,而此时集群发展的外部环境还不完善,良好的制度政策效应还未显现,这使得企业行为更加竞争无序,该集群内企业间的竞争大于合作。该阶段集群的低交易成本、集体创新、知识溢出等优势也并不明显,集群内外边界还不是很清晰,因此

---

① 毛磊.基于生命周期理论的文化创意产业集群演化分析[J].科技管理研究,2010(20):175.

从严格意义上说这还不能称为一个完整的产业集群。该阶段集群的演化会出现两个结果：一是由于政府的扶持政策不能到位和企业间合作关系难以建立，集群效应无法显现，立足未稳的企业将会迁离该集群或是倒闭，从而使还未成形的集群快速衰亡；二是由于政府对集群有效的引导和扶持措施使得集群进入快速成长期。

2）集群成长阶段

文化创意产业集群成长阶段是以文化创意企业从业人员数量有较快增长和创意企业的不断涌现为特征。随着政府对集群扶持政策的实施，企业发展环境不断得以完善，集群原有的文化创意企业得以快速发展，其又能吸引更多同类企业迁入集群，在这个过程中，企业之间互信不断加深，相互交流与合作不断增加，企业知识的溢出和传播得以实现，群内企业获取知识的路径得以拓宽，根植于当地的知识网络开始形成，集群内的集体学习机制初步建立，集群学习能力逐渐增强，集群整体创新能力逐步提升。集群内的文化创意从业人员凭借其拥有的社会关系网络，吸引着更多的创意人才加入集群，这些人员作为知识和创意的载体，又将集群外的知识、信息带入集群，从而使得集群内外知识的交融萌生出更多的创新思维，以至于集群内新知识和创意不断得以涌现、新创意企业不断衍生。伴随着集群的快速成长，为集群内创意企业提供各种服务的中介组织也开始集聚于集群内，此时包含着各类文化创意企业、各类中介服务组织、非政府机构以及政府管理机构的集群创新体系建立起来。由于集群内集聚着越来越多的文化创意企业和服务机构，群内充满着更多文化创意产业发展的核心重要信息，随着这些信息在集群内的流动，集群的生产效率不断提升，集群整体的市场竞争力不断增强，此时集群的边界也更加明晰，集群的低成本优势、知识溢出和集体学习与创新的优势也得以实现，集群核心能力得以迅速提升。

3）集群成熟阶段

文化创意产业集群在经历了快速成长阶段后，会逐步放慢增长速度，进入了一个相对比较稳定的发展时期，一般称为集群成熟阶段或是集群发展的稳定期。集群成熟阶段是其快速成长阶段的延伸，而在成长阶段逐步建立起来的各类配套基础设施以及群内集聚的大量创意人才和企业，为集群在成熟阶段进行知识创新奠定了坚实的基础。群内各企业已建立良好的互信与合作关系，植根于当地的生产协作网络实现了良性循环。企业之间、企业与中介组织之间的信息和资源能得以迅速流动，群内企业间的网络联结度和配套度保持在一个较高的水平，企业知识的溢出和传播机制不断完善，群内企业获取知识的路径得以进一步拓宽，集群内所建立的集体学习机制已成为企业获得知识和新思维的重要方式，集群此时拥有较高的学习创新能力，整个集群各类组织机构已构建成一个网络状的生态结构，形成了一种具有复杂性的创新网络，至此文化创意产业集群步入相对稳定发展的成熟期。该阶段集群的演化将可能会出现两个方向：一是集群以及集群产品信誉度迅速提高，品牌作用显现，集群成员参与国际市场竞争并占有领先的市场份额，产业集群核心能力和市场竞争力进一步巩固，企业保持着较强的创新能力，集群成熟阶段继续得以延续；二是集群内成员企业更多地依赖与群内其他企业之间所建立的良好合作关系，以此维护自身在集群中的有利位置，较少关注企业新的发展机会，从而使企业的创新意识淡化，竞争压力逐渐丧失，逐步产生了"路径依赖"，尽管该时期集群仍然有较为平缓的增长，但创新能力的不断减弱使得集群增长乏力,以致缓慢走向衰落。

4) 集群衰退阶段

文化创意产业集群经过较长一段时间的发展会出现以下问题:群内各类组织的增加使得创意企业的生产成本大幅上涨;由于群内市场拥挤和竞争使得生产协作网络的维护成本不断增加;企业创新能力减弱后导致的惰性和僵化现象即路径锁定,这些问题累积成集群增长的巨大阻力,促使集群走向衰退。在集群衰退阶段,由于一些企业的迁移或是破产,导致集群创新网络中节点数目减少,从而企业创新产品的机会也相应降低,企业对内部创新路径的依赖导致其创新能力进一步降低,这反过来又使得集群对外部资源的吸引力逐渐减弱,对集群外部创新资源利用程度降低,集群科技创新资源总量开始减少。同其他阶段相比,该阶段集群企业的创新活力明显降低,创新意识减弱,企业对创新活动的重视程度和投入降低,集群内部的知识溢出,知识共享和知识创新减少,集群的学习能力降低,出现衰退现象。①

2. 文化创意产业集群发展要素分析

目标市场是经济组织得以存在与发展的前提和开展活动的原动力。对于产业集群来说,其所辖企业都是因为适应、满足创造特性需求而存在,因此,一个大致统一的终端市场是其吸引关联企业和机构进行空间集聚并分工合作的基本凝聚力。在共同目标的基础上,创意产业集群化发展需要借助以下要素。②

1) 核心要素

创意是源于个人和团队的创造力和技能,受知识产权保护,具有独特性、原创性和效用性的创新活动,这一创新活动随着市场需求的不断扩大和企业间分工互动更加活跃,呈产业化、集群化发展趋势,推动这种趋势的演进则需要四个核心要素。

(1) 创意萌生。创意的萌生是创意发展为产业的前提。创意变成产业大体可以通过两种方式:一是直接把萌生的新创意通过一些条件推进成为产业;二是将已有的产品赋予文化创意内涵来增值。

(2) 科技发展。任何一种创意活动,都要在一定的文化背景下进行,但创意绝对不是对传统文化的简单复制,而是依靠人的灵感和想象力,借助科技对传统文化资源的再提升。③ 科技创新对文化创意产业发展发挥着关键作用。

从企业自身角度来看,文化创意产业是一个高度依赖科学技术的产业。企业的技术水平越高,则企业的产品越有竞争力,相应地,企业也更愿意增加投资进而获得更多的收益。若企业缺乏相应技术水平的支持,企业的投资活动将无法展开。另外,企业技术水平的状况也影响了企业能否享受到集群中技术扩散所带来的收益,若本企业的技术水平太低,与集群中其他企业的技术差距较大,则会影响企业对技术扩散结果的消化与吸收,使企业享受不到技术扩散带来的益处,进而影响企业的投资策略。

---

① 王宏起,王雪原. 基于高新技术产业集群生命周期的科技计划支持策略[J]. 科研管理,2008(3):67-68.
② 徐谷波. 创意产业集群化发展的要素分析及政策建议[J]. 宿州学院学报,2013(6):8.
③ 顾乃华,陈丰哲. 文化创意产业与城市服务业竞争力:基于全球城市数据的实证研究[J]. 宁夏社会科学,2011(1):39.

(3) 商业模式。创意产业提供的是以创意为核心的商品和劳务,它的主导要素中,智能、知识、创新、文化等至关重要,创意产业在资源转换模式、价值提升模式、结构优化模式、市场扩张模式方面都明显区别于传统产业。

(4) 生产要素。产业的发展通常表现出对本地资源即各种生产要素的需求,生产要素如人工、耕地、天然资源、基础设施等是任何一个产业最上游的竞争条件。文化创意产业发展的生产要素包括以下两个方面。

① 文化创意产业中的文化资源,可以被看作一种文化资本形态。从经济学意义上,澳大利亚经济学家戴维·思罗斯比根据文化价值和经济价值之间的关系,给出了经济意义上的"文化资本"定义:"文化资本是以财富的形式具体表现出来的文化价值的积累。""有形的文化资本的积累存在于被赋予了文化意义(通常称为'文化遗产')的建筑、遗址、艺术品和诸如油画、雕塑及其他以私人物品形式而存在的人工制品之中。""无形的文化资本包括一系列与既定人群相符的思想、实践、信念、传统和价值。"

从这个意义上讲,人类所习得的能够为其未来带来收益的特定的价值观体系就是文化资本。如有形文化资本中文化遗产的建筑形式在文化上是有意义的,当消费群体为了了解某个文化遗产的文化内涵而愿意付出远远高于建筑修建年代本身所设定的价值,那么它的文化资本就来源于其外观和文化内容的经济价值。文化资本是文化创意产业集群发展的强大驱动轮,在文化创意产业集群发展过程中,文化资本的运作能够产生巨大的经济效益并推动文化创意产业集群的良性发展,真正的文化创意产业集群增长不仅仅取决于财、物资本,更取决于文化资本。文化资本在整个文化创意产业资本构成中的权重将呈现出日趋加大的态势。

② 人力资源。所有的文化资源(文化资本)都与人有着非常重要的联系,人运用文化资本的范围和广度将决定这个产业发展的速度和规模。而文化创意产业集群发展的一个主要目的就是扩大产业分工的范围,形成区域内部产业资源的再布局,从而克服以往在一座城市范围内企业难以形成产业链、难以做大等问题。

因此,在文化创意产业集群形成和发展过程中,人才流动与开发和产业布局之间的关系非常重要:一方面,文化创意产业发展特别是在其高度发展的时候需要大量的高层次人才和一般人员与之配套;另一方面,文化创意人才流动与开发具有弹性、自我选择性、滞后性,对文化创意产业布局是否合理起着厚积薄发的作用。①

2) 支撑要素

创意产业集群的支撑要素主要包括政府、创意企业、创意阶层、传媒网络和研究机构等,并分属于不同的产业关联环节,在一个成熟的产业集群中相互影响、相互作用,使之成为一个有机整体。

(1) 政府支持。创意产业集群区别于高技术园区,包含创意个体的工作环境和生活环境,是由非营利企业、文化机构、艺术场所、媒体中心和生活着不同类型艺术家的集群组成。如此广泛的内容需要政府的积极参与和协调,政府在推动创意产业集群化发展上一般有以下作用:一是在政策层面上,政府立足区域经济发展,推出具有本土针对性和可操作性的

---

① 宋建伟. 影响文化创意产业集群规模的因素研究[J]. 中共济南市委党校学报,2010(2):26.

政策措施，引导和促动创意产业集聚区发展；二是在发展模式上，探索形成创意产业聚集区的发展路径，例如，将创意产业集聚区的发展与发掘保护历史建筑相结合；三是在推进机制上，努力形成一种政府政策引导、市场规范运作、配套服务跟进的整体联动运行机制。

（2）创意企业。企业是创意产业集群中最重要的活动主体，在生产力极大发展以后，经济活动中的创意因素成为主导因素，经济发展的动力和企业价值创造的驱动因素也随之发生改变，人力资本、创意资本和文化资本等无形资产成为企业创造价值的主要驱动力，由此产生了创意企业。创意企业生产和提供的主要是创意产品，创意产品的生产和营销过程都有其特有的规律。

（3）创意阶层。就创意企业而言，企业核心竞争力产生的关键在于创意的萌生。创意的产生来自个人的思想与社会文化状况之间的互动，知识管理学理论证明，知识的交流才能生产新的创意。集群恰恰为从事创意工作的人提供了这样一个交流、碰撞的"场"。[①] 创意产业的发展给创意阶层带来了机遇，创意阶层参与和推动创意产业发展的自发性，在这个过程中，他们实现了精神和物质两个层面的提升。

（4）传媒网络。创意产品具有的创意性是个性化的，带有浓厚的"小众"色彩，而信息化无所不在的触角可以把"小众"的产品带到无数终端，使其大众化，从而拉动创意产业发展。[②] 传媒网络正逐步成为创意产业信息交流的中枢，几乎所有创意产业的推介活动都离不开传媒网络参与。信息化使创意产业加大了地缘优势，创意产业及所包含的诸多产业构成了一个高相关度的产业族群，它塑造"注意力"的优势，通过传媒网络行业的产业链扩张发展了创意产业。[③]

（5）研究机构。创意产业的发展需要文化创意的碰撞、科学方法的推动、高新技术的支撑和数字文化的融会，为了满足这一要求，国内一些高校和科研院所纷纷成立了创意产业研究机构。创意产业的持续发展需要依托高校、科研院所的人才智力优势，目前，很多研究机构已专门组建了从事创意及相关研究活动的部门和单位。

3）保障要素

创意产业集聚的保障要素主要包括创意产业的空间集聚、产业关联以及资源共享，这些将创意产业集群的相关要素整合在一起，使创意企业产品的生产、分销和利用实现最优化。

（1）空间集聚。创意产业的国际空间布局总体上体现出明显的区位特征，即创意产业集聚区与大城市不即不离，表现为既在中心城市，又不在城市中心。[④] 大型公司依据自身的战略定位将非核心业务外发出去，承担这些业务的中小企业集聚周边，形成一条有核心的产业价值链。

（2）产业关联。创意产业集聚体现为创意企业与人才、资金、项目、交易及消费等产业

---

① 厉无畏，王慧敏．创意产业新论[M]．上海：东方出版中心，2008：119．
② 张京成，刘光宇．创意产业的特点及两种存在方式[J]．北京社会科学，2007(4)：3．
③ 戴钰．文化创意产业空间集聚研究：以湖南地区为例[D]．武汉：武汉理工大学，2012：15．
④ 罗娟．西安市创意产业及其集聚发展研究——以西安曲江新区为例[D]．西安：西安建筑科技大学，2010：17-24．

和市场要素在一个区域里的相对集聚。① 集聚首先是核心企业和核心要素的汇集,随后是关联业务企业和支撑要素的聚集,然后带动整个产业集群的发展,进而形成完整的产业链。创意主产业及其周边支持性产业若能良性互动发展,则必然促进整个集群竞争优势的获取。

（3）资源共享。创意产业中各类业务的开展都离不开良好的城市和社会环境,创意产业的发展以人们物质生活水平的提高为基础,同时对围绕人们基本生活服务的设施质量、方便度、舒适度等要求也在不断提高,大量同质或相关的创意企业集聚,必然会产生对资源和服务的共同需求。

（4）资金状况。企业投资策略的选择依赖于企业的资金状况,资金状况是企业投资活动得以顺利进行的先决条件。这里的资金既包括企业的自有资金,也包括企业通过各种渠道可以筹集到的借入资金。一般来说,企业的自有资金只占企业投资总额的一部分,企业倾向于利用银行贷款或借入私人资本等来实现企业的增资策略,扩大企业的规模。企业的资金状况在一定程度上决定了企业的投资策略,资金状况越丰富的企业更有条件采取增资策略,扩大集群的总体规模;反之,这些企业要么会保持原有的企业规模运营,要么减少资本投入,这将会带来集群规模的缩小。②

3. 文化创意产业集群发展模式分析

文化创意产业集群的形成与地方的历史文化传统、经济发展水平、资源禀赋情况、社会人文环境、政府政策规划等各方面因素均有着一定的内在相关性,不同地区的集群甚至相同地区不同行业的文化创意产业集群的生成路径都难免会存在一定差异。袁俊总结主要有以下四种模式。③

1) 自发集聚模式

自发集聚型文化创意产业集群的形成往往是一个"历史的偶然性",由创意人群和企业自发集聚而成,主要是由区域内部资源、市场、技术等因素驱动而发展起来的产业集聚区,表现出"自下而上"的发展特点。这种由市场自发集聚形成的文化创意产业集群,在刚开始时并不需要政府的介入,属于自发形成。但当其发展到一定程度时,政府一般会主动介入,承担相应的管理和协调职责,推动环境设施的改造,使其发展更加规范完善。

自发集聚型文化创意产业集群的优势在于它是中小企业或从事创作产业的人自由结合形成的,不是规划出来的,产业链比较完整,运营能力较强。但是就深圳来看,目前这类集群也面临着如下问题:其一,后期政府过度介入有可能会使集群丧失个性。政府介入后会在政策和资金上给予一定的扶持,势必会促进这类产业集群的发展。但是,如果干涉过度或规划过程粗暴和强制,则会影响文化创意产业集群的自由发展,准入门槛的提高也将限制艺术家的发挥,进而导致集群创意活力消退。其二,难以摆脱的成本挤出效应。这类文化创意产业当初之所以选址于此,低廉的租金是一个重要的考量因素。如今,随着集聚区的不断发展,政府的不断宣传、知名度的不断提高,房屋租金也水涨船高,产生成本挤出

---

① 曾琦. 文化创意产业集群化发展对策研究[J]. 科技进步与对策,2012(8):71.
② 宋建伟. 影响文化创意产业集群规模的因素研究[J]. 中共济南市委党校学报,2010(2):27.
③ 袁俊. 文化创意产业集群的生成与优化[J]. 重庆社会科学,2015(6):58-59.

效应,很多艺术家面临着是否再次搬迁的困惑,这都将威胁并破坏集群的稳定性。

2) 政府主创模式

政府主创型文化创意产业集群是政府根据区域发展的需求,首先规划建设文化创意产业园区,进而利用相关优惠政策吸引文化创意企业入驻,是"自上而下"人为培育而成的文化创意产业集群。这类集群一般有着雄厚的实力基础、良好的政策支持和肩负着区域发展的重大使命等,如南山数字文化产业基地、观澜版画基地、蛇口网谷、坂田手造文化街、中国观赏石交易基地等基本属于这一类型,都是政府战略规划的结果。

政府主创型文化创意产业集群往往具有管理机构的事业性质,入驻企业能够获得政府的产业扶持和实实在在的税收、租金、补贴、贷款等多方面的优惠政策,招商优势明显,园区入驻率高,具有其他集聚区不可比拟的政府资源优势,对于目前尚处于发展初级阶段的文化创意产业起到了积极的推动作用。尤其对一些处在成长期的中小企业来说,短期孵化成效显著。但长期来看,这类文化创意产业集群因为是政府人为因素作用形成的,而非经济产业发展到一定规模的产物,园区内企业往往存在彼此缺少资源整合和产业链不完整等问题,它在发展过程中必然面临市场的重新选择。

3) 文化创意地产模式

文化创意地产模式是房地产开发商介入文化创意产业园的开发,在进行旧厂房的改造或园区载体的建设等房产项目的营造乃至园区的道路、绿化等基础设施建设后,以租赁、合资、合作经营等方式进行文化创意产业园区的经营、管理,进而形成文化创意产业集群,并获取合理的地产开发利润。地产开发商介入文化创意产业形成的产业集群,其普遍的发展模式均是由地产商打造一个设施平台,吸引相关创意企业进驻,地产开发商只作房地产投资开发和物业管理等基本服务,不参与入园企业在入园后的发展,其本质依旧是房地产开发商。

文化创意地产型产业集群由于地产商实力雄厚,市场运作能力强,可以为文化创意产业园的开发和经营带来全新的思维和模式,短时间内即能促进资源的整合,形成文化创意产业集群。但该模式也带有强烈的地产理念,地产开发商关注更多的是投资经营的短期利润目标,而从产业持续发展的高度来推动整个文化创意行业的集群化发展有较大局限,不利于一个新兴产业的形成与发展。很多地产开发商为吸引企业进驻,允许了一批不属于产业定位范畴内的企业,导致文化创意产业集聚区内容庞杂,园区缺乏产业凝聚力。比如,著名的华侨城 LOFT 创意产业园虽然初衷是从纯艺术出发,但最后商业味越来越浓,甚至变成餐饮一条街,不少企业因为园区创意氛围的缺失,只好选择搬迁。还有一些地产开发商更是打着文化创意产业的名号进行新一轮的圈地和变相的房地产炒作,这都违背了文化创意产业的发展初衷。

4) 大企业主导运营模式

大企业主导运营型文化创意产业集群,是指在文化创意产业领域拥有强大综合实力的企业,为实现企业自身更好的发展和获取更大的利益价值,营建一个相对独立的文化创意产业园区,在自身企业入驻且占主导的前提下,适当引进其他同类企业聚集,打造集研发、设计、生产、销售为一体的文化创意产业集群。

大企业主导运营型文化创意产业集群,由于大企业在文化创意产业领域拥有丰富的运营经验,资金实力雄厚,园区产业定位明确,最终形成的文化创意产业集群内部产业链完备,产业集聚度高,具有一定的地方根植性,往往最受地方政府的欢迎和支持。但是这类主要依靠民营企业自身形成的文化创意产业集群,如果缺乏统一的科学规划,有可能会出现产业趋同化现象,易造成重复建设,形成同行之间的激烈竞争。

4. 文化创意产业集群发展对策分析

文化创意产业依托的文化资源具有较强的地域性、民族性和历史性,文化创意产业的发展不仅要求地理区位商的相对集中,而且要求在生产和创作上要相互匹配和协调。因此,与其他物质生产领域的产业相比,文化创意产业具有更强的集群化特征,集群化发展是创意产业发展的普遍趋势。为了推进文化创意产业的集群发展应着重采取如下对策。

1) 大力培育集群主体,促进集群健康发展

文化创意产业集群的健康发展,从根本上来说有赖于其主体的成长壮大。因此,培育优秀文化创意人才和创意企业成为实施创意产业集群战略的首要任务。在国内创意人才紧缺的情况下,引进一批既有深厚传统文化底蕴又具有宽厚国际视野的海外优秀创意人才,是当务之急。借鉴美国、日本、韩国、新加坡等国家的成功经验,把创意人才的培养贯穿整个教育体系之中,将艺术、设计和媒体等创意教学内容巧妙地融入教育课程;以培育骨干创意企业为重点,增强企业自主创新能力,形成创意品牌;鼓励、支持和引导中小创意企业向"专、精、特、新"方向发展。因为从国内外实践来看,文化创意产业集群大多由中小企业聚集而成;①坚持专业化和特色化,提高文化创意产业集群的核心竞争力。创意最大的特点是个性化。波特集群竞争理论认为,具有鲜明的行业特色是创意产业集聚区获得持续竞争力的关键。如百老汇戏剧产业园作为纽约乃至全美著名的文化创意产业集群,不仅包含近40家剧院组成的百老汇剧院群,还形成了与剧院群演出相关的创意、表演、制作、营销、人才培训、投融资等产业体系,这些从业者全部都是以戏剧为核心,"戏剧"成了百老汇最具品牌意义的文化符号。因此,应加强对特色文化创意产业集群的培育,充分发挥相关优势,营造鼓励学习、信息共享、创意共生、互相反馈的文化氛围,走差异化、特色化、品牌化道路,这样才能加强各产业集群的核心竞争力,促进文化创意产业的高端发展和创新发展。②

2) 针对集群发展各阶段,开展有针对性的扶持

(1) 集群形成阶段的政策扶持。文化创意产业集群作为一种知识和科技密集型产业集群,它的形成与发展需要具有高素质的创意人才、大量资金的支持、完善的市场制度以及良好的文化创作氛围。因而在该阶段政府需建立健全适应知识密集型企业发展的良好的市场环境、基础设施环境和制度环境。同时积极培育企业家精神,营造文化创意萌生的土壤,吸引大批从事文化创作、创意设计的人才和企业入驻。

(2) 集群成长阶段的政策扶持。该阶段政府需为集群内企业发展提供帮助,为企业的初创期提供必要的信贷扶持和其他优惠政策;加强教育和培训以建立集群发展所需的人力资源;建立有效的信息服务平台,以利于集群内外、集群内各组织之间信息沟通,促进集群

---

① 曾光,张小青. 创意产业集群的特点及其发展战略[J]. 科技管理研究,2009(6):448.
② 袁俊. 文化创意产业集群的生成与优化[J]. 重庆社会科学,2015(6):60-61.

信息网络的形成,不断完善集群创新的发展环境。

(3) 集群成熟阶段的政策建议。该阶段侧重点应该是：政府应鼓励和参与产学研联盟的建立,在资金、政策上引导企业开展产品和技术创新,以增强群内企业的创新能力;同时鼓励群内企业与集群外部企业或是国外相关企业的合作,扩大合作范围以避免群内企业长期合作而导致的路径锁定,通过这些措施实现政府促进创新的政策导向,以保持集群内企业的持续创新能力和集群整体的竞争力。

(4) 集群衰退阶段的政策建议。政府决策的出发点应是延缓集群的衰退、保持集群的活力。该阶段政府应侧重鼓励群内企业的再创新和新技术开发,支持集群内文化创意企业之间的整合,激发群内企业的创新动力,鼓励群内企业的再创新和新技术开发,引导产业核心产品和技术在其他领域的应用和延伸、促进产业进一步升级。[①]

3) 进行产业整合,打造集群的完整链条[②]

我国文化创意产业集群的发展壮大依赖于创意产业链条的不断完整,需要根据实际情况进行产业整合,构筑完整的产业链和价值链,进一步实现辐射效应,是提升文化创意产业集群竞争力和确保集群持续发展的关键。

首要的工作是推进文化创意产业集聚区建设。文化创意产业被视为高端产业,建立文化创意产业集聚区,能充分发挥其示范、辐射和推动作用。文化创意产业集聚区是推动中国文化产业发展的有效途径,有助于增加文化产品的附加值,优化文化产业结构,构建文化产业发展链,提升文化产业发展水平,推动中国文化创意企业的战略性发展。要吸引龙头企业入驻,构建以龙头企业为依托,以利益为纽带,以专业分工为"红线"的产业链,通过龙头企业的扩散效应使产业集群实现从量到质的飞跃。如北京怀柔影视基地通过吸引龙头企业中影集团入驻,在中影集团的带动下产业集聚效应明显,围绕影视制作、影视策划、影视拍摄、影视教育培训等大电影产业链环节,园区企业进行了进一步整合,核心竞争力及发展后劲进一步增强,拉开了"中国影都"的序幕。[③] 这些发展经验都值得深圳借鉴。另外,进行文化创意产业集聚区建设,在引进入驻企业时要充分重视园区产业链的建设,关注产业的上游产品和下游产品的组合,提供和接受服务与产品企业之间的互惠性、互补性,在园区范围内形成不同程度的产业链,并逐渐优化。[④] 其次要打造具有中国特色的文化品牌优势。中国是文化大国,要发展文化创意产业,就要结合不同地区和城市的文化资源进行独特的文化定位。地方政府应依托已有的文化创意产品的生产基地,培育旗舰型企业,产生集群品牌效应。对现有的文化创意产品的名牌名标,要通过产业宣传、策划,积极开展区域营销,树立文化创意产业品牌,提升区域竞争力。[⑤] 同时,搭建文化创意交流平台,积极举办和参与以"文化创意产业"为主题的博览会、文化节、高层论坛和设计比赛等,加强文化创意产品和服务的交流与合作。[⑥]

---

① 毛磊.基于生命周期理论的文化创意产业集群演化分析[J].科技管理研究,2010(20):177.
② 张燕,万立军,姜红梅.文化创意产业集群发展的问题与对策研究[J].中国科技信息,2013(18):180.
③ 李鑫.北京文化创意产业集聚区空间分布特征及其影响因素研究[D].长沙:中南大学,2013:34-39.
④ 袁俊.文化创意产业集群的生成与优化[J].重庆社会科学,2015(6):60-61.
⑤ 魏鹏举,杨青山.文化创意产业集聚区的管理模式分析[J].中国行政管理,2010(1):81.
⑥ 赵晶媛.文化创意产业集群发展策略[J].今日中国论坛,2008(6):84-85.

4）加强基础设施建设，营造良好的文化创作氛围

发达国家经验表明，先进的技术、优秀的人才、多元的文化、和谐的治安、完善的设施、宽容的氛围成为吸引创意人才和企业聚集的重要因素。为此，在实施创意产业集群发展战略时，要做到以下几点。

（1）加快文化创意产业集群发展的基础设施建设。文化创意产业集群的发展对地区有着更高的基础设施需求。不仅需要政府提供公共服务、通信、交通等基础设施，还需要政府提供文化基础设施。进一步加强基础设施建设的重点是：一是注重对通信、信息基础设施的建设。便捷的现代通信和信息技术是文化创意产品的主要传输手段和载体，而这些基础性的网络技术、数字内容传输技术、信息管理和电子商务等多种信息技术以及技术的标准化和通用性已成为制约文化创意企业发展的瓶颈问题，今后一段时间急需突破这些关键性技术，从而为文化创意集群的发展提供重要技术支撑。二是建立完善的文化基础设施。完善的公共文化基础设施网络会对区域的文化发展产生重要的辐射力和带动力，有利于集聚吸纳高端要素，推动文化创意产业集群发展。政府应着力建设一批布局合理、与现代文化创意产业相配套且功能完善的公共文化设施，营造一个为所有受众所共同体验和共同参与的创意环境与想象空间。三是在不断加大国家对文化基础设施投入的同时，积极鼓励和支持其他各类资金对上述文化基础设施以及涉及文化创意内容产品的通信和信息基础设施、技术进行投资。①

（2）积极营造尊重创意、鼓励创新、容忍失败的社会氛围。佛罗里达认为创意阶层比较偏好多元化，具有包容性，更趋向于居住于对新观念开放的地方。多元化的文化氛围代表着"新奇"与"活力"，是多元、开放、宽容的创意环境的重要特征之一。在此氛围中创意人群混合在一起，会加速创意知识的流通和创意资本的集中，从而产生了新的组合，带来更高的创新力、高科技企业、新就业机会以及该地区的经济增长。政府部门的引导政策应体现为：一是鼓励艺术家创作，为艺术家提供发展艺术事业的空间，提高他们在城市中的声望、地位。二是创意人群需要有新刺激的环境，需要能随时参与的街头文化，需要能够与他人互动交流的便利设施和场所。创意产业园区、基地或集聚区建筑设计要充分考虑创意阶层的工作和生活特点，尽量使建筑环境与员工的实践需要、兴趣、爱好相吻合，以便充分激发创意人员的激情、智慧和创造力。政府应积极创设一些小规模的、有活力、非正式、街头形式的各种便利设施和各种艺术展等文化活动，以此增强对创意人才的吸引力。三是要鼓励建立积极的非正式团体，促进非正式交流，营造自由创作的氛围。文化创意产业是一个非常注重创造者个性自由的产业，群内自由的人文气息很重要。资金、信息等只是打造了集群的"形"，唯有文化才能塑造起集群的"神"，这也是集群最吸引人之处。对于创意产业来说，自由的文化氛围是它的灵魂。文化创作没有固有的模式，多源于无意间的灵感，因而创意人员间的非正式交流与正式交流同等重要。四是增强政府行政效能，为创意产业的形成与发展提供支持性的环境。当地的商业环境例如建立文化创意企业的便捷程度、行政审批手续的简约以及对于初创企业提供有效指导和帮扶也是众多创意人员考虑的重要因素。五是为市民及游客提供多渠道接触创意产品的机会，让他们在此环境下感悟和体验创意空

---

① 毛磊. 文化创意产业集群的内涵、现状及对策研究[J]. 商场现代化，2013(22): 193.

间,欣赏多文化差异,唤醒自身创意潜质,认同和向往创意生活。① 六是吸引跨国创意企业进驻创意产业集聚区,这对促进本地创意企业的学习、模仿和竞争,提高区域创意竞争力都具有重要意义。② 七是保护知识产权,这已是老生常谈。集群为更快的知识扩散提供了便利,增加了"搭便车"行为产生的可能性。如何保护创造者的创新积极性,这个严峻的问题如果不能解决,将极大地破坏集群创造力,甚至瓦解整个集群。为此要让群内组织有知识产权保护意识,主动严加防范,集群要为知识产权保护提供便利,简化相关程序,行业协会要配合政府相关部门制定出具有本产业特性的相关政策法规,对盗用他人知识成果的企业和个人用行规加以惩治,最终塑造一个自觉遵守行业秩序法规的文化氛围。

5)加强产业支撑平台建设,营造良好的产业环境

产业集群是一个复杂的有机整体,文化创意产业集群的发展需要来自创意企业、相关商会、协会、金融机构、中介机构等各方面的支撑。其发展虽然是以市场为基础的,但政府通过产业支撑平台的建设和政策法规的制定,为创意产业营造一个良好的产业环境,对文化创意产业集群的健康有序发展将起到积极的推动作用。政府可以从信息服务、管理咨询、知识产权保护、技术支持、文化投融资、人才培训等方面完善产业支撑平台的建设,提高文化创意产业集群网络的资源整合能力,形成文化创意产业集群发展的新格局。③

(1)建立专业人才市场。许多以项目为导向的中小型创意企业只有少量的全职人员,完成项目的大多数成员需临时招募,专业人才市场对其意义重大。当然文化创意企业的发展趋势是拥有越来越多的全职人员,这时专业人才市场使劳资双方更快地找到替补对象。于企业,可以减少员工流失后无人替补空位的损失;于员工,可以降低更换工作的风险,从而更愿意留在集群里。

(2)促进职业培训机构的产生和发展。创意人员的培养除了由院校来承担外,还需要专业培训机构的辅助。院校所能给予人才更多的是创新的思维和扎实的基础。而一些实用性较强的即时技能需要培训机构的帮助,而且有些社会人员没有机会再进入院校长期学习,其技能的提高也要靠职业培训机构。尤其是对于文化创意产业,其理念和技能技术的更新换代很快,更需要培训机构及时更新从业人员的知识结构。

(3)要加强与院校的合作。文化创意产业所需的大量人才最终还是要靠院校的培养,院校与集群在产、学、研上的合作是彼此增强竞争力的有效途径。现代文化创意产业对人才提出了时代性的要求,这也是对院校提出的机遇与挑战。如当前游戏开发人才奇缺的状况催生了游戏学院或游戏专业。新技术、新理念的产生和发展又要求院校专业的设置更贴近市场的需要。与单个企业与院校的合作相比,集群与院校的合作对双方来说更经济。群内企业通过协会等组织对院校的服务(培养人才)可以进行集团化采购,降低单位成本;对院校来说,其所得收益也更多、更稳定。

(4)要推进行业会展的繁荣。以包括研讨会、论坛、展览会、推介会、节庆、产业博览会等多种形式加强集群内部、集群内外的交流与合作。会展可以由政府或行业协会牵头,专

---

① 毛磊.文化创意产业集群的内涵、现状及对策研究[J].商场现代化,2013(22):193.
② 曾光,张小青.创意产业集群的特点及其发展战略[J].科技管理研究,2009(6):448.
③ 袁俊.文化创意产业集群的生成与优化[J].重庆社会科学,2015(6):60-61.

业会展机构承办。要充分发动群内企业和机构、集群外相关组织和个人参加,以期达到会展的几大目标:获得直接经济利益、交流信息与技术、塑造集群品牌和提升竞争力。

(5) 要重视文化创意领域的对外交流与合作。积极开展多层次互访,加强友好城市间的文化创意交流,继续办好中外互办文化年活动,重点扶持具有中国民族特色的文化艺术、演出展览、电影、电视剧、动画片、出版物、民族音乐舞蹈和杂技等产品和服务的出口,支持动漫游戏、电子出版物等新兴文化产品进入国际市场。①

(6) 要建立集群风险投资机制。可将整个集群作为投资的对象,以此降低投资的风险性。其主要风险基本就在于该行业或该集群在市场上的赢利性。在此,集群中的行业组织应该与各种潜在投资者进行不断的沟通,让更多人了解本产业。需要指出的是,风险投资的主要来源应该是企业、个人或外商。对于一些市场壁垒高的文化创意产业,政府要适当降低门槛,以形成多元化投资主体,但同时也要加强市场监督。

(7) 要搭建专业信息平台。文化创意产业集群应该是个开放动态的系统,信息在集群内部和集群外部可以畅通高效流动。为了降低单个企业获取信息的成本,集群需要信息中心专门为群内企业提供信息服务,包括提供新技术信息、管理知识和行业资讯。该信息中心可以采用商业化运作模式,群内企业以入会方式支付一定的信息使用费用。

6) 完善文化创意产业集群发展规划,避免重复布局

纵观全球,创意产业园区、创意产业基地或集聚区是创意产业集群发展的主要载体。无论是创意产业园区还是创意产业基地或集聚区,其本质都是创意产业在一定城市空间上的地理集聚,都承担着创意产业集群发展的载体功能,为此,应完善集群发展规划。规划产业集群是一项错综复杂的系统工程。政府在推动文化创意产业集群发展的过程中,要使产业集群具有良好的发展前景、地方根植性和可操作性,必须要加强对集群经济的规划与引导。要依据现有的文化创意产业集群空间分布特征、区域资源优势和国际国内市场需求空缺,着重确定各产业集群的发展重点和目标定位,明确载体的产业功能定位,合理布局产业,同时要加强区域之间产业集群规划的协调,做到错位发展,避免同质化、重复布局和过度竞争。同时要将创意产业与地方历史文化资源、旧城改造和城市产业结构优化升级结合起来,注重现有资源的整合和利用,合理保护开发创意资源的"含金量",提升传统产业的附加值。

7) 做好大数据视域下文化创意产业集群化发展

大数据促使文化创意产业利用有效数据分析终端消费者,从而生产有销路的产品;分析数据的走向,预测行业未来发展,从而指导企业战略决策;挖掘数据中的隐含信息,从而构建跨领域融合下的科学架构,创造更大效益。"大数据"的收集、分析、有效利用以及共享逐渐改变了人们看待世界和做出决策的思维方式,其可能带来的前所未有的巨大价值正在影响着中国文化创意产业的集群化发展。根据目前中国文化创意产业集群的发展状况,在彼此之间存在内生关系,但又关系散乱的生产和创意主体之间构建起协同关系,是加速文化创意产业集群化发展的必由之路。

(1) 指导文化创意产业集聚区建设智能化数据采集系统。随着信息技术和物联网技

---

① 曾光,张小青. 创意产业集群的特点及其发展战略[J]. 科技管理研究,2009(6):448.

术的不断成熟和飞速发展,智慧城市、智慧园区已经成为城市和产业升级的必然。同样,产业集聚的演进规律及其轨迹表明,它是沿着资源集聚区(简单扎堆)→生产集聚区(分工系统)→科技集聚区(创新系统)→智慧集聚区(智能系统)的方向不断演进升级。① 因此,中国文化创意产业的智能化升级也是未来发展的必然趋势。"大"数据不是诞生于一朝一夕之间,而是根据采集的维度和数据挖掘的深度逐渐积累并建立起来的。人脸识别、虚拟一卡通、智能门禁、能耗跟踪、差旅出行、商品推送、社区联盟等功能在手机和智能穿戴设备普及的情况下,已经随处可见并呈现出越来越广泛的覆盖。在产城融合的趋势下,尽快建立起以人为本的企业数据和个人行为数据采集体系,通过分析对比,建立企业活力测评、企业信用测评、企业竞争力测评等评价标准,让那些曾因被忽视而默默无闻地流失的数据变成最具价值的金矿,不仅是当务之急,而且是利在长远的发展战略。

在确保企业私密数据安全性的前提下,围绕"资金、团队、知识产权、人均工作时间、人均能耗"等方面,建立起能够便捷使用和具有必备性功能的数据采集系统,在实现园区和集聚区的智慧化管理的同时,让信息传递更加顺畅。在使用过程中,不断修改和完善智能化系统,并通过因扩大服务面而带来网络流量,使企业研发和生产中的偶发性行为被翔实记录,倒逼集聚区和政府对企业提供的各项服务更加趋于标准化,服务至更广泛的区域。基于此,甚至可以延伸开放政府采购企业服务的接口,将符合数据评判标准的文化创意企业纳入政府采购范围,建立更加宽广的数据采集覆盖面。

(2)挖掘和规划更具发展潜力的文化创意集群。大数据时代,信息技术、物联网等先进技术的快速发展,使得消费者的生活方式发生了较大变化,消费者在碎片化的时间内借助大数据来满足文化娱乐等方面的需求,这种社会文化需求的变化,势必会影响文化创意产业的发展方向。一方面,通过创意融合,挖掘现有文化创意产业的潜力,借助信息技术提供更多形式的文化服务,创新文化创意产业的商业模式;另一方面,需要我们挖掘过去不曾注意过的"资源",借助信息技术丰富传统文化产业的表现形式,推动传统文化产业的转型升级。在挖掘现有文化创意产业潜力的同时,以大数据的信息资源为基础,结合各地文化创意产业集群的实际情况,制定并规划其未来的发展方向,使其能够更好地推动地方经济的发展。②

第三节 文化创意产业园区的建设

集群化和规模化是知识经济时代产业发展的趋势,文化创意产业作为知识经济的核心产业,不仅需要个体设计师、艺术家的灵感和创造,还需要集体的互动和企业的地理集聚,形成集群化的外部环境。文化创意产业园区虽然不等于文化创意产业集群,但却是文化创意产业集群的一种有效载体。一方面,文化创意产业集群为城郊开发及旧城建设与改造提供了新的渠道;另一方面,文化创意产业集群的发展模式也是当代艺术、历史文

---

① 康胜,金波. 新时期文化创意产业园区转型升级的路径研究[J]. 未来与发展,2016(9):77-82.
② 肖艳,孟剑. 大数据视域下文化创意产业集群化发展研究[J]. 福建论坛(人文社会科学版),2017(12):76-81.

脉、文化产业及城市生活环境的有机结合,是西方许多创意产业发达的国家为推动社会经济增长及提升文化软实力的重要途径。20世纪90年代,随着西方SOHO理念传入中国,在北京、上海、杭州等地先后出现了一些艺术家自觉集聚形成的创意产业集群。随后,在进一步推进文化产业繁荣发展的过程中,我国出现了许多政府政策引导下形成的创意产业园区。[①]

实践中,创意产业园区越来越成为高端创意策划人才和创意作品汇集中心以及思想交流中心,它使得技术、资本、市场等要素充分结合,进而整合产业链,形成规模效应,推动产业发展,不断适应创意产业发展的时代要求。

1. 文化创意产业园区的概念

文化创意产业园区是指以创意生产为主要活动,主导产业明确、公共服务平台和设施完备、产业链相对完整、示范作用明显的集聚区。文化创意产业园区必须有体现园区创意主题的主导产业,配备咨询、中介、知识产权保护、人才培训、投融资等完善的公共服务平台,同时成熟的园区还应有完整的上下游产业链。

文化创意产业园区是一种介于政府、市场与企业之间的新型社会经济组织和企业发展平台,通过提供一系列新兴企业发展所需的管理支持和资源网络来帮助初创阶段或刚成立的相对弱小的新创企业,使其能够独立运作并健康成长。文化创意产业园区的建立,不仅在空间上使创意企业形成集群,也为企业的发展提供了各种设施和服务平台,政府也可以有针对性地对重点产业和企业进行扶持。

文化创意产业园区是把创意产品的消费者、供应商和其他提高竞争力的因素紧密联结在一起的产业群组,它能通过创意产品的贸易服务形成的产业链条获得显著的财富。创意产业园区应该包括生产—发行—消费的价值链,这个价值链会因技术、专门的基础设施、创造性的艺术、熟练的创意个体的存在而得到加强。因此,文化创意产业园区应与一般的科技创业园区区分开来,文化创意产业园区作为创意人才和企业的集训地,还应当将创意策划产品交易、产业研究、作品展示、人才培训及交流咨询等多项功能有机结合起来。

文化创意产业园区作为由创意人才、中介机构和配套设施围绕创意主导产业构筑的集聚区,与传统的工业园区和高新技术园区相比存在以下四点不同。[②]

1) 创新行为不同

传统产业园区中企业的创新行为所需要的知识是显性的专门化知识,这种知识通过普通渠道就可以学习,强调的是技术和管理的创新行为。后者通常需要隐性的知识,这种知识大多需要面对面的交流才能获得,更加强调文化与创意。

2) 区位选择不同

在建立园区时,区位选择考虑的因素不同。传统工业园区在形成之时,考虑到产品与原材料的运输便捷,园区多会出现在交通运输便利的地方。出于对生产成本的考虑,传统工业园区的建立多会选择劳动力价格相对低廉的地区,在城市中则会选择地租比较便宜的

---

① 殷亚丽,任丹. 我国创意产业园区集群化发展对策研究[J]. 上海商学院学报,2014(10):10.
② 张国安. 高新科技园区聚变效应的模式研究[J]. 中国软科学,2009(7):176.

城郊区域。创意是创意产业园区的主要内容,历史文化底蕴是形成多数创意产业园区的首要条件。便利的基础设施和深厚的底蕴以及创意人才密集的事实使得创意产业园区多建在历史文化底蕴深厚的城区。①

3) 园区形成模式不同

传统工业园区和高技术园区首先是企业聚集,然后企业吸引人才;而创意产业园区是创意人才的聚集,然后吸引创意企业入驻。要发展创意产业仅吸引企业是不够的,还需要吸引合适的创意人才。

4) 管理功能和开放度不同

传统产业园区关注的是一般普通产品的生产、研发与营销等产业链环节,而创意产业园区除了是文化产品的生产地外,还是文化产品的消费地和体验地,具有公众参与性。文化创意产业园区的这些特质,决定了园区内企业通过相互之间长期正式或非正式的合作与交流,不但能够获得重要的协同作用和技术产品的交叉繁殖,增强自身的竞争力,而且园区的创新网络体系还具有辐射和联动作用,形成包括技术、经济、文化和艺术上等方面的聚变效应,②对区域社会增长、空间功能与布局优化、产业区价值链升级和经济发展创新等产生积极影响,进而促进区域综合竞争力的提升,实现区域经济社会的持续发展。③

2. 文化创意产业园区的功能

迈克尔·波特教授指出:一个国家是否具有国际竞争优势,与该国优势产业是否形成产品集群有很大的关联。创意产业园区的功能在于,通过创意产业的聚集和人才聚集,推动创意产业的发展。创意产业园区的功能体现在如下几个方面。

1) 发挥聚集效应,促进园区企业发展

作为一种知识型产业,文化创意产业的发展不能仅依靠个体的行为,而是需要不同个体在地理集聚基础上所形成的集体互动与聚变效应。④ 大量创意主体的地理集聚加强了不同行为主体之间的信任关系,促进了隐性知识的交流、扩散与创新,降低了创意主体和企业之间的交易费用,有利于各创意主体创新能力的提高及区域经济社会的发展。

在创意产业集群的环境下,创意产业部门在总体上存在差别,但各个部门内却有着共同的或相近的属性,如都生产同一类产品或相关产品;共同分享同一市场,采用大致相近的销售方式和销售渠道;相同的产业上游的资源需求;相同或相近的智力及人力支持的群体;科技理念与技术相互支持。总之,产业园区构成了共同的产业运行链条,产业间、企业间相互激荡,形成了一系列的产业优势。产业内部企业之间形成互动,产业园区的企业间建立同盟,共同对客户提供产品和服务,同时,产业集群因享有地理上的优势而使企业获得更快的发展。

文化创意产业集群具有生活和创作结合、文化产品生产和消费结合、多样化的宽松环境的特征,而且同世界各地有密切的联系。因此,文化创意产业园区是发展创意产业集群

---

① 张书. 我国文化创意产业园区的发展现状及存在问题[J]. 河海大学学报(哲学社会科学版),2011(6):82.
② 王发明. 创意产业园区可持续发展研究:基于集群效应的视角[J]. 经济问题探索,2010(3):60.
③ 冯根尧. 我国文化创意产业园区的发展模式与聚变效应[J]. 绍兴文理学院学报(哲学社会科学版),2013(7):82.
④ 张洁. 中国文化创意产业的空间分布和地区绩效分析[J]. 商业经济与管理,2011(2):64.

好方式。产业园区不仅能发挥聚集效应,从而成为文化创意产业发展的重点示范基地,而且能通过园区经验的积累和传播,促进文化创意产业的发展。①

(1) 便于集中提供服务和管理。将同类的文化创意产业集聚在一起,有助于政府部门建立健全配套服务体系,为企业提供一条龙后勤公共服务。

(2) 能提高园区企业的持续创新能力。首先,由于地理上的邻近性,集聚园区的企业一般都是相互学习,共同发展,一家企业有了新的创意后,别的企业就会迅速模仿,从而带动整个园区的持续创新;其次,由于创意思维的互补特性,类似的创意企业和人才集聚在一起,有助于创意火花的喷发;最后,开放的平台能促进创意的产生,开放让各种想法充分交流,这正是创意产生的关键因素。

(3) 能带动新企业的快速发展。对于一个新进入行业的企业来说,集聚园内的信息、资源共享可以让新企业快速走上正轨,避免很多弯路。集聚园区已经形成的互动系统也有利于新加入企业对行业规则的尽快适应。通过园区完善的服务平台,如咨询服务、中介服务、知识产权保护服务、投融资服务、培训服务、交流展示服务等,能让企业迅速地融入园区的产业发展中。

(4) 可以提高产业园区企业内的有效合作。文化创意产业的临近分布使得不同企业之间的分工协作更为密切,从而达到最优程度的资源共享和优化互补,区域内的企业可以以较低的投入获得更多的收益。同时,同一集聚园区的企业由于地域上的接近性,彼此的竞争将更激烈,而内部竞争更会带来整个区域竞争力的提高,从而将企业的竞争向更高层次推进。②

2) 获得巨大的市场价值,推动区域经济协同增长

当前,许多国家都将创意产业园区建设作为经济发展的新增长点。文化创意产业园区能够吸引企业、人才、资金、技术等大量要素向园区聚集,并通过政府政策、创新网络、企业集群、区域文化等要素之间的相互影响与作用,在园区内部的自成熟、自强化机制作用下,使园区进入指数增长的高速发展阶段。同时,涌现了一批创意产品专利、著作权等知识产权以及产品式样、生产技术、市场信息及管理方式等隐性知识。以《喜羊羊与灰太狼》为例,无论是品牌建设、产业链的制定、市场营销、市场定位还是知识产权保护等,无疑都是成功的。其作品不仅仅局限于动画片,还有更多的附加品,如图书、玩偶、舞台剧等,这些附加品从不同程度增加了它的市场价值和附加值。

文化创意产业园区完善的公共配套设施、低廉的场地租金,聚集了大量规模小、资金和资源能力有限的中小型企业,园区强大的扩散效应和辐射作用,带动了这些企业的发展。调查显示,在上海市首批挂牌的75个文化创意产业园区的110家企业中,民营企业34家,占总数的30.91%,私营企业47家,占总数的42.73%,而国有企业仅4家,占总数的3.64%。从园区分布看,我国文化创意产业发展最快的地区也是我国经济较发达地区,广东、上海、江苏三个省份的创意产业园区数量位列全国前三,表明文化创意产业作为一种新型的产业类型:一方面离不开当地的经济基础;另一方面也对当地经济产生了一定的推动

---

① 蒋三庚. 创意经济概论[M]. 北京:首都经济贸易大学出版社,2009:125.
② 徐志奋. 国内文化创意产业集聚园区发展模式的优势与误区探讨[J]. 商场现代化,2016(5):254.

作用。此外,创意产业园区在拉动 GDP、增加财政税收、创造就业机会等方面也起到了积极作用。

3) 优化城市功能,重塑区域文化环境

创意产业园区周围一般都有大量餐馆、咖啡屋、俱乐部等非正式场所,这些场所为创意阶层频繁的思想碰撞和非正式的面对面交流,提供了高品质的文化氛围和物质条件。创意产业园区催生了大量混合性功能空间的出现,丰富了城市用地类型的多样化,有利于创意阶层之间便利的交流和创意机构之间的融合。以杭州 A8 艺术公社为例,随着创意企业和创意阶层的集聚,周边服务设施不断完善,出现了不少咖啡馆和西餐厅,满足了创意阶层休闲与交往的需求。可见,创意产业园区的加快发展不仅使大量服务性场所集聚,周边地区基础设施快速改善,土地价格升值,城市空间功能得以转变和提升,而且还提高了城市空间景观质量和空间利用率,延续了城市的整体记忆,成为联系城市发展的空间纽带。

文化环境是一个地区在长期实践中积淀而生的一种被普遍遵循的地域文化、语言文化、价值观念、行为方式以及风俗习惯等的综合体系,包括以单体形式存在的历史建筑以及历史文化区。一个城市或地区是否已经形成若干具有较高识别度和认可度的标志,已经成为判断文化创意产业园区聚变效应的一个重要指标。将城市历史文化融入创意产业,不仅实现了城市历史环境再生和空间价值的提升,延续了城市历史的发展脉络,更重要的是提升了城市的文化品位与可识别性。例如,南京 1912 时尚街区就是由总统府旧址周围的建筑围合而成,它合理利用与开发了南京丰富的文化资源,实现了历史文化遗产保护与利用的有机统一,将城市记忆融入了城市整体发展之中。①

3. 文化创意产业园区的形成模式

创意产业作为一种特殊的知识产业,其发展离不开知识溢出,②因此需要采用集群的发展模式。从全国范围看,我国目前已初步形成三大文化创意产业集群,分别是以北京为主覆盖整个华北地区的环渤海文化创意产业集群,以上海为主辐射南京、杭州、苏州等地的长三角文化创意产业集群,以广州和深圳为中心的珠三角文化创意产业集群。在此基础上,涌现出了一批发展基础好、特色鲜明的文化创意产业园区。我国文化创意产业园区自 20 世纪 90 年代起步以来,其发展势头很猛,增长迅速。2002 年年末只有 48 个园区建成,2011 年有园区 843 个,2012 年时出现井喷态势,达到 1457 个,并在 2014 年时达到 2570 个园区的顶峰。2015 年,园区数量稍有回落,全国正常运作的园区在 2506 个左右。其中由国家命名的文化创意产业各类相关基地、园区就已超过 350 个。在政府的积极引导下,我国文化产业已经初步形成了以国家级文化产业示范园区和基地为龙头,以省市级文化产业园区和基地为骨干,以各地特色文化产业群为支点,共同推动文化产业加快发展的格局。③ 据冯根尧总结,文化创意产业园区的形成模式有以下五类。

---

① 冯根尧. 我国文化创意产业园区的发展模式与聚变效应[J]. 绍兴文理学院学报(哲学社会科学版),2013(7):83-85.
② 潘瑾,等. 创意产业集群的知识溢出探析[J]. 科学管理研究,2007(8):80.
③ 智研咨询. 2015 年中国文化创意产业园区数量达 2506 家[EB/OL]. [2016-07-05]. http://www.chyxx.com/industry/201607/428343.html.

1) 产业型发展模式

产业型文化创意产业园是基于丰富的创意人才和科教资源而建立的,重在产业链的开发与构建,独特之处在于其"工作室效应"和"创意产品的差异"。该类园区可进一步划分为独立型和依托型两类。独立型园区拥有大批富有创造性的创意人才,以此形成较为成熟的产业集群,产业链相对完整,具有规模效应。如山东青岛的创意100产业园、深圳的大芬村等。依托型园区依托当地的科研资源,形成了科技含量较高的产业链。如杭州下沙大学城附近的下沙大学科技园、上海同济大学周边的现代设计产业园区等。当前,传统产业正面临着产能过剩的压力,人们的物质产品需求相对充裕,精神消费需求逐步增强,文化艺术产品不仅有教化作用,还是集体意识的宣泄口,这就给文化创意产业带来了发展机遇,产业型创意产业园发展前景巨大。

2) 混合型发展模式

混合型创意产业园区往往依托科技园区,并结合园区内的优势产业同步发展文化创意产业,但园区内并未形成文化创意产业链。典型的有张江文化科技创意产业基地,该基地依托于上海张江高科技园区,借助中国美术学院上海设计艺术分院、上海电影艺术学院等高校科研力量,以企业化和市场化的运作模式推动园区内的网络文化企业发展。目前,混合型创意产业园正在向以人才为引领,以创意为核心,强调社区和城市融合,突出网络创新的新型创意园区模式发展。

3) 艺术型发展模式

艺术型创意园区也叫创作型园区,该类园区以创意人才为核心资源,依托当地的历史文化资源,主要进行原创性设计。由于该类园区的投入产出比较低,所以产业化程度不高,普及程度也较低。如北京的798艺术区,就是将北京独特的历代王朝历史文化与现代西方艺术相融合而产生的一种既传统又现代的文化艺术产业园区。贵州、云南等省份,依托当地的少数民族风情与民俗文化造就了一种极富本土性的艺术园区,如贵州民族文化特色园、印象云南等。另外上海、浙江和广东等沿海地区的文化氛围相对开放,现代西方艺术对该地区的影响较为深远,也出现了一些艺术型的园区,如上海的苏河艺术中心、杭州的A8艺术公社、广东深圳的大芬油画村等。目前,艺术创意产业不仅广泛进入了传统文化艺术领域,进入了经济领域,也广泛进入了社会领域。艺术创意产业的发展,能够满足大众更高层次的消费需求,提高大众的生活水平和质量,增强国家和民族的文化软实力。

4) 休闲娱乐型发展模式

随着经济的发展,人们可自由支配收入的增多及文化素养的提高,以群体活动与人际交流为中心的晚间娱乐休闲活动形式多样化,消费市场多元化,为休闲娱乐型创意产业园区发展提供了前提条件,大量酒吧、餐馆、咖啡屋、俱乐部等休闲娱乐场所的出现,满足了人们的文化消费需求,使文化消费逐步走向社会化与大众化,促进了城市娱乐休闲活动的快速发展。典型的娱乐休闲型园区包括北京什刹海文化旅游区、长安街文化演艺集聚区、上海新天地、梅迪亚1895等。

5) 地方特色型发展模式

地方特色型创意产业园区主要依赖当地特有的文化历史资源,借助民俗风情、自然景观发展文化创意产业。云南的丽江古城充分利用了当地独特的自然景观,而西双版纳民族风情园则依托于少数民族的风俗传统。北京作为一座历史名城,目前所建成的三座特色型园区都以传统民俗为主题,即潘家园古玩艺术品交易园区、高碑店传统民俗文化园区和百工坊传统工艺园区等。

4. 文化创意产业园区发展的趋势

党的十九大确定了"两个一百年"奋斗目标,在全面建设小康社会基础上,"十四五"时期是基本实现社会主义现代化的具有里程碑意义的黄金五年。准确把握"十四五"时期经济社会发展的重大趋势,尤其是文化创意产业园区发展走向,科学研判未来文化创意产业园区布局,对健全现代文化产业体系和市场体系,促进文化创新、文化产业与相关产业融合发展大有裨益。"十四五"时期,文化创意产业园区发展有产业集聚化、园区开放化、融合多元化和治理现代化等趋势。①

(1) 产业集聚化。产业集聚是指同一产业在某个特定地理区域内高度集中,产业资本要素在空间范围内不断汇聚的一个过程。文化创意产业园区就是建立在集聚理论基础上的。文化创意产业集聚包括企业集聚、项目集聚和要素集聚等。"十四五"时期,为健全现代文化产业体系和市场体系,文化创意产业园区的产业集聚化程度将进一步提升,特别是国家级重点文化创意产业园区的虹吸效应将更加突出。文化创意方面的重大项目、重点工程和重要政策,将对文化创意产业园区进行政策扶持和倾斜。文化创意产业园区也将重点打造文化创意产业集聚区,培育新型文化业态并引导其融合发展。

(2) 园区开放化。文化创意产业园区是我国文化创意产业发展的重要平台和对外开放窗口。"十四五"时期,文化创意产业园区开放化将是重要趋势。开放化有助于文化创意产业园区高质量发展。园区开放化构筑了新的开放高地,也有利于文化创意产业"走出去",增强国际竞争力。随着"一带一路"倡议的深入推进,更多的文化创意产业园区将开展国际文化交流与合作。

(3) 融合多元化。融合发展是文化创意产业园区的内生驱动力。"十四五"时期,文化创意产业园区将呈现多元化融合、多元化发展趋势。产城融合将进一步健全文化创意产业园区功能,促进文化创新、文化产业与相关产业融合发展。文化创意产业园区的融合发展,在行业形态、投融资渠道和营销手段等方面均有所体现,智能创新和金融科技将进一步提升融合多元化的程度、深度和广度。

(4) 治理现代化。文化创意产业园区是现代化经济体系的重要组成部分。"十四五"时期,现代化经济体系对治理现代化提出了更高的要求。随着社会主义制度优势的进一步强化,企业对治理现代化的要求也越来越高。文化创意产业园区要在现代化经济体系中发挥示范引领作用,就要深入推进产业治理体系和治理能力现代化建设。②

5. 文化创意产业园区建设的对策

1) 强化政府的管理与服务

政府作为推动文化创意产业发展的重要主体,应加快建立健全文化创意产业发展政

---

①② 黄江华,莫远明. 文化创意产业园区的改革创新与融合发展[J]. 出版广角,2020(6):26-29.

策服务体系,不断提升服务水平和能力。首先,构建完善的创意产业政策体系。以园区企业根本利益为出发点,不断完善财政、税收、金融等与文化创意产业相配套的保障政策,设立文化创意产业投资基金和政府专项资金,给予相关企业财政的支持。其次,增强服务意识,提升管理水平。建立包括园区企业在内的管理服务部门。市、区两级政府根据职能大小建立相应的专管部门,在各园区设立专职面向区内企业的服务机构,积极吸纳园区企业参与管理。各级服务机构合理分工、相互协作,为搭建和完善"政产学研资介"六位一体的高效互动发展平台而不断努力。① 最好要建立标准化体系。国内文化创意产业的标准化工作尚处于起步阶段,调研发现全国各文化创意产业园区的发展水平参差不齐,园区服务标准还没有先例可以参照,服务标准化工作是文化创意产业园区发展的内在需求。因此,建议加强对文化创意产业园区标准化的研究尤其是服务标准化的研究,尽快制定相关国家标准,从而帮助园区更好地规范服务行为,完善服务质量的考核,实现园区更好地发展。②

2) 完善创新网络体系

创意产业园区的发展离不开良好的基础条件和创意氛围。从实际情况看,目前国内相当一部分创意产业园区只是形成了企业和产业地理位置和数量上的集聚,远未形成真正意义上的创意产业集群。因此,要不断完善有利于创新、创意、创业开展的基础设施,加大研发、资本、市场、专业服务等支持条件的建设力度。鼓励多元主体的广泛合作,形成跨领域、跨机构、跨行业、跨区域的广义创新网络体系;健全文化娱乐、商务活动、公共休闲场所等配套设施,为创意人才提供舒适便利的工作环境以及生态宜居的生活环境。在此基础上,建立网络创新模式,形成政府—科研院所—企业—社会组织紧密联合与互动的创新治理机制,为创意产业园区发展奠定基础。要加强创新要素间联动,推动园区持续发展。作为创意产业园区的主体,文化创意企业要发挥科教资源优势,对这些资源要素进行有效整合,实现资源要素之间的沟通和互动,发挥科研机构的智力支持作用,积极推动科研成果的市场化和产业化。只有这样,创意产业园区的聚变效应才能在创新要素的交流与互动过程中得到体现。③

3) 加强中介服务平台建设

科学技术的发展使得科研成果和技术成为市场经济中的商品,商品的交易需要市场提供一个合作交流的机会和平台,科技中介机构应运而生。中介机构的产生加速了科技对生产力的贡献,真正成为推动社会进步和发展的关键力量。④ 西方国家成功的科技中介机构发展的经验证明了科技中介的主要服务对象应定位于创新型的中小企业群。文化创意产业园区内的文化创意企业大多是这种创新型的中小企业。如吉林省东北亚文化创意科技园搭建了包括国家动漫游戏公共技术服务平台、国家专利技术(长春)展示交易中心、信息交流平台、大学生创业孵化中心、综合服务保障平台、品牌提升推广平台、高端人才交流服务平台、成果展示交易平台、一站式政务服务平台等在内的十大平台,为驻园企业提供了全

---

① 郑丙沛,张国超. 文化创意产业园区发展机制研究——以武汉市为例[J]. 知与行,2015(11):80.
② 张书. 我国文化创意产业园区的发展现状及存在问题[J]. 河海大学学报(哲学社会科学版),2011(6):83.
③ 冯根尧. 我国文化创意产业园区的发展模式与聚变效应[J]. 绍兴文理学院学报(哲学社会科学版),2013(7):85.
④ 李健. 中国特色产学研合作体系的形成与发展[N]. 光明日报,2009-02-18(3).

方位的引导与服务,有力地促进了园区各主体的协同创新和沟通合作。①

4) 促进园区之间的协调发展

同质化竞争是现阶段中国文化创意产业发展所面临的一大考验。由于盲目跟风,许多地区不顾当地实际和整体利益纷纷上马各类文化园区,造成了大量同类型园区"扎堆"的乱象。从长远来看,同质化竞争不利于各园区发展和地区整体实力提升,只有依靠科技和创新驱动才能实现园区与地区的可持续发展。因此,为消除盲目攀比和趋同产生的内耗,应对已建成和在建园区进行科学引导和规划,各区应根据当地整体发展规划和自身资源禀赋量身定制差异化的产业发展思路,明确各区发展定位,因地制宜、因时制宜地实现各园区的"特质化"发展。各园区之间积极开展交流与合作,竭力避免在投融资、人才、宣传等方面的恶性竞争,形成依靠创新驱动、互利共荣的文化创意产业园区发展新格局。②

5) 提升园区核心竞争力

对于我国各个文化创意产业园区自身而言,目前亟待提升核心竞争力,形成一套符合自身主营业务特征、契合地域优势的运营机制。倪宁、王芳菲纵观世界各国文化创意产业园区的发展历程,总结其相关成功经验包括如下几个方面。③

(1) 依托文化资源禀赋。文化资源禀赋指的是文化创意产业园区所依托的地域所具有的文化要素和文化环境,这是文化创意产业园区得以成功发展的首要前提——文化创意产业园区是否具有其独特的文化个性、文化风格、文化品位,关键就看其是否具有并能有效利用地域文化特色。比如,英国曼彻斯特北部文化创意产业园区的形成就与当地丰富的、与众不同的音乐历史及享有国际声誉的滚石和流行乐队有关,美国百老汇戏剧产业园区即是依托于其在19世纪末发展起来的剧场和音乐厅而形成的。

(2) 遵循商业运作模式。文化创意产业园区虽以提供文化内容产品为其主营业务,但检验产品成功与否及鉴定园区发展成效的核心标准之一,则是内容产品所取得的市场收入和占据的市场份额。因而,文化创意产业园区内的企业应遵循市场规律,按照市场规律对其生产、管理、销售等流程全面实施商业化运作。比如,好莱坞采取制片人负责制,由制片人负责资金的筹集与管理,这使得其必须考虑公众喜好,以使影片适合市场需要,从而在艺术和市场之间取得平衡。

(3) 注重科技投入。发展竞争性的文化创意产业,必须意识到技术发展对产业未来发展所能产生的影响,并有意识地将新技术应用于产业之中。比如,重技术一直是好莱坞电影业的传统,特别强调影片的内容应注重与最新科技、未来时代以及新兴工业紧密结合,早在20世纪50年代,好莱坞的电影制作者就尝试了3D这种特殊的视觉效果,并且宽银幕技术、虚拟技术等新技术也均是从好莱坞走向世界其他地区的电影行业。

(4) 开拓国际市场。文化创意产业的发展不应仅仅是引入国际先进文化、科技、创意,并将之"本土化"。从更长远的角度看,其也应注重"走出去"战略,将本地的优秀文化"全球

---

① 何岩,孙爱东."政产学研资介"六位一体文化产业园区建设初探——以吉林省东北亚文化创意科技园为例[J]. 北华大学学报(社会科学版),2014(12):62.
② 郑丙沛,张国超. 文化创意产业园区发展机制研究——以武汉市为例[J]. 知与行,2015(11):80.
③ 倪宁,王芳菲. 试论文化创意产业的概念及运营模式——基于世界成功文化创意产业园区运营经验的考察[J]. 南京理工大学学报(社会科学版),2013(8):12.

化";而这一最终发展目标,也决定着文化创意产业园区在生产自身产品时,需要有意识地关注和迎合国际市场需求,并建立相应的国际推广渠道,从而使得自身产品得以成功打入国际市场。这里,我们可以借鉴韩国的发展思路:韩国政府在发展文化创意产业的过程中逐渐认识到,囿于其国内市场规模有限,若要使得文化创意产业实现大发展,必须开拓国际市场,并进而制定了"瞄准国际大市场,将以中国、日本为重点的东亚地区作为走向世界的台阶,促进出口,利用国内市场收回制作成本,通过海外市场盈利"的基本发展战略。

(5)发挥"领头羊"效应。所谓"领头羊",即指那些具备优势资源、发展处于领先地位并具有一定影响力的领先行业和企业。若能先集中力量扶植这些"领头羊"的发展,则可对其他相关行业和相关企业起到有效的带动作用。比如,索尔福湾英国媒体城从一个日趋衰落的工业码头发展到今天英国最重要的媒体集中地,离不开英国广播公司(BBC)的"领头羊"作用。早在2004年,BBC管理层就表示有意将部分单位迁往曼彻斯特,并于2006年将地址选在了索尔福湾,其后,包括BBC儿童节目、BBC体育、BBC第五电台等部门从伦敦移师索尔福湾。而BBC的签约入驻则极大地带动了该地区的影响力和聚合力,很快,其他电视台(如英国独立电视台)、SIS等媒体公司、萨尔福德大学的媒体中心和众多创意公司等众多机构纷至沓来。

典型案例研究:杭州的文化创意产业[①~⑨]

2012年5月20日至23日,在加拿大蒙特利尔市举行的2012全球创意城市网络大会上,杭州首次以正式会员城市身份参加。在此之前,杭州成了继深圳、上海、成都之后,第四个跻身全球创意城市网络的中国城市,更是国内第一个以"工艺与民间艺术之都"身份"入网"的城市。全球创意城市网络,是继世界文化与遗产保护、非物质文化遗产保护两项工作后,联合国教科文组织发起的推进全球文化多样性发展的又一举措。杭州以"工艺与民间艺术之都"身份"入网",将使民间艺术与工艺得到保护、传承,并不断发扬、创新。

联合国教科文组织为什么选择杭州?很重要的一点是:加入这个网络的城市,必须非常重视文化创意产业的发展,并且已经具备了良好的产业基础。在这一点上,杭州的回答充分而自信。杭州是一个资源短缺型城市,没有矿产,没有港口,但是拥有深厚的文化底蕴和人文资源。被称为"无烟产业"的文化创意产业成了杭州寻求错位发展优势的特色发展道路,"人脑加计算机"打造出经济社会发展的新"蓝海"。

---

① 过灵芝,黄群.推进杭州文化创意产业国际化的对策建议[J].杭州周刊,2016(6):34-35.
② 康胜,金波,李建林.杭州文化创意产业演进的驱动模式研究[J].未来与发展,2012(8):104-109.
③ 周彦.杭州文化创意产业链的整合模式初探[J].经营管理者,2014(18):116-117.
④ 曾青春.杭州创意产业园区发展现状与培育策略探究[J].经济论坛,2013(9):59-62.
⑤ 毛蓝平.浅谈文化创意产业园的发展建设——以杭州为例[J].工程与建设,2014(1):30-32.
⑥ 蔡丽玲,季晓芬.开放式创意街区及其创意策略——以杭州中北创意街区为例[J].东华大学学报(社会科学版),2012(3):12-16.
⑦ 楼小燕.工业遗产保护与文化创意产业发展互动效应研究——以杭州为例[J].东方企业文化,2012(17):39-40.
⑧ 黄深钢.杭州西湖区"三名战略激起涟漪效应"[J].中外企业文化,2011(9):31-32.
⑨ 佚名.杭州:文化创意产业投融资有新意[J].领导决策信息,2012(2):14-15.

杭州文化创意产业经过十余年来的大力推进，在发展模式的探索上不断创新，从而使得园区建设加快和创新能力增强，产业特色初现和产业实力提升，创意人才集聚和创业环境优化，产权保护加强和公共服务改善。从目前发展的进程及未来取向特征来看，杭州的文化创意产业主要是集群优化发展以实现品质提升、能力增强、动力持续。即在已有园区规模扩张发展和产业体系建构的基础上，更注重内涵充实和品质提升的推进，注重集群内在运行机制和治理结构的优化。在演进的驱动机制上，在政策主导力、市场配置力和企业主体力的三力融合的基础上，探索三力时空协同作用和可持续推进发展的动力机制模式。

1. 杭州文化创意产业园区发展模式

杭州市作为我国文化创意产业发展先导区之一，文化创意产业已经成为促进产业转型升级和区域与城市创新的主导型战略产业，以聚集形态运行的产业园区也逐渐成为文化创意产业发展的突破口和主平台。目前，杭州已有近40个创意产业园区，形成了"10+X"发展格局。其中，10为十大重点创意产业集聚园区，X为新发展起来的创意产业园区。截至2010年年底，杭州市首批认定的十大文创园区建成面积为124.4万平方米，同比增加57.16万平方米，增幅达85.01%；使用面积为52.77万平方米，同比增加11.54万平方米，增幅达27.99%；企业数量为1437家，同比增加600家，增幅达71.68%；就业人数为23074人，同比增幅达53.50%。截至2011年年底，杭州16家市级文创产业园建成面积达236.45万平方米，比上年增加21.8%；聚集企业2642家，企业实现营业收入167.24亿元，比上年增加106%，园区的集聚效应得到不断提升。2012年，西溪创意产业园区全年实现总产值7.8亿元，同比增长11.5%；上缴税收5300万元，同比增长17%，荣获"2012年中国文化创意产业最受关注的十大园区"称号。杭州市十大产业园区建设概况如表4-2所示。

表4-2 杭州市十大产业园区建设概况

园区名称	开发形式	主要领域	文化基础	园区类型
西湖创意谷	依托大学	文化艺术产业、建筑设计和咨询策划、会展产业等	以中国美院为基础	产业型
之江文化创意园	改造旧厂房	艺术设计、现代传媒等	原中国美院校区	艺术性
西湖数字娱乐产业园	传统布局	网络游戏、手机游戏，动漫真人秀、服装制作等	浙江大学校园文化	产业型
运河天地文化创意园	改造旧厂房	文化艺术、设计服务等	运河历史文化、历史建筑	艺术性
杭州创新创业新天地	改造旧厂房	文化娱乐、商业休闲、科研孵化、特色商业区等	省文化产业示范基地	产业型
创意良渚基园	开辟新区	文化艺术、时尚消费、特色商业街区等	良渚文化和玉文化	地方特色型
西溪创意产业园	开辟新区	艺术创作、影视传媒及休闲旅游等	自然生态文化	艺术性
下沙大学科技园	依托大学	产品设计、影视制作、传媒文化、旅游等	下沙大学城文化	产业型
白马湖生态创意城	传统布局	文化创意、动漫、生态旅游等	白马湖历史文化	休闲娱乐型
湘湖文化创意产业园	开辟新区	艺术设计、文化休闲旅游及文化会展等	考古文化、休博会	产业型

1) 以文化为核心模式——之江文化创意园

之江文化创意园以艺术与科技结合为主题,以新经济为载体,促进产业模式创新,构建国家化的创意思想高地;同时打造山水田园诗般的人文生态创意区,发展小区和园区相融合的创意社区,拉动附近产业带的联动发展。

之江文化创意园在展示传统艺术的同时,还不断创造着前卫文化。它除了开发并传播本土文化以外,也吸收引入其他地区的文化观念与艺术形式。园区先后委托中国香港仲量联行、杭州市城市规划设计研究院、中国美术学院风景建筑设计研究院等单位开展了多项规划研究,立足国际定位。此外,园区还先后与多个国家和地区创意企业进行了联系,了解国际企业入驻需求,制定了特色的国际招商政策。

2) 高校联合模式——下沙大学科技园

下沙大学科技园就是依托聚集近20所高校的大学城以及新加坡杭州科技园的国际创业平台而建立的又一个文化创意产业集聚地。"杭州下沙高教园区"各高校拥有创意产业相关专业130个,基本涵盖了创意产业的相关领域,拥有动画高端实验室、工业设计实验室等创意产业相关的实验室200余个。园区遵循的发展路线为:创意企业看重所在区域重点大学的科研优势,首先在大学附近聚集,或与其合作孵化,依托那里的教授、专家、优秀学生等人才力量开始从事文化创意活动。待活动产生效益以后,大批类似或相关企业紧随其后进驻该地区,慢慢形成具有一定规模的创意产业园区。

3) 文化旅游结合模式——西溪创意产业园

西溪创意产业园位于杭州西溪国家湿地公园桑梓漾区域,是一个具有西溪特色的原生态的创意设计艺术庄园。园区地理位置优越,本身集生态、文化、名人优势于一身,具有良好的发展文化创意产业的基础和潜力。西溪创意产业园区着重利用文化旅游相结合的模式,建设成为国内一流的高端创意人才集聚地和影视产业基地。其成功之处在于因势利导。一是利用西溪湿地优越的生态优势,坐拥千姿百态、情趣各异的独特景观。二是利用西溪深厚的文化优势。西溪湿地自古以来就被文人名士视为人间净土、世外桃源,又拥有"龙舟盛会""民俗野餐"等传统民俗,源远流长、雅俗共赏。三是利用当下的名人名企优势。西溪湿地创意产业园目前共签约了众多名人,引进了6家企业总部。

4) 白马湖模式——白马湖生态创意城

白马湖生态创意园区以其独特的方式树立了完全不同于往常的创意园区。白马湖模式以城市有机更新为主导,以生态保护为前提,以文化创意产业为基础,以提升原来居民的生活品质为宗旨,以和谐创业为动力,以农居SOHO为特征。白马湖生态创意园区是将生态和创意相结合,这是创意产业迈向生态创意的转型之作。不仅仅是改造旧厂房,更是把生态、环保融入其中,特别提出了完全不同的思路——"农居SOHO",这个思路实现了传统到现代的有机更新,同时也创造了当地农民与外来文化人共同创业兴业的"和谐创业模式",这为其他城市的创意产业园区建设提供了很好的借鉴。

5) 旧建筑更新模式——LOFT49园区

自2007年杭州市委十届二次全会提出打造全国文化创意产业中心的目标以来,杭州市快速推动文化创意产业的发展,坚持把文化创意产业园区作为发展文化创意产业的主平台,盘活老厂房、旧仓库、老工业地等存量资源,结合工业遗存、工业建筑和商业活动等特色人文环境,深入挖掘工业文化资源,注重延续工业文化根脉,以保护和利用相结合为原则,建立了多种形式的文化创意园区。在全市十大文化创意产业园区中,利用旧厂房、旧仓库、旧大楼改建而成的园区数量占到了50%。其中,丝联166、富义仓、LOFT49、A8艺术公社、西岸国际艺术区、之江文化创意园等都是工业遗产保护和文化创意产业相结合的产物。

例如,LOFT49园区位于杭州市北部、举世闻名的京杭大运河西岸,距著名的运河古桥——拱宸桥仅500米之遥,是拱墅区"运河天地"的重要组成部分。20世纪90年代中期之前,机器轰鸣,人声鼎沸,一片工业文明的繁荣景象。随着杭州市经济结构的调整和转变,这片老厂区开始逐步从繁荣走向衰弱。杭印路49号原是杭州蓝孔雀化学纤维(股份)有限公司的锦纶厂,旧厂区就置身其中。2002年,随着一些设计公司的入驻,一批充满热情的艺术家和设计师相继进入,短短几年,在这块废旧厂区上形成了个性张扬、富有感染力的新型文化创意产业聚集地,成就了一个响当当的文化创意品牌——LOFT49。园区在发展中注重与旧工业建筑的保护和传承相结合,主要表现在:①充分利用城区闲置的老旧厂房和仓库,在保护原有工业历史风貌的基础上,建设独具杭州特色的创意产业园区和创意产业基地,实现城市更新和发展创意产业的和谐共存;②充分利用现有的商业优势,与创意产业相结合,建立具有杭州特色的时尚文化消费圈,形成产业形态多样的创意产业集聚区;③在保护老城区中具有鲜明地域文化特色的居民区的同时,结合创意产业园区的发展建设,引入新的文化因子,推进城市老城区的保护更新。

此外类似LOFT49园区的旧建筑更新模式园区不断涌现。丝联166坐落于杭州丝绸印染联合厂的旧厂房,有公司对旧厂房进行整体承租、规划,保留原有建筑外形、有代表性的机械设备、工作场景、工艺流程等,并进行创意处理,目前这里已成为集创意、休闲、观光、收藏、销售于一体的园区;坐落于杭州市拱墅区霞湾巷的富义仓,背靠京杭大运河漕运码头,曾是清末运河沿线最大的粮仓。整修开放后的富义仓由杭州当地公司进行合理开发,在保护和合理利用原有建筑和实物的前提下,深度挖掘富义仓的"运河文化"与"仓文化",将富义仓由"物质粮仓"转变为"精神粮仓",并引进十余家文化创意企业,打造高端文化、创意与旅游的复合体,定位于一个国际化、高端化、人文化、传统与时尚兼收并蓄的开放式时尚创意空间。

6)街区更新模式——中山北路创意街区

街区更新模式是将旧街区综合保护与有机更新相结合,通过业态调整、房产整合等方式,把旧街区改造成文化创意产业园区,不仅传承了历史脉流,同时还能依托密集人气,提高文化创意产业交易规模,促使旧街区迸发全新活力。如下城区的"中山北路创意街区"就是这类模式的代表。为了打造杭州特色的动漫研创及营推链条,杭州市政府围绕地域特色,以南宋御街历史记忆体为承载,利用坊巷、社区、广场等街区地域文化载体,整合中山北路、孩儿巷、百井坊巷等特色街巷,挖掘并打造出中山北路创意街区独有的地域文化特色。杭州中北创意街通过整合社区和居民的多方力量,提高社区居民的参与度,以构建居民创意共同体的方式,逐步将部分封闭的居民小区改造为不同层级、开放多元的城市坊巷创意休闲空间。

杭州中北创意街区以动漫产业为主导,动漫研创、动漫体验、动漫营销构筑出街区独有的动漫氛围。街区通过打造中山北路知识产权公共服务平台,协助中小创意组织保护创意知识产权。以知识产权保护体系为依托,在自由的文化商业氛围下,创意个体及组织得以大胆地开发创意产品。动漫体验、动漫展示、动漫销售既满足了年轻消费者的需求,同时也成为中北创意街区最佳的宣传窗口,整个街区因为这些动漫元素而形成了浪漫、时尚、梦幻的氛围。动漫产品的推陈出新、动漫街的日新月异正印证着杭州这座梦幻之城、动漫之都的魅力。

在出行、餐饮、服饰等方面都能找到中北创意街区独有的文化生活氛围,为营造创意出行文化,街区提供了公共中巴、电瓶游览车、公共自行车等多种出行方式;为营造创意餐饮文化,街区以百井坊巷特色美食街为依托,形成独具特色的多元化饮食文化,极大地提升了街区的生活质量;服饰方面,中山北路历来是消费者购买品牌服装、外贸服装及其他特色服饰品的最佳场所。在中北创意街区内部,创意咖啡店、创意体验店、DIY创意店、LOFT商店等各种创意商店的运营,为街区营造出一种时尚、温馨的商业氛围。中北创意街区在利用自身商业基础的同时,打破空间界限,较好地借力于周边的商业集群,通过利用街区周边的西湖景区、武林广场商区、京杭运河文化带等宝贵的环境资源和商业资源,中北创意街区呈现出更加开放、多元化的商业氛围。创意与社区、创意与生活、创意与商业、创意与文化的合理整合,形成了中北创意街区历史特色文化与现代时尚文化完美结合的创意产业生态。良好的生活文化氛围提升了街区的竞争力。中北创意街区自开街以来的一年间,就吸引了上百家文化创意企业的加入。

此外,杭州上城区的"清河坊历史街区""南宋御街"等也属于此类模式的文化创意产业园区。

2. 杭州文化创意产业的发展策略

1)以政策为引导,完善保障体系

(1)完善文创产业出口政策。继续贯彻《关于加快文化产品和服务出口的实施意见》(杭政办函〔2014〕120号),落实税收优惠政策,积极引导企业开拓国际市场;培育一批具有国际竞争力的出口基地;搭建一批具有国际影响力的对外文化交流平台;加强国际文化营销网络建设;支持企业参加境内外各类展会,开拓国际市场。同时,加强组织领导,简化审批手续,为文化出口的商务活动提供便利,建立完善科学合理的文化出口统计指标体系,加强数据研究分析,加快国际型文化人才队伍建设。

(2)完善知识产权保护政策。加强对创意作品及形象的专利申请、商标注册、软件著作权登记等工作,提升知识产权服务水平。建立创意作品著作权登记资助制度,研究制定鼓励版权输出等方面的扶持政策。加快数字版权保护,推动数字内容产业及相关中介服务机构的蓬勃发展,提高对数字版权的保护能力。充分调动文化创意产业社会组织的积极性,建立企业、社会组织、政府三方协调的知识产权保护新机制。加大侵权整治力度,保障创意主体的合法权益。

(3)完善行业准入政策。进一步放宽市场准入,实行负面清单动态管理,降低行业准入门槛,简化准入程序。支持行业协会、联盟等建设,发挥社会组织推动产业发展作用。建立和完善文化市场监管机制。联合市有关部门和文化创意园区,探讨拟制杭州市《文化创意产业园服务规范》。

2)以品牌为引领,打好组合拳

(1)用好杭州城市品牌。提升文创产业国际化,品牌是灵魂。杭州作为全国仅有的几个"双世遗"城市之一,在世界文化遗产保护方面不遗余力。接下来,要继续推动良渚、南宋皇城、西溪、跨湖桥等历史文化的传承和保护,巩固提升西湖、运河世界文化遗产保护水平,带动和提升杭州传统文化的知名度和竞争力。据统计,2014年新入选国家级非物质文化遗产代表性项目名录6项,累计有国家级非遗项目44项,入选数量和总量居全国同类城市第一。把握2016年G20峰会的国际辐射效应,扎实提升杭州·云栖大会、中国国际动漫节、杭州文化创意产业博览会、杭州电子商务博览会等展会的国际化水平,积极拓展杭州会展业国际营销平台,引进国际重要会展项目来杭落户,打造具有国际影响力的会展之都。

(2)鼓励扶持企业品牌。目前杭州文化创意企业数量多,但质量普遍不高,尤其实力雄厚的更是少之又少,培育国际化文化创意企业只有从发展几家大型龙头企业开始,鼓励企业做大做强,才能在国际化市场中占有一席之地。要从政策、资金、人才等方面向大企业倾斜,帮助他们在国际市场中找到自己的地位,确定自己在文化产业发展中的国际角色,真正参与到国际产业文化的分工之中。对中小型文创企业的发展,绝非不闻不问,而是利用市场充分引导,做好上下游产业链配套,扶持一批具有自主知识产权,具备强大创新能力,熟悉国内国际市场的多元化企业。

(3)强调文化创意品牌意识。文化创意产品的输出实质是一种文化和精神的输出,在世界舞台上弘扬民族文化,用民族品牌开阔国际化道路。杭州市要继续用好联合国"工艺和民间艺术之都"这一荣誉,扎实推动传统工艺与现代材质的设计和再造。充分利用Rong-Handmade In Hangzhou这一杭州独创的手办品牌,组织本土优秀设计师参加米兰设计周等国际性赛事活动,将我国优秀的文化创意产品带出国门,推动国际文化贸易的繁荣发展。利用文化创意产品"走出去"的契机,把握国际市场,提升城市形象,培养国际品牌,使杭州成为创造和传播文化创意产品的国际之都。

3)实施"三名"战略,提升产业吸引力

杭州市在充分发挥自身资源禀赋的基础上,经过政府有效规划,打出"名人、名企、名作"三张牌,打造"全国文化创意中心"。如杭州西湖区利用"三名战略"发展文化创意产业激起的"涟漪效应",给我国文化创意产业以启发。

(1)"名人"纷至沓来,引领创意高端。近几年以来,西湖区充分利用环境优势、政策优势、平台优势,大力引进名人名家。据悉,位于国家级城市湿地"西溪湿地"保护区的西溪创意产业园,是西湖区打造影视产业集聚发展的平台。在不大的区域内集聚了国画家、漫画家、导演等几十位大师名家。此外,之江文化创意园引进了一些国际创意界知名人物。

(2)"名企"你追我赶,共创商业辉煌。杭州数字娱乐产业园是国家数字娱乐产业示范基地,它成功拓展了包括"数娱分园""计量分园""龙都分园"等六大分园区,形成"一园六点"格局,吸引了151家数字娱乐类企业进驻。之江文化创意园以艺术品、设计服务类、新媒体类、动漫四大产业为主导,是杭州市唯一的国家动画产业基地拓展区。2010年,之江文化创意园联合中国美院成功申报中国美术学院国家大学科技创意园。园区成功引进一些名人名企入驻。目前,园区正积极打造全国首个以艺术创意为特色的国家大学科技园。西溪创意产业园总建筑面积2.6万平方米,目前已签约20位名人和8家优秀影视公司总部,着力打造国内具有一定影响力的影视艺术人才聚集地、影视产业的原创基地和高端影片、电视剧的拍摄基地。不同的文创产业平台又催生出一批知名文创企业。

(3)"名作"潮涌而出,激发无穷"涟漪"。西溪创意产业园汇聚了一批行业知名企业,目前园区已经形成年出产电影5部、电视剧10部、影视剧800集的作品制作能力。2010年入园企业实现影视产业总产值3.75亿元。如西溪创意产业园已初步形成了国内一流的高端影视原创基地布局,这对打造和提升园区影视产业将起到不可估量的推动作用。

4) 以平台为引擎,加速产业集聚

充分发挥文化创意产业集聚效应,以发展特色文化创意产业园区为空间载体,积极建设各具特色的产业聚集区(特色小镇),逐步形成以骨干企业为龙头主体、文化创意产业园区为依托的全产业链发展格局,促进文化创意产业特色化、集群化发展。杭州有大小不一的文化创意产业园区不下百余个,发展特色各有千秋,引进企业参差不齐。要鼓励入园企业抱团发展,规划园区产业定位,制定园区发展战略,充分发挥入园龙头企业的示范作用,带动上下游中小企业孵化,形成产业发展生态链。加强聚集区公共服务平台建设,构筑市场化的资源共享模式,为园区企业和机构提供技术支持、咨询服务、决策辅助等各种服务,形成结构合理、分工明确、功能互补的专业服务网络。

(1) 以人才为支撑,加快文创团队建设培育一批本土人才团队。实施"杭州市青年设计师发现计划""杭州市青年文艺家发现计划"等重点人才项目,着力培养一批用现代设计重新演绎中国传统工艺的青年设计师、文艺家。开展"大师带徒学艺"等文创人才培养计划,让萧山花边、机绣、陶瓷、手绣、铜雕等传统手工技艺得以传承和发扬。

(2) 引进一批文创顶尖团队。引进具有国际化背景的高素质人才的同时,培养可以"走出去"的复合型人才,从而引领并带动杭州区域文化创意产业的快速发展。对于文化创意产业来说,高素质人才是第一生产力,这不仅包括专业技术过硬的专项人才,还包括具备文化创意企业管理能力的复合型人才、懂得文化企业管理的特殊人才,真正实现技术和人才双重引进。继续实施文化创意人才赴海外培训计划,让有能力的复合型人才,尤其是懂得营销文化产业产品的人才加强与海外机构的沟通交流,开发、拓展我国文化产业走向国际化的道路。

(3) 储备一批创新发展团队。依托浙江大学、中国美术学院、杭州文化创意产业研究中心、杭州师范大学文创学院等高校和科研机构,以市场为导向,做好前期人才的储备工作。人才培养绝不是简单地通过高校扩大招生规模来实现,而是重视学生的综合素质和学习质量。以动漫游戏产业为例,目前各大高校均开设了此类专业,并进行规范全面的人才培养,但是动漫游戏行业需要的不仅是扎实的专业技能,更需要有开拓性的创新思维和紧扣当下的设计理念,需要从业者必须具备较高的综合素质。因此,高校培养人才必须注重以市场需求为导向,培养符合市场规律的高素质人才,注重学生的实践能力,通过积极开展校企合作的方式,将学生所学的理论知识,不断在企业内进行实践,由实践再促进学习,真正培养出符合文化产业发展的优秀人才。

5) 探索融资模式的创新

近年来,杭州市先后创新出台多项举措,搭建了多个工作平台,采取"四两拨千斤"的办法,推动了全市文创产业投融资领域良性发展。

(1) 文化产权市场"三大中心"三足鼎立。杭州市创立的杭州文化产权交易所等文化创意产业投融资平台产业定位明确,着眼于创新融资模式,拓宽融资渠道,已经形成"立足杭州,辐射浙江,面向全国及海外"文化产权市场的"信息、金融、交易"三大中心。其中,文化产权市场"信息中心"旨在收集、代理、发布全市各类文化产权信息,开办各类文化产权交易讲座培训,搭建各类资本的投融资项目意向桥梁,举办各类供求双方对接洽谈活动,加强文化产权信息宣传推广等。"金融中心"旨在联合在杭金融机构,引导鼓励全市文创产业合作金融机构开展金融创新,实现金融产品与产权交易市场对接,引导和鼓励在杭创投机构、民间融资机构采取设立基金等方式扩大公众投资文创产业的参与面。"交易中心"主要包括文化类物权、债权、股权、知识产权(版权)等交易、租赁、采购、登记、托管、认证、代理、经纪及合同备案等综合服务,同时还将为文化创意产业项目与企业提供策划、咨询、评估、法律、审计、会计等方面服务。"三大中心"形成了杭州市文化产权交易的多层次、多主体、多模式的市场格局。

(2)政策与资金双重引导。杭州市早在2008年就相继出台了《关于统筹财税政策扶持文化创意产业发展的意见》《杭州市非公有资本投资文化创意产业指导目录》《关于鼓励为文化创意企业提供融资服务的若干意见(试行)》《关于鼓励为文化创意企业提供融资担保的实施办法(试行)》等政策文件。充分发挥政府对市场的引导作用,成立文化创意产业发展专项资金,扶持文化创意产业发展。专项资金推行"立项管理"的办法,面向社会公开申报,专家小组组织评审,多种所有制形式企业公平享受。同时,为降低金融机构的风险,杭州市通过风险补偿、贷款贴息、担保费补助、担保代偿损失补助等政策,鼓励在杭的银行等金融服务机构为杭州的文创产业融资,特别是鼓励金融机构以无形资产质押或以无形资产为主的组合贷款方式提供融资服务,同时以上市培育对象资金奖励的方式,鼓励和培育文化创意企业改制和上市融资,支持企业做大做强。为此,杭州先后与中国银行浙江省分行等七家金融机构签订融资战略合作协议。根据协议,签约的金融机构要为中小型文化创意企业提供融资服务。

(3)信托债权"四两拨千斤"。丰富的文创产业融资产品是拓宽文化创意企业融资渠道的必由之路,杭州市文化创意产业集合信托债权基金是文化创意产业融资领域的一次创新,充分发挥了财政资金"四两拨千斤"的杠杆作用,改善了杭州市中小型文化创意企业融资产品缺乏的局面,拓宽了企业的融资渠道。早在2008年12月,杭州市相关部门协助浙江中新力和担保公司、中投信托公司和杭州银行等金融服务机构联合推出首期杭州市文化创意产业集合信托债权基金——"宝石流霞"集合信托债权基金。同时,为解决杭州市文化创意产业资金供需双方的信息不对称的问题,杭州市相关部门通过搭建文化创意企业与金融机构对接平台,对外集中发布有关文化创意企业的融资需求信息,鼓励双方通过开展"银企洽谈会""融资洽谈会"等活动,降低金融机构融资门槛。到2010年,融资规模已超过46亿元。

以此为基础,杭州市不断加大金融创新力度。其中,北京银行杭州分行在分行层面上设立了单独的"创意贷"文化产业指标,制定《"创意贷"文化创意中小企业客户营销与管理指引》文件指导支行开展业务,并将其根据文创企业类别细分为10类信贷子产品;杭州银行将"连锁贷""订单贷"等产品引入文创领域,并重点推出了动漫版权质押贷款;浙江银行西湖支行将融资性保函运用于文创领域,创新了文创企业信贷抵押方式;市文创办、市文广集团、杭报集团共同出资成立杭州文投创业投资有限公司,作为杭州国有文创产业投融资平台,为文创企业提供多方位的投融资服务。

思考与讨论:

(1) 杭州的文化创意产业的发展给我们哪些启示?

(2) 杭州文化创意产业集群发展有何特点?

(3) 请利用互联网或者亲身考察一个杭州文化创意产业园区,写一篇调研报告。

(4) 结合2016年在杭州召开的G20峰会,从文化创意的角度谈谈杭州是怎样"讲好中国故事及杭州故事"的。

第五章 文化创意产业实践

我们生活在一个发生巨大变革的时代,一个快速变化的世界。我相信卓越的设计创意会给我们带来希望,为我们创造一个更美好的世界。

——[英]约翰·霍金斯

第一节 出 版 业

在激烈的市场竞争中,出版产品在市场上难以打开销路,这与出版产品缺乏创意有关。要知道,毫无创意的产品难以引起消费者的兴趣,更难以拓展市场。当然,产品创意并非凭空想象,创意者要有一定的科技头脑和一套摸透消费者心理,并投其所好的本领,只有这样,才能使出版的产品创意一举成功,使消费者"一见钟情",从而使产品不断拓展新的市场空间,并在市场竞争中畅销不衰。出版业既属于制造业,也属于服务业,本质上是以出版图书为中心工作,是把别人的创意传播出去的一个产业。[1]

出版创意产业的核心是要构筑产业链和实现产业的延伸,而在产业链上滚动的核心价值就是知识产权。一部作品在被发表之前是没有任何市场价值的,在发表后,就被赋予了版权价值,并得到保护。随着产业链的滚动,作品被制作成电影、电视片以及其他衍生品时,其版权被多形式、多途径地开发,得到释放,才能实现飞跃式的提升。这才是"创意"成为"创富"的关键。

美国创意大师乔治·路易斯有一段名言:"一个伟大的创意能使默默无闻的品牌一夜间闻名全球,一个伟大的创意能开创一个事业或挽救一个企业。"出版业是内容产业,图书本身就要求体现创新思想。全世界认同的图书产品必须是有创新的。图书市场源自读者的阅读需求,而阅读需求是处于不断变化中的,如果长期得不到满足就会逐渐减退,进而反过来作用于出版市场。图书创意一是要注重单本原创图书的出版;二是在出版过程中,强调从市场和读者的角度出发,进行大规模的文化创新。图书出版创新包含内容创新、形式创新、销售创新等一整套的出版创新体系。因此,出版创意可以大致归结为选题策划创意、装帧设计创意、营销(广告)创意、版权(保护)创意以及创意人才的培养等内容。[2]

1. 选题策划创意

一本好书,首先必须拥有好的选题,一本书有一个好的选题策划往往就成功了一半。

---

[1] 柳斌杰.大力推进出版业的现代化[C].2005 上海出版印刷技术与教育国际研讨会论文集(出版发行研究增刊),2005:1-3.

[2] 楼文高,宋红艳,匡罗平.创意产业及出版业创意发展策略[J].出版发行研究,2007(2):26-27.

如上海文艺出版总社策划出版的 16 卷大型史书《话说中国》,选题策划历时 8 年,终于在 2005 年全部推出。这套全方位展示中国五千年历史的精品图书以其全新的叙事方式和编辑理念,以"立足于学术、着眼于大众"为特色,创造了一种"从任何一页都可以开始阅读"的全新形式。读者从任何一页翻开,看到的都是一个独立的小故事和与它相关的知识点——每一个版面都形成了一个完整的阅读单元。全书展示了 3000 多张历史图片,讲述了 1500 多个故事,涉及的历史文化知识点 7500 多个,总计 4800 页,读者在阅读一个个小故事后,记住了一段历史,也记住了这一段历史背后的民族魂。这套书已成为上海文艺出版社的一个文化品牌,其价值不只体现在文化传承、学术普及、人文教育,更重要的是开拓了出版的新理念、新空间、新路径,整合出版界与学术界的有效协作、双向互动,铸造和构建了有自主知识产权的文化品牌和出版品牌。创新所带来的不仅仅是文化价值的认同,更有着经济效益的回报:《话说中国》已累计销售 160 万册,总码洋达 1 亿元以上,美国《读者文摘》已购买了该书的海外版版权,这也是这家美国老牌出版商首次在华购买图书版权。因此,选题策划是出版创意的重要环节,选题创新,书籍才能创新。策划过程中最重要的是要增强创新意识,使每一个选题都具有独创性和开拓性,即在书籍的内容、形式、写作角度和编撰体例等方面的创新,或是开发新的选题领域,或者在原有的选题领域中拾遗补阙,创造出新的图书品种,或者改变图书的形式等,最终赋予图书全新的使用功能。每一个选题都应该有新的构思,形成鲜明的个性特色。

1) 掌握信息,获得灵感

选题的创意与灵感实际上来自编辑对各种信息与知识的有效判断。众所周知,选题源于信息,但信息不等于选题,所以编辑要想策划好选题,必须要对与选题有关的重要信息保持高度的敏感性与灵敏性,同时对与图书选题有关的一些重要信息有超强的预测力与敏锐的思维力,并且对这些信息能做出积极的、有效的、富有创造性的选题构思与研判,即选题来自瞬间的灵感。编辑的灵感是编辑在接收信息之时,对各种有用信息做出的一个综合的、积极的反应,并在恰当的时机做出恰当的、富有新意与创意的选题判断与构思。所谓灵感,并不是空穴来风,也不是什么神赐力量,而是对各种与选题相关的重要信息与知识进行的有用性判断。

2) 内容创新,赢得读者

优秀的内容永远是优秀媒体的主宰,维系着我们与未来世界。在图书市场中,无论外界如何变幻,只要内容经得起推敲,图书就能历经百战而傲然挺立。因此,在媒介多元化的时代,提高内容质量,打造内容优势。是图书编辑首先应该考虑的问题。特定的时代环境决定了读者的阅读内容,职场小说的兴起就是一个极好的例证。目前,中国正处于市场经济快速发展的阶段,上班族面对骤长的工作压力和复杂的人际关系,阅读职场小说成为他们日常生活的一部分。正如《杜拉拉升职记》的出版,里面有新人生存的艰难、职场的竞争、人生的困惑,众多上班族在书里体验着复杂的职场角色和生存法则。这样的图书内容契合了上班族的心理和知识所需,由此风靡一时,更成为"中国白领必读的职场修炼小说"。2007 年,《杜拉拉升职记》上市之后,销量一直居高不下。在调查阅读《杜拉拉升职记》小说的读者中,首先观察学习职场生存术的人数最多,其次感动于杜拉拉顽强拼搏、独立奋斗的精神,最后则是感觉杜拉拉就是自己在职场中的翻版。由此,极具现实意义的小说内容,加上富有创意的形式,《杜拉拉升职记》创造了一个内容卖点,在引起众多上班族青睐的同时,也催生了越来越多的职场小说,开启了图书的一个新的门类——职场小说。图书策划编辑如何制作出更多读者喜欢的图书,在图书内容的选择整理中就要下足功夫。面对整个图书市场,要做详细的调查,收集读者购买的图书信息,从而确定该阶段读者偏爱的阅读内容。并根据对图书市场现状和发展趋势的综合把握,充分考虑读者的需要,追求内容上的创新。①

3) 善于策划,主动出击

在资源整合时代,出版社的存在价值体现在选题策划之中。选题策划离不开创意,一旦离开了创意,图书选题也就失去了存在的价值和意义,可以说创意是选题策划的生命线。出版业的创意策划人员应善于策划,主动出击,在别的策划者还未想出某一创意之前,就已经想到了好的创意,体现出有超前意识的策划行为。通常有如下几种方法。

(1) 先行法。先行法是选题策划中最重要的策划方法,这种方法需要策划者反应及时迅速,具有善于捕捉出版信息的能力,在思考策划选题时善于联系社会上新近发生的重大热点问题。因此,这种策划方式主要适用于社科类图书的选题策划。需要注意的是出版时间早也不一定会畅销,关键是看图书的质量,"既要最早,又要最优"应该成为选题策划者的自觉追求。图书市场的热点具有周期性,能否在热点图书市场抓住商机,分得蛋糕,在运用先行法策划图书选题时,需要对重大社会热点问题反应敏锐迅速,出版及时并有一定的创意,否则容易成为跟风出版。读者会因为一些重大热点问题的出现而引发其读书求知的兴趣,从而促使这类图书的热卖。

(2) 扩充法。扩充法是指当一种选题获得成功以后,策划者对其进行深度和广度延伸,也就是对相关选题进行横向和纵向的扩充。扩充法一般是研究分析过去一直畅销的某个选题,并把它的畅销原因分解为若干元素,在此基础上提出新的套书丛书选题。如《演讲与口才》原本是一本畅销书,在此基础上又延伸出了《演讲语言技巧与实践》《公关语言技巧与实践》《导游语言技巧与实践》《律师语言技巧与实践》和《主持人语言技巧与实践》系列丛书选题,使之与职业培训、各行业实践直接挂钩,达到了比较理想的效果。

(3) 联想法。联想法是指由某一个社会现象或事件引发出策划人员的联想,从而策划形成一本书。这种方法要求图书策划人员博闻强识,可以由一种社会现象联想到与此相关的很多内容,或者由某个事件引发出无限的联想,据此构思出一个出版选题。假如我们看到有个叫"浪漫经典"的婚纱摄影连锁机构,这时我们可以联想到将"浪漫经典"作为书名,策划一本关于歌颂和赞美爱情的图书,书中可以汇编国内外众多经典爱情故事,上到帝王将相下到平民百姓都可囊括其中。又比如,我们听过孟姜女哭长城的故事,这一故事被称为"千古绝唱",因此,我们可以想到将《千古绝唱》作为书名,把各行各业绝无仅有的人才及绝活汇编成册。总之,联想法需要在生活体验的基础上,进行加工和改造,不是臆造和胡思乱想。采用联想法进行策划,需要编辑策划主体善于体会和观察生活,并能采用逆向思维和发散思维,不断联系图书市场和生活现实,对主体的素养要求较高。

---

① 冯善德. 创意营销,让图书走向成功[J]. 出版广角,2013(8):44.

(4) 借鉴法。借鉴法是指借鉴别的策划者的经验,并在此基础上反复推敲琢磨从而策划出更有创意的图书的策划行为。借鉴法可分为跟踪、反思和网络三种具体的操作方法。

跟踪并不是简单地跟风,而是借助一种出版潮流,打造出自己的精品图书。跟踪在这里有两层含义,一是指借鉴别人的好的选题策划;二是借鉴自己曾经策划得比较成功的选题。由市面上成功的畅销图书出发思考选题是业内公开的秘密,这就是运用跟踪的方法对一些选题进行借鉴和改造,从而策划出更好的选题。例如,北京出版集团出版的《登上健康快车》打响后,紧接着开发出版了《少儿健康快车》。针对非典肆虐的情况,又出版了《登上健康快车之非典专列》,满足了当时群众对于抗非典知识的需求。随后,其他出版机构也不甘落后,将这一选题进一步扩散。国际文化出版公司出版了《踏上健康快车——注意身体的24个警告》,吉林人民出版社出版发行了《登上家庭营养快车》,成功地分割了市场上的经济利益大蛋糕,从一个选题中看到了新意,运用跟踪法策划均获得了成功。

反思是指当我们发现市场上有畅销图书后,可以反其意而为之,组织策划观点相反的图书,从而吸引读者的注意,借助畅销图书的势头分得市场一杯羹。这种方法需要策划者采用逆向思维,发掘市场冷点并等待冷点变为热点,以收到意想不到的效果。如《千万别学英语》的成功之处就在于巧妙地掌握住了读者的叛逆心理,刺激更多的人学习英语。《千万别认真》《千万别说日文》《千万别这么穿》和《千万别炒股》等图书均是运用反思法策划出的选题。在影视文化圈的"戏说风"盛行之时,许多出版社纷纷出版影视同期书,而中华书局则凭借自身的品牌号召力和扎实的学术功底,推出了旨在"解密历史真相,走出戏说误区"的"正说"历史书系列,满足了大众读者对于历史真相的探索欲,受到了广大读者的一致好评。反思法实质上属于跟风,但它是从反面跟,只要跟出新意和个性,就能开辟新市场。

网络法是通过一些出版与读书方面的论坛、博客、贴吧获得当前图书信息,并通过与网友交谈,了解读者的潜在需求,是获得选题灵感的重要途径和重要方法。点击率很高的网络文学、论坛或者知名人士的热点博客等,往往可以直接成为图书选题,如《第一次的亲密接触》《明朝那些事儿》《悟空传》《老徐的博客》皆因网络的流行而得以出版。北京开卷信息技术有限公司网、中国图书出版网、中国出版信息网等出版专业网站,中华读书网、博客中国网、"榕树下"等文学创作网站以及著名大学的网站都可以为图书策划者提供选题素材,激发策划灵感。①

(5) 挖掘法。挖掘法是指将传统文化精品取其精华,去其糟粕,进行严谨的编校和现代的包装之后重新推向市场,或者对传统文化进行延伸和创新,然后设计、研制出新产品。在我们的传统文化中,遗留着许多看上去毫不起眼的珍宝,编辑人员在选题没有头绪的时候,不妨从传统文化方面着手去激发创意并挖掘选题。此外,对传统文化还可以进行研究并进行重新创作,形成新的创意与产品,让传统文化焕发新的生机与活力。②

例如,山西人民出版社2009年11月出版的《聂绀弩旧体诗全编注解集评》(全三册)是

---

① 贺亮明. 出版创意下的选题策划[J]. 中国出版,2011(1):47-48.
② 余人,段雨濛."互联网+"时代图书选题创意从哪里来[J]. 出版广角,2015(14):12-15.

迄今收集聂绀弩旧体诗最全、注解最详、研究用力最勤的一部书。作者侯井天老人前后花费20余年心血搜集聂绀弩诗653首并整理、笺注，虽然该书受诗词类图书大气候的影响整体销售相对一般，但影响较大。就是这样一部用功颇深的力作，竟然曾经转了大半个中国才得以出版。

4) 转换视角，二次开发

这是指出版业对文创产业的二次创意开发。现在为了更好地利用文化资源，出版业结合文创产业探索全新产业模式，以版权保护为核心，以创新为灵魂，构建全新的创意开发体系。在具体的实践中，出版业尝试创建融合了出版和文创的开放化业务平台，探索全新的业务增长点，促进版权资源开发，丰富版权形态，实现对多方面优质资源的整合应用，提升版权保护工作的综合效果。[①] 与此同时，出版业构建柔性生产工作模式，探寻与不同个体和组织之间的多元合作，从而推动出版业的业务融合，增加融合业务平台对专业人才的吸引力，提高开发的整体效能。

出版业在进行文创产业二次创意开发时，可以结合出版视角，从不同的方向进行选题策划创意。

(1) 基于视觉体验的二次创意开发。互联网的高速发展使信息传递载体出现了变化，从文字载体转变为图像载体，以视觉导向为核心的产品开发设计理念出现并得到普及应用，这为文创产品的二次创意开发提供了良好的支持。因此在对文创产品进行二次创意开发的过程中，设计人员要从视觉体验的角度出发，突出产品外形的创新元素与美学色彩，在对不同的色彩进行搭配组合的过程中，形成视觉符号，展现独特的产品外包装，同时融入感性元素，更好地传达情感，丰富产品的文化内涵，增强文创产品的文化性。例如，在中国诗词大会引发大众广泛关注后，五洲传播出版社将古诗词产品的创意开发作为主要方向，出版了"最美古诗词手账本"，手账本的封面和内容都有对应的古诗词和简笔画等，将四季作为主题，为受众呈现传统文化艺术的魅力，使他们加深对传统文化内容的理解。

(2) 基于新奇元素的二次创意开发。文创产品一般将青年群体作为目标受众。随着时代的发展，青年人的消费理念出现了巨大的变化，他们更加向往新奇的事物，希望能在文创产品中感受更多的美学元素，提升审美情趣。因此出版企业在进行文创产业二次创意开发的过程中，要突出产品的新奇化特点和个性化元素，确保创意开发与传统文创产品的同质化开发区分开来。在实际探索二次创意开发的过程中，要注意从多角度探索个性化元素的应用，以吸引消费者，获得消费者的认同。如中信出版集团在对《红楼梦》文创产品进行二次创意开发的过程中，就将红楼故事元素融入日历文创产品的开发中，以红楼故事表现时间的变化，得到了消费者的一致认可，在给消费者带来新奇体验的同时，极大地促进了该集团文创产品的多元化发展。

(3) 基于叙事传达的二次创意开发。从出版角度进行分析，叙事传达是文创产品二次创意开发实践中需要重点关注的问题，出版从业人员在积极探索文创产业二次创意开发的过程中，可以从叙事表达入手，借助故事情境的创设丰富文创产品的感性信息，从而展现产品的文化价值和魅力。在对文创产品进行二次创意开发设计的过程中，可尝试从三个层次

---

① 郑正真. "十四五"时期我国文创产业发展趋势及路径研究[J]. 西部经济管理论坛, 2021(1): 1-7.

入手强化文创产品二次创意开发的叙事表达:其一,策略层,即在叙事表达过程中增强文创产品的说服力,使其故事呈现效果更好;其二,意义层,即在文创产品创意开发的过程中,要进一步凸显故事方案设计和语境层次;其三,技术层,即在文创产品二次创意开发过程中要突出产品的素材,强化产品的形式。在三个层次的开发中,策略层是关键,其借助独特的感性故事传递相关内容,能增强文创产品的文化属性,引发受众的情感共鸣。以南京大学出版社对"南大故事"笔记本的创意开发为例,在开发过程中,该社邀请画家杨小民参与设计活动,在笔记本中融入南京大学的发展历史,使该产品呈现不一样的文化叙事主题。第一册笔记本的主题为"永远的先生",对南大历史上著名的教授进行了介绍;第二册笔记本的主题为"象牙塔里的猫",对南大校园中的流浪猫进行了介绍。不同的笔记本展现了不同的、独特的南大故事,这些故事以情景化的方式融入文创产品中,增加了文创产品的文化底蕴,体现了文创产品文化传承的特色,可以说二次创意开发效果颇佳。①

(4) 基于自然生活的二次创意开发。文创产品与其他产品间的差异在于:设计者将自身对生活、对文化的理解注入产品设计中,用户可在使用产品时,体会产品蕴含的人文价值,使产品摆脱单一的功能属性,具备文化属性。因此,出版社在开展文创产品二次创意开发时,需注重自然生活的引入,将自然、生活融入设计理念中,强化产品的文化属性。也就是说,文创产品二次创意开发可从产品风格与产品类型入手。

在产品风格创新中,设计者可遵循自然的简约、生态理念,进行文创产品设计。以人民文学出版社创意开发的文化衫、帆布袋及笔记本等文创衍生品为例,设计者将极简风格运用到极致,遵循"少即是多"设计理念,尽最大可能降低产品符号的复杂性,以简约符号表达文化韵味。在此基础上,人民文学出版社又推出了卫衣作品,在黑色外衣上绣上"无事亦匆匆"等字样,表达了自然简约的生活观。

在产品类型创新中,设计者可结合社会最新生活理念,进行文创产品创新。例如,河南科学技术出版社在发现社会流行"手工热"后,创新产品类型,拓展文创产业链,以吸引更多用户。通过开发手工类图书,将刺绣和布艺引入图书制作中,开发拉链、面料等手工配件,使用户可以购买文创产品进行手作,感受人和物间的密切联系,有助于推动文创产品的创新发展,扩大手作文化的传播深度与广度,培养用户的"惜物态度",养成尊重自然和生活的价值观。②

2. 装帧设计创意

书靠装帧成型,没有装帧不称其为书。为了"传播"和便于"阅读",一本图书、一种杂志都必须装帧,而且均以各自独特的形态呈现在人们面前。书籍装帧艺术创作的核心是设计,而设计的核心是创意。③ 书籍装帧设计主要有书籍装帧的艺术形态、书籍装帧的形式意味、书籍装帧的视觉想象、书籍装帧的文化意蕴和书籍装帧的材料工艺等,无一不需要创意。面对数字出版带来的市场冲击,纸质图书正在艰难革新,而装帧创意正是纸质图书革新突困的重要方向。日本著名书籍装帧艺术家杉浦康平提出过书籍的"五感说",认为书籍

---

① 洪润明,万平. 出版视角下文创产业的二次创意开发途径分析[J]. 出版广角,2021(7):30-32.
② 杨斌. 基于出版视角的文创产业二次创意开发分析与研究[J]. 北京印刷学院学报,2020(2):7-10.
③ 邓中和. 书籍装帧创意设计[M]. 北京:中国青年出版社,2004:10.

装帧不应仅局限于视觉感受,应开拓传统思维的限制,书籍的装帧在设计师的创意构思下,通过对内容、插图、色彩、纸张材料、制版、印刷等多方面元素的巧妙结合,也能够对读者的触觉、嗅觉、听觉、重量感有所触动。[①]

在书店琳琅满目的图书中如何让读者一眼就挑中你的版本,必须要在图书外观设计、色彩应用、材料选用及制作工艺等方面下一番功夫。事实证明,一件成功的装帧设计之所以能在同类作品中脱颖而出,关键在于设计者选取了一个独特的角度,一个恰到好处的表现手法,并使两者完美结合。好的装帧设计都有其独特的创意,或在构思上,或在色彩上,或在设计语言上,以鲜明的个性,彰显自己的特点,也反映了设计者对美学意识的体悟和形式美的创造。例如,商务印书馆创意的"爱茶人的圣经"——《茶典》一书自2017年9月出版以来,先后获得当年"中国最美的书"称号和2018年度"世界最美的书"荣誉奖。这本汇集了《茶经》《茶录》《品茶要录》《煎茶水记》等八部中华古籍的"茶典",在出版创意尤其是装帧设计方面有一定样本意义。"80后"设计师潘焰荣承担了《茶典》的设计工作。商务印书馆将《茶典》一书的目标读者定位为具有一定古文阅读基础和艺术修养的爱茶之人、中国传统文化爱好者。因内容主要源自《四库全书》,没有标点的古籍还是容易令人联想到文字艰深、装帧单调,进而可能影响读者的阅读兴趣。为此,潘焰荣拟在保留古籍文化内涵和基本元素的前提下,融入现代书籍装帧技艺,以重建古籍的现代视觉秩序,力求做到内容与形式有机一体,最终有助于给读者营造出一种全新的阅读体验。

最能体现《茶典》"雅润清静"韵味的当属该书的封面设计。潘焰荣首次提交的方案便得到出版方认可:封面扬弃了其他元素,只有"茶典"两个"欧体"正楷大字,以最简洁的手法突出了主题,厚重大气。"茶典"两字并非简单的集字,而是潘焰荣根据欧阳询的字体笔画设计出来的。宋人工书法,崇尚唐人欧阳询、颜真卿、柳公权的字体,早期的宋书雕版,多盛行"欧体"。选用"欧体"设计书名,苍劲古朴,较好地诠释了"茶"这一中国文化的底蕴。为了配合内文纸张的柔软手感,潘焰荣还舍弃硬皮护封的精装做法,选取轻盈柔软、富有质感的墨绿色水洗牛皮纸作为封面材料。墨绿色水洗牛皮纸经过传统的凸版印刷工艺,油墨表现力较好,色调饱满丰富,也契合"茶典"主题。浅草绿的腰封,三面切口喷青金,同样与封面色调融合,整本书看上去有如一枚新芽绿茶。内文选用"圣经纸",较好地解决了《茶典》"厚度"问题。《茶典》原书加起来共有386个筒子页,按现代书籍的页码计算,则有772页。如果采取传统宣纸影印,该书需要装订成7册,不便阅读;要是运用现代胶版纸印刷装订,则可能变成一块"大砖头",过于笨重。成品应是一本轻薄、柔软、精巧的书,才能确保获得较佳的阅读体验,既可案头翻阅,也可随身赏读。为此,纸张的选择成为关键。经过反复比较,商务印书馆放弃了新闻纸、号薄纸、轻涂纸等各种轻型纸张,接受印制合作方的建议,最终锁定了俗称"圣经纸"的纸张,这正好暗合《茶典》作为"爱茶人的圣经"这一创意。出版方选择了50克"圣经纸"打样,采用锁线空脊装订,最终书脊的厚度被有效地控制在3厘米,整本书既不失端重感,又能完全摊平,便于阅读。《茶典》内文保留了完整的书口(中缝),但没有沿袭中国古代线装书常用的筒子页形式,红色版框、朱丝栏与繁体竖排的正文红黑相间,层次分明。为了便于读者调整阅读节奏,同时更全面地体验中国"茶"文化的多元景观,

---

① 童翠萍. 书籍装帧创意设计:装帧学的拓荒之作[J]. 中国图书评论,2004(10):58-59.

潘焰荣挑选了苏轼、米芾、唐寅等人与"茶"相关的八幅书画作品,如《新岁展庆帖》《苕溪诗卷》《事茗图》等穿插于全书之中。潘焰荣没有按传统做法完整展现整幅书画作品,而是截取与"茶典"最贴切的构图,将温润典雅氛围的营造放在首位。同时,《茶典》借鉴古籍装帧技艺,将原本的拉页通过折叠和装订形成左筒子页、右侧递进切口的样式,使得整本书看上去素雅、大方。

《茶典》融古今设计装帧特色于一书,对古籍资源建构了现代视觉秩序,2017"中国最美的书"评委会称该书采用现代设计语言阐释古老的茶典,可谓实至名归。①

书籍作为一种文化商品,需要设计者的设计充分展现书籍的社会效益和经济效益的双重属性。图书装帧创意就是通过观察、思考、想象和经验来表达作者和设计师的思想意志,使读者通过想象和联想"深入其境"。在图书市场激烈竞争的当下,图书装帧以艺术形态表现书籍内容的同时,更是作为书籍的包装和广告而存在,传达书籍内容,更以创意形态形成强有力的视觉冲击和审美快感吸引读者的购买。书籍的装帧设计创意要突出以下几个方面。

1)装饰性

装帧设计在某种程度上也是一种装饰的表现。如封面上所用的色块、文字、字母、图案、点、线、面都有一定的装饰性。书靠装饰才能完美,俗话说:"货卖一张皮。"就像女孩子爱穿漂亮的衣服,佩戴一顶美丽的帽子,穿一双漂亮的鞋,戴一副高雅的耳环来打扮、点缀自己,显得更加协调、高雅、大方、娇美。封面设计也是同样,哪怕是一两块协调的颜色,一个小小的图案,一排文字或字母,放在适当的位置,整个画面立刻会生辉,就会得到意想不到的艺术效果,也能达到尽善尽美的艺术感觉,使图文融合一体。装帧设计的装饰性要突出以下几个方面。②

(1)图案变化。图案在设计中的应用可以体现书籍的内容或者单纯为了装饰。财经类图书封面上的图案既可以是具象的,也可以是抽象的,甚至是象征性的图案。往往因一个图案的变化而达到出神入化的艺术魅力。

(2)色彩变化。色彩是装饰上最实际的因素之一。封面上的颜色基本上都是以装饰性出现的。色彩的明度变化、灰度变化、冷暖对比以及黑白灰的变化等,如在封面上用得好,都会产生强烈的装饰效果。

(3)文字变化。文字的装饰性应包括所限定的封面文字,包括其本身的艺术构成和以文字为主要装饰这两个方面。③ 图书封面上的文字可以组合图书,可以形成点、线、面,也可以呈现出上、下、左、右、横、竖、斜、曲、方、正、圆等活泼的排列方式,还可以把题目中的某一个起重要因素或有趣的字进行放大或缩小处理,或题目重叠等。在封面上只要经营得好,可以造成多变的视觉反应和装饰效果。这方面,日本经济类图书的书装设计尤为突出。

2)书卷气

中国美术家协会插图装帧艺术委员会邓中和秘书长认为:中国和西方在文化精神方面存在一定的差异,西方艺术品的美感产生来自对"数"的掌握,即比例、长短、节奏、均衡、

---

① 王晓燕.《茶典》出版创意探析[J]. 中国图书评论,2018(9):122-125.
② 冀贵收. 创意求新 增强现代意识——经济类图书装帧设计的几点探索[J]. 美术大观,2009(7):119.
③ 谭冰玉,张希广. 谈文字的装饰性[J]. 装饰杂志,1992(1):44-45.

曲直、明暗；而中国的文化精神更注重"气"的整体观念构建，即由气产生的意蕴美感享受。①西方的审美特点注重实体性和明晰性，中国则更看重"气韵"的感悟，因此我国的图书装帧更应注重书籍的外在形式设计，通过对装帧设计中各个元素的整合运用，使整体呈现出深刻的意蕴美，若有似无的神韵，可使书籍整体形态呈现出立体、多面、多层次的美感。一本书就是一个生命体，这个生命体不是静止的，它是流动的，它要富于生命力，这样才能打动读者。②

每个民族都有自己的民族文化、精神，有自己独特的审美，书籍作为文化传承的重要载体，在适应时代性要求的当下，更不应该丧失民族性。"书卷气"是我国图书装帧设计的显著特征，"书卷气"是对于中国文化精神中的诗意、情趣、韵味等意蕴的表达，强调设计者将自己的思想意志融通于书籍的整体形态之中，是与设计师审美情趣的结合的表现。同时，"书卷气"蕴含了儒家、道家等的文化精神集合，和谐典雅、飘逸自然、空灵虚无都是可以经由设计师思维的创意构成而体现。"书卷气"要求设计者不仅要对传统文化有深刻的学习和领会，还要求设计者必须具有良好的意趣修为。无论面对何种装帧风格，"书卷气"对于我国的图书装帧事业都起着重要作用。③

3）广告性

过去的图书讲究书卷气，色彩协调、素雅，而现代人则追求格调鲜明、醒目，突出主题，给人以强烈的艺术视觉效果。同样，图书不能本本都追求书卷气，要据书的内容而定，要按图书的特点来设计，才能达到内容与形式的完美统一。

在商品竞争的时代，广告意识在某些情况下会起着十分重要的作用。在不脱离书卷气的同时，适当地增加广告味，甚至可以用强烈的广告意识在视觉上激发读者的购书欲望以及促使书店业务人员增加订书量。

3. 营销创意

书业流行这么一句话："出一本书并不太复杂，复杂的是要把书卖出去。"因此，图书选题策划成功与否的一个最重要的标准就是其销售量的大小。图书促销宣传活动是指出版社或发行企业以人员或非人员的宣传方式，向读者传递图书信息，帮助或劝说读者购买图书，从而促进读者的消费需求和购买行为的一项市场营销活动。出版者和经销者必须要让读者知道自己的书并且能喜欢，在图书出版品种越来越多，媒体形式日益丰富，网络出版、电子图书增长快速的今天，图书的促销宣传已经变得越来越重要。事实一再证明，市场行销的经营决策与行销策略创意企划对图书销售具有举足轻重的作用。以下图书营销创意手法值得借鉴。④

1）"三网合一"全媒体营销

"三网合一"是将"互联网""实体店渠道"与"手机移动网络"捆绑在一起进行销售，进而实现共赢局面，这是具有重要意义的与时俱进的新商业模式。如在公交车、地铁上搭载广

---

① 邓中和. 编辑与装帧[M]. 北京：首都师范大学出版社，2010：10.
② 晏星. 装帧设计艺术思维断想[J]. 保定师专学报，2001(1)：106-107.
③ 程艳林，庞燕. 图书装帧的创意缺失与解决途径探析[J]. 公安海警学院学报，2014(12)：72.
④ 张令宇. 现代化图书营销创意在出版策划中的作用[J]. 编辑之友，2011(3)：31.

告,或在移动电视上播出自己的新书资讯或书评;与新浪、搜狐、腾讯等门户网站合作,开办官方博客、微博,设置不同的宣传板块,如新书快讯、活动公告、打折促销、网上阅读、书评及排行榜等,最重要的是吸收点击读者为好友及会员,将所有关注博客的博友作为自己潜在的读者,提供尽可能实用、丰富的信息与服务,更好地进行沟通与交流;针对手机网络特点进行信息传播,与用户量较大的手机报合作,定制图书广告信息;与人人网、开心网、腾讯网、豆瓣网等学生、上班族经常接触的网络平台联合宣传,同时开通微信关注,定期发布图书信息,加强宣传,也是目前比较盛行的互动营销方式。出版单位的互联网、移动网与实体店渠道在营销中要步调一致、取长补短,才会相得益彰。同时,更多的对外宣传窗口及与读者互动的条件,可使营销效果以散射的方式成倍增长。①

随着数字化时代到来,世界上大型出版集团均把电子书的开发放在重要的位置,这不仅是内容文本的全部数字化,更是将业务的触角全面进入互联网领域,将电子书、线上阅读、数字版权等一系列安排从头规划。②

2)"限量版"营销

提到"限量版",在一些品牌服装或饰品的促销中已经司空见惯,但有些较特色的书采用"限量版"销售模式,在售罄几万册限量精装书后,带动了几十万册平装书的销售业绩。比如限量版图书每本都有一个独一无二的专属号码,一个精心设计的盒子,其中包含一本精装书、四十余款插画海报卡片、奢华笔记本。这种将读者的关注重点转至图书升值前景的限量版营销模式,利用稀缺性找到出版契合点,不仅为了赚取限量版的利润,更是为了以品牌图书的人气带动平装版图书产生更大的市场需求空间。

3)利用名人营销

让名人的"金口玉言"对图书给予正面评价,这种评价有很高的"含金量",是较能征服消费者的"广告词"。例如,据传外国一出版商有一批滞销书久久不能脱手。出版商经谋划后给名人送去了一本,忙于公务的名人不愿与他多纠缠,便说了一句"这本书不错"。接着,出版商就大造舆论,让读者看名人喜爱的书,于是这批滞销书被一抢而空。不久,这个出版商又有一些书卖不出去了,又故技重演给名人送书。结果,上过一次当的名人就说"这本书糟透了"。为此,出版商又大做广告:"某名人说这本书糟透了。""请看某名人讨厌的书",人们出于好奇,又将书抢购一空。第三次,出版商将书送给名人,名人接受了前两次的教训,便让出版商先将书放下,但不作任何答复。出版商谋划后又如法炮制,大做广告:"这本书令某名人难下结论,请你读后评价!"居然又被好奇者抢购一空。名人哭笑不得,商人却大发其财。

与出版界以外的文化界名人群体合作,可以帮助图书的推广与销售。早期出版社大多采用为名人出书的方式,利用名人效应来带动图书销售。而现在,越来越多的出版社转变了名人在出版中的角色,不再将其单单作为作者或仅为图书内容的主线。如请影视明星为图书做代言人,在发布会上,不仅仅是简单地与记者答问,而是按照小型歌迷会或演唱会的形式打造;请歌星为图书创作同名主题曲,利用歌曲的广泛传播,引起人们对图书的关注;

---

① 冯玲玲. 新媒体环境下小说类图书的创意营销研究[J]. 出版与印刷,2014(2):12.
② 田玉春. 文化创意产业中的图书出版业发展研究[J]. 人口与经济,2012(增刊):77.

或将名人请进出版单位,让名人成为出版人,共同开发图书选题等。这种新型的利用名人的跨界营销模式,为图书的出版融入新的营销元素,开拓了更为广泛的市场空间。

4）社会活动营销

读者见面会、作者签名售书等传统图书销售活动虽然有一定的作用,但随着社会的发展,读者对活动的内容要求和品位需求也在不断提高。他们需要更有新鲜感的创意,所以有特色的文化沙龙,与作者进行零距离的交流和讨论,与门户网站进行视频访问,让有突出成就的作者做专题演讲,联合报刊或书店举行与图书有关的主题比赛等各种主题式宣介会,成为当前最炙手可热的活动形式之一。与读者面对面的社会活动别出心裁,如此长期运作,形成出版社自己的品牌主题活动,定期举办,既宣传了图书,也树立了自己的品牌。

5）打造品牌营销

近年来,读者购书的品牌意识逐渐增强,出版业也进入了一个品牌时代。出版社的品牌策略应该贯穿于整个经营的全过程,在图书选题、编校、印刷、发行的每一个环节都应体现出品牌意识,充分维护图书品牌的六个资产：图书、装帧设计、奖励荣誉、市场反响、书店与读者、出版社的标识。

6）产业链营销

可以把出版业看作现代媒体产业链条中的一个环节,它与链条上其他的环节相互关联、互动,形成完整的系统。近些年成熟的出版集团或者媒体集团均大力延长产业链,进行各类资源整合,以便扩大产品的市场覆盖面,适应市场的多样化需求。出版产业链可以从以下三个方向去构造。①

（1）系列化产业链。路径安排是图书—广播电视—数字多媒体,目的是以不同的媒体形式来充分利用内容资源,形成相得益彰、互为补充的格局。国内近些年荧屏上,大量优秀图书被改编为电视剧、电影甚至话剧作品,或者一些出版社主动出击,邀请制片人将图书产品扩展至各种表现形态。这类产业链通过强势媒体的力量可以扩张图书的市场机会和影响力。

（2）一体化产业链。路径安排是造纸—出版—印刷发行,这是出版上下游相关行业的产业链构造,立足于打造集成的出版系统。

（3）多元化产业链。路径安排是出版业—其他行业,即一些出版集团以出版业积累的资金进入投资回报率高的其他行业。图书向相关产品衍生不是新鲜的概念,常见的一些动漫书中的角色成为流行元素,如史努比、蜡笔小新等,它们都跳出了书本,进入装饰或时尚界,成为年轻人追逐的目标。我国的图书出版企业也可以围绕品牌建设,进行相关衍生产品的开发,覆盖更广泛的市场,获取丰厚的利润回报。

实践中还有不少非常成功的图书促销创意手法,例如：①分零促销——将又厚又贵的名画经典作品化整为零,出薄薄的分类单册,定价也只有十来元一本,销势良好；②变陌生为熟悉——日本文学名著《源氏物语》的中译本刚开始时一直没有什么销路,后来,书店根据该书在日本文学史上的地位和影响,打出了一幅宣传广告——"《源氏物语》：日本的《红楼梦》!"一本滞销书很快就成了畅销书；③多种媒体相互促进——在《哈利·波特》《狮子

---

① 田玉春.文化创意产业中的图书出版业发展研究[J].人口与经济,2012(增刊):77.

王》等图书销售中,不仅提供纸质图书,还配以大量的电视剧、动漫、卡通画等配套宣传,取得了很好的促销效果。

出版物营销创意很多,但必须符合国情、紧扣读者和出版物的内容,贯彻营销意识、创新精神,而不能生搬硬套。在实际的营销中,纯粹只使用单一策略往往效果不佳,经常是几项促销策略组合使用以增强效果。营销的创意还应更多地与活动的创意、明星的创意、服务的创意等实行更大规模上的组合,以获取更大的营销效果。营销创意没有最好,只有更好。①

一本书的命运掌控在出版人的手里,经过完美的策划、制作与营销,才能做出"好书",而在"内容为王"的背后,独特又富有成效的营销方法,才是让读者能够真正接触并了解一本书的关键所在。我国出版业应重视图书出版市场化运作中的营销环节,不断推出新的策划、营销创意,以适应现代化出版产业的发展。②

4. 数字出版业创意

作为创意文化产业中出版业的一个重要组成部分,数字出版业随着互联网技术和信息通信技术的快速更新与升级换代,形态也在不断地发生着变化,并且越来越多元化和丰富。

1) 数字出版的概念和特点

原国家新闻出版总署2010年8月发布的《关于加快我国数字出版产业发展的若干意见》中这样定义数字出版:"数字出版是指利用数字技术进行内容加工,并通过网络传播数字内容产品的一种新型出版方式。"这段定义中有三个关键词:数字技术、内容加工和网络传播,三者的结合显示了一种集体性的创意活动,而这种创意活动的产业化,大大提升了产业的创意特性。

数字出版业属于创意文化产业中的出版业,但与传统出版业相比,又有明显的不同特征和优势。数字出版有以下三个特点。

(1) 出版快。数字出版以无纸化出版为特点,省略了出样、出片、印刷、装订、运送等环节,出版流程大为缩短,具有出版快的特点。

(2) 传播广。数字出版大多以互联网为平台,只要接通宽带,任何人在任何地方都可在线浏览,传播范围非常广。

(3) 更新信息便捷。从作者、出版者,再传达给读者,数字出版过程中没有加工、印刷工序,它的"发布"同时也是"发行",其运行的最大特点就是更新信息便捷。

2) 数字出版业的创意特性

重申数字出版产业的创意特性,有助于我们厘清"内容为王"与"渠道为王"之间的辩证关系,有利于我们深刻思考具有数字阅读习惯的读者的思维习惯、生活方式等方面的变化;通过创意性地设计多种互动途径,增强数字出版产品对读者的吸引力,从而提高数字出版产业的创新能力。从信息传播的角度看,重申数字出版产业的创意特性,我们还可以深刻反省自己的存在状态,认真思考数字出版产业未来的发展方向。数字出版业主要有以下三

---

① 楼文高,宋红艳,匡罗平. 创意产业及出版业创意发展策略[J]. 出版发行研究,2007(2):28.
② 张令宇. 现代化图书营销创意在出版策划中的作用[J]. 编辑之友,2011(3):31.

个创意特性。①

（1）群体性创意传达。与传统出版相比，数字出版具有内容生产数字化（以二进制数字编码的形式记载精神产品的内容、形式等所有信息）、管理过程数字化、产品形态数字化（采用二进制编码数字流）、传播渠道网络化（通过有线互联网、无线通信网、卫星网络等信息网络系统传播）等特点，它们的核心是知识和信息的创意性传达，体现为创意特性在数字出版的内容和形式、生产和传播等方面的不同显现，而且主要通过群体性的创意行为表现出来。这一特点在微信自媒体领域表现得特别突出：无论是信息和知识的创意性结合，还是一篇优秀自媒体文章的产生，都是一群创意者集体创意活动的成果。②

（2）传播技术促进多向传播。数字出版传播渠道网络化的基础是传播技术，而传播技术的创新有力地促进了数字出版产业创意特性的形成。有学者指出，数字化改变了我们以往传送和接收信息的方式，数字出版是传播技术进步的必然结果，理由有三点：一是数字出版既可以在时间上做到和发生的事件同步，又可以超越空间限制；二是超文本的信息组织方式打破了原有媒介线性调用信息的模式，可以实现"像人脑想到的那样来调用信息"；三是超媒体的信息呈现方式不但增强了信息呈现的立体感、动态感，用户还可以根据需要选择不同的传输方式，如此互动的信息获取方式第一次使传播可以双向、平等地进行，由此让每一位用户都获得了话语权。具体而言，数字出版在时间上的突破主要表现在突破传播时间的有效性、共享性等方面，空间上的突破则表现为传播的全球性。从信息的流向看，数字出版实现了从媒体到受众的单向传播到双方之间进行双向（或多向）互动的传播途径，信息的获取也完成了从受众被动获取向主动获取的转变。③ 可以看出，传播技术从超越时间和空间的限制、超越线性媒介的使用方式、超越单向度的传播方式等方面，促进和扩展了数字出版产业创意特性的形成范围和途径。

（3）"超文本"链接模式。此外，数字出版内容生产、产品形态等的数字化，凸显了数字出版的超文本性以及链接的任意性、全方位性、放射性，加强了数字出版产业的创意特性。超文本是数字出版信息的基本组织方式，它表现为数字出版中的内容或产品形态等"文本"不受时间和空间的限制，成为动态的、开放的文本；各个"超文本"通过"节点"之间的连接，又构成一种新的联合体……由此数字出版的内容和产品形态等具有了巨大的可变性、创造性。④ 正如学者保罗·莱文森所言："从某种程度上说，超文本的热点链接就像DNA的链接一样，一个核酸既表示自身成分，又组成特定环境下蛋白质结构的分子式。换句话说，超文本不仅描述或提及其他文本，而且重构了读者的阅读空间，将其带入更广阔的领域，这样，超文本的读者就拥有了这样一种词语排列：它们相互关联并可自由选择，而且已经程序化，随时等待执行。"⑤ 也就是说，在超文本中，因为信息组织方式打破了线性结构（解构了中心化的结构），从而使超文本自身可以不断扩展、无限链接，由此形成新的组织动态结构，产生新的功能，获得新的意义，生成新的内容。正是基于数字出版产品的无限链接模式，读

---

① 王巧林. 数字出版产业的创意特性[J]. 现代出版,2014(3):44-45.
② 文艳霞. 微信公众平台自媒体的发展及其对传统出版的影响[J]. 出版发行研究,2013(11):55.
③ 程素琴. 数字出版传播特性研究[M]. 北京:中国广播电视出版社,2010:28-29.
④ 程素琴. 数字出版传播特性研究[M]. 北京:中国广播电视出版社,2010:59-60.
⑤ 莱文森. 软边缘:信息革命的历史与未来[M]. 熊澄宇,译. 北京:清华大学出版社,2002:10.

者可以从任意一个文本出发,通过不断地链接,获得不同的意义理解及丰富的情感体验。

3) 数字出版业的发展对策

根据调查,大多数人认为,在相当长一段时期,数字出版不可能完全取代传统的纸质图书。特别是在中国这样的发展中国家,纸质图书更会展现出其长久的生命力。一方面,人们相信数字出版已成为不可逆转的趋势;另一方面,人们也认为出版数字化的过程会非常漫长。两种形态的出版将会长期共存,共同担负起中华民族精神建设与文化传承的历史使命。可见,数字出版和传统出版各有所长、各有所短。它们的生存和发展,不是物竞天择的淘汰关系,而是优势互补的共生关系。如一些大型丛书、工具书等,纸质图书会逐步让位于数字出版,因为后者拥有更便于反复检索、查阅的优势。而纸质图书更集中于可以反复使用、多次重印的教材、教学用书以及具备收藏价值的理论学术著作和文学艺术经典作品。因此,数字出版和传统出版各自的优劣势构成了两者融合互补的关键前提。

走向融合是数字出版与传统出版发展的大趋势。如何在充满挑战和机遇的新时代环境下建立起共生共荣的出版业态,应该做到以下几点。①

(1) 要树立新的出版价值观。在新的出版格局下,要积极推动数字出版和传统出版产业价值链的重整,坚持以"读者"为本位的出版模式,整合包括先进技术、内容载体、传播渠道和传播方式等运营模式。通过产业融合,打破电信、传媒、影视等行业的界限,将出版价值指向"读者",使广大读者成为最大的受益者,努力树立作者、出版者、网络公司、读者等多赢的出版价值观。

(2) 要开展跨行业跨产业合作。目前,许多传统出版行业正在寻求介入数字出版领域,并且各具优势,互相渗透,竞相扩张,这种态势很好。现阶段开展跨行业跨产业合作是切实可行的,既可以考虑各出版机构进行联合,丰富图书资源,再通过新建、收购、合并,建立新产业领域的业务体系,也可以考虑出版机构进行跨行业的战略合作,打破出版市场的行政壁垒,推动跨行业的兼并重组;另外还要以多产业联合为切入点,实现数字出版和传统出版互利共赢。

(3) 要确立新的产业运作方式。出版活动是一项经济活动,应该以市场为导向。由于传统出版受地域限制较大,经营模式单一,在图书宣传方面显得过于薄弱,而数字出版则具有方便快捷、不受时间和空间限制的特点,对传统的营销渠道起到重要的补充作用。因此,要积极借助数字出版的交互性和多媒体性,为内容发布者和接受者架构桥梁;通过产业融合,打破传统出版者、书店和读者之间的沟通障碍,弥补传统出版的诸多弱势,从而达到扩大出版市场覆盖率的目的。

(4) 要在传播上不断创新。传统数字出版往往呈现出一种整体形态,其在一定程度上属于静态出版,表现为内容与形式的不可分割性。但是随着当今科学技术的蓬勃发展,数字串的主流内容模式呈现出多元化的趋势,应该摆脱传统载体内容的静态出版形式,转向动态出版的表现形式。在传播形式方面,数字出版业也应该实现多样化,其中包括图像、视频(3D、4D)、文字等形式,并不断融合方便的链接、动画等手段,使其具有新颖与视觉冲击力的表现形式。增加阅读的感官体验,改变传统数字出版的单一化形式,推动数字出版的

---

① 潘基勇.关于数字出版与传统出版业态融合的思考[J].沿海企业与科技,2010(6):98-99.

发展。在传播渠道上传播出版业要向互联网和移动终端发展。在未来发展中除了当今的智能手机,更多的可移动产品终端将会得到开发,更多的人工智能装置终端得到运用,所以突破地域与时空限制的移动网络平台为数字出版产业带来了新的契机,"移动优先"将成为其不得不考虑的战略方向。①

第二节 电 影 业

电影技术频频革新,新的电影思潮迭次掀起,使电影形态不断演进,在现代社会已经发展成为覆盖面广、信息量大、功能齐全、影响深远的艺术传媒形式之一,不断满足受众的文化需求与审美需求。电影作为一种文化形态,开拓了人们的视野,扩展了人们交流的渠道,进一步激活了人们的审美意识,甚至改变了人们的思维方式和生活方式,将人类文化推向了一个崭新的境界。电影业创意与策划工作始终贯穿影视创作的整个过程,是确立电影作品创作走向,保证作品艺术质量,获取预期的社会效益与经济效益的重要工作。总结中外电影的成功经验,其创意和策划要从以下方面着手。

1. 商业大片策略

"大片"一词最早开始使用是在1994年。当年中国广电部电影局批准了中影公司经理吴孟辰以分账方式进口外国一流影片的建议,提出每年可以由中国电视系列剧团统一进口10部"基本反映世界优秀文明成果和表现当代电影成就"的影片(已改为每年仅从美国进口20部影片,其他国家和地区不在此限)。每年进口的这10部影片往往为好莱坞的大制作,预算较高,故而又被人称为10部进口"大片"。顾名思义,大片就是大导演、大明星、大制作、大投入、大场面、大阵容、大回报等"大"级别的电影作品。大片的概念没有具体的权威标准,争论颇多,归纳起来有四个必要条件:一是高含金量,包括高投资和高票房;二是高科技,投入大量的计算机制作和科技设备;三是高文化品位;四是大片的时长一般不少于100分钟,两个小时以上的大片最常见。② 例如,《泰坦尼克号》导演是詹姆斯·卡梅伦,主演为莱昂纳多·迪卡普里奥和凯特·温丝莱特,成本为2亿美元,全球票房21亿美元。

2000年李安导演的《卧虎藏龙》的出现,成为中国商业大片制作的一个契机。该片不仅获得了四项奥斯卡大奖,还在全球获得了两亿美元的高票房。这部完全按照"高概念"营销模式来创作的影片,其1500万美元的资金来自中国的公司以及美国的哥伦比亚公司,制作上则集结了华语电影的各路精英以及著名演员,在发行上也采取了全球发行的模式。大投入、大制作、大营销、大市场的确为其带来了高收益、高回报和高增长潜力。《卧虎藏龙》的成功为中国电影树立了成功的典范,中国商业大片的思路开始确立为"动作+古装+明星+华丽"的视觉特效。两年后,《英雄》在海外的成功发行,验证了这个思路的可行性。该大片导演是张艺谋,主演为李连杰、张曼玉、梁朝伟、章子怡、陈道明、甄子丹,成本为3000万美元,票房为1.77亿美元。《华尔街日报》的描述是:"《英雄》真正拉开了中国大片时代的

---

① 梁徐静. 我国数字出版业发展的现实困境与路径选择[J]. 出版广角,2014(3):61.
② 姜丽萍,刘记茹. 电影"大片"的艺术表现与道德意识[J]. 电影文学,2016(6):4.

帷幕。"自此开始,《十面埋伏》《七剑》《无极》《夜宴》《满城尽带黄金甲》《墨攻》等商业大片接踵而至,成为中国电影最有保障的盈利方式。中国商业大片的出现,使中国电影有了与好莱坞博弈的勇气。尤其是面对全球化的浪潮,更需要倚重大片来开路,以此保持和强化中国电影产业的国际竞争力,这也成为当下中国电影产业化一个迫在眉睫的重要课题。①

近年来,我国对主流价值观进行深度和多元阐释的"新主流大片"不断涌现,成为电影业创意的一道靓丽风景。"新主流大片"从21世纪第二个十年开始涌现于中国影坛,其最突出的标志便是将主流价值观表现和电影类型进行融合,以此对新时代中国电影进行艺术和产业升级。至今,"新主流大片"的实践创作已趋于成熟,成为目前最受关注的国产电影种类。近来出品的"新主流大片"从以下几方面进行"书写中国"的创意。②

1) 凸显对国家情怀和人本理念的展现

大部分作品的主题都是表现在国家层面整合力量和群体合力来帮助民众,体现国家温度、集体力量,这也是"集中力量干大事"的社会主义制度优越性的表现。如以《长津湖》(2021年)、《金刚川》(2020年)等抗美援朝主题电影和《红海行动》(2018年)为代表的国家军队对普通民众的救援主题电影,表现了从领袖到普通士兵的保家卫国情怀,突出了国家层面动用军队力量对普通个体的家庭和生命的守护;《中国医生》《峰爆》则和之前的《中国机长》(2019年)、《紧急救援》(2020年)等影片如出一辙,表现了一旦灾难发生,国家层面的救援系统便会产生瞬时反应和果断决策,不同岗位的人形成的集体力量紧急集结,救助普通民众。《我和我的祖国》(2019年)、《我和我的家乡》(2020年)、《我和我的父辈》(2021年)等影片虽重在个体表现,但均在国家整体的视域中表现民众个体和国家整体之间的关系,最终凸显的依然是家国情怀。

2) 对家园文化等中华传统文化的创造性转化和创新性发展

"新主流大片"对传统文化的转化与发展体现在很多方面,其中对人本理念的诠释成为其首要方面。以人为本可以说是"民本、民贵"的中国传统思想的延续和发展,也是"新主流大片"的核心体现。另外,这些影片中的人本思想并非对"民本、民贵"传统思想的简单重复,而是赋予其当代价值的新写,即重点表现国家层面对个体生命与情感的尊重,以国家力量来捍卫生命的价值和情感的尊严。在战争主题电影中,《长津湖》虽整体上体现出了志愿军战士们保家卫国的情怀和英勇无畏的精神,但这些又是由伍千里、伍万里兄弟以及穿插连指导员梅生、排长雷公、狙击手平河等一个个鲜活的个体组成,影片关注的是这些鲜活个体的生命和情感状态以及作为个体的他们的光荣与梦想、战友和家庭等。影片以此凸显了对个体的关注,凸显了以人为本,更能与观众建立起情感的连接。这种共情在国庆这个特殊的时空里被放大,无疑会使该片的放映蜕变为文化事件。

《红海行动》等影片则重点表现国家层面对个体生命的救助,展示了国家层面对以人为本理念的践行。而《峰爆》《中国医生》《中国机长》等影片则表达了"人的生命高于一切"的理念,特别是救援题材的《峰爆》更是完美诠释了这一理念,影片中的台词"家可以重建,人

---

① 陈晓伟. 创意产业视角下中国电影的突围之路[J]. 郑州大学学报(哲学社会科学版),2008(4):9.
② 赵卫防. "新主流大片"中的"中国性"[J]. 艺术评论,2021(12):47-53.

必须活着"演绎了中国式救援的核心是将救人置于最高位置,片中表现为了让县城里的老百姓能够免遭山体滑坡灾难而要将即将竣工的高铁隧道炸毁时,从项目经理到建筑工人虽有不舍,但依然选择将花费十年心血和汗水建成的隧道炸毁。这样的理念表达,使得该片表达的救援理念更加中国化,诠释了以人为本是中国式救援的核心。

"新主流大片"对传统文化的创造性转化与创新性发展的诸项表达中,除以人为本的理念外,对家园情节的阐释也较为凸显。如《长津湖》中最强的叙事动力便是为家园而战,影片开始便表现了在部队当连长的伍千里为父母描绘出一个美好的家园,但这个家园仅仅处于描绘状态时战争就爆发了,之后所有战争的目的都是为了能建成他心目中的家园。科幻类型的《流浪地球》更是表现了源自地球的家园情结,当天体灾难发生时,以中国人为主导的救援者选择将地球推离太阳系,去寻找充满希望的新家园。此种"带着地球去流浪"的创意,全然不同于西方科幻电影叙事的文本逻辑,体现出了中国人眷恋家园的精神品格,展现了中华优秀传统文化,同时也呈现出中国人构建人类命运共同体的理想。

《长津湖》《流浪地球》等影片更多关注于中国人的宏观家园的情结,《我和我的家乡》《我和我的父辈》等影片则相对聚焦于中国人对微观家园的心态。其中尤以《我和我的父辈》最为突出,整部影片虽由多个不连贯的故事构成,但却统一在父子情感的叙事角度,而这样的角度必然会建立起"家的建构"的主题。其四个故事的年代不同,但都没有离开"家园"主题。表现战争年代的《乘风》中,投身"抗战"的父子保护群众撤离,拼死抵抗日军。战火中的父子铮铮铁骨,只为保护同胞及守护家园。展现中国航天人奉献精神的《诗》中,父辈为了"国家"这个大的家中无数小家的安康,而牺牲了自己的小家,儿子被两位父亲辗转于两个小家,最终是为了成全更多的小家。展现改革创新精神的《鸭先知》,以父亲在自己家中拍摄第一部广告的故事,表现出了国人的大胆创新与敢于探索。在影片中,这种创新精神是在家中展现的,更重要的是以此表现出了改革创新的目的是将家园建设得更加美好。

3) 对中国革命文化和中国实力、中国人精神风貌的展现

革命文化是中国革命取得胜利的文化支撑和精神动力,近年来出品的"新主流大片"中,对革命文化的展现成为其重要的母题。如较早的《智取威虎山》(2015年)、《百团大战》(2015年)、《建军大业》(2017年)等影片均是表现中国革命的重大历史事件和人民战争;近来的《金刚川》《悬崖之上》《长津湖》《我和我的父辈》等影片则从不同的角度展现了红色文化,以此表达出中国人的信仰,以及为信仰而流血奋斗的精神品质,成为中国性的某种标识。此外,多部"新主流大片"还展现出中国实力和中国人的精神风貌。如较早的《战狼》系列、《红海行动》,近来的《中国机长》《紧急救援》《中国医生》《峰爆》等影片均展现了中国实力,符合当下中国观众的强国梦想。而《流浪地球》《我和我的祖国》《我和我的家乡》《悬崖之上》《长津湖》《我和我的父辈》等影片侧重于中国人精神风貌的展现。这种展现包括两个方面:其一是对中国人特有的精神气质的展现;其二是对中国式情感的表现。其中后者尤为凸显,这些影片在兄弟情、恋人情、父子情、战友情等情感表达中都把人性与中国式人情融合在一起,从不同侧面将中国人的精神世界外化为艺术情境,凸显了本土性。

4) 对"青春中国"的凸显

"新主流大片"的"叙述中国",第四方面表现为对"青春中国"的凸显。这些影片叙说着

"青春"是推动中国滚滚向前的主要动力,表现了从五四运动爱国青年觉醒到今天新中国的强大这一由弱而强的发展历程中,青年发挥着巨大的作用,并以此与当下电影的主体观众——青年建立共情。如《1921》《建军大业》等影片表现一群朝气勃发的年轻人在经过思想启迪与觉醒之后创立了中国共产党和党领导下的人民军队;《悬崖之上》《长津湖》等影片展现了一群青年人为信仰、为民族而奋斗牺牲的悲壮与豪迈;《中国医生》《峰爆》等影片也表现了当下青年人在灾难面前担当大任的胸怀和使命。这样的表现,一方面赋予了中国一种年轻的、活力的、崛起的朝气,符合年轻观众的心声,在他们的心目中,我们的国家和民族、政党和军队与他们一样充满朝气及充满希望,并逐渐在走向强大;另一方面,这种表现也赋予了当代青年一种振兴民族的使命与责任。可见,"新主流大片"的"青春中国"被赋予了别样的中国性,并在情感上打动了当下的青年们,从而达成情感的共鸣。

2. 产业链策略

电影产业链是以电影为载体,融合创意、劳动力、资源和服务等价值的整合点。无论是前期的投资方面还是中期进行的电影项目的策划、剧本的选择和编写、导演和演员的选择、电影完成后的营销宣传、发行、院线放映,或者是对于电影后产品开发的创意,都属于电影产业链的一部分,集聚了生产、流通、消费的多个环节。电影产业链一般由五个方面构成。[①]

1)电影投融资

所谓的投融资就是一个集资的手段,在制作电影的前期首先要保证充足资金的供应,才能为之后的电影产业的制作、发行、放映提供资源。由于近几年国家政策的变化,对于电影投资的风险已经相对降低,从而为我国的电影投融资提供了一个良好的环境,电影投融资能力也在逐步提高。行业的走向逐步开放,不仅有国有企事业单位的支持,近几年民营企业和外资企业也在发挥着重要的作用。我国电影投融资的渠道在不断拓展,体系也在不断完善和成长中。

2)电影制片

制片环节指的是对电影剧本的选择、导演和演员的确定、电影的拍摄和剪辑以及后期制作,这些事情将会由制片方和投资方共同决定。首先,电影剧本的选择一般是由编剧所创作的剧本或者是对知名小说的改写,近几年很多的电影都是以小说为范本,然后由编剧改写而成的;在中国的电影制作中导演这一职位有着极其重要的地位,在一部电影中,导演决定剧本的选择和演员的确定以及相关工作人员的选择,同时导演也负责电影拍摄和电影片场的各个方面。而在国际电影的制作中,一般是制片方根据剧本选择导演,导演只需要负责电影的拍摄,电影的剪辑则由专门的工作人员完成。后期制作是一个不可轻视的环节,一部电影的好坏、观众观影时的享受程度、画面的美感等,都会受到后期制作好坏的影响。

3)电影发行

电影发行指的是为了让观众看到电影,发行方将电影推向市场的过程。发行方连接着制片方和放映渠道。在这一过程中,发行方承担的是包销商和批发商的角色。在电影发行之前会有一系列的营销活动,可以在户外媒体上投放预告片与海报,在电影杂志上做推荐,

---

① 刘杨.浅析中国电影产业链升级策略[J].学理论,2015(19):163-164.

而最常见的是公关活动,特别是在自媒体时代,运用微博和微信制作话题预热,包括拍片花絮及相关的新闻,让人们在电影放映之前或者是电影制作过程中就意识到电影的存在,对电影产生兴趣,从而在电影上映之时去影院观看。

4)电影放映

放映环节是将电影呈现在观众面前的过程,电影制作完成之后会先在各大电影院上映。一般电影在电影院放映的时间为一个月,放映时会根据电影的热度和受欢迎程度的不同及时做出放映时间的调整。

5)电影后产品的开发与销售

电影放映以后,电影后产品的开发是多元化的,包括音像制品、玩具、电子游戏、服装服饰、影院开发、明星广告、在线电影和付费电视频道播放及网络传播等。这些电影后产品的开发又为电影产权的拥有者带来了经济效益。除此之外,还有电影主题公园的建设,电影衍生品的制作及销售,影视城、影视拍摄基地和电影外景基地的旅游开发等。

构建电影全产业链能够降低电影产业发展过程中的风险,推动我国电影产业不断提升国际竞争力,未来我国电影产业的发展必须着力于全产业链的构建。制片环节应坚持以市场化为导向打造内容产品,同时融入文化内核,提升我国的文化实力以及国家形象;发行环节必须致力于规模发展,并不断拓宽发行渠道;放映环节应借力其他产业平台,同时不断开拓二、三线城市的放映市场;还必须加强版权保护意识,不断开发电影后产品,以此拓宽电影产业的盈利渠道。①

3. 微电影策略

1)微电影的概念

中国最早的微电影是早在2010年12月由吴彦祖主演的《一触即发》。当时剧作方将这部凭借现代社交平台在网络上大面积传播带有明显汽车广告性质的作品称为微电影。在经过长时间的发酵后,这一名称逐渐被大众所接受,并且几乎在一刹那之间风靡网络。②于是,2010年就成了"微电影"在中国的元年。

今天对于什么是微电影在学界还有一点争议,普遍被人们接受的概念是:"专门在各种新媒体平台上播放,适合在移动状态下观看,具有完整故事情节的'微时(30～3000秒)放映''微周期制作(1～7天或数周)'和'微规模投资(每部片子投资几千元至数十万元)'的视频短片。"③据统计显示,仅仅是在2011年,我国国内就有超过2000部微电影作品与观众见面,紧随其后,2012年微电影更是如同火山爆发一般海量涌现。④可见从2010年诞生之日起,仅仅一年"微电影"便开始在社会上大行其道,2012年甚至被形容为"井喷"。随着具有无线上网功能的笔记本电脑、手机等多种移动媒体终端的发展,"手机电影的概念已经无法涵盖此类以新媒体作为传输、播放和观看的平台,'微电影'作为时长较短、有完整故事

---

① 李艳梅. 融媒环境下我国电影全产业链的构建[J]. 新闻知识,2014(9):82.
② 常江,文家宝."微"语境下的"深"传播:微电影传播模式探析[J]. 新闻界,2013(9):40-46.
③ 洪长晖. 微电影的成长及悖论——市场与受众的双重透视[J]. 现代视听,2011(12):49.
④ 赵晓霞. 生于恶搞死于广告?微电影昙花一现还是产业变革[N/OL]. [2013-03-29]. http://www.chinadaily.com.cn/micro-reading/dzh/2013-03-29/content_8629793_2.html.

情节的影像作品,正是在这样的新媒体语境下推出的新概念。"[①]伴随以微博为代表的文化平台的崛起,社会进入了围绕微文化展开的浪潮。微电影正是这种"微文化"在电影传媒界的缩影。

依有关报告统计,有4000多万用户在观看网络视频,且这些用户并不观看传统电视节目,而5G手机的出现,使得同时使用的用户数呈直线上涨趋势,而这些消费群正搭建起电影产业的基本框架。[②] 微电影正适合借助这些新兴媒介播放其作品。多种产品形态在流行,播放平台完善,作为产业化运营来说,进行网络视频各个环节的衔接正是最好的时机,多种传播形式(口语、文字、图形及新媒介)同时并存,可满足人们应快速便捷制作视频的要求。

从视频角度来说,微电影不论在制作还是发布方面都覆盖了除影院外的各种传播途径。除此之外,微电影还有着主题鲜明、精练便捷、情节简单及有助于展现植入广告等优点,能有效地融入企业文化。[③]

2) 微电影的盈利模式

电影是靠院线播放来获得票房收入,也包括拷贝收入;电视剧靠贴片广告和分账(双星播出)买卖以及栏目化播出赚取费用。微电影由于是互联网的产物,所以它的归宿与互联网和新媒体有诸多的联系,微电影的产业链可能贯穿到互联网下游的各个领域。微电影的产业链大致可分为四个流程:①用户提供内容;②专业团队确定微电影故事框架;③微电影中植入广告;④更加短小的微视频走微博、微信平台流量。但相关的产业链会有以下不同。

- 微电影→走流量→广告介入→收入流量费/广告分成。
- 微电影→植入广告→收入制作费→部分版权费。
- 微电影→获奖→奖金→播映权收费→版权费。
- 微电影→院线播出→收入分成。
- 微电影→用户付费。

微电影盈利的最终模式目前还是依靠广告收入,未来应靠用户付费。由于微电影创作的门槛低,广告灵活,内容无限,所以各类机构和人员纷纷介入,但是目前效果并不尽如人意。在微电影的广告植入上,经常会出现买卖双方"不欢而散"的状况,多数原因是微电影的故事主体与广告内容联系不紧密或者微电影制作粗糙等。解决这些问题的核心还是要提高创作质量,让真正有"功底"的专业人员来创作微电影。除此之外,要鉴定一部微电影(微视频)的收视如何,还要看互联网上的"点击率"。

总体来看,微电影形成了独特的产业模式,并实现了可持续发展。微电影的传播速度很快,可以当成快速聚集人气的工具,因此能够带动泛娱乐项目一起滚动,起到广泛宣传的效果。基于优质微电影内容的IP孵化,可实现微电影、小说、院线电影、电视、动漫、话剧、游戏之间的有效生态互动,实现内容价值的最大化,并在成熟条件下开展IP对外输出。

---

① 王方,颜子澜.微缩的影像:微电影时代的"浅"表达[J].大众文艺,2011(20):182.
② 李进书.微电影:媒介文化的新宠[J].河北大学学报(哲学社会科学版),2012(5):77.
③ 于燕枝.微电影:媒介融合的新作[J].新闻爱好者,2012(9):75-76.

3) 微电影的发展新路径

微电影是典型的互联网内容产品,具有鲜明的互联网思维和互联网特征。它产生于互联网,在互联网上观看,也是典型的大众创业、万众创新的"双创产业"。经过多年的培育发展,微电影成为推动中国电影创新的重要力量。

(1) 丰富了大电影的资源。视频网站上拥有海量的微电影和网络剧,其中不乏可以转换为大电影的优质微电影。经过市场和观众长时间的洗礼脱颖而出,并聚集了强大的"粉丝"群,忠诚的受众群体及优质的内容保障也使得这些电影更容易成功。如《屌丝男士》点击量高达9亿次,为其成功走向大电影《煎饼侠》奠定了坚实的基础。随着视频网站大电影制作、运营条件的不断成熟,未来将有更多的微电影和网络剧走向大银幕并转换成为大电影。

(2) 拓宽了电影的题材和表现领域。微电影网络剧在题材上更为丰富,除了常见的喜剧、言情类型,还出现了科幻、悬疑等方面的新题材,如《灵魂摆渡》《探灵档案》等玄幻题材的剧集都取得了不俗的成绩。未来,这些微电影网络剧都可能丰富中国电影题材,推动中国电影类型和风格的多元化。

(3) 培养了用户的付费收看习惯。从画像特征看,网络视频用户、院线电影观众、网民等各娱乐形式的用户结构深度重合。微电影既为大电影培育了用户,也培养了他们付费收看的习惯,有利于产业健康可持续发展。微电影从广告主导向用户付费、版权采购等多元化盈利模式转变,支持了视频网站可持续发展,为其开发大电影提供了有力支撑。[①]

电影艺术从未像今天这样普及。我们有足够的理由相信:微电影将为电影业这朵工业之花输入源源不断的阳光和雨露。电影从此不再是几个"大师"和学院派所独有,电影一定会成为记录我们生活的一点一滴,继而拓展出更大的空间。

第三节 广播电视业

广播电视业作为文化内容开发的重要环节,承载着国家发展文化创意产业的重任,是文化创意产业的重要部分,其健康发展有助于丰富我国文化创意产业的内涵和促进文化创意产业的发展。我国的广播电视文化创意产业必须要打破传统的发展模式,坚持鼓励创新的原则来促进发展。现今随着我国社会的不断发展,人们的物质生活得到了满足,也逐渐增强了对精神文化的追求,所以,广播电视文化创意产业的发展对现阶段来说十分重要。促进我国广播电视文化创意产业的发展应从如下几个方面入手。

1. 提高广电节目的创意水平

当今文化创意产业的发展讲求创意和创新,广播电视媒体应在"克隆"的过程中学习他人的创意思维亮点,由"学习型媒体"成功过渡到"创造型媒体"。开发创意节目,提升原创能力,以新的内容、新的形式、新的风格建构电视行业创新风尚。如广西卫视《第一书记》电视节目,它是首创"面对面捐款"、全透明、最放心的慈善节目。该节目主要是通过记者到广

---

① 朱新梅. 从微电影到大电影——中国电影产业发展的新路径[J]. 传媒,2016(2):15.

西地区穷乡僻壤寻找需要帮助的村庄,拍摄实际的扶贫项目,由该村第一书记来到演播室现场讲述,使得爱心的构建与传递更加真实。捐助款项直接从爱心企业手中到达受助者的手里,减少中间环节,整个过程由摄像机进行记录,提升节目真实性并受到广大群众的监督。该节目的出现,创新了传统的电视节目,基于全新的领域关注民生问题,将慈善事业不断弘扬。在提升广西广播电视创新能力的同时,也能够促进地区文化产业的发展,使得广播电视文化创意产业具备新的生命力。①

广播电视节目的创意就是用新的抽象思维,打破传统,创造一种"人人心中有,个个笔下无;情理之中,意料之外"的电视节目。有以下四种创意手法值得借鉴。②

1) 结构上进行悬念设置

用设置悬念的方法来设计节目最能吸引观众继续观看。有人提出,在节目创作过程中要"将悬念进行到底"。一般来讲,悬念的设置应该做到尽量提前。既可以放在节目的开头、节目的标题或电视栏目的名称中(如《爸爸去哪儿》),也可以放在节目的中间。若放在节目中间,悬念的出现最迟不能超过节目总长度的 1/12 处,越靠前越好。特别是放在节目开头,效果最好。如获得 2010 年央视年度节目金奖的《本周》栏目播出的《我们的 2010"年""度"》系列片,就是靠不断设置悬念,牢牢抓住观众的注意力。比如,在"精确度"一节中开头这样解说:一个跨越 100 年的预测可以达到什么样的精确度?2010 年世博会成功举办,给出了答案。引导人们往下看,什么预测?怎么精确?节目用了 1 分 15 秒讲完世博会后,画面很快切换到足球比赛的现场,让人摸不着头脑。接下来解说道:陆世谔用 100 年的时间让人们惊讶于梦的精准;而南非世界杯上,一只名叫保罗的知名章鱼只用了短短一个月就让全世界瞠目结舌。如何瞠目结舌?这就是悬念。6 分钟的节目,一分多钟就出现一个悬念,把观众牢牢吸引住了。

2) 内容上体现人文关怀

在电视专题节目中,文化产品的两种属性无一不是以内容要素的创新为前提的。内容的创新有多重途径和策略,其中突出人文情怀,体现人文关怀,是电视专题片内容创新的一个很重要的策略。③ 在节目中人文情怀既可以通过画面展示,也可以通过解说词来体现。《舌尖上的中国》之所以火,除了画面唯美之外,一个很重要的原因是片中充满了人文情怀。导演陈晓卿表示,这个片子是带着对食物的敬意来做的④,从南方到北方,从国内到海外,最好吃的菜是妈妈做的菜,最好的东西是故乡的东西,最美好的回忆是童年的回忆。《舌尖上的中国》勾起的不光是对美食的垂涎,还有流泪的冲动。何苏六在谈中国纪录片时特别强调人文情怀对纪录片很重要⑤,电视专题节目的创作也是如此。因此,对于专题节目来说,人文情怀的体现,不仅不能少,而且要加强。

---

① 李剑. 广西广播电视文化创意产业发展策略研究[J]. 新闻战线,2015(2):65.
② 印兴娣. 论电视专题节目的创意策划力[J]. 常州工学院学报(社科版),2015(2):50-51.
③ 慈祥. 电视节目内容创新与商业模式探析:以江苏卫视《非诚勿扰》为例[J]. 东南传播,2011(4):69.
④ 佚名.《舌尖上的中国》火过电视剧 人文情怀是王道[EB/OL]. [2011-12-23]. http://news.cnwest.com/content/2012-05/23/content_6547044.htm.
⑤ 何苏六. 谈中国纪录片:人文情怀对纪录片很重要[EB/OL]. [2011-12-23]. http://news.sina.com.cn/m/2011-12-23/154023683745.shtm.

3）角度上独辟蹊径

电视节目的角度是指电视工作者挖掘和表现新闻事实的入口方式,也就是记者从哪里进入采访现场,从什么角度接触事实。如果角度相同,必然不会有新意。2006年,106岁的张学良先生去世,送葬那天,很多媒体都报道了,有人从大家熟悉的张学良的爱情故事角度报道,也有人从他对中华民族所做的贡献的角度报道,这些角度缺少新意。央视编导王阳在做该内容的专题节目时,选择的是未能回的"东北的家"这个情感角度。节目通过展示张学良在沈阳的故居、其父母的坟墓、他构建的东北大学等,配以"你看到了吗,这就是你想回而没回得了的家啊"字幕。不仅角度新,主题也特别好。从常人想不到的角度来设计节目内容,是节目创意设计的策略之一。

4）画面上以情感人

在媒介竞争异常激烈的今天,电视专题节目只有激发出人的情感,充分调动消费者的情绪,才能吸引消费者。而充分运用视觉语言的特写镜头来表达,创意性地融入情感元素是激发消费者情感的有效方法。电视的画面是电视展示节目内容、传递信息最重要的语言。在视觉画面的选择上要能够最大限度地传递信息及传达情感,这样才能拉近与观众的距离,深深地吸引观众进入电视节目设置的情境中去。央视《本周》栏目播出的节目《最后一个春天》,讲述的是一个流浪狗的故事。当主人带着已经病得很重的老狗到外面散步,感受春天的时候,狗流泪了。片中最感人的镜头是创作人员给了狗一个较长的哭的特写镜头。这个特写镜头能引发观众的同情心。走近被拍摄者和被采访者,用特写表达他们的"喜与怒",不仅能打动人,而且能让观众融入节目,跟着节目一起"喜与怒"。

广播电视机构的节目创新、创意,除了由机构自身人员来实现以外,更重要的是要广泛吸纳社会创意,激发社会创意活力;要敢于面向社会各阶层,包括网民群体与专业化的创意、制作公司,以及大专院校开放创意机会,提供创意支持,不能把创意开放当作一种低成本炒作的形式;要看准时机,看准对象,构建创意战略伙伴关系并积极培养创意战略伙伴,走创意共赢之路;要特别注意与文化艺术、新闻出版、广播、电影、软件网络及计算机服务、设计服务、广告会展、艺术品交易、旅游休闲服务、其他辅助服务等文化创意产业各领域的创意因素有机融合,密切互动。①

2. 促进广播电视与新媒体融合

新兴媒体是时代发展的产物,但是在目前的情况下,新兴媒体不可能完全取代传统媒体的地位,因此,这正是传统媒体发展的最大瓶颈所在,如何与新兴媒体结合,探索可能的融合模式,是广播电视等媒体发展的必然出路。

1）广播电台可视化

广播电台可视化是广播电视台坚持开门办广播的理念,坚持执行可实现自身发展的创新举措;其所属的广播新闻频道作为使用双频覆盖的主流媒体之一,应积极突破传统的传播方式,加速与新媒体的融合,智能摄像机的安装调试使用,可以让广播新闻频道通过"水滴直播"实现网络或手机可视。手机用户可以关注微信公众号,实时收看广播新闻频道的节目直播,与喜欢的节目主持人进行实时互动交流。对于计算机客户,可以在链接搜索"直

---

① 蔡尚伟,李家伦.电视如何叩开文化创意产业的大门[J].电视研究,2010(6):21.

播"等关键词,输入广播新闻频道的台号,就可以实时观看直播。据了解,通过"可视广播"的形式,很多传统广播电台都取得了不错的效果,找到了新的发展机遇。在360水滴直播上我们看到,像安徽交通广播、济南经济广播、武汉女主播电台等在短时间内观众人数均已达到近百万;眉山综合广播观众人数甚至早已超过100万,每天在线评论互动数千条,打破了传统形式下主播与听众沟通障碍问题。"可视广播"的成功很大程度上得益于听众粉丝。

2) 联合移动终端

联合移动终端是指以智能手机为载体的网络连接,很多业务现在都依托智能手机来运行,如视频播放软件、互联网支付客户端等。可以说,用户拥有一台手机,就等于拥有了很多的视频观看和直播渠道,甚至还可以进行在线评论。现在,普通群众接触最普遍的工具不是计算机,而是手机,很多智能手机上配备了在线电台等移动软件,用户通过软件市场也可以下载到相关软件,前提是广播电视产业要打造有价值的内容吸引用户,打动用户。现在,很多电视台推出了官方移动手机客户端,用户不仅可以通过下载官方软件实时观看直播,还可以进行评论、抽奖等活动,个别电视台还提供眼下大热的"弹幕"功能,迎合时下观众的口味,寻求传统产业的突破。

3) 联合互联网

广播电视融合新媒体的另外一个模式是联合互联网,即依托计算机进行的网络形式。现在,很多电视台都有自己的官网,用户既可以通过官网观看电视台直播,还可以观看所有节目内容和节目花絮,大大拓展了节目的信息量。一方面,互联网和广电的结合,使用户有了更多渠道,更自由地观看自己喜爱的节目;另一方面,互联网具有在线保存和随时播放功能,用户不仅可以随时随地观看节目,还可以下载和保存,甚至可以观看到除了正规节目之外的节目花絮和在传统电视节目上看不到的幕后策划等。因此,联合互联网既是广电产业发展的必然选择,也是这个信息时代的必然要求,因为这不仅拓宽了广电产业的业务渠道,更为广电产业赢得了更多接收广告业务的机会,赢得了更多的盈利机会,而广电产业只有在盈利的基础上,才有可能寻求更多的发展机会。现在,广电产业都意识到了这一点的重要性,在不断地探索更好地和互联网联合经营的模式。[①]

新媒体正以令人惊讶的速度和力量为世人瞩目。对于仍然不习惯网络,不会利用移动网的人来说,这个世界变得越来越陌生,而这个人最终会被世界所淘汰;但是对于那些习惯网络,善于使用移动网的人群来说,科技可能会让这些善于学习的人群脱胎换骨,那么对于一个广播电视节目来说如果跟不上新媒体发展的速度,节目也将面临被淘汰的局面。黑龙江广播电台(以下简称龙广电台)《母爱好时光》节目开播以来一直受到听众的欢迎和热捧,就是因为《母爱好时光》善于与新媒体融合,具体过程如下。

2000年,《母爱好时光》成立,此时龙广电台的龙广在线网站也刚刚成立,《母爱好时光》论坛是主持人了解听众需求的重要途径。

2006年,龙广在线网站的《母爱好时光》在线收听和记忆广播,实现互联网用户网上收听。

2006年,《母爱好时光》使用移动短信平台,实现直播中与移动用户的交流互动。

---

① 范晓光. 媒介融合背景下广播电视产业创新路径探讨[J]. 西部广播电视,2016(12):86.

2010年《母爱好时光》主持人开通官方微博,《母爱好时光》节目开通节目微博凯淇工作室母婴之声,成为网上节目宣传的一个通道。

2012年5月,龙广在线《母爱好时光》直播平台的技术应用实现了听众同步收听的同时,还可以同步和主持人、听众三方间论坛式互动。

2012年6月1日,《母爱好时光》移动及电信手机报的应用,节目开始利用移动终端为省内订户提供育儿资讯。

2012年年末,《母爱好时光》开通19个1000个会员的QQ听众群。

2013年年初,《母爱好时光》开始使用微信公众平台,从注册之日到4月18日,不到3个月的时间,共计有7057个用户注册使用,另外《母爱好时光》微信二维码可以让听众通过"扫描我"的方式在纸制宣传或网络上直接让潜在消费者成为《母爱好时光》的听众,这种方式让《母爱好时光》听众群人数以病毒式方式复制增长。

"新媒体"在给广播带来冲击的同时,也带来了发展机遇。《母爱好时光》从节目创办之日起就和互联网"交朋友",直到今天《母爱好时光》一直努力将个性化广播产品拓展到互联网、手机客户等终端上,《母爱好时光》节目继续向全媒体运营转型,这已成为其努力方向和发展趋势。

3. 拓展广播电视文化产业链条

随着文化产业的迅猛发展和广播电视文化创意企业发展水平的提高,广播电视文化创意行业的竞争打破了原有单一电视媒体的竞争局面,形成了产业链竞争的局面。因此,广播电视文化创意产业要顺应经济发展的潮流和文化产业的发展趋势,最大限度地拓展和延伸广播电视文化产业链,并建立以电视播出为主,拉动电视广告、表演、动漫和休闲旅游等广播电视文化创意产业链,最终形成一个具有深层内涵、丰富内容的产业链,并不断推动广播电视文化创意产业链向纵深方向发展。就广电媒体来说,电视产业化运营及生态圈的构建成功与否,决定着电视未来在传媒市场上的地位和份额。中国广播电视网络集团有限公司(以下简称广电集团)的大平台战略已经不单单局限于传统媒体与新兴媒体的融合,即内容—渠道—技术的融合,更多的是聚焦在商业模式的融合发展上,谋划打造一个"超级市场"型的广告平台。归纳来说,广电集团的大平台战略可以包括以下几个部分。

- 以广播电视为基础的广告经营平台。
- 以电视购物为基础的电子商务平台。
- 以网络公司为主的渠道及增值业务经营平台。
- 以出版云、广电网络商城为依托的数字业务平台。
- 以智慧城市为基础的网络智能化经营平台。
- 以院线和影视剧制作为主要内容的影视经营平台。
- 以文投公司为基础的资本运营平台。
- 以特色文化产业为核心的创意产业平台。
- 以省市文化品牌为发端的特色产品实体运营平台。
- 广播电视节目制作公司化平台。

拓展节目产业链是电视发展的方向。电视台不再只是节目供应商和播出平台,而是大平台+产业链+融媒体的电视生态圈,与网站、电商、新媒体等合作,形成新的生态关系。

在内容上,提升顶层设计,内容 IP 化,倾向年轻受众市场,聚焦社会议题,注重价值观表达;在平台上,加固底层设计,从技术、业务、渠道和商业模式上进行融媒体布局和探索。

此外,广播电视创意文化产业链的拓展要重视挖掘节目的潜能和可塑性,敏锐地发现可以发展和拓宽的内容。需要注意的是,在拓展产业链的过程中,需要大量创新型人才的支持,也需要结合广大工作人员的创意元素。①

4. 强化整合营销传播

整合营销传播源于广告营销,是指企业在经营过程中,以由外而内的战略观点为基础,为了与利害关系者进行有效的沟通,以营销传播管理者为主体所展开的传播战略。电视频道加强整合营销传播,才能树立品牌。

首先,整合是指整合各种传播手段塑造一致性"形象"。这里所指的形象包括内在和外在两个方面,如今许多电视节目实现了制播分离,外在是指电视频道的视觉包装的一致性,即台标、主色调等视觉要素,这是给受众最直观的感受,在播出时必须进行标准化包装;内在的形象是指电视节目的理念和风格,这些抽象的事物是贯穿整个频道所有节目的灵魂,也指导着其节目的策划。

其次,电视媒体不能仅局限于电视,而要进行全媒体推广和公关。比如,央视国际网站担当着央视 15 个频道所有栏目的网站宣传,负责发布中央电视台报道的新闻事件以及电视台承办的各类社会活动的相关内容,如青歌赛新闻图片、视频资料等,实现了台内资源整合和台网联动。

最后,频道内部的电视节目也需要建立整合营销宣传体系。以湖南卫视为例,新节目上档之际,该节目的嘉宾会上《天天向上》《快乐大本营》等王牌节目进行宣传;新、旧节目之间进行了巧妙的衔接,如第一季《爸爸去哪儿》的最后一集中,爸爸和宝贝们的最后一张任务卡是邀请他们去《我是歌手》的现场参与试听盛宴,这一安排巧妙地为接档节目进行了宣传。由此可见,未来在频道内部制定一套量身定制宣传模式是提升营销效果的保障。②

5. 加强频道包装,打造品牌

就广播电视产业中的电视产业发展来说,频道品牌建设至关重要。频道品牌建设要注重电视频道包装。电视频道包装就是电视频道的品牌标志,而这种标志就像企业识别系统一样,是经过设计制作而建立的一种完善的频道形象,是对包括理念、行为、视觉等频道外在形式要素的规范和强化;由频道标识、频道形象片、频道宣传片、频道广告语以及频道个性化的音乐、片花、字幕、色彩和衬底等识别元素构成。在频道大战时代,频道包装将是长期的、系统的、动态的、主体的、多阶层的形象树立和广告"叫卖"行为,唯有把完美的形式与充实的内容有机地结合起来,频道的品牌才会形成,频道自身才会具有更长久的生命力。那么,如何使频道包装脱颖而出,达到事半功倍的效果呢?

1) 突出个性

如何避免电视频道包装相互间的雷同非常重要,因此频道包装的理念不仅要定位准,还要有表现民族或地域文化特色的元素,能够彰显自己的个性,打好特色牌,才能在众多的

---

① 陈焕金. 广播电视文化创意产业的发展建议探析[J]. 科技与创新,2015(5):36.
② 杨文晶. 浅谈电视频道品牌化之精品策略[J]. 文史博览(理论),2015(8):68.

频道中站住脚。中央台作为国家台,代表党和国家的形象,它必须突出庄严、大气、恢宏的特色。浙江卫视的频道包装全力烘托出的是一种儒雅清韵的江南之风。海南卫视根据自身的特点则包装出一个旅游频道。凤凰卫视的两只挥动双翼旋转燃烧的凤凰图案构成了凤凰卫视最核心的形象标识,红色、黄色和橙色是凤凰卫视最显著的频道颜色。

2)"变"中取胜

由于视觉识别系统与观众的接触非常频繁,所以每隔一段时间就需要对视觉识别系统进行一定的更改和维护,以激发观众的新鲜感,保持频道包装对观众的吸引力。对于频道宣传片、ID、节目导视菜单、收视宣传片可以隔一段时间进行一次更新。

而频道的色彩风格和运动设计风格应该稳定一些,因为它体现了频道的视觉风格。对于频道的 Logo 则要保持长期不变,因为没有哪个成功的品牌会轻易地更改自己的品牌标识。另外,频道的形象短片和音乐也应保持长期的一致。当观众看到凤凰的台标、听到凤凰的片头音乐就会马上联想到凤凰卫视。

3)规范统一

统一应包括:频道整体形象 CI 设计的统一;频道中各个节目、栏目的包装要素相对统一。规范化是指包装要有相对科学、规范的设计。无论个别元素在形象设计方面有什么样的好创意,如果没有顾及统一、规范的要求,都会破坏统一性和规范性。

CCTV-5 作为我国最大、最权威的体育频道,为成为最权威的奥运发布平台进行了改版。改版思路的其中一条就是"统一风格"。要规范频道的标准呼号,统一字幕系统,淡化栏目的个性而突出频道的整体感,使频道整齐划一。

4)形象悦人

频道包装中应去掉纷繁的非主题元素,突出形象化、生活化的主题元素,包括色调系统和音乐旋律,再配以丰富的手法和现代化的创意。

CCTV-2 的包装别具一格,众多的红球,跳动在人行道、楼宇间、铁路、公路、鸟巢或麦田中,整个包装简洁明了、直截了当,与画外音"经济频道,就在您身边"不谋而合。另外,还有四组主持人与跳动的红球一起演绎着频道主打栏目的主张,同样的话外音"经济频道,就在您身边",落在 Logo 定版上。

5)制造经典

电视是视听结合的艺术,电视包装需要在几十秒甚至几秒的时间内吸引观众,要想在如此之短的时间内最大限度地传播编播理念,要善于抓住具有代表性的电视语言符号和最具冲击力的经典镜头。

第四节　动漫产业

动漫产业是指以"创意"为核心,以动画、漫画为表现形式,包含动漫图书、报刊、电影、电视、音像制品、舞台剧和基于现代信息传播技术手段的动漫新品种等动漫直接产品的开发、生产、出版、播出、演出和销售以及与动漫形象有关的服装、玩具、电子游戏等衍生产品的生产和经营的产业。动漫产业有着广泛的发展前景,动漫产业被称为"新兴的朝阳产业"。动漫产业作为多媒体和高科技相结合的新兴产业,其借助报纸杂志、图书、影视作品、互联网、手机移动端、游戏等增值服务实现了快速发展,表现出了非常强的产业关联度,正因如此,它有一个很庞大的动漫产业链。

1. 国际动漫产业的模式

动漫产业从欧美起步,经过80多年的发展,已成为一个成熟的产业。据相关统计数据,全球数字内容产业产值已经突破4万亿美元,与游戏、动画产业相关的衍生产品产值是数字内容产业产值的2～3倍。在国际动漫产业的发展中,由于各国国情、发展所处的时代、环境和条件不同,其发展模式也不相同。

美国模式:大而全的集团垄断原创发展模式。美国是动画产业的发源地。20世纪初,动画电影在美国面世并形成产业,至五六十年代进入繁荣时期,这一时期正是美国经济进入工业化后期。美国动漫产业在80多年的发展中,依托发达的经济力量、雄厚的创作和技术力量、完备的市场化组织力量,始终处于世界领先地位。美国动漫产业的出口仅次于计算机产业,产值达2000多亿美元。

日本模式:销售集团垄断,创作和制作企业小、散、多,原创为主、外包为辅的产业结构,国际化和市场化并举的市场结构。20世纪70年代,日本承接了美国的动画制作加工转移。80年代日本经济开始腾飞,动漫原创也得到迅速发展,并逐渐成为动漫大国强国。世界市场的65%、欧洲动漫产品的80%来自日本;日本销往美国的动漫产品是其钢铁出口的4倍,广义的动漫产业实际上已超过了汽车产业。但日本仍然是高水平动画外包的承包国。

韩国模式:原创为重点、服务外包为主的产业结构,国际市场为主要目标的市场结构。20世纪80年代,韩国承接了日本的动画制作加工转移,从简单的上色到后来承接整套工程,在外包中积累了动漫制作的理念、管理和技术,成为世界上最大的动画加工厂。90年代后期至今,韩国经济崛起,韩国动漫原创迅速发展。其动漫产业销售额占国际市场近10%的份额,成为第三动漫产业大国。

加拿大模式:原创与外包相结合、国际国内市场并举的结构。加拿大从20世纪80年代开始承接美国动画加工,90年代开始发展动漫原创,采取了原创和外包同时发展的模式,其方式灵活,不拘泥于原创和外包的形式。一是合作制片。主要是国际合作,产权大部分由加方控制。这样做既有利于分享更丰厚的市场回报,又能通过合作方有效地拓展国际市场。二是本土原创。这样做市场回报高,但市场销售由自己独立完成。三是承接外包。加拿大拥有世界上一流的动画制作技术和企业管理,拥有多个著名企业,承接美、日、欧外包项目。

2. 我国动漫产业的发展

我国动漫起源于20世纪20年代,著名的作品有1926年的《大闹画室》(第一部无声动画)、1941年的《铁扇公主》(第一部动画长片),此外还有《大闹天宫》《小鲤鱼跳龙门》《孔雀公主》等,独具特色的中国元素清晰可见。可以说,20世纪我国动漫产业有过辉煌与经典,但也经历了挫折与坎坷。

进入21世纪,在国家的大力倡导、扶持下,我国动漫产业奋起直追,发展后劲强劲,出现了《秦时明月》(2007年,首部3D武侠动画)、《魁拔》(2011年,王川执导)、被誉为动漫良心之作的《西游记之大圣归来》以及登顶内地影史动画电影票房的《哪吒之魔童降世》(2019年,累计票房50.34亿元)。

另外,从相关统计数据来看,2019年我国动漫产业已达到1941亿元的总产值,与2018年相比涨幅达13.38%。由此可见,国产动漫在探索中取得了很大发展,动漫产业也具有较为广阔的发展前景。[①] 但也要看到,我国动漫产业的发展与人民群众不断增长的精神文化需要和不断发展的市场需求之间还有很大的差距,与动漫产业发达的国家差距则更大。

一是原创动漫作品匮乏,原创作品匮乏的原因主要在两个方面:第一,动漫作品所具有的类型主要是以神话以及说教类的居多,但并没有将这些题材进行深入的挖掘,比如日本和美国则以中国历史和传说为题材,经过改编和融合,创作出国际知名的网络游戏和动漫作品,比如日本出品的网络游戏《真·三国无双》、漫画《七龙珠》,以及美国电影《花木兰》《功夫熊猫》等。而且大多数动漫制作者习惯性地以成人的眼光来对儿童们的心理进行揣摩,将一些文学名著和历史典故等照搬照抄,完全忽略了动漫作品的创新意义。第二,国产动漫发展至今尚未形成独有的动画风格,像动画角色的设定、故事情节的讲述方式等多个方面仍然受到其他动漫产业发达国家的影响。[②]

二是市场培育不健全。近年来,尽管政府部门先后出台了一系列政策扶持本土动漫产业,并在各地举办动漫节。例如,厦门国际动漫节、杭州国际动漫节等,来加强市场的宣传力度,培育动漫市场,但各地发展很不平衡,特别是动漫产业衍生产品开发乏力,不少原创动漫企业举步维艰。

三是产业链不完整。目前,国内动漫产业链还没建立起来,往往是完成播放一个环节后,则基本上处于被动停滞的状态,好一点儿的动漫作品除有图书或音像出版发行外,而玩具和形象授权则是凤毛麟角。

四是人才缺失。动漫产业链的搭建缺少优秀的包括创意、研发、市场营销、管理等在内的各类人才,不论从人才的素质或人才的数量上,与其他动漫强国相比还相差甚远,现有的动漫产业团队虽然"不差钱",但要创作完成一些经典的作品并产生联动效应,还有待时日。

五是过于注重产量,从而忽视质量。近年来,动漫产业的发展获得了国家政府的相应支持,政府对动画的播出进行奖励。比如,某个动画只要在电视频道播出一分钟,就给予其相应金额的奖励,因此很多动漫企业为了能够拿到这些奖励,将原本只有几十集的片子,进行粗制滥造,硬生生扩大到百集的范围。而且在各个企业间也存在着相互比较产量、排名以及政绩的情况,最终导致精品动漫作品增长较慢。

3. 动漫产业的创意与策划

与传统产业相比,创意对于新兴的动漫产业来说具有无可比拟的重要性,而这些创意的特点主要是围绕以下几个方面表现出来的。

---

① 匡宁.试论我国动漫产业发展现状与对策[J].记者摇篮,2021(8):31-32.
② 刘屹枭.中国动漫产业现状与发展策略分析[J].经营管理者,2015(3):163.

1) 动漫明星，设计制胜

凡是成熟、复杂、庞大的动漫产业链，都是由一个个深入人心的卡通明星们带动起来的。动漫形象创意的好坏往往决定了一个产业链的命运。日本人仅仅凭借着一个奥特曼的卡通形象，就在中国的动漫市场打下了一片天地。还有流氓兔、樱桃小丸子、机器猫等有着国际影响力的大牌动漫明星，都带动了一大批与之相关的周边衍生产业的开发和销售。如同商家利用娱乐界的人气明星进行商业开发来谋取更多的商业价值一样，这种明星效应同样适用于动漫明星。很多的商家通过挖掘动漫明星的商业价值而获得了巨额收益，也由此带动了整个动漫产业链的发展。

在目前国内动漫产品的生产制作中，最严重的问题就是缺乏优秀的动漫明星。虽然我们的动漫产量已相当可观，但并没有产生有影响力的动漫明星。美、日动画衍生产品的开发经验证明：优秀的动画明星形象塑造是衍生产品开发中最关键的因素，而这恰恰是我国动漫的软肋。一项最新的统计显示，中国青少年最喜爱的20个动漫形象中，十多个来自国外，中国动漫形象只有孙悟空等几个动漫形象名列其中，而且孙悟空的形象还是由几十年前的动画片塑造的，这种现象发生在动漫年产量已达到13万分钟的中国，不得不让人深思。

发达国家都有自己极具创意的动漫品牌形象，以日本的机器猫为例，其实机器猫的形象就是一只蓝白色的卡通猫，这只猫的脑袋有点大，脸部设计得很人性化，肚皮上还有一个类似袋鼠一样的小口袋，里面装满了各种各样的神奇工具。从整体形象来看，机器猫真的是憨态可掬、亲切可爱、童趣味十足。这个形象设计简单的小猫咪竟然涵盖了我们生活的方方面面，市场上标有机器猫卡通形象的玩具、服装、文具、电子产品、日化用品、书籍及影像制品随处可见。它所涉及的领域已远远超出我们的想象，在它的身后是一个成熟的产业链，各种衍生品的开发和销售也形成了一套完整的运营体系。由此来看，机器猫品牌的经营方向很明确，那就是所有机器猫动漫目标消费者在生活中可能使用到的商品，在某一天都有可能变成机器猫开发商的新品。在充分利用机器猫品牌号召力的同时，以目标消费者的生活需求作为开发创意，进行衍生产品和周边产品的开发，可以将整个产业链更有效地紧密结合起来。

然而，纵观我国的动漫形象，大体上摆脱不了中规中矩的设计，在卡通形象的个性刻画上总是不尽如人意，不够可爱夸张，吸引力不足，总是避免不了俗气、幼稚、呆板。同时，我国的卡通设计重复和模仿的痕迹也很明显，这在很大程度上制约了我国动漫产业整个产业链的开发。

成功的动漫形象所拥有的巨大明星效应，是其身后衍生产品的强有力的广告先锋，很多青睐这些动漫形象的受众会因为喜欢这些卡通形象而去购买和搜集与之相关的产品。这些动漫形象的成功设计，不仅扩大了其自身的传播，也为动漫产业提供了一个相当大的空间。如果没有具有创意的动漫形象，动漫作品的衍生产品和周边产业都是无法进行开发的，动漫作品的附加值也就无从挖掘。比如，美国的迪士尼公司在制作播放迪士尼系列动画片的同时，出版并销售与之配套相关的书籍和音像制品，另外在全球范围内建造迪士尼乐园，还广泛开发销售各种迪士尼产品，形成了一个完整的产业链。

2) 深度开发，持久盈利

好的创意会给动漫产业带来持久的影响力和长期的盈利。动漫产业的创意并不仅仅停留在对动漫作品本身创作中体现的创意,还体现在形成自己的动漫品牌之后,加大品牌的跟进力度,把品牌做大做强,增强长期经营的可能性,使衍生品延伸出巨大的经济价值,带来长久的品牌影响力。

Kitty猫是动漫产品影响的持久性与长期性的典型代表。这个席卷亚洲的形象——Hello Kitty,是众多女性和儿童的最爱。它的影响力不仅在动漫界,而且已经涉及玩具、服装、文具以及电子产品等各个领域。Hello Kitty已经三十多岁了,这对一只猫来说是够老的了,而且在如今这样一个时尚潮流快速变迁的全球市场上,能够立足几十年,实在十分难得。

这些创意形象为动漫产业带来了强大的市场生命力。随着时间的推移,它们的影响力和商业价值会继续增强。

3) 文化特色,创意源泉

动漫产业本身就是一种文化产品,它的文化性是根深蒂固的。我国几千年的传统文化底蕴和文化资源为动漫产业的创意提供了无限的题材和空间。但是,在拿来主义的基础上,动漫创作者只有不断地深入挖掘传统文化的精髓,在形式和内容上与时俱进,才能把创意进行到底。

动漫无国界,好的动漫创意有可能征服全球范围内的消费者。但是动漫作品不可避免地会体现某种文化和区域背景的色彩,它在一定程度上反映了某种文化资源的精神价值。例如,日本著名动漫片导演宫崎骏用他的《千与千寻》等作品表述着与《宝莲灯》一脉相承的传统文化价值,而日本人开发的角色扮演游戏——《最终幻想》则被用来思考人们对于未来及对于终极理想的严肃命题,很多动漫作品中的文化色彩提升了动漫本身的创意价值和内涵。

动漫是构建在一个有着丰富文化资源基础上的文化产品,有着广阔的发展空间。动漫既然是无国界的,也就意味着它能够从优秀的传统文化中汲取灵感和素材,能够融合世界上多元的优秀文化并结合现有的高科技数码手段来达到文化为创意服务的目的。例如,美国迪士尼改编的《花木兰》,在中国的传统文化里,这是一个典型的代父从军的传说,但是经过美国人的改编,"孝义"被"女性价值的觉醒"所取代。在这部动画片中,添加了很多能增强时代感的细节,更有表现美国文化的东西贯穿人物和情节的方方面面,所以在西方国家的票房非常可观。再看看热遍全球的《哈利·波特》,讲述的故事充满了魔幻色彩,各种新奇的魔法贯穿始终,然而在很多大人看来,罗琳所强调的并不是魔法本身,而是勇气、决心、辨别是非善恶以及一群孩子的成长历程。

一般来说,文化特色在动漫产业的创意中主要通过两种方式表现出来。

一是赋予现代化的内涵。时代在变,受众对文化的需求也在变,我们应该对文化进行现代化的阐述,使之更好地为现代人所理解、所接受,千万不能像以前我国的一些动漫作品那样,只是给文化穿上动漫的外衣,裹在里面的仍然是冷冰冰的文化,毫无亲近感。

二是凸显民族特色。越是民族的越是世界的,但是我们对民族特色的理解有偏差。在我们以前的动漫创新中,民族特色更多的就是视听语言上的民族风格,比如民族绘画、民族音乐、民族风情等。实际上,受众很容易遗忘那些视听语言方面的民族特色,而真正记住的是那些内在的文化精神。

在今天的大众文化浪潮下,动漫文化的主导地位会进一步地表现出来。它将承载着新的历史任务,那就是将传统文化资源在更大更广的范围内加以推广和发扬,这样既有利于传统文化的弘扬,也会创造出更多的商业回报,它的文化价值值得期待。

4) 高新科技,创意平台

现在的动漫作品,很多创意都是通过高新技术来实现的。高新技术的应用为动漫产业的创意提供了无限的可能和广阔的技术平台。这些技术已被广泛地渗透到动漫创作、动漫生产、动漫营销的各个环节。由此,动漫产业和高新技术的结合,对动漫的创意有着不容忽视的影响力。

高新技术对动漫的影响主要是由计算机技术的应用带动起来的,它被广泛地应用到卡通片的创作和策划中。例如,在《精灵鼠小弟 2》的制作中,导演明考夫带领他的计算机技术制作班底,绘制出了以假乱真的"鼠小弟"形象。"鼠小弟"头上 50 多万根闪闪发光的头发,都是用数码技术制作出来的。而《花木兰》片中那场匈奴大军激战的戏,仅用了 5 张手绘士兵的"原图",就用计算机变化出数千个不同表情的士兵厮杀的模样。如果影片以传统手绘的方式完成,以同样的人工需耗时 20 年,而现在采用计算机技术,整部电影的制作时间缩短了 3/4。在《鲨鱼故事》的创作过程中,梦工厂的软件开发人员制造了超过 12 种的新软件工具,包含超过 2300 项的特色和增强功能。《鲨鱼故事》中包含了超过 30 万帧的画面,每帧的渲染都超过了 40 小时。该影片的创作使用了 30 多 TB 的硬盘空间——大致等于 54000 张 CD-ROM 光盘。还使用了超过五英里长的胶片,使用了 2000 多个处理器,耗时 600 万个 CPU 小时。科技手段在这部片中得到了非常广泛的应用。

可以说,是数码技术催生了新媒体与动漫的结合,出现了手机动漫和网络动漫两大潜力巨大的分支行业,使得动漫产业又有了翻天覆地的变化,不仅仅是电子漫画取代了纸张印刷版漫画的地位,新型的以互联网和手机为代表的新媒体,由于其更丰富的色彩、更精致的图片展现能力和大范围的迅速发展,能够以更直观、更便捷、更生动、更广泛的方式将视听图书等多种方式融合起来,再通过新媒体的平台传达给受众,给受众带来全新的视觉和听觉享受。互联网、手机、个人数字处理系统等高科技手段的加入,为动漫产业创造了更多的机会,极大地加速了动漫的传播。

目前,动漫的主要消费群体还是广大青少年,这个群体对应用高科技的产品非常有兴趣,会积极尝试,乐于接受新科技和新时尚,喜欢突破性的新玩意。而动漫的优势在于图文并茂,传统和时代性交融,人物和情节缤纷多姿,再加上电影、电视语言的独特魅力,正好符合了要求。从这个角度看,动漫产业和高科技的结合是必然的。

5) 针对受众,满足需求

明确市场定位,把握主要的消费群体,是动漫产业创意策划的基本原则。消费者对于具体的动漫产品存在着消费动机、个人兴趣、文化背景、时尚潮流、年龄差异以及市场宣传等因素的影响,对动漫产业的需求也就呈现出多样性。由于多样性需求的不可避免,一个具体动漫产业的设计大多是针对某类群体的需求而推出的,这部分消费者应该是此动漫产品的主要消费群体,也称目标观众。例如,动漫形象"白雪公主""灰姑娘"等卡通形象的成功,反映了人们渴望真善美、崇尚爱情的需求心理。所以,在动漫策划时要协调受众需求的差异性,把这些因素考虑进去。这就要求创意者能够把握目标消费者的喜好取向,并能深度理解流行的动漫主流作品。在这点上,日本的做法值得学习。在日本,针对不同的读者群体的具体需求和各自的特性,漫画分为幼儿漫画、少年漫画、青年漫画、女性漫画、成人漫画、科幻漫画和爱情漫画等多种,根据消费群体各自的不确定因素,在内容、图画和阅读方式上各有特色。

又比如,《我为歌狂》这部动漫作品消费群体主要是以在校中学生为主,因此,在题材的选择、人物的关系以及造型等方面,都预先设定在中学生的审美标准和观赏倾向上。《我为歌狂》是中国第一部校园音乐题材的动画片,故事以音乐为主线,通过两个学生乐队的成长道路表现了中学生高中生活的状态和青春故事。人物形象设计新颖时尚、现代感强,故事情节曲折生动,贴近中学生的生活。剧中的9首原创歌曲更是精彩纷呈,被日本音乐人小室哲哉称为"最具潜力"的歌手胡彦斌加盟电视剧,演唱了这9首歌曲。可以看出,《我为歌狂》对题材的设置、音乐及主场的选择都是以中学生的喜好为导向,以吸引中学生群体。它的市场定位明确,因而作品一经推出,便深受中学生的欢迎。由此可见,动漫产业在策划阶段就要有明确的市场定位,针对目标受众的心理和消费需求,在接下来的创意和产品宣传、开发中突出特性,从而占领市场先机。

据了解,那些动漫强国的很多经典动漫,都是在推向市场之前就策划好了其广泛的受众群体以及适合各层次受众口味的台词、情节、场面和内容。有的是以幽默贯穿始终,有的是充满想象力,还有的是以成人的思维来探测孩子的世界等。这些创意充满了情趣,具有很大的吸引力,因此,其中很大一部分动漫都是老少皆宜的。例如,日本的卡通片《蜡笔小新》,片中充满了童真、幼稚以及令人捧腹大笑的幽默,也贯穿了成人的思维和行动,使这个创意大获成功,很快在幼儿、青少年、家长以及白领中受到追捧和喜爱。

尽管孩子们是动漫产业的最忠实的消费者,但是也不能忽略了成人市场的巨大潜力和内在需求。在中国,动漫早已跨越了一部分动漫爱好者的范围而扩散到了不同领域和不同年龄层的人群中,为我国动漫的发展提供了更广阔的舞台和更强大的生命力。

如今更多的动漫产业在创意时多了一项原则,就是扩大受众范围,吸引更多年龄段的消费者,其中就包括消费能力较强的白领等,这在很大程度上加速了我国动漫产业的发展。例如,扬名于互联网的"绿豆蛙 LEON",凭借其清新可爱的卡通造型,迅速在白领中流行起来。

6) 衍生设计,衍生销售

衍生产品是动漫产业链中最突出并且能为动漫品牌增值的环节,我国原创动漫的衍生产品随着产业市场的发展逐步成熟。一是动画初级衍生品,如动漫游戏、动漫玩具等产值持续提升。所谓初级衍生品,是指与动漫原创作品关联度高的产品,通常是将其中的动漫形象或故事情节加以利用开发。动漫玩具也依托国内廉价劳动力,打造出一些有影响的本土品牌,如"蓝猫""喜羊羊"等,赢得了小朋友的喜爱和追捧。二是高级衍生品,诸如动漫旗舰店、主题公园的规模日益凸显。高级衍生品是指区别于初级衍生品,能够将动漫品牌与市场产业运营紧密融合,并且比初级衍生品实现更大的利益增值空间的动漫附属产业开发。另外,动漫主题公园建设也成为近年来国产动漫产业发展的方向之一,华强公司的方特欢乐世界主题公园,将自己的动漫作品衍生成真人秀,搬到这些主题公园内,和游园的小朋友们进行互动,拓展了自己品牌的知名度的同时,实现主题公园的销售收入,又增加了收视率;另外一些动漫影视城的创作,也增加了我国本土动漫品牌的培养和推广,这些都成为拓展国产动漫产业创作营销的重要举措。①

围绕动漫衍生品,设计和开发不可或缺。

首先要加强动漫衍生品的设计。动漫衍生产品是将视觉感受的图像用实际产品体现出来,可以体现出显而易见的美。动漫衍生产品作为产品设计的一个类型,动漫衍生产品开发除了应当突出易用性、经济性、创造性等设计原则之外,还要遵循动漫原型的完善性原则。动漫原型的颜色、外貌、服饰、表情等,都可以借鉴市场的反应进行微调,把动漫原型最受人欢迎的一面融入其衍生产品之中,以最大限度地赢得人心。② 就像面对中国这个庞大的市场,米老鼠披上唐装,唐老鸭开始穿绣花鞋,睡美人扎上了红头绳,以适应本土受众的特殊需求。而动画片《喜羊羊与灰太狼》之所以会如此成功,其中的一个关键因素就是主创方善于利用、汲取他人的建议,完善动漫原型及其衍生产品。在创作之初,导演率领编剧、漫画师首先将设计好的卡通形象在公司内部进行投票选择,选出其中最好的形象,再进行修改。后来又将设计好的卡通形象拿到中小学、幼儿园找学生来评议,再根据学生意见进行修改。最后拿到玩具制造商那里去征求意见。经过这三个环节的推敲、修改,才确定下来每个卡通形象。这些卡通造型不仅形象可爱,令人过目不忘,而且方便生产各种动漫衍生产品,易被消费者接受。③

国内动漫衍生品在原创思维和设计开发上存在的问题归根结底就是产品本身的创意不足。产品的创意设计推动产品不断推陈出新,适应消费者日益增长的品质需求。创意思维在动漫衍生品设计过程中要充分考虑到消费者的生理心理需求,结合思维的无限拓展而成。动漫衍生产品开发中的创意设计,可运用创意思维从以下三方面入手。

一是从动漫形象的特征中寻找设计创新点。动漫衍生品的设计基础是动漫形象本身,设计初始对动漫产品本身的考量是必不可少的步骤。动漫产品设计应注重挖掘动漫形象本身的特点。2015年动漫电影《超能陆战队》中的"大白"一改原著中的暴虐,在影片中的呆萌暖男形象融化了全球影迷的心,其衍生品涉及手办、手机壳、服装等。其中大白夜灯广受欢迎,其采用温和的搪胶材质,可以随意扭动的肢体结构,内置LED夜灯。深夜发出柔和光线的大白静静地坐在角落里陪伴人们入睡,正好吻合了影片中角色温暖纯真的形象特质。

二是从细节创意上寻找设计突破口。动漫衍生品的创意可以从细节上入手,提升品质,创新求异。首先,色彩的使用。产品造型最基本的两个要素是形态与色彩,色彩较为直观,表达情感更加直接。产品的色彩包括产品制作材料固有的颜色和材质感,不同的产品设计有不同的色彩配置需求,通过合理的色彩搭配可满足设计需求。动漫衍生产品颜色的设置都需要建立在原形象色彩搭配的基础之上。其次,材料的使用也很重要。绒毛触感柔和,玻璃晶莹剔透,原木天然纯厚,金属坚固冰冷,不同材料的使用无论是在视觉上还是触感上给人的感觉可能会截然不同。多样的材料也为产品设计师提供了丰富的设计思路。时代飞速发展的今天,新材料的使用反映了设计师对科技发展的敏锐度,新材料的合理使

---

① 马志强,李俊霞.从动漫成功营销案例看我国动漫营销策略[J].河南农业,2014(12):54.
② 杨然.动漫衍生产品的创意与开发[J].青年记者,2010(29):48.
③ 李铭筱,熊兴福.我国创意动漫衍生产品设计与开发刍议[J].重庆邮电大学学报(社会科学版),2012(5):49.

用成了设计创新的关键。①

三是从新兴数字媒体产品开发上寻求设计突破口。新媒体是新技术支撑体系下出现的媒体形态,它主要以网络和手机为基本传播载体,其数字化、网络化、多媒体、交互性的特点为动漫传播品提供了更广阔的空间和更快捷的方式。应充分利用数字技术和网络技术等新传播技术以及"三网融合"新的传播方式,加强跨平台的技术研发和作品创作,大力发展手机动漫、网络动漫、在线游戏、数字娱乐及增值服务为主的短信、彩信、游戏、数字影像、信息类作品。在研发移动动漫、动漫视听、真人动漫秀、动漫游戏等新型产品,借助迅雷、新浪等网络媒体、网络电视的多媒体视频播放系统、视频搜索网站在互联网上发布其动漫视频内容。手机动漫业务主要发展Flash、闪客杂志、Flash音乐和游戏产品、Flash手机动画短片、小品、相声等,还包括基于其他技术的手机动画以及手机动漫广告、动漫彩信、动漫屏保和其他漫画图片。由于动漫与网游人物塑型、故事情节、美术处理等方面十分接近,在网络游戏中则可重点发展休闲、益智和社区类游戏,同时注重反映中国和地域的传统文化和人文精神。②

另外,要加强动漫衍生品的销售。动漫产业衍生品的销售、发行非常重要。目前一般采用平台销售和授权出版发行两种新模式。

由于新媒体的兴起,动漫衍生品的开发有了一种经济快捷的方式——平台销售。动漫企业创造一个个走红于互联网的动漫形象或动漫作品后,移动、电信等运营商为动漫形象和作品传播提供互动和开放的平台,再推出漫画书、动画片、网络游戏或者各种衍生品,在线下开展商品授权,获取巨大的商业利益。与传统动漫产业链基本模式不同的是,"新模式"在动漫作品的策划、制作、发行、播映、授权、产品开发与销售等环节都兼容了新媒体的特点与市场规律,更加贴近市场的需求:动漫形象更贴近观众的喜好,产品设计更人性化,更具亲和力;播出渠道更为广阔,销售渠道更趋多元化;最为重要的是减少了产品开发与市场营销的成本。近年来,国内也出现了一批出色的网络动漫形象:兔斯基、小破孩、悠嘻猴、绿豆蛙、招财童子……这些颇富个性的原创作品或通过Flash作品,或通过QQ/MSN表情、数字漫画等方式,在网民中快速传播,建立起了虚拟品牌知名度。接着,通过无线下载、品牌授权以及销售其衍生品(包括饰品、服装、玩具、文具、食品等)多种收益的盈利模式获取利润,并且逐渐融入我们的生活。

授权出版发行是国内动漫行业的一大突破。动漫企业在出让自己作品的同时,也使自己获得了更大的利润,尤其是随着影响力的不断扩大,其产品的增值空间也变得越来越广阔。授权出版发行,不但在经济效益上能够得到更大的空间,在品牌形象的树立上也是一种理念的突破。神笔动画公司就是运用授权发行的新商业模式,将产品推出去的,使企业制作的动画片获得了很大的升值空间。2004年推出动画片《火星娃学汉字》受到欢迎之时,许多出版社主动找到神笔动画公司表示愿意与之合作,出版图书及音像制品。神笔动画从众多出版社中选出给出条件最合适者开展版权交易的合作,其中包括出版图书和出版音像作品。当《火星娃勇闯魔晶岛》热播时,又有出版社、玩偶厂家主动上门,神笔动画通过

---

① 史晓燕.创意思维在产品设计中的应用——动漫衍生产品开发中的创意设计[J].品牌,2015(5):162.
② 陶丽萍.我国动漫产品创意开发模式探析[J].新闻前哨,2012(7):97-98.

实际调查,多渠道获取合作者信息,最终选取了一个信誉佳、质量好、产值高的厂家进行合作。神笔动画公司出卖版权,与周边产品同步开发上市,不仅提高了动画片的知名度,还为企业成功缓解了资金压力等问题。神笔动画成功的经历表明,向不同行业的专业公司授权出版发行或是开发,请不同专业公司的人打理不同专业的事情,有时会达到事半功倍的效果。

7）漫画产业,奠定基础

要建立动漫产业链,首先是要发展漫画产业,动漫大国日本的经验是先发展漫画,再发展动画。整个漫画发展过程若从日本江户时代算起,已有四百多年历史。但根据我国目前青少年对动漫产品有巨大需求的国情,我们不能机械地走日本漫画产业自然发展的路子,那样将贻误机会。我们只能根据自己的条件,超常规地创出一条适合中国国情的动漫产业发展道路来。

根据我们现有的条件及体制优势,可采取快速发展漫画产业,健全动漫产业链,加大政策扶持力度,扶持现有的漫画刊物等措施,使其迅速成长。

由动漫产业基地按片区联合投资创办漫画刊物,刊物可面向全国征稿,也可吸纳有策划能力的机构专门为刊物进行选题策划,组织漫画创作。基地专事制作的企业可在这些刊物中选择优秀作品并将其改编成动漫产品,刺激漫画产业的发展。

由每个基地自己整合当地报刊、出版社、动漫制作机构、影视制作机构等资源联合创办漫画刊物,为动漫制作机构提供原创故事。

由各地有实力的报刊或出版社共同出资创办漫画刊物。报刊和出版社可充分利用其广大的读者群和发行优势,迅速做大漫画产业。

加紧培养漫画作者。各地大学可尽快将现有过多的动漫制作专业调整为培养漫画创作人才的专业。在大学的剧作、文学与新闻专业中增加漫画脚本创作课程,使学生成为漫画创作的后备力量。此外,可由报刊、作家协会、少年报社、学校共同举办漫画脚本征文比赛,从中发现并培养优秀漫画作者,这些创作力量今后将有可能成为动漫产品的编剧。

8）整合机构,做大做强

要发展动漫产业,动漫机构并不在于多,而在于强。目前,我国有实力的动漫制作机构并不多,普遍弱小。而要改变这种现状,达到壮大动漫制作机构之目的,就必须要对现有分散的企业进行整合。整合有两个含义,一是合并,二是联合。

合并是在每个省市扶持几个龙头企业,以龙头企业并购众多小企业,但这种办法涉及方方面面的利益,在操作上有一定难度。

联合是以几个大企业为核心,加上那些各有所长的小企业,建立漫画、动画、衍生产品开发一条龙的产业链,形成以市场调查、选题策划、剧本创作的前期创作、中期制作、后期营销的产品链,这样既可充分发挥各自的优势,又可提升产品的数量与质量。

以日本为例,全日本450家动画制作公司并不都是能独立完成片子的,只有50家有创意及制作实力的公司可以接到合同,剩下的400家都是配合这些公司进行制作的,这些企业大部分是以承接画面制作为主的工作室或小公司,综合实力不行,但专业技术不错,正好成为大公司的技术外援。可见,这种小企业与大企业的有机整合是动漫产业做大做强的有效途径。

9）人才培养,多管齐下

现阶段,国内大多数动漫从业人员并未接受过正规系统的动漫教育培训,他们的专业及职业素养并不能够完全符合或胜任新时期动漫产业的发展需求。为此,要采取多种措施推动中国动漫产业创新型人才培养。

(1) 加大人才培养力度,优化人才结构。目前,国内很多高校都开办了动漫专业。在学校培养过程中,更多着眼于理论层面,涉及图像与图形制作与处理、三维设计等,属低端技术类,学生的实践能力有待提高,现有科班教育不能有效满足市场需求,尤其是不能培育和输送高端的创意和编剧人才。为此,动漫教育应当与动漫产业挂钩,重塑和优化人才培养结构,为动漫产业培养实用型、优质型、全面型人才。还要通过内部培训和参加社会教育等各种途径,提升人才的动漫运营水平和运用媒介开展工作的能力。相关企业应当高度重视公司环境的营造,为动漫创作者提供良好的环境,培养具有创意和创新能力的优质人才。要积极与国外市场进行合作,加强动漫人才国际交流,促进动漫产业创新型人才的持续发展。①

(2) 互联网平台支持动漫人才培养。作为传播渠道,互联网平台链接起创作者团队和观看动漫的广大用户群体。而从产业视角看,在这一过程中,互联网平台对创作方形成了激励,为作品品质提供了保障,助推更多领域联动进行动漫作品改编及创新。2021 年 5 月,腾讯视频推出了首届"中国青年动画导演扶植计划",联手国内著名的动画导演、动漫公司以及动漫艺术专业学校,共同面向国内优秀青年导演(广大独立导演、高校毕业生及学生)征集优质动画内容,利用这一计划,激发中国动画新生力量放飞内驱力,让他们的创意成真。这是动画公司、专业院校共同培养和挖掘青年动漫人才和优秀原创动漫内容产品的有效方式。

(3) 大力扶持独立动画作者的创作。由个人或小团体自主创意的独立动漫内容多由艺术家独立发起,在表现形式上也多是短片的形式,但能够摆脱必须达到商业成功的硬性要求,而不必依附于社会大众的审美取向。所以,独立动画往往个性突出,在表现情感和创意的手段上也比较自由,具有艺术性和探索性。

独立动画也是商业动画的摇篮。世界上第一部 CG 动画长片《玩具总动员》的导演在参加 1988 年上海国际动漫电影节时还只是一个不出名的参赛者,当时没太多人注意到他。他创立的皮克斯公司,使动画片长电影又一次走向了科技革命的新时期,也撼动了迪士尼的江湖地位。在此后的十多年,皮克斯公司不断地在科技发展与创新上取得了新进展。

独立动画是改变动画产业的钥匙,让独立动画作者走出小众,在保持自身创作立场的前提下得到产业的支持,是推动动漫人才培养的一项重要举措。目前,我国对于独立动漫艺术的扶植比较少。从 2019 年费那奇北京动漫周上的作品可以看出,我国有很多优秀动漫作品,其中很多是作者的毕业设计。这实际上也是目前中国国内独立漫画原创者遇到的一种困难。在高校阶段,学生有充裕的时间与精力进行创作,但一旦走出校园,就很难得到相应的帮助,无法继续创作。除了资本资源,社会资源也是独立动画走出困境所必需的条件。院线一直以来是动画电影行业的必争之地,无论是商业作品还是艺术作品,争取到院线才能获得最好的播放条件。中国的独立动画难以进入院线的原因诸多,最重要的一点是因为缺乏社会资源去制作并推广自己的作品。《向着明亮那方》这部面向儿童和家庭的院

---

① 秦洁,余洪.中国动漫产业跨界融合发展模式研究[J].当代电视,2021(11):96-99.

线电影是由费那奇展映中多位独立动画导演共同努力所完成的,标志着中国独立动画作者和出品公司双方进一步走向成熟。①

第五节 网络游戏产业

1. 网络游戏及其特点

网络游戏又称"在线游戏",简称"网游",是通过互联网连接的供人们使用并具备娱乐性、休闲性,便于玩家之间交流的游戏方式。世界上第一款网络游戏诞生于麻省理工学院,来自由瑞克·布罗米为 PLATO 研发的《太空之战》。

网络游戏不同于我们平时玩的电子游戏,这是通过玩家在其官方网站搜索并且把客户端下载到自己的计算机里,通过客户端创建属于自己的账号、密码并且选择自己所喜欢的游戏角色及体型,可以根据自己的喜好来选择时装、发型。一般来说,网络游戏可供玩家选择的角色类型、上手的难易程度及美观度等方面选择较多,满足各种玩家的需求。一般的网络游戏分为人人对抗(PVP)、人机对抗/刷副本(PVE)、游戏币及材料商人(PVG)。② 网络游戏可分为角色扮演类游戏、策略类、战略类、动作射击类、模拟类、休闲对战类等,是一种基于互联网的竞技活动。

网络游戏产业是文化创意产业的重要组成部分,是现代电子技术的产物,它是结合了计算机、网络通信和信息服务的综合性高科技产业。网络游戏产业作为一种新兴的信息文化产业,是指提供与网络游戏服务相关的产业,包括网络游戏开发商、电信运营商、互联网提供商及计算机软硬件生产商等部门。

当传统的计算机游戏和互联网紧密联系后体现出了更多新的特点。③

(1) 互动性。由于网络游戏使得更多的玩家进入同一个游戏,势必会改变传统游戏的一个游戏终端的局限性。更多的玩家进入游戏时,游戏本身的趣味性大大增加,它不再是基于人机的单一模式,网络让游戏中的玩家可以相互交流。

(2) 灵活性。网络游戏改变了传统游戏的人机对话的单一模式。网络游戏具有更灵活的方式,它不再限定最终目标,完全可以根据各种玩家不同的需要来进行,使玩家沉浸在虚拟世界中。

(3) 占用时间长。网络游戏的另一个特点就是占用时间长。网络游戏的用户在线时间一般是单机游戏用户平均上网时间的一倍。网络游戏的这个特点,不但对于网络游戏运营商有着巨大的意义,而且对于靠上网时间的长短计费的电信运营商及 ISP 来说更有利。

经过四五十年的发展,网络游戏以其独特的魅力占据了娱乐领域的主流位置。网络游戏作为一个重要产业也快速发展起来,成为全球经济增长的亮点。美国网络游戏业已连续多年超过好莱坞电影业,成为全美最大娱乐产业。日本游戏市场每年创造 2 万亿日元市值

---

① 王凝,郑仲元. 国内动漫产业创新型人才培养研究[J]. 黑龙江人力资源和社会保障,2021(18):9-11.
② 周宇阳. 我国网络游戏营销策略[J]. 合作经济与科技,2015(5):108.
③ 李升哲,崔基哲,韩勇. 我国网络游戏产业盈利模式的探讨[J]. 才智,2012(5):27.

规模,其产品出口值远远高于钢铁出口值。韩国游戏业产值占全球的30%,已成为韩国国民经济的六大支柱产业之一。网络游戏的诞生让人类的生活更丰富、更快乐。网络游戏丰富了人类的精神世界和物质世界,促进了人类社会的进步。

2. 网络游戏产业的内涵

1) 网络游戏产业的相关概念

游戏通俗来讲就是供人们闲暇时间玩乐的文娱项目,而网络游戏顾名思义就是通过互联网的手段,让人们在网上进行娱乐,一般来看就是利用网络上的虚拟人物与多人或者单人进行游戏,这种虚拟人物往往就是玩家选定代表自己的人物角色,通过组合来让玩家达到一种娱乐的目的。现今的网络虚拟人物都是真实的3D角色,玩家可以任意挑选自己喜欢的角色,从而来获得心灵快感。

2) 网络游戏产业的基本特征

数字文化产品或服务具有技术、文化、制度三重发展逻辑,本质上以技术为媒、文化价值为内核、制度为纲。这也体现了其文化价值、经济价值和社会效益相统一的内在要求。网络游戏产品,不仅具有文化价值和经济价值的基本特征,而且注入了科技要素和互联网基因,具有一定技术经济和网络经济特点。从产品传播特性上看,在网络经济和流量经济的双重作用下,网络游戏产品具有很强的明星效应,被马特尔称为互联网"逆罗宾汉"现象,即"谁拥有的多谁就强,谁拥有的少谁就弱""赢者通吃"。这一特点决定了"渠道为王"和"内容为王"是网络游戏产业链的两大生存法则。①

高附加值性、知识产权性、高技术性、产业衍生性强与网络协同是最突出的产业特点。科技创意和文化创意为网络游戏产品带来高附加值性,信息、知识、文化和技术等无形资产占据核心地位赋予了产业较强的知识产权性,技术平台应用、网络传播特性和网络扩散产生的外部效应代表了高技术性,产业链各环节之间的衍生与横向协同性体现了产业衍生性强与网络协同的特点。② 从全球生产网络的角度看,数字创意产业全球价值链具有显著的衍生效应、共享效应、嫁接效应和外溢效应,是一次范式创新,在研究开发、生产制造、产品形态、外部审查、营销环节、物流运输、消费环节、附加环节、特征效应与生命周期十个方面与传统制造业存在根本性或关键性区别。③

3. 网络游戏产业的发展策略

1) 坚持产品创新

在同质产品泛滥,玩家选择众多的情况下,一款独树一帜的新颖游戏往往能得到玩家的青睐。坚持产品创新除了突出故事的原创性、制作技术的领先性以及产品的独特性之外,还应做到以下方面。

(1) 细分用户群体,开发有针对性的产品。当前我国网络游戏内容类型呈现出明显的不平衡性,用户年龄阶段不同、性别不同、职业不同、审美趣味不同等都是导致此现象出现

---

① 弗雷德里克·马特尔. 主流——谁将打赢全球文化战争[M]. 刘成富,等译. 北京:商务印书馆,2012:10.
② 夏光富,刘应海. 数字创意产业的特征分析[J]. 当代传播,2010(3):70-75.
③ 臧志彭. 数字创意产业全球价值链重构战略研究——基于内容、技术与制度三维协同创新[J]. 社会科学研究,2018(2):45-54.

的因素,因此必须对网络游戏用户进行细分。一是根据年龄阶段进行细分。网络游戏用户的年龄层在近两年来趋向于低龄化和中老龄化,14岁以下和40岁以上的网络游戏用户增长迅速。二是根据性别进行细分。近来女性网络游戏用户数量有增长的趋势,但由于以往男性网络游戏用户的数量比女性网络游戏用户数量要多,因此一些网络游戏开发商往往不把女性网络游戏用户作为潜在用户群。三是根据职业类型进行细分。信息时代的来临,使得大部分白领在工作的时候离不开网络和计算机,白领阶层成为潜在客户群。同时,针对不同客户群体开发有针对性的产品,进一步调整产业内容结构。比如,针对女性客户群体,可以着重研发游戏画面色彩鲜艳可爱、操作简单易上手的休闲可爱类的网络游戏;而针对白领阶层时间的碎片化,可加大研发不需要客户端的网页游戏的力度。[①]

(2) 增加产品的周期意识,对产品线进行规划。首先,要彻底抛弃"换汤不换药"的模式,即使是同一款游戏的续作,也要做到与原作相比有所创新;其次,对于一款产品,在其导入期—成长期—成熟期—衰退期的发展过程中,要针对不同生命周期采取有针对性的营销手段,加大营销活力,使其在有限的时间之内创造最大的热度和利润;最后,对于热度超高且受到玩家热捧的网络游戏,我们可以选择延长其产品周期,规划其产品线,引入续作。[②]可以在游戏中设置更多的任务环节,使游戏的新鲜度不断提升。例如,网易公司推出的网络游戏《梦幻西游》,自从投入运行以来,游戏玩家的数量始终稳定增长,受到了玩家广泛的喜爱和欢迎。在该游戏当中,动态场景、人物造型等并没有进行华丽的设计和改变,而是设置了各种各样不同的任务系统。玩家在形式多样、富于变化的游戏任务当中,能够获得不同的奖励,并且根据游戏故事的主线体验不同的西游故事。在不同的节日,游戏中还会提供与节日相关的任务,玩家完成任务后还能够获得独特的装备或宠物。这样,玩家能够长期对游戏保有良好的新鲜感,不会产生枯燥、乏味的感觉。此外,游戏难度适中,人物和宠物形象生动、可爱,能够吸引不同年龄段的玩家,因而取得了良好的市场效应。[③]

(3) 发掘优秀民族传统文化,为网络游戏注入新元素。中国是一个统一的多民族国家,每个民族都拥有悠久的历史和醇厚的文化底蕴。中华民族传统文化已经深入国人的骨髓,与外来文化相比,其更能深入国人的心灵深处,引起国人共鸣。因此,把这些优秀的文化融入国产原创网络游戏的内容中,不仅能赋予网络游戏文化性,提升网络游戏的文化感染力,还能提升国产原创网络游戏在国际网络游戏市场的竞争力[④]。例如,《完美世界》游戏是以盘古开天地为引子,在中国上古神话传说的基础上营造出独特的历史空间,玩家可以扮演包括剑士、魔法师、弓箭手和神奇生物等各种不同的角色,也可以设计并定制自己的人物和角色的外观和特性。之后,推出《完美世界》的海外改良版,即《完美世界国际版》,在人物设定上更加多元化,有5个种族,10个职业,不仅有中国传统文化的刺客、武侠,还加入了西方元素的法师、精灵,其他职业同时具有东西方文化交融的特点,比如剑灵、魅灵、羽芒、羽灵等,不仅有西方的魔幻色彩,还兼具中国传统仙灵的特点,让世界玩家都乐于接受这些新形象,同时不自觉中接受了一些中国形象的元素内容,对于中国文化有了进一步形

---

① ④ 杨武,章燕,侯嘉媚. 我国网络游戏产业包容性发展探析[J]. 广西社会科学,2015(3):194-195.
② 马建军. 营销视觉下网络游戏市场研究[J]. 经济论坛,2014(9):119.
③ 郭译遥. 网络游戏产品的市场营销方案构建[J]. 中国市场,2016(1):15.

象化的接触。因此,要想长时间占据目标玩家的心智,就要善打文化牌,对文化元素进行巧妙的融合和创新。①

2) 完善产业链

网络游戏产业链是指在经济活动中,从事网络游戏产业的企业之间根据前后工序的分工形成上中下游企业,企业之间以产品技术为联系,以资本为纽带,经过前后联系而形成产业链。在结构上,网络游戏产业链既有因与网络游戏厂商间垂直供需的关系形成的垂直供需链,是网络游戏产业链的主要结构,同时又有因同一维度不同类型厂商横向协作的关系形成的横向协作链,是产业的服务与配套。

网络游戏产业的上游主要包括游戏开发商和软、硬件提供商,它们是网络游戏产业的物质基础;中游主要包括游戏运营商和电信运营商,是沟通上下游的桥梁;下游主要包括渠道商、最终用户等,这些构成了网络游戏产业链的主要环节。除此之外,由于网络游戏产业的延展性巨大,拥有大量的相关产业,在网络游戏产业链的主要环节之外还包括饰物及玩具生产商、图书报刊出版商、广告制作发行商、电影公司、会展公司等厂商,这些都是网络游戏产业链的辅助环节。② 必须制定系统、全面的产业政策,推动我国网络游戏产业向上游的开发环节延伸,促进网络游戏产业的纵向一体化发展。③

3) 加大跨界融合力度

网络游戏产业属于数字出版产业的范畴,也属于创意产业的范畴,同时还属于IT产业的范畴。应通过跨界合作,增进网络游戏产业与其他相关产业的融合,促使网络游戏产业更直接地吸收其他产业的精华,进一步充实网络游戏的内涵,增强产业竞争力,实现多产业互利共赢。网络游戏产业跨界融合,除可以培养网络游戏的潜在客户群体外,还能够为网络游戏的产业内容进行储备。网络游戏企业可加大与影视、动漫、文学等相关产业的合作,实现产业内容的多元化。优秀的影视、动漫、文学产品必定具备完整的世界观、引人入胜的剧情、性格各异的人物,优美的配乐等元素,这些元素正是网络游戏内容的关键要素。④

4) 提升产业形象

一直以来,我国网络游戏产业的发展伴随着社会对其的负面影响,受到国内舆论的批评,有的家长认为玩网络游戏是玩物丧志的表现。为了建立我国网络游戏产业的健康形象,网络游戏企业可以研发"绿色网游",避免"低俗"内容的出现,引导网络游戏产业向健康娱乐的方向发展,扭转舆论对网络游戏产业形象的差评。网络游戏公司还可以研发"教育游戏",将经济效益和社会效益结合起来。所谓"教育游戏",是指用户可以通过游戏的操作获取知识或者技能,进而起到教育作用。比如,针对目前我国网络游戏低龄化和老龄化的两个走向,可以分别研发能健康引导青少年儿童的网络游戏和娱乐身心的中老年人网络游戏。除此之外,网络游戏企业还可以通过公益营销的策略,树立企业正面形象,促使网络游戏产业扭转社会上给予的负面形象。

---

① 王梦瑶,黄佩. 析中国网络游戏产业的国际化传播[J]. 重庆与世界,2015(7):46.
② 党婧,刘碧波. 我国网络游戏产业与关联产业的灰色关联度分析[J]. 劳动保障世界,2013(2):98.
③ 艾康. 我国网络游戏产业的现状与发展[J]. 高校理论战线,2012(9):72.
④ 杨武,章燕,侯嘉媚. 我国网络游戏产业包容性发展探析[J]. 广西社会科学,2015(3):194-196.

5）强化网络营销

在网络游戏产品的市场营销当中，不能只通过广告宣传、价格优势等手段来吸引玩家，而是应当善于利用网络营销，进行多渠道、多手段的市场开发和游戏宣传，从而提高网络游戏的受欢迎程度。如《爸爸去哪儿》网络游戏就采用了多样化的网络营销模式。①

《爸爸去哪儿》是湖南卫视第四季度全新推出的父子亲情互动节目，原版模式购自韩国MBC电视台。《爸爸去哪儿》手机游戏是由湖南卫视同名节目官方唯一授权开发的一款跑酷类敏捷游戏。在游戏的故事情节和画面设计上充分体现了《爸爸去哪儿》的元素特色，玩家可以在游戏中扮演节目秀中的各位星爸萌娃，游戏开始会有朗朗上口的同名主题曲做背景音乐，闯关任务设置与节目同步，极强的带入感和认知度让该游戏一经上线就拥有了大批粉丝，延续了节目的火爆。

此款游戏于2013年12月6日通过百度91手机助手独家发布。首日下载100万次；12月16日苹果正版上线一天，冲进App Store榜单前十。在体现手机游戏质量的用户美誉度量化数据上，"次日留存率"突破50%，高达57.1%。《爸爸去哪儿》手游将进一步在移动多媒体终端上延续《爸爸去哪儿》节目的品牌热度。

（1）搜索引擎营销。搜索引擎营销，是一种以通过增加搜索引擎结果页能见度的方式来推销网站的网络营销模式。湖南卫视的合作伙伴百度是全球最大的中文搜索引擎，拥有超过千亿的中文网页数据库，在搜索引擎营销方面具有天然优势。此款手机游戏开启首发之后的3小时内，百度已经把握用户的热点信息，当用户在百度搜索条中搜索"爸爸去哪儿"时，同名的游戏均位列第一，以吸引用户注意。

（2）论坛、视频营销。论坛营销就是企业利用论坛这种网络交流的平台，通过文字、图片、视频等方式发布企业的产品和服务的信息，从而让目标客户更加深刻地了解企业的产品和服务，最终达到企业宣传企业的品牌及加深市场认知度的网络营销活动。百度贴吧是百度公司开办的网上论坛，因其门槛低、操作简单、参与人数众多，在中国的影响力很大。百度贴吧将极其热门的游戏讨论帖及时置顶；视频部分，爱奇艺与PPS分别采用视频资源或游戏中心进行首要推荐；百度充分运用自己的资源，在众多游戏论坛策划系列游戏视频、漫画、活动，为首发造势，吸引受众的注意，扩大游戏的影响力。

（3）话题营销。话题营销主要是运用媒体的力量以及消费者的口碑，让广告主的产品或服务成为消费者谈论的话题，以达到营销的效果。话题营销除了可以对消费者购买行为起作用之外，在搜索引擎优化、增加网站流量、建立品牌认知度方面也有不小的作用。通过讨论，扩大品牌的影响力，提高受众的兴趣度。

（4）植入式营销。植入式营销又称植入式广告，其将产品或品牌及其代表性的视觉符号甚至服务内容策略性融入电影、电视剧或电视节目各种内容之中，通过场景的再现，让观众在不知不觉中留下对产品及品牌的印象，继而达到营销产品的目的。在《爸爸去哪儿》一期节目中，一萌娃好奇地在节目中提到一款游戏的名字也叫《爸爸去哪儿》。将《爸爸去哪儿》看作一种符号融入节目中，在无意中进行了信息的植入，让更多的受众自然而然地接收到信息，并且产生了想要尝试的欲望。

---

① 雷宁. 以《爸爸去哪儿》为例，探析手机游戏网络营销新模式[J]. 传播与版权，2014(5)：102.

第六节 创意设计产业

创意设计是以文化、美学、用户为核心概念,通过智力资源支持生产制造企业的新产品开发,将文化和科学技术有机结合,全面提升用户体验、产品文化内涵与生活环境品质。创意设计产业伴随着知识经济的深入发展,已不再仅仅是一个理念,而是有着巨大经济效益的直接现实。[1]

创意设计产业是文化产业的核心内容之一,对国民经济和社会发展具有重要支撑和推动作用。它包括的范围很广,从产品与服务功能开发、形态设计延伸到市场销售推广的全过程,[2]主要涉及产品设计、视觉传达、建筑环境、动漫及现代手工艺设计等相关领域。设计创意产业的出现既是经济审美化发展到一定程度的标志,同时又为经济审美化提供了智力引擎。

我国创意设计产业发展要注意从以下几个方面着力。

1. 坚持设计至上的理念

创意设计产业必须坚持设计至上的理念,这样可以形成科学的创新开发机制。传统的研究为线性模型,沿传送带移动的离散单元。在工业经济和体验经济大环境中,价值是由企业/公司创造的。正是由企业/公司驱动着创新设计的理念、方法、工具研究,提高创意设计在全产业链中的效益。[3]

企业重视设计才能树立系统的以设计创新为主线的产品开发机制。设计能否发挥作用,除了设计人员的素质外,更重要的是企业的开发机制是否从制度上保证了以设计为主线贯穿开发的全过程。企业借助设计能力实现独特的创意,也只有通过优秀的创新设计才能确立产品的个性和市场立足点,达到扩大消费市场,提升产品竞争力和品牌影响力的目的。通过建立设计创新的科学机制而取得巨大成功的案例不胜枚举,从 20 世纪以来,欧美多国、日本、韩国等国都有很多经典案例。最为大家熟知的应该就是近年来风靡全球的苹果公司。乔布斯自身具有超前的创新设计战略眼光,苹果公司对设计在产品开发全过程的贯彻以及苹果总设计师兼副总裁乔纳森·艾维的设计才能,共同制造出了 21 世纪的苹果神话。[4]

2. 推进创意设计融合发展

创意设计产业应与制造业融合。产业融合正日益成为产业经济发展的重要趋势,创意产业具有消费服务和生产服务双重属性,创意产业与制造业融合可以帮助地方政府实现制造业产业升级的目标,同时扩展了创意产业的发展空间。创意产业和制造业主要有三种融合类型:延伸融合、交叉融合与关联融合。

---

[1] 田君. 作为创意文化产业而发展的工业设计[J]. 装饰,2005(12):8-9.
[2] 杨志,黄维. 深圳市创意设计产业发展现状与对策研究[J]. 艺术百家,2010(1):7.
[3] 冯蔚蔚,辛向阳. 我国创意设计产业可持续发展的对策路径研究[J]. 湖南社会科学,2015(6):153-154.
[4] 刘彬. 设计——文化创意产业发展的核心竞争力[J]. 新闻传播,2012(2):119.

创意设计产业除了与传统制造业的融合外,创意产业的不同门类之间也出现了内容及应用上的业务融合。这些业务上的融合使得创意产业的资源得到优化配置,并带来无限商机。创意设计产业企业组织必须走集团化路径,强化原创设计。

创意设计企业以文化战略为指导方针打造品牌,设计企业(机构)从技术设计走向战略设计,从视觉设计走向生态设计;设计企业树立生态设计观、设计人员树立设计伦理观,建立"设计经纪人"制度。①

培育龙头企业,带动行业发展和集聚。创意设计龙头企业往往具有较强的市场号召力,可以引爆行业的快速发展。因而各地应优先扶持创新能力突出、产业发展迫切、能迅速形成生产能力、有较大示范带动作用的企业;重点推进具有市场引爆作用的龙头工业设计公司进驻,重点培育一批核心设计企业,扩大企业品牌知名度。鼓励支持有条件的企业开办研发设计研究院,逐步将研发设计从制造业中分离出来,创立自主品牌,实现由"制造"向"创造"的转变。②

3. 加强创意设计产业集群建设

创意设计产业集群就是创意设计产业领域中众多相互独立又相互关联的创意设计企业和相关社会机构,为了达到资源共享、减少风险、降低成本、提高收益,而在某一个地理空间上集聚,并结成相互分工、相互合作、相互竞争的网络结构的一种现象,其涵盖了文化创意产业的所有高端环节。建设创意设计产业集群应采取如下举措。

1) 确保产业集群分布紧凑

创意设计产业集群在空间上应保持紧凑,这是集群本身的特性所决定的,"集群本身就有空间的概念,构成集群的各主体在特定的地域内柔性集聚。经济全球化、更快捷的交通运输和通信系统并没有阻挡产业发展的地区集中化倾向。"③创意设计产业集群空间上的紧凑,可以促使产业集群内部竞争加剧,增强创意设计企业的竞争力;可以促使产业集群内互相协作和成功经验的传播;可以促使产业集群形成以区域为基础的品牌,使产业集群内所有创意设计企业受益;可以促进基础设施的建设和优质服务的集中供给;可以更为有效地吸引外部投资。当然,空间上的紧凑只是创造和保持创意设计产业集群优势的一个方面,如果产业集群内的企业无法形成产业合作和有机联系,集聚效应也就无法显现。因此,除了空间上的靠近,还应确保产业集群内的创意设计企业具有内在关联度和产业互补性。④

2) 推进产业园区建设

为克服传统的产业园区在产业集聚方面的弱点,可以依托现有文化创意产业园,赋予园区城市服务功能,推进创意设计产业社区的建设,促进资源集聚。立足先进制造业的产业基础,借鉴一些国际公司的先进设计理念,引进科研机构和企业建设国家级工业设计产业孵化器。如深圳市在这方面进行了成功的尝试,建设深圳设计之窗,探索建设中国工业设计交易市场;引进和联合深圳市工业设计行业协会和科研机构,组建工业设计研究院,搭

---

① 陈振旺,李楚斌. 深圳创意设计产业的生态系统建设[J]. 艺术百家,2011(8):15.
② 周婷婷,温锋华,李成. 深圳宝安区创意设计文化产业集群路径研究[J]. 特区经济,2012(12):38.
③ 张聪群. 产业集群升级研究[M]. 北京:经济科学出版社,2011:3.
④ 尚光一. 厦门市创意设计产业集群的发展路径探析[J]. 厦门特区党校学报,2014(5):14.

建行业公共技术服务平台；推动专业型的工业设计研究院的建设；汇集工业设计产业链的各环节资源，打造集群产业化的自主创新高端设计创意平台；以龙头电子企业为示范，推动园区内重点项目建设，鼓励现代制造业进行工业设计环节分离，打造工业设计特色产业基地，形成以工业设计业为主导业态的特色产业集聚地。[①]

3）引导关联企业集聚

为加快创意设计产业集群发展，要引导关联企业集聚，科学规划集聚区，提高集群内的产业关联度，加强集群内不同企业的互补合作，发挥集聚效应，以形成互为基础、互相依存的完整产业链，尤其是要强化产业链上游"设计研发"和下游"营销体验"两个高利润区域，以呈现出创意设计产业链的"微笑曲线"。为此，应根据实际情况，基于地域特点，高标准打造创意设计产业园区，做好园区的规划和配套，重点引进"微笑曲线"两端的创意设计企业入驻。同时，要强化现有创意设计产业集聚区内关联企业的聚合，重视对集聚区的规划与引导，促进现有创意设计产业集聚区做大做强，引导其实现产业升级、更好地发挥集聚效应。[②]

4. 构建创意设计公共服务网络平台

面对创意设计特色产业集群发展的科技服务需求，需建立创意设计的第三方公共服务平台。构建创意设计公共服务网络平台，为创意企业之间提供交易、交流、协作的平台，不仅可以让更多的企业聚集到该平台上，集约整合产业链中的创新资源，同时还可以激发创意设计者的工作热情，切实满足企业的需求。[③] 平台以现代艺术设计理论、技术、设计管理营销方法为突破口，通过对创意设计方法、营销、协同、知识管理等基础的共性技术研究，为创意设计企业提供专业化、智能化设计平台，探索创意设计产业链各个环节之间科技需求及创意设计产业的整体营销管理模型的同时，优化创意设计资源，构建创意设计产业新的经济模式。从而有利于我国创意设计产业的健康发展，推动我国制造业转型升级，孵化小微创意设计企业，帮助其开拓市场，提升其设计竞争力，推动区域经济转型升级。

在创意设计公共服务网络平台的内容建设上要包括创意设计知识库、创意设计产业链信息库、创意设计交易库三部分。创意设计知识库用于收集并储存符合创意产品定位的包括设计、制造、营销的各类知识，并将其编入索引，方便各企业用户检索和使用；创意设计产业链信息库则从设计、制造、销售的系统角度出发，将与创意设计产业链相关的创意设计企业和个人，相关产业、行业的生产制造企业，相关专业销售市场，相关投资运营商、广告运营商等的数据以可视化的形式呈现，从而做到对产业集群的有效挖掘，对新制造模式的开拓，最终推动创意产业的发展；创意设计交易库主要储存成员上传的创意思路、创意产品造型图、创意多媒体作品等创意成果，方便浏览和交易。

创意设计公共服务平台在满足产业内部沟通与服务载体功能的基础上，可以将受众面拓宽到全社会，采用收费和免费相结合、用户自行检索和平台主动服务相结合等多重运营

[①] 周婷婷，温锋华，李成. 深圳宝安区创意设计文化产业集群路径研究[J]. 特区经济，2012(12)：38.
[②] 尚光一. 厦门市创意设计产业集群的发展路径探析[J]. 厦门特区党校学报，2014(5)：14.
[③] Hawkins J. How People Make Money from Ideas[M]. AllenLane：the Penguin Press，2001：14-15.

机制,以增加服务的辐射面,实现网络平台的有效运行。①

第七节 文化创意旅游产业

21世纪以来,随着旅游业的不断发展以及人们整体生活水平的提高,传统以观光为主的旅游模式已经不能满足游客的需求,游客越来越倾向于具有文化性、体验性、创意性和娱乐性的旅游模式,将文化创意产业与旅游产业融合的文化创意旅游模式逐渐成为旅游业发展的新方向。

旅游与创意产业结合成为文化创意旅游产业,其发展前景得到了世界旅游组织等的重视。例如,许多旅游目的地用标志性建筑来彰显地方形象,有些城市经营某种文化主题来凸显自己。国外文化创意旅游的发展包括以下几种主要的模式:重大标志性或旗舰项目、大型事件活动、主题化产品以及遗产的开发等。

中国的文化创意旅游也出现了文化创意旅游产品、文化创意旅游接待设施、创意景观、文化创意旅游活动、文化创意旅游社区等基本模式。② 由于世界上文化创意旅游产业的发展时间很短(从20世纪90年代算起),中国与发达国家的差距很小。以世界之窗、宋城、大唐芙蓉园、清明上河园等为代表的一批投入巨大的文化主题公园在全国范围内快速发展起来,而以"印象系列"为代表的旅游演出模式更是发展迅速,成为中国旅游业发展的一种特色模式。相比西方主题公园中常见的表演项目,中国的此类产品已有显著的创新和发展,并且开始向国外输出。这是中国旅游的一项进步,也是中国旅游进入文化创意旅游时代的重要标志。③

1. 文化创意旅游产业的含义和特性

文化创意旅游是一种与传统的自然山水观光旅游不同的旅游发展模式,它以文化为核心,以创意为手段,以技术为支撑,以市场为导向,创造多元化的旅游产品载体,形成产业联动效应,促进城市和区域经济的文化创意化转型。④ 这种旅游发展模式具有从文化本位出发,以产品中的创意元素为基准,需要旅游者与旅游目的地共同协作的特征。⑤ 基于此,可以将文化创意旅游模式理解为:摆脱过去旅游业主要依靠自然和人文历史等资源来开发旅游产品的境况,通过高科技手段,依托创意、文化等因素来开发一些新奇独特的旅游产品,能够解决资源限制的问题,为旅游资源缺乏的地域带来新的旅游发展契机,同时也能促进与其融合的相关文化创意产业的发展,有助于整个地域旅游形象塑造的一种新兴的旅游

---

① 冯蔚蔚,辛向阳. 我国创意设计产业可持续发展的对策路径研究[J]. 湖南社会科学,2015(6):155.
② 王欣,杨文华. 文化创意旅游产业发展模式及北京市发展对策研究[J]. 北京第二外国语学院学报,2012(11):30.
③ 王欣. 文化价值主张的构建与输出——文化创意旅游的核心内涵与功能探讨[J]. 暨南学报(哲学社会科学版),2015(10):147.
④ 王慧敏. 文化创意旅游:城市特色化的转型之路[J]. 学习与探索,2010(4):122-126.
⑤ 周钧,冯学钢. 创意旅游及其特征研究[J]. 桂林旅游高等专科学校学报,2008,19(3):394-397.

发展模式。①

在表现形式上,文化创意元素与旅游业内部要素的结合是其主要特征。但就其作用范围与影响层面来看,文化创意还涉及传统产业与旧城区改造、非物质文化遗产保护与开发、经营模式创新、文化品牌推广、资本运作等多个方面。② 文化旅游创意产业是一种新业态,随着社会的发展,它必定成为今后重点发展的朝阳产业。③

文化创意旅游产业指为了满足旅游者对精神方面的需求而策划设计的文化活动内容,并形成旅游者可以体验参与的活动,以及为此而必备的制度安排和设施条件。创意主要是释放在文化活动的内容、形式和设施上。从旅游业角度看,重点是旅游文化产业的发展与谋划,包括原有产业的稳定发展和深度发展,以及新型创意产业的培育。旅游创意主要包括旅游产品创意(增加文化品位)、旅游活动创意(增加深度体验)、旅游商品创意(加强设计水平)和旅游服务创意(更加人性化)等方面。文化旅游创意产业也是对旅游策划下的广告、节庆等旅游产品和活动的产业提升。在旅游活动日趋个性化和多样化的今天,旅游者"求新、求奇、求特",注重体验参与的特点日趋增强,在创意理念的引导之下,将智力因素和思想火花与原有资源完美结合,通过重组、整合原有的静态旅游要素并加以模型化和动态化来重新定位和推出,进一步增强原有产品、服务的体验性和吸引力,以适应不断更新的市场需求并彰显旅游的魅力。④

文化创意旅游产业具有如下特性。⑤

一是将旅游资源与文化创意有机结合在一起,促进旅游资源和文化创意的优势互补,带动旅游业长足发展。在旅游物质资源与文化资源相互结合的基础上进行创意开发,进行创新现代艺术的改造。

二是以创造性的产品延伸文化旅游产业链。过去有一种说法是"白天看庙,晚上睡觉"。旅游文化创意产品丰富了娱乐的内容,解决了旅游过程中娱乐项目单一的问题。

三是将实景现场与高科技奇观相结合。充分利用了山水楼阁亭台等原有的物质实景,加上了高科技、声光电的改造,这些自然景观经过高科技改造,使观众能感受到一种视觉震撼。高科技带来了视觉奇观上的感染力,也带来了艺术上的精神享受。

四是文化旅游创意产品形态多样,归纳起来大致有四类:第一是文化演出。借由文化创意产业来驱动的文化演出,对环境破坏最少,产生的效益辐射范围却最大,是旅游业与文化创意互动融合的良好经济模式。第二是文化型主题公园。文化型主题公园注重文化展现,是以一种或数种文化内容为题材,通过设计制作逼真的景区,并加以观赏性、娱乐性、体验性极强的现场游乐项目,打造让游人身临其境、忘乎所以、尽情欢愉的旅游场所。第三是历史文化街区。历史街区是宝贵的旅游资源,通过合理的开发和严格的管理,不仅可以处理好保护和开发的关系,还可以取得更好的经济、社会和环境等综合效益。而且随着文化素质的不断提高,人们越来越喜欢到古老的街区去体会其丰富的文化内涵。第四是文化节

---

① 李方方,洪霞芳. 南昌市文化创意旅游产业发展的动力机制与实现途径[J]. 企业技术开发,2012(11):87.
② 司马志. 中国文化创意旅游发展的七大模式[J]. 上海经济,2015(5):13.
③ 高曾伟. 发展文化旅游创意产业 提升镇江旅游业竞争力[J]. 镇江高专学报,2011(4):2.
④ 冯学钢,于秋阳. 论旅游创意产业的发展前景与对策[J]. 旅游学刊,2006(12):13.
⑤ 潘善成. 旅游文化创意产业成为旅游业发展的新空间[J]. 安徽农学通报,2010(16):173.

庆。节庆是独特的地域文化、城市文化和民俗风情最集中的表现。当节庆与现代旅游融合，便形成了新的经济和文化载体——旅游文化节庆。目前发展较典型的如哈尔滨冰灯节、青岛国际啤酒节等。[①]

2. 文化创意旅游产业发展动力机制

文化创意旅游产业发展的动力机制是指促进旅游业发展的动力，以及改善和维护动力机制的各种制度与经济关系的综合系统。文化创意旅游产业发展的动力机制主要由两部分构成：一是外部作用的动力机制，二是产业自身的动力机制。具体如下。

1）外部动力机制

文化创意旅游产业发展的外部动力机制主要是政府与市场，每一个良性循环的系统，都是政府与市场共同推动的结果。

把传统的旅游业与文化创意相结合后，还是同一个景，还是同一个地方，只是增加了无数创意与智慧，从而促进了文化旅游创意产业的发展，增加了经济利益，在经济市场的推动下，各种资源主要是通过市场的渠道进行自由配置，市场机制起到了很大的作用，但是市场机制并不完全有效，也可能存在失误的情况，此时政府机制就对经济活动进行相应的干预。政府为了更好地实现其社会职能，必须要对市场进行一定干预，在旅游创意中，创意机制的形成依赖于政府的支持与营造，政府最主要的干预就是对制度进行一定安排，发展文化旅游可以促进经济的发展，提高旅游业从业人数，这与政府的目标相符，从而取得了政府的支持。

2）自身动力机制

文化创意旅游产业发展过程中，除了外部动力机制可以促进产业发展外，其本身也存在着动力，与外部相协调，共同发展，本身的动力机制包含：学习机制、竞争机制、创新机制等。

(1) 学习机制。在市场经济不断发展的前提下，越来越注重学习的重要性，学习是一种集体行为，可以在全国的范围内进行学习以促进文化旅游创意产业的发展，组织人员进行观察、思考、总结，在发现自身不足与缺点的同时吸取别人成功的经验，进行研究与分析并形成自己独有的模式，促进旅游业的发展，文化旅游创意产业一旦构成学习机制，就会加快信息的深度与传播速度，提高行业的知识水平，促进旅游行业的发展。

(2) 竞争机制。竞争机制是市场中优胜劣汰的方法以及手段，也是市场机制的主要内容之一，同时也是市场经济价值规律作用的成果。各地的旅游产业都希望可以最大限度地吸引游客，成为旅游行业的老大，因此就出现了旅游行业之间的竞争，在竞争中不仅促进了旅游业的发展，也增加了各地旅游业间的相互合作与学习，旅游产业不是通过降低自身成本来竞争的，而是通过时尚、个性、创意来赢得市场，凸显文化内涵，以文化创意的优势获得一定的利润。

(3) 创新机制。产业想要发展，就需要创新，没有创新，就不会进步，会被逐渐发展的旅游行业淘汰，文化旅游产业的创新机制主要是指集体方式的创新，是借助专业的合作与分工通过产业链产生的创新效应，以此得到创新优势的新形势，利用创新机制，可以促进文

---

① 林峰. 文化创意与旅游业如何互动[J]. 中国房地产，2015(26): 52.

化的发展,弥补资源的不足,促进旅游业的发展。①

3. 文化旅游创意产业发展的对策

1) 加强旅游产品的开发,树立品牌形象

旅游产品是旅游经济活动的主要载体,也是旅游产业价值链上的核心价值要素。用创意创造旅游文化产品,要选准切入点,突出产品的层次性。然后,要提炼出主题,使产品与相关因素组合成一种共同的基调,而主题越突出越鲜明,就越有利于产品创意的多层次发挥和满足旅游者的需求。

在体验经济的时代,扩大客源市场必须把重心放在消费者身上,创意体验式营销,满足消费者的一切需求,着力塑造旅游品牌形象。

(1) 强化原有文化创意旅游资源的挖掘。可以从历史的、民族的、民间的、全球的各种文化奇观中,发掘出具有深厚文化内涵与底蕴的文化创意旅游资源。一是根据现代需求重新诠释本民族经典作品内容的文化创意旅游产品。具体可以通过不同的方式再现优秀的文化创意旅游作品,如以电影、音乐、多媒体、戏剧、网络等传统和现代的多种形式和渠道,再现传统历史文化创意旅游精品的内容。比如巴黎的《红磨坊》歌舞剧广受游客推崇,《红磨坊》里主要是以康康舞为基调。康康舞源于法国,原是洗衣妇、女裁缝等劳动妇女载歌载舞的一种娱乐形式。19世纪30年代,康康舞开始在蒙马特尔地区的各种舞会上流行,50年代又进军歌舞厅。康康舞以"掀裙踢腿"为最主要特征,热烈奔放。可以说《红磨坊》助推了康康舞这种传统的舞蹈流行至今。二是可以开发全球市场中的地方资源。在经济全球化的今天,文化创意旅游市场上的大量产品出现了主题、内容、风格的趋同性,导致了全球化进程中世界性文化创意旅游命题的审美标准逐渐趋于同一性。发达国家创意产业的跨国公司,比较早地认识到了既要重视全球化的普遍文化创意旅游倾向,又要开发各种民族文化创意旅游的独特资源。纵观国际上文化创意旅游产业的强国,都有着向异域扩张的强烈冲动。比如,美国是一个典型的人文历史短浅、文化创意旅游资源不算富足的国家,但却是当今世界上首屈一指的文化创意旅游产业大国。美国纽约麦哈顿的百老汇是最吸引世界各地人们的一个旅游目的地,百老汇诞生了很多经典的音乐剧,比如,《歌剧魅影》从1986年首演至今,是舞台上的一棵常青树。而其歌剧是根据法国作家盖斯东·勒鲁的同名小说改编的。百老汇红极一时的音乐剧《阿依达》灵感则来源于中国"牛郎织女"的故事。②又如,美丽富饶的马里亚纳群岛,更是开发地方资源的典范。这个面积仅有478平方千米的海岛在1521年首次被西班牙著名航海家麦哲伦发现,之后便直接使用了当时西班牙王后玛丽亚娜的名字命名。成为西班牙版图一部分的马里亚纳,在长期的战争中,从原来的4万多人到最后只剩下1700多人。后来,马里亚纳经西班牙之后转至德国,又由德国转给了日本。这一段曲折的历史远没有结束,第二次世界大战太平洋战争后,马里亚纳被战胜国美国占领,最后成为美国的一个联邦领土。一段惨痛而独特的历史,赋予了马里亚纳四个国家彼此交融互相渗透的独特文化景观。在这里,你能看到西欧风格的教堂,也能看到日军最后司令部的遗址和飞机跑道,还能看到美国第二次世界大战原子弹的组装基地。此

---

① 姚湘晖. 文化旅游创意产业发展的动力机制与对策[J]. 旅游管理研究,2015(3):48.
② 蒋莉莉. 文化创意旅游产业发展模式的国际经验研究[J]. 商场现代化,2010(11):52.

外,3000年前当地土著人创造的文明也能在拉提石遗址中窥见一斑。土著文化、殖民文化以及近代的战争文化在这个群岛上被体现得淋漓尽致。马里亚纳的人们巧妙地将各种文化的交融凸显出来。这些最后都成为小岛别具风情和沧桑历史中的一环。

近年来,我国很多地区也因地制宜,开发地方资源,突出地域特色,加大相关旅游产品的研发力度,丰富旅游产品的形式,打造旅游品牌。例如,江西省历史文化底蕴深厚,物产丰富,地域特色鲜明,因此,创意旅游产品的开发可以根植于深厚的地域文化中,挖掘文化内涵,突出地域特色,不断进行创新。江西省将婺源歙砚、徽墨、文港毛笔、铅山连史纸等制造企业集合,打造全国首个"文房四宝"产业基地,这个产业基地集生产、参观鉴赏、购物于一体,不仅可以量身定制旅游项目,吸引游客参观游览,还可以提供丰富的而且彰显江西人文特色的旅游产品。除了发展开发具有创新性的旅游纪念品以外,大力发展歌舞剧、民间表演等市场需求量大且深受群众喜爱的文化艺术表演也有着重要意义。西安打造的"长恨歌""大唐芙蓉园"等系列文化产业项目也正是因为能很好地将历史文化、地方特色和现代声光电进行结合而大受欢迎。[①] 扬州根据自身的历史文化特色,重点发展三个文化旅游品牌:烟花三月、盐商园林、休闲名城。第一,做强"烟花三月"品牌。许多人对扬州的印象,几乎仅仅来自李白的一句诗——"烟花三月下扬州"。"烟花三月"是扬州最有力的形象品牌,而且美誉度极高。第二,打好盐商品牌。扬州园林素负盛名,但历史变迁,扬州园林现在难与苏州园林比肩,对此,扬州园林突出与苏州园林的差异,而盐商文化,正是一个重要的突破口,是将扬州园林打响的亮点和卖点。第三,做好休闲名城品牌。扬州休闲文化丰富且知名度较高,把休闲作为一个文化旅游品牌来经营有较好文化基础,在现代普遍压力偏大的社会也有良好的市场前景。[②]

又如,美丽的浙江乌镇,更是在多年的开发和保护旅游资源之后形成了一套特有的"乌镇模式",乌镇的创意者们提出了"修旧如旧,整旧如故"的理念,从"面、块、点"三个方面对乌镇镇区、保护区、重点建筑进行不同功能的科学规划,创意设计。读过茅盾田野三部曲《春蚕》《秋收》《残冬》的人都知道,它的原型和素材就在乌镇。矛盾的童年、少年时代都是在浙江乌镇度过的,青年时期也在这里居住。他所描写的人物原型可以在这里找到,他所提到的乌篷船还在小河上缓缓划过。如今的乌镇依旧保留着江南村庄的建筑风格,尤其是西珊的老街。而在东珊的观前街有一家为"林家铺子"的商店,吸引着游客进去看看那位谨小慎微的林掌柜是否还在做着买卖。茅盾的作品汇总着乌镇的方言、乌镇的气息、乌镇的影子,而如今乌镇的开发者们也将他们引以为豪的文化底蕴加以提炼和保护,将茅盾先生笔下的乌镇再现,寻觅到了乌镇旅游与众不同的亮点。

(2)提升游客的体验价值。要深入挖掘文化旅游产品的内涵,提升游客的体验价值,加快旅游产品由观光向复合型、体验型转化。在深度开发文化观光产品的基础上,要大力发展商务会展、都市体验、休闲度假、主题节事、体育运动等新兴旅游产品,不断提升游客的体验值。[③] 这个方面,国外的诸多葡萄酒庄园有非常成熟的产品开发经验。例如,位于美国加利福尼亚州旧金山以北的加州纳帕谷是美国最悠久也是旅游活动最丰富的葡萄酒旅游

---

① 刘文辉,姚远. 江西省旅游业与文化创意产业融合发展研究[J]. 科技广场,2013(9):228.
② 董长云. 扬州文化旅游品牌培育与发展研究[J]. 城市旅游规划,2015(10):138.
③ 王培英. 北京市文化旅游创意产业发展路径探析[J]. 北京城市学院学报,2014(1):85.

区。为吸引游客,纳帕谷提供超越品尝葡萄酒的旅游体验。它除了传统的品葡萄酒、品美食与体验当地特有的景观与人文氛围之外,还开发延伸出一系列的旅游休闲探险活动。比如游客可以参观当地特色建筑和保护区多达2200件的艺术收藏品,旺季时可以与酿酒师一起酿酒踩葡萄,吃当地名厨烹饪的美食大餐,参加当地举办的美食音乐节等庆典活动,在高尔夫球场打球,还可以在旅游区享受温泉度假。旅游区内还可以乘坐景观火车、豪华轿车、飞机等多种交通工具参观酒乡,有游艇在纳帕河观光,有七家热气球公司提供热气球空中之旅,此外,游客还可以通过徒步、自行车、竹筏参观野生动物保护区。围绕着葡萄酒开发出的文化活动更是花样繁多,游客在购买当地的葡萄酒时还可以接收到历史悠久的纳帕谷葡萄酒培训;哪怕是一个人也能参加旅游区开展的葡萄酒和烹饪艺术中心的研讨会、讲座,通过参加葡萄酒展览了解葡萄酒酿造的历史和艺术,这些活动极大地提升了葡萄酒的文化内涵,促进了美国葡萄酒文化在全世界范围内的传播。①

对大多数旅游者来说,旅游是一种消遣性的活动,以愉悦身心为目的,文化创意旅游当然也不例外。提升游客的体验价值,要采用多种途径来充分体现文化旅游的愉悦性,为此要强调以下三点:一是观赏性。即所设计生产出来的文化旅游产品具有极高的观赏价值,旅游者可以通过观赏来实现其充足的愉悦性。尤其是一些很难发展成参与性的文化旅游项目,更要围绕其观赏价值进行开发。二是独创性。即所设计开发的文化旅游产品富有自己独特的创意,能令旅游者,耳目一新,从而实现其震撼般的愉悦效果。一言以蔽之,结合本地区的地方优势,因地制宜地去"独创",只有"独创"才有生命力,只有"独创"才可获得成功,也只有"独创"才最为可贵。三是参与性。即所设计开发的文化旅游产品能使旅游者全部或部分亲身参与进去,以获得最大愉悦为目的。人的参与意识是与生俱来的,它不仅受好奇心的驱使,而且受心理补偿、心理满足、自我表现、自我实现等高层次心理需求的驱动。所以,在进行文化旅游的创意开发时也要以此为一个开发方向。

(3)挖掘文化创意旅游消费需求。文化创意旅游资源一般能够与现代消费观相契合,如动漫及其衍生品、韩剧及其"韩流"等,通过影响人们的观念,或培养人们的偏好,实现文化创意旅游产品的增值。哈利·波特现象正是一个典型例子。《哈利·波特》小说的作者从一名接受救济的贫困者一跃成为可与英国女王财富相匹敌的女富翁,获得经营权的美国时代华纳公司从中赚取了上百亿美元。《哈利·波特》的成功关键在于文化创意内容与现代营销和现代科技相结合并进行产业化运作,衍生出多种系列产品,彼此间形成产业链,满足了不同层次消费者的需求。英国最新公布的一项调查结果显示,那些在各种影片中出现过或是畅销小说里描绘过的地点,最近成了旅游者的"新宠"。由于"外景地爱好者"纷至沓来,最近这些地方的游客人数猛增了30%。此外,美国还正在建立和迪士尼相媲美的哈利·波特主题公园。②

随着人们生活水平及旅游经济的不断发展,旅游消费逐渐向更高层次发展,从而对旅游产品的生产和供给提出更高的要求,因此适时、适量地开发和组合适应新需求的旅游产品,能够满足日新月异的旅游消费市场,并促进旅游经济产业的持续运行。为此,一是要引

---

① 张文雅. 论我国茶文化旅游创意体验产品开发[J]. 农业考古,2015(5):144.
② 蒋莉莉. 文化创意旅游产业发展模式的国际经验研究[J]. 商场现代化,2010(11):52.

导文化创意旅游消费。政府、文化创意企业和旅游企业应该扮演好各自的宣传角色,通过新闻、报纸、广播、杂志、互联网、户外广告等多种宣传媒介提高大众对文化创意旅游产品的认知力,同时也要通过向大众免费开放博物馆、美术馆、科技园、文化创意产业园等来培养对文化和创意的了解和兴趣,加快对文化创意产业的认同,进而引导大众的旅游需求,促进对文化创意旅游产品的消费。二是要开发满足大众需求的文化创意旅游产品。文化创意旅游产品的消费需求是文化创意旅游产业发展的重要前提,因此旅游企业和文化创意企业可以合作,通过调研来了解大众的旅游需求趋向,也可以开展全民创意旅游产品设计或者评选大众心目中的创意旅游项目等各种活动,结合不同消费群体,分层次结合可行性研究,有针对性地开发出适合不同消费群体的文化创意旅游产品。[①]

(4)促进旅游纪念品的研发,丰富创新旅游商品。针对我国旅游纪念品设计缺乏创新的问题,政府可采取设立专项资金,启动旅游商品设计大赛,设计出有特色、档次高的旅游纪念品,增加其对国内外游客的吸引力。此外,也可在文化创意产业聚集区成立旅游商品研发推广展示中心,培育旅游商品创意市场,形成新的产业发展群落,发展成具备设计、研发、展示、投资、孵化、培训、交易等功能的旅游商品研发产业基地。

创意旅游纪念品开发设计的核心是体现"创意"二字,"创意"的展示体现在无形内涵(文化创意内容)和实物形态展示(硬件载体)两方面。[②] 如专家建议三星堆博物馆的旅游发展应开发别具特色的创意系列旅游纪念品。一是创意开发家居用品。实用性较强的创意家居用品不仅可以增添生活乐趣,而且能在生活中起到实际作用,提升了纪念品的附加价值。三星堆文物十分精美,如喇叭座顶尊跪坐人像、铜花果等,可将其开发为家用创意香炉,既保持了三星堆的文化特色,又带给游客实用价值。二是创意开发环保办公产品。低碳环保产品已经是一种消费潮流,利用可回收的环保材料制作纪念品,如废旧的瓦楞纸回收再造后又能够成为较好的纸质材料,其硬度适中且便于加工制作。考虑到造型加工的难易度与方便游客携带且能够作为日常生活办公常用物品的结合点,可结合三星堆文化开发设计三星堆文化特色的回收纸质 U 盘等,将 U 盘的外形取自三星堆未破解的文字形状,神秘且趣味十足。三是创意开发儿童益智玩具。三星堆相当一部分游客为少年儿童和家长,所以把部分旅游纪念品打造成儿童益智玩具就具有很大的市场潜力。益智玩具不仅可以锻炼孩子的动手能力,还可了解三星堆文化,对其具有积极的教育意义。如可将三星堆博物馆外观、著名文物等做成立体拼图。此系列产品很好地结合了趣味性和博物馆自身文化性的开发理念。四是创意开发饰品系列产品。三星堆特色图案十分精美,物质生活和服饰文化丰富多彩。三星堆古代先民的服饰多种多样,可用于开发设计发箍、手镯、戒指等饰品,也可做出美甲的甲样让游客选择图案并现场美甲。这样独具新意的旅游纪念品让游客耳目一新的同时,可以增添游客体验度,让他们"带走"三星堆的深厚历史文化。[③] 依托三星堆博物馆的资源优势,对其典型藏品元素进行挖掘和深加工,产生对设计有直接指导意义的创意元素,并从中甄选具有市场潜力的创意元素,将这些创意元素与非常具体的产品设计有机结合,将三星堆厚重的历史文化背景与具有创新性的旅游纪念品巧妙融合,一定会

---

① 李方方,洪霞芳.南昌市文化创意旅游产业发展的动力机制与实现途径[J].企业技术开发,2012(11):89.
② 丁金枝,戴典,李晓琴.三星堆博物馆创意旅游纪念品开发设计初探[J].艺术文化交流,2016(2):303.
③ 欧莉,戴典,杜蓓蓓,等.三星堆博物馆旅游纪念品创意开发探究[J].中国市场,2016(17):181.

扩大旅游纪念品的实用性和美观性,创意开发出更加多样的旅游创意产品。

2) 加强文化创意旅游产业传播,提高知名度

文化创意旅游产业具有强大的文化传播力,会给不同语境、不同区域的旅游者留下了深刻的文化意象。文化创意旅游产业传播具有三个特点。①

第一是传播的跨民族文化性。跨文化传播是指两个不同文化背景的群体之间的信息传递与交流活动。② 文化旅游创意产业以民族文化、地域文化为依托,是跨民族文化传播的重要渠道。外来旅游者通过参观文化旅游景区、体验民风民俗、消费民族旅游商品等形式,品味民族文化,实现不同群体的文化交流。同时,这种传播属于有目的、有组织的传播,可以形成强大的扩散力和影响力。

第二是以内容传播为主要形式。文化旅游创意产业多表现为文化景区、旅游会展、旅游演艺、文化创意产业园、文化旅游商品等形态。这一形态决定了媒体宣传并非最佳的传播方式,自身的全面展示和与受众的交流对其传播意义更大。在文化旅游创意产业中,对传播影响较大的有两个因素:一为文化旅游空间(场所或舞台),二为文化旅游的创意内容。因此,景观、商品、游览项目等创意性旅游产品成为文化旅游创意产业的主要传播形式,即内容传播形式。

第三是通过集聚形成区域传播。无论是文化旅游区还是文化产业园,都是充分利用当地的文化资源形成集聚效应,集中展示区域文化魅力,凸显文化旅游创意产业的合力,从而提升文化旅游创意产业的对外传播效果。例如,鄂尔多斯市成吉思汗陵旅游区就是将成吉思汗历史文化、祭祀文化、军事文化、政治文化等文化资源集聚于一个区域,利用强大的积聚力量不断吸引外界的注意力,从而形成品牌效应。

我国旅游文化资源非常丰富,当前网络传播给我国文化创意旅游产业传播带来了巨大的挑战和机遇。网络传播趋势下文化创意旅游产业应采取如下传播策略。③

(1) 充分发挥网络传播优势,加强旅游文化产业网络传播研究。现代社会信息传播技术发展迅速,网络资源共享趋于常态化,旅游文化信息网络传播具有跨区域性、跨行业性、多向互动、传播范围广等特点,可以在很大程度上对外推广宣传当地的旅游文化,促进当地旅游产业的发展壮大。因此,各地旅游企业必须仔细研究民众的消费习惯、消费心理、旅游文化的偏好等,深入挖掘网络传播的潜在能力,充分发挥网络传播优势,不断深化旅游文化产业网络传播研究,争取在降低经济成本的基础上获得最大的旅游产业效益,促进当地旅游文化产业的持续、稳定、快速发展。

(2) 整合网络信息资源,打造旅游文化产业的品牌网站。传统媒体传播内容兼容性较差,传播方式单一,传播速度不够快捷,传播覆盖范围较小,作为新兴媒体的网络信息传播手段与传统媒介相比,具有十分明显的优势。首先,网络传播的旅游文化内容丰富多样并且个性鲜明,带有浓郁地方特色和地域风情,易于吸引外地游客前来参观旅游。其次,网络传播平台的实效性可以适应现代社会人们的生活节奏和旅游需求,通过对旅游文化信息资源的有效整合,来推动地区旅游业的发展升级。最后,网络传播方式的多样性可以便于当

---

① 秦兆祥. 内蒙古文化旅游创意产业传播路径研究[J]. 内蒙古师范大学学报(哲学社会科学版),2015(1):57.
② 温婷婷,高炜. 跨民族文化传播视阈下内蒙古文化产业发展路径研究[J]. 北方经济,2013(9):49.
③ 何仙林,王晨. 网络传播趋势下旅游文化产业的传播策略研究[J]. 旅游管理研究,2014(1):57.

地旅游业的对外传播,比如通过微博、论坛等手段以及某些大型网站的宣传和推广来拓宽旅游文化信息传播的广度。

(3) 强化网络互动传播,构建旅游文化产业的网络营销模式。在当今的网络化时代,旅游文化产业也进入网络营销推广的时代,需要对所有旅游文化资源进行科学的分类,根据不同的景观特点、饮食特点、地域特色等划分为不同的旅游文化特色,以特色吸引消费,以特色拉动营销,构建全新、互动的网络营销模式。另外,在实际网络营销过程中,还需要强化网络互动传播,比如,综合运用旅游网站、论坛、留言板、讨论区等为旅游爱好者提供旅游文化资源的互动交流以及开通微信、播客、博客等互动资讯平台,及时发布有关旅游文化资源的热点话题与活动信息,有效激发民众对旅游的兴趣,引导民众参与旅游文化体验,真正感受到旅游文化的魅力。

3) 创新营销方式,让文化创意旅游走出去

在开发符合游客需求的旅游产品的基础上,创新营销方式,抢占旅游市场,才能赢得先机,推动文化旅游创意产业的效益提升和快速发展。

(1) 转变营销观念,推行整体营销。整体营销强调的是营销活动不要局限于部分行为对象,强调营销活动要拓宽空间视野。现代旅游市场的竞争已由传统的旅游产品竞争演变为旅游品牌整体营销的竞争,旅游产业是食、住、行、游、购、娱六要素的有机联合体。整体营销即推销"一站式"服务、"一站式"体验。不能仅仅把注意力放在旅游产品上,还要关注游客及其需求,完善旅游基础设施建设和配套服务,让游客来到此地即可享受到食、住、行、游、购、娱的"一站式"服务和体验。这种营销方式不仅方便了游客、满足了游客需求,争取到更多时间让游客感受、领悟旅游地的精神内涵,也可为旅游目的地赢得良好的口碑,促进品牌建设,带动其他行业发展,为区域经济发展做出巨大贡献。①

(2) 延长文化旅游产业链,打造文化旅游产业集群。建立文化旅游产业集群是实现文化旅游融合发展的必然要求,旅游产业是六要素俱全的产业体系,要取得持久发展,就要延长产业链,打造产业集群,形成规模效应。比如,景德镇打造了陶瓷文化旅游产业集群,在吃的方面,他们以陶瓷为主题打造一条景德镇特色小吃街,既保留景德镇传统小吃的风味,又融入陶瓷历史文化。在娱乐方面,他们接力全国各地实景演艺演出的热潮,依托御窑厂的实景,以演艺演出为形式,引入现代科技,创作大型反映陶瓷历史传说、行业行规的实景演艺剧目,开展陶瓷文化实景演艺旅游,共筑陶瓷文化旅游品牌。这些都带动了景德镇餐饮、酒店、交通、影视制作、旅游特色纪念品制造等相关产业的发展,延长了旅游产业链条。除此之外,要实现文化+旅游的双驱动,还需要将文化旅游产业链向金融业、IT业、手工制造业等领域发展,更好地实现产业化。比如与数字移动电视合作,授权播放景区中的文化表演等,与手工制造业合作,开发更多富有文化内涵的陶瓷周边产品。②

(3) 实施文化创意旅游的连锁经营。文化创意旅游发展到一定阶段,一些相对成熟的文化创意型旅游区和旅游企业开始迈向连锁经营的拓展之路。由于传统景区的自然资源的不可移动性和难复制性,而其文化资源则往往附着于自然资源与既定地理空间,因而难

---

① 郭会贤. 文化创意产业与河南旅游业融合互动发展研究[J]. 河北旅游职业学院学报,2014(6):8.
② 吴志婷. 文化创意产业与地方旅游业融合发展的探析——以景德镇为例[J]. 现代经济信息,2015(11):473-474.

以突破地域和实体资源的限制而实施连锁经营。但是,以文化创意为核心要素,依靠资本、技术和市场组织而发展起来的主题公园和文化主题酒店,则适合进行全国布点,将其成熟的经营管理模式进行连锁推广,从而获取更大的市场份额和利润。在中国,华侨城是文化创意旅游连锁经营的先驱和领跑者。从1989年开业的锦绣中华首开中国大型主题公园之先河以来,华侨城已经发展为一家将主题公园规划设计、投资建设、经营管理集于一身的大型企业集团。20年来,华侨城在中国探索出三种主题公园开发形态:一是缩微景观主题公园,如锦绣中华、世界之窗等;二是以欢乐谷为代表的参与性游乐园;三是生态休闲度假主体旅游区。从华侨城的投资布局来看,已经初步完成在全国的区域战略布局,其中欢乐谷是其全国拓展的主题公园连锁品牌,深圳、北京、成都和上海的第一个环已经完成。在华侨城的下一步战略中,将把连锁的环线扩展到更多中心城市。欢乐谷的核心特征是:融现代器械娱乐与各种主题文化于一体,为游客提供动感、时尚、激情的休闲娱乐体验。①

第八节 广告创意产业

广告创意产业是创意产业的重要组成部分,两者内在的特性和性质一样,但广告形态的出现早于创意产业概念,内容和结构也相对单一。随着各种广告创意手段的使用,更加多样的广告媒介出现,广告概念在外延上获得了巨大扩张,世界范围内掀起的创意产业热潮必将对广告产业的发展产生深远的影响。②

1. 广告创意产业的作用

广告创意产业又不同于其他的文化创意产业。它有创意产业的共性,但也有其特性。广告创意产业的特性主要表现在它的双重角色。在文化创意产业中,广告创意产业是作为内容供应商和中介的双重角色而存在的。它运用艺术的想象力和高科技的手段寻找其所广告的产品背后的文化联系,为产品衍生出新的价值、新的市场,从而拓宽了产品的流通领域,提升了产品的盈利空间。这一双重角色,使得广告创意产业的产业模式转变及构成不同于其他的文化创意产业。对于电影、音乐、设计、出版等传统的产业而言,他们在文化创意产业中主要是作为内容生产商而存在的,流通、传播等则借助于广告等其他营销方式。当然广告也同样是作为内容生产商存在的,但是因为其又有中介的双重身份使它具有了作为中介环节的特征和属性。这就是说,广告要承担好两个角色,一方面是要为自己做广告,另一方面是要为其他创意产业做广告。广告创意产业的双重角色,一方面要求广告产业要打造广告产业自身的品牌,同时还要促进其他创意产业的发展。广告创意产业作为所有创意产业中与社会关系最密切的一项产业,既有生产功能,又有服务功能。这样一种双重的角色,决定了广告创意产业的特殊作用。广告创意产业在文化创意产业发展中的作用集中体现在如下两个方面。③

---

① 司马志.中国文化创意旅游发展的七大模式[J].上海经济,2015(5):17.
② 李媛媛.广告创意产业发展的现状与未来——基于政策与制度层面的分析[J].新闻知识,2015(6):42.
③ 丁茜茜.试论广告文化创意产业的发展趋向[J].现代视听,2011(8):10.

1) 广告创意产业是文化创意产业的领头羊

在所有的文化创意产业中,广告也许是最注重创意的产业之一。创意是广告的灵魂,文化创意产业中的创意或创造性在当代产业结构中占据了一个特殊的位置,它决定了产业的性质,并由此决定了产业的管理与运作模式。广告不仅本身具有高附加值,更可以赋予产品或品牌很高的文化附加值,以提升品牌形象,扩大社会影响。同样是服装服饰品牌,贝纳通通过其大胆另类的广告被赋予前卫、时尚、反叛等品牌个性,使贝纳通的文化附加值明显高于其他同类品牌,从而给贝纳通带来不菲的经济收益。创意产业是我国正在成型的一个朝阳产业,也是推动信息产业和文化产业的强大引擎。广告业不仅仅拥有丰富的创意资源,更是一个经营创意的平台。通过这个平台将中国的创意资源整合、发布并利用,能够激发多个行业乃至产业的创造力,而创造力的强弱通常可以作为行业或产业发展潜力的重要评价指标。

2) 广告文化创意产业是文化创意产业的助推器

各类文化创意产业是相互交叉与联系的,其中广告文化创意产业要承担好中介的角色。要形成品牌意识,广告对于文化创意产业的发展有着其他文化产业不能达到的推动作用。首先,作为一种社会注意力资源的创造者,广告是将产品包括文化创意产业的产品推向市场的有力手段。其次,广告是其他文化创意产业在入市后盈利的手段之一,对投放在电视等大众媒体上面的如电视剧、电影等文化创意产业来讲,购买广告时段更是其主要的方式。在文化创意产业间,广告与其他产业之间的互动关联是最强烈的,这进一步说明了广告在文化创意产业中占据着重要地位。广告产业目前正在经历的转型是更高层次的战略转型,它必将改变广告代理公司传统的代理地位,直接影响企业的决策,进而提升整个广告产业的核心竞争力,从而为广告主提供高度专业化的营销传播服务。创新体现在广告公司运作的每一个方面,体现在为企业提供服务的每一个细节。从产品设计包装、品牌推广、规划、促销、路演、公关等,都需要以具有创意含量的服务来提升竞争力。

2. 广告创意产业的发展趋势

进入 21 世纪之后,随着信息数字技术的飞速发展和新兴网络媒体的广泛运用,尤其是大数据时代的到来,广告产业的发展必将出现以下几个方面的趋势。

1) 广告诉求更强调意识形态的文化性

随着消费者生活水平的提升,消费者对商品的需求必将由过去的关注商品的物质属性向更加关注商品的精神属性转变。而随着媒介的多元化,未来的消费者在其生活形态的分布上也必将呈现出一种分层化或圈层化的趋势,而圈层的形成又必然有一个基本的前提,即同属一个圈层的消费者大都具有相同或相似的价值取向,有着大致相同的文化审美偏好。消费者的这种由物质到精神的需求转变,必然要求广告公司在策划相关广告活动时,必须相应地从过去只注重对产品品质的诉求转变为更加强调对商品品牌精神属性或品牌文化个性的诉求。当然,这种转变也不一定体现在所有的商品诉求上,至少对理性商品就未必可以套用这个模式。总体而言,对于那些将已经处于生活状态的消费者作为某品牌的目标消费者的感性商品而言,广告诉求主题的意识形态性和价值取向无疑将更有可能产生理想的传播效果。①

2）广告创意产业集群的发展趋势明显

每一种发展模式都是社会发展的产物,它的产生与发展也具有一定的规律和特点,我国广告创意产业将呈现出明显的集群化发展趋势。具体表现为以下方面。②

（1）多模式。我国广告创意产业集群的发展将出现多模式趋势,从结构上可分为依附性的发展模式和独立的发展模式。

我国依附性的广告产业集群大概有两类。一类是依附工业园区的发展模式。由于我国的产业集群最先起始于工业集群,而我国广告产业的发展与工业的发展也具有相关性,同时依附于工业园区发展广告产业集群,有利于吸取工业集群发展的先进经验和借用其发展优势,因此这种依附性发展模式是未来我国广告产业集群发展的趋势之一。另一类是依附大传媒集团的发展模式。广告产业的发展离不开传媒载体,因此依附于大传媒集团建立广告产业集群将是未来的重要发展方向。

（2）独立的发展模式。基于本地经济建设的需要和企业、产品消费市场的需要,广告产业集群自由构建也将成为我国广告产业集群的一种趋势,目前在全国重点发达城市以及二线城市已经形成了国际化的大商场和企业集中区。伴随着本地经济文化的竞相发展,广告产业集群顺势而建,形成一种独立的承担各种单纯广告业务的集群。

（3）扩大化。产业集群扩大化主要表现在两个方面。一是地域上的扩大,广告产业集群将呈现出一个向内地延伸和拓展的趋势。二是产业运营在水平和垂直方向上的扩大,水平方向主要是指集群之间的业务扩大化,包括地域内部之间和地域与地域之间的业务拓展;垂直方向的扩大主要是指广告产业集群与文化产业、影视基地、科研机构、教学团体等之间的扩大。

（4）管理规范化。中国广告产业集群正在逐步发展,在这个探索的过程中也受制于相关法规和政策制度的限制。目前我国很多产业聚集仅仅依赖优惠政策低水平维持,所以企业生存险境不断发生,成长质量不高的问题无法避免。规范化的广告产业集群应该提高集群门槛,不能让个别的企业影响到整体的核心竞争力。杜绝一些虚张声势的呐喊,避免产业园区内大面积闲置浪费,甚至逐渐人去楼空的产业集群空壳。

3）技术变革导致广告业加速变革

技术创新将持续影响着广告业的发展改变着广告业的业态。互联网、通信网、广播网的融合,传统媒体与电子媒体的融合,将改变广告业的竞争格局。随着 Web 2.0、移动互联网等前沿技术的发展,数字电视、手机上网、移动多媒体等多种移动终端设备的普及,社会化媒体、移动应用程序营销的兴起与普及等,都对广告传播提出了新的要求。手机移动广告正在以很快的速度发展。随着网络的普及,网络功能的多样化,广告业向新媒体转移已经是大势所趋,预计网络广告收入将维持其强劲增势。在网络广告领域依托智能终端、移动互联网平台的广告收入将呈现加速增长的态势。"微电影""微信"将作为重要广告形式,对电视广告、网络广告产生重要影响。随着技术的变革加速,广告业的结构也将发生变化。

---

① 程宇宁. 广告产业发展趋势研判[J]. 广告大观(理论版),2015(2):32.
② 陈娜,李强. 我国广告产业集群发展现状及趋势研究[J]. 中国传媒科技,2013(3):17.

传统的、依托于平面媒体的广告业态和企业将加速萎缩乃至衰落。随着新技术的发展与运用,广告传播的门槛降低传播主体、载体大大增加,传播内容海量化,以传统大众媒体为核心的传统广告服务模式已不能满足企业和消费者的需求。如何根据新媒体的特点和需要创新广告服务商业模式成为广告公司必须高度关注的问题。在广告业的市场竞争中,企业要生存、发展,就必须增加自身的技术含量,提高竞争的技术水平,要善于把技术变革与新商业模式创新结合起来。[①]

4) 广告代理公司将向两极化方向发展

在未来具有竞争力的广告代理公司其运营方式可能只有两种:一种是大而全且具有规模优势的广告集团型公司;另一种是小而精且具有专业水准的广告专业型公司。在以知识经济为内容、网络技术为手段的今天,我国目前一些不大不小的广告代理公司的经营成本居高不下,而面对上下两个层面的行业竞争,此种类型的广告公司显然没有任何竞争优势可言。因此,今后的广告代理公司要么向大而全的方向发展,成为行业内的航空母舰,靠规模、靠水平、靠人才形成自己的竞争优势;要么是向小而精的方向发展,借助通信设备和网络的发展,通过向客户提供更专业的服务赢得广告主的认同。[②]

专业化已成为中国广告公司的一个发展方向。中国广告行业的内部分工已经高度细分化,市场调查、广告策划创意、设计制作、媒体发布等已有专门的分工专业化的广告公司,能更好地满足客户的需求,从而赢得客户的信任。

5) 广告营销一体化趋势明显

由于新媒体不断出现,传播环境空前复杂,产品竞争更加激烈,未来的广告传播将突破传统方式,整合公关、促销、直销、互动行销等多种传播工具,广告与营销传播将逐步融为一体以实现传播效果的最大化。从受众渠道、传播平台角度看,广告市场细分化明显。依托互联网、手机的搜索引擎广告、微信广告、网络分类广告、博客广告、移动互联网广告等都将成为个性化、精准化的营销模式。

为了顺应广告营销一体化的趋势,广告的艺术水平和表现水平上将日益提高。我国目前的广告产品过于急功近利,一般直接地进行产品推销诉求,有些广告夸大、夸张,甚至弄虚作假。发达国家的广告,则追求间接、委婉地影响人们对商品的看法,通过意境的创造,优雅地进行诱导。随着我国广告制作者水平的提高及公民整体文化水平的提高,我国的广告产品水平也会逐步提高,同时通过加强监管禁止弄虚作假的广告。随着广告市场的进一步细分化,不同传媒也将针对不同广告客户和不同受众群体,制作更加有特色、更加"小众"的广告。此外,企业逐步认识到自己的社会责任,政府的支持鼓励,使公益性广告的社会效应日益受到重视,公益性广告也会有所增加。其实,企业通过公益性广告,收到的宣传效果甚至可能超过商业广告。

---

① 赵英,向晓梅,李娟.文化创意产业现状与发展前景[M].广州:广东经济出版社,2015:114-115.
② 程宇宁.广告产业发展趋势研判[J].广告大观(理论版),2015(2):31.

第九节 文化会展业

文化会展业是文化创意产业的重要内容,也是会展经济的有机组成部分之一。自2004年首届深圳文博会以来,获得了较快发展,并在文化创意产业发展中发挥着越来越重要的作用。从广义上看,文化会展包括所有会展活动;从狭义上看,文化会展是指文化类的各种会议、展览和活动等。① 由于文化会展行业近几年才得以被人们广泛关注,在行业研究领域还处于起步阶段,因而对于文化会展的基本概念还没有得到统一的认识。基于对文化会展的认知,我们认为文化会展业是指各类在特定区域与时段举办的,围绕与文化产业相关的主题举办的由多人参与的会议、展览、节庆、比赛等活动。②

文化会展业一般包括四类:一是展示文化题材的会展活动,它是指直接展示、代表和反映与文化有关的题材,强调并挖掘文化创意环节价值增值的会展活动;二是反映文化内涵的会展活动,即非直接展示、表达和反映文化题材,但却在办展过程中融入产业(区域)文化特色或元素的传统会展项目;三是宣传企业文化的会展活动,现代企业的参展目标已不仅限于达成现场交易,而更多地追求展示企业文化,树立品牌形象,会展活动已成为企业文化的重要展示平台;四是体验特色文化的大型节事活动,其参与者众多、体验度高,是兼具社会性和经济性的文化特色活动。③

1. 文化会展业的作用

文化会展业以文化产品和艺术品作为主要展示对象,包括文化艺术展览和特殊节庆活动等,是文化产品展示交易、推动文化消费和文化贸易的重要平台。文化会展业被誉为文化创意产业发展的新"引擎",在促进地区经济社会发展和国际交流上的作用也日益凸显。

1) 搭建平台,促进交流

加快文化产业的发展如今已成为各地工作的重点,文化唱大戏也因此而成为各地发展的普遍模式。文化会展业主要是文化用品或者富有文化创意内容的会展及活动,囊括诸如工艺品、艺术表演、书画、经济文化交流等展览、活动以及各层面的文化会议,也可以归为民间民俗文化类、历史文化遗产类、生态旅游休闲类、文化交流类、产业文化类、宗教文化类、品牌文化类等几大类别。从文化会展业的内容和分类上可以看出,这些展会和活动的举办,为文化创意产业的发展搭建了平台,促进了各方的沟通与交流。对于扩大开放、招商引资、促进各方沟通与交流将起到重要作用,将极大提升文化产业的软实力,提升地区的知名度、开放度以及文化创意产业的竞争力。

2) 调整结构,带动发展

文化会展业以文化产品的流通与消费为主,可以使具有文化价值的资源成为具有经济价值的要素,成为经济结构中的重要组成部分。因此,文化会展业的发展能够带动文化创

---

① 陈锋,邢树森. 上海世博会文化会展活动的思考和建议[J]. 上海应用技术学院学报,2009(1):19-23.
② 赵黎昀. 试论河南省文化会展业的发展[J]. 今传媒,2012(4):74.
③ 增兴. 新时代文化会展业高质量发展的路径[J]. 人文天下,2021(1):16-22.

意产业的发展,助推产业结构调整,快速地引起产业结构向服务型转变。同时文化资源、文化产品要走向市场,进行交易与消费,只有被赋予了创意,才能更具有价值,才能更符合消费者的需求。因此,文化展会的举办能够产生引擎发动效应,能为其他产业进行产品创意、研发、交易等提供文化要素和智力支持,尤其是能改变其他产业的价值创造链条,提升其他产品和产业的文化价值,将文化价值转化为经济价值,从而更具竞争力,促进其他产业高附加值化和高知识化。

文化会展业呈现较强的外部经济效应和产业关联效应,可以培育企业、资金、人才、技术等生产要素,与其他产业存在生产、技术、产品、流通、消费等经济技术联系,与其他产业之间可以相互渗透、相互影响、相互作用,产生较强的外部经济效应和产业关联效应。因此,发展文化会展业可以带动出版发行印刷业、广播影视业、演艺娱乐业、文化旅游业、文化创意业、动漫游戏业、广告业、工艺美术业等多个产业的进一步发展和转型。[1]

3) 综合发力,区域提升

文化会展业对于地区发展有着重要的作用,这具体表现为四个方面:一是有利于拉动城市基础建设,促进经济快速发展。会展经济素来享有"城市面包"的美誉,不仅其本身能够创造巨大的经济效益,还可以有力地推动相关产业的发展,从而加快城市发展进程。文化展会场馆附近乃至整个市区的环境、酒店设施和服务水平都会因为活动的开展而提高。[2] 因此,文化会展业在城市建设中起到了举足轻重的作用。文化会展业对城市交通业的发展有着很强的带动作用。在文化会展活动举办期间,大量的进出人流会提高对城市交通的需求,增加交通运输业的收入,尤其是一些较大型的有外商参加的展会,更会对该城市的公路、铁路、航空等交通运输业提出高标准的要求。为了文化会展的顺利举行,城市将有意识地关注对交通设施的完善和通行质量的提高。二是有利于增进城市对外文化交流,提升国际知名度。当今社会,世界各国尤其是发达国家特别注重对外的文化交流与合作,借此弘扬本国文化,扩大对外影响。利用文化提高国际竞争力和影响力已逐步成为各国的重要战略决策。文化会展业的发展带来了巨大的人流、物流、信息流、资金流,对于举办城市与各国、各地区之间的文化交往、科技交流起着积极的促进作用,推进了与其他地区的官方或民间的文化产业经济合作。通过发展文化会展业,可以加深城市与各国各地区人民之间的彼此了解,促进各地方文化的相互交融。三是有助于丰富城市文化生活,提高居民整体素质。文化会展业的发展不仅有利于城市经济的发展,也有利于推进城市文化产业和文化事业的发展。在目前人们经济生活已逐渐得到满足的现代社会,对于精神文化生活的需求已经越来越被人们所重视。为了文化会展的顺利举行,给参加展会的外地人士留下美好印象。会展城市也需要大力宣传精神文明,提升城市居民的整体素养,这就积极促进了城市精神文明建设。在对于文化活动的参与和与不同地区、不同文化的与会人员的接触中,城市居民也可以了解到新的知识,提高综合素质。[3] 四是有利于提升城市形象和城市竞争力。文化是城市的灵魂,成功、有吸引力的城市必定是文化繁荣、市民生活品位高雅、有内涵的城市。文化会展业以文化为基础,各种丰富多彩的文化展会活动,诸如民俗文化节、生态旅游节、

---

[1] 李慧敏. 福建省文化会展业发展瓶颈及政策选择[J]. 东南传播,2012(6):77.
[2] 徐静珍,高秀春,王丽霞. 会展业对唐山文化名城建设的促进作用[J]. 河北理工大学学报(社会科学版),2008(8):45.
[3] 赵黎昀. 试论河南省文化会展业的发展[J]. 今传媒,2012(4):74.

茶博会、动漫节等的举办,使市民长期浸润在文化氛围中,有利于提升市民的素质和生活品位,提高市民对举办城市的归属感和自豪感,同时大量的文化展会活动的举办,可以改变城市的功能、整体价值取向,改变城市形象定位,积淀城市的文化底蕴,增加城市良好的人文环境,产生磁场集聚效应,有利于提升城市的向心力和吸附力,有利于提升城市的影响力、吸引力和辐射度。①

2. 文化会展业的发展对策

1) 融合地域文化,打造特色会展

各地独特丰富的地域文化特色是会展业持续发展的精神资源,为会展建设提供了丰富的素材,是会展发展的无形资产,是会展品牌内在核心价值所在。会展业要想长久发展,保持旺盛的生命力,只有走特色化、品牌化的道路,而各地区丰富多彩的地域文化正是挖掘其特色的核心价值所在。通过深入挖掘各地区丰富的人文资源,有益于各地区会展亮点的打造和特色的凸显。举办特色鲜明的会展活动,首先要有鲜明的主旨。立足于某一地域的会展活动,通过对地域文化进行合理的资源整合,打造体现自身特色,呈现最具代表性的内涵丰富的文化会展模式。通过对地域传统文化符号进行演绎或再现,传统文化有效地融入现代会展活动之中,从而使构建品牌会展成为可能。因此,会展设计者必须要了解不同民族、不同地区文化所具有的特点,必须重新拾起并探究那些风格迥异的不同地域的文化特征,通过整合、凝练将有些已经逐渐淡出的地域文化符号借用到会展设计中,以激发本地观众对于地域文化的自信和认同。而对于非举办地的观众而言,他们也会感受到世界文化的博大精深,增强其民族文化的自豪感。举世瞩目的2010年上海世博会中国展馆的设计就充分体现了这一特点。该馆以城市发展中的中华智慧为主题,表现出"东方之冠,鼎盛中华,天下粮仓,富庶百姓"的中国文化精神与气质。国家馆和地区馆的整体布局,隐喻天地交泰、万物咸亨。中国馆以大红色为主要元素,充分体现了中国自古以来以红色为主题的理念,更能体现出喜庆的气氛,让游客叹为观止。大红外观、斗拱造型以及极具中国特色的"东方之冠"的外形设计,充分体现了"城市发展中的中国智慧"的主题。由于它的外形酷似一顶古帽,而被命名为"东方之冠"。这种基于中国传统文化精髓而进行的设计,是中国地域集体文化记忆的一种重建。世界各地的人们通过现场观看或媒介传播,可以感受到中国地域文化独特的魅力和丰富的内涵。由于地域文化的有效融入,中国展馆的特色更加鲜明,品牌效应得以提升。②又如,福建省会展业注意打好"海峡牌",彰显福建文化特色。闽台地缘相近、血缘相亲、文缘相承、商缘相连,"海峡牌"是福建会展业最突出的全国独一无二的特色,也应是福建会展业发展的主要方向。福建文化会展业以闽南文化、客家文化和妈祖文化为重点,大力发展海峡两岸(厦门)文化产业博览交易会、海峡两岸图书交易会、中国(莆田)海峡工艺品博览会、海峡两岸茶业博览会、中国·福州海峡版权(创意)产业精品博览交易会、海峡印刷技术展览会等"海峡"牌文化展会,为闽台文化交流搭建平台。以海峡两岸文博会为例,第三届海峡两岸文博会的展览面积从第一届的不足1万平方米发展到

---

① 李慧敏. 福建省文化会展业发展瓶颈及政策选择[J]. 东南传播,2012(6):77.
② 马晖. 会展业创新发展的动力——会展与地域文化的融合[J]. 兰州文理学院学报(社会科学版),2015(11):118.

3.2万平方米,签约总额近200亿元,参展企业达2000家,中国台湾地区参展企业逾1/3。同时,福建民间、民俗文化资源独特而丰富,闽南文化、客家文化、妈祖文化、朱子文化、茶文化、船政文化等地方特色文化都是可利用的资源,是发挥会展特色的绝好题材,对这些地方特色文化的展示和相关产品的开发,可以增强参展商的吸引力,也可以有效地避免主题、题材的同质化现象。福建重点发展海峡两岸闽南文化节、中国·湄洲妈祖文化旅游节、海峡两岸(东山)关帝文化旅游节、福建土楼文化旅游节、武夷山朱子文化节、福建·永安笋竹文化旅游节、中国厦门国际佛事用品展览会、海峡两岸三平祖师文化旅游节等。①

2) 坚持交易为主,引进高质量的专业观众

专业观众作为展会的核心群体之一,与参展商形成了相互匹配的关系,因此专业观众的数量不在于多而在于精。可将专业观众划分为三大类,分别为核心层、次层和外层。其中核心层包括直接采购或寻找自己的产品配套辅助品并从中获取差价;次层包括搜集信息但无意采购,把产品介绍推荐给参展商,希望参展商卖产品给客户时顺便介绍其配套产品,参展商可以从中获取差价;外层主要是推荐产品给观众,以散发资料为主要沟通形式。因此,要提高展会的质量与档次,提高参展收益,尤其需要注重对核心层专业观众的组织。除举办方邀请的那部分专业观众,其他专业观众可通过免门票重审核以及高数量多渠道派发赠票或邀请函的方式进行广泛召集。②

3) 加强环境保护,举办绿色低碳会展

随着科技的不断进步,现代会展能为参展嘉宾营造出声、光、电俱佳的产品呈现方式,提供更为优雅舒适的观展环境,但这一切是以向外界排放大量废气、废水、噪声等污染物为代价的。会展场馆的任何活动都离不开相应服务设施。负责供热、供能系统的锅炉、空调等设备,不断向大气排放含有大量二氧化碳、一氧化碳和烟尘的废气,对展馆区域的大气环境质量会造成十分恶劣的影响。同时,在会展活动中产生的大量未经适当处理或稍作处理的生活污水流入地下道,进而流入河流、湖泊等水体,会严重污染和破坏当地水体环境,导致土壤营养状态改变。③ 会展筹备、举办和后期清场的过程中,同时也会产生各类噪声污染,如建馆期间的噪声、展会期间的交通、活动噪声等,在一定程度上都会对场馆周边居民的日常生活造成不便。为了健康合理地发展文化会展,使文化会展也能获得长远利益,办展企业必须建立绿色会展的发展战略。这就要求企业重视对会展环境的保护,秉持对会展资源循环利用的理念,将会展的可持续消费与生态设计融为一体。政府应对"绿色会展"发展进行科学规划和合理布局,构建一个包括经济效益衡量、含资源利用、废弃物减排、废弃物处置等指标的绿色会展企业发展水平指标评价体系。④ 文化会展业要积极向绿色低碳型发展,建立政策法规行政支持体系,健全会展环境保护制度,依法对绿色会展的发展提供保障。⑤

4) 加强产业融合,深化会展旅游

会展旅游是一种把会展活动与旅游相结合的新型旅游方式,它通过会展活动的凝聚力

---

① 李慧敏. 福建省文化会展业发展瓶颈及政策选择[J]. 东南传播,2012(6):78.
② 张军. 文化会展业:从平台到品牌的建构——以深圳文博会为例[J]. 开放导报,2012(12):86.
③ 颜澄. 基于循环经济的"绿色会展"发展途径[J]. 商场现代化,2007(12):31.
④ 蔡梅良. 基于循环经济理论的绿色会展动力机制研究[J]. 湖南商学院学报,2008(10):66.
⑤ 赵黎昀. 试论河南省文化会展业的发展[J]. 今传媒,2012(4):75.

和带动性促进当地旅游业的发展,同时也借助旅游项目向参加会展的外地展商和观众推广当地文化。例如,地处中原的河南省拥有悠久的历史文化,是华夏文明的发源地,中国七大古都有三个地处河南。中国三大石窟之一的龙门石窟、最早的佛寺洛阳白马寺、闻名中外的武术圣地少林寺、五岳之一的嵩山等都是极具价值的旅游胜地。每年九朝古都洛阳举办的牡丹花会,七朝古都开封举办的菊花花会,安阳的殷商文化节,卫辉市的林氏宗亲国际研讨会,温县的国际太极拳年会,三门峡的黄河旅游节等已具有一定规模,吸引着越来越多的游客前来观光旅游。政府和商界不断加大对会展旅游的支持力度,进一步提高对于会展产业的重视程度,继而完善对会展旅游业的发展目标、道路和措施等长远规划,让文化会展业带动旅游业发展。会展举办地区应充分发挥本地资源优势,举办以本地主导产业和特色产业为基础的特色会展,形成以会展带旅游的模式,创造一些品牌型知名展会。①

5) 建立完善的文化会展产业链

会展产业链是围绕某一主题,借助场馆及周边基础设施,以所在区域的产业基础为依托,以资金流、物流、人流以及信息流相互渗透的价值链为内核,将会展业的主体方和参与方连接起来形成的一个增强产业竞争力的企业关系。整个会展产业链涉及参加会展的主体方和参与方,分别分布在会展产业链的上、中、下游,主体方主要分布在中上游,而参与方主要分布在中下游。我们将会展产业链中的上、中、下游企业归类如下:上游企业,是指会展活动的开发者或者发起者,具有会展品牌,有时候表现为主办者;中游企业,是会展活动和项目的具体执行和运作者,即目的地管理公司;下游企业指会展活动的参与和支持者,即一切与除会展发起者和组织者之外的参与会展活动的企业,包括各种会展产业链上延伸的附属企业等。② 打通上下游产业链是国际知名会展的一大特色。

就文化会展业而言,其产业链包括政府机构、行业协会、招展商、代理商、参展商、场馆、旅游业、交通业、餐饮业、装修业、广告业、艺术设计业、通信业、参观者、消费者等。③ 加强构建文化会展业产业链,首先,既要形成会展业的专门领导机构和组织体系,也要尽快制定、出台有关的管理办法,规范和实施会展业相关的法律,加强对会展市场的监督和管理,营造良好的会展业发展环境;其次,着力培养支持具有较强市场竞争力或发展潜力的文化会展骨干企业,以展览企业为龙头,发展以交通、物流、通信、餐饮、旅游、住宿等为支撑,策划、广告、设计、安装、现场服务等配套的产业集群,形成行业配套、产业联动的展览业服务体系,增强产业链上下游企业协同效应,带动相关展览服务企业发展;再次,充分发挥会展联盟等行业组织的积极作用,充分发挥行业组织的整合作用将推动会展资源优化,全面提升会展业竞争力,延伸会展产业链;最后,加快培养文化会展相关人才,因为会展业是操作性和关联性较强的行业,文化会展人才的培养是文化会展业快速发展的必然要求。④

6) 做好展会服务,打造完美会展

坚持精细化、全方位的展会服务,凸显展会档次,可以打造完美的会展,持续吸引公众,

---

① 赵黎昀.试论河南省文化会展业的发展[J].今传媒,2012(4):75.
② 王羿雯,何阳辉,郑蕾娜.试探基于产业链的会展企业核心竞争力的构建[J].福建论坛,2011(4):100-101.
③ 李慧敏.福建省文化会展业发展瓶颈及政策选择[J].东南传播,2012(6):79.
④ 曾兴."一带一路"背景下文化会展业发展研究[J].四川文化产业职业学院学报,2016(1):20.

取得良好的社会效益和经济效益。为此要做到如下三个方面。①

(1) 强化配套服务。这是支持展会顺利开展的重要方面,同时也是体现展会专业性与高水平的重要因素,因此,在不断提高办展水平的过程中,尤其需注意配套服务的跟进,具体有以下几点:一是卫生清洁服务,卫生清洁度应体现在参展主体能够接触到的每一处,如洗手间、餐饮场所、休息区、过道等方面;二是就餐安排服务,可考虑为参展商定制工作餐或提供与目前餐饮服务具有竞争性的其他餐饮服务,改善参展主体对餐饮服务的评价;三是人员服务,主要体现在增加工作人员的数量,提高工作人员素质,确保在人力、物力方面足够满足或是解决参会者的需求。

(2) 持续做好展会的组织服务。组织服务体现在展会的展前、展中和展后。首先,在展前要兼顾海内外的展商安排,为有需要的海外展商提供绿色通道服务;其次,在展中要营造一个良好的展会环境,杜绝一些与展会不太相关的人或行为暴露在参展群体眼前。

(3) 增设或优化展会硬件设施。优化展会硬件设施如场地、展台、温度及照明控制、消防安全设施、休息场地、餐饮配备、饮用水设施、通信网络设施、标识导向设施、会议商务场所以及周边配套设施等。还需根据实际情况,增设或优化休息椅、饮水机、打印机、复印机等硬件设施,配备无线网卡供参会者申请使用,组建专门的网络服务中心,以便参会者进行相关信息的自由查询。通过加强专业会展场馆基础设施建设,不断提升智能化服务水平。

此外,还要建立组合式综合传播的会展模式,打造智慧会展综合网络服务平台。组合式综合传播是单一传播类型简单机械的组合,这种传播方式能把同一种传播内容同时转换成两种以上的信号(声音的、文字的和直观视觉的),通过两种以上的感觉器官同时作用于大脑,它产生的印象就比单一类型传播所产生的印象更深刻、更全面,受传者对传播内容的理解也更准确、清晰。会展传播是一种体验式的传播,观众进入展馆后,看到展馆的布置,听到音乐,碰触到陈列的展品,这一系列视觉、听觉、触觉上的刺激,都是会展传播带来的体验。目前,举办会展经常会借助数字化的演绎手段。例如,4D立体电影、三维音效、环形、球形或者其他异形的展示屏幕,都给观众带来与传统形式相比更加震撼的视觉冲击力。②

还可打造智慧会展综合网络服务平台。各地可以探索把资讯网站升级成为营运平台,建成多种语言并与国内外知名网站和重点会展企业网站、会展项目专题网站、展馆网站链接的综合性会展业官方门户网站,集合会展项目网上申报、审批和展会资助资金、项目评优申请及统计分析、信息发布、决策咨询、展位预订、参观预约等多种功能,实现政府宣传推广功能、政府会展政务协同功能。推进电子门票统一平台建设,通过短信、手机和计算机购买会展门票,实现门票销售电子化。③

7) 培育文化会展品牌,增强品牌吸附力

文化会展品牌不同于一般工业产品,它是文化内涵、文化产品和服务三者结合的统一体。在确定文化会展的目标市场、规模、服务以及目标顾客的基础上,要对文化会展形象进行准确定位,以形成独特的品牌个性,形成品牌影响力,塑造满足会展长期发展的知名度、美誉度。

---

① 张军. 文化会展业:从平台到品牌的建构——以深圳文博会为例[J]. 开放导报,2012(12):86.

② 温婷婷,高炜. 跨民族文化传播视阈下内蒙古文化产业发展路径研究——以内蒙古会展业发展为中心[J]. 北方经济,2013(9):51.

③ 丛海彬,王敏杰,周廉东. 宁波市智慧会展产业发展模式和推进机制研究[J]. 北方经济,2013(6):39.

要重点发展特色化的文化展会,各地可根据当地文化特色,从场馆设计、主题的选择、展会的规划、组织与管理等方面来促进文化会展业的品牌化发展。要关注并充分利用文化会展产品的风格、文化和个性等无形因素给客户带来的精神和情感利益,塑造会展品牌独特而有价值的形象,并通过各种传播手段将一个符合会展定位的品牌形象深植于客户的心里。对具有一定基础的区域性、全国性会展,努力扩大覆盖面,提升品牌的空间拓展力,提高展览的档次和质量,完善服务功能,逐步推向全国推向国际,与国际会展接轨。要坚持已有的品牌展品创新。要强化品牌的核心价值,确保品牌的可持续发展,要不断研究目标市场、目标客户的需求和变化,在营销方式、营销渠道、营销手段等方面推陈出新,以提高品牌的知名度和影响力。①

培育文化会展品牌,增强品牌吸附力,还要坚持国际化,打造世界级展会。一是增加海外展商的参展比例。从我国目前的文化展览会邀请的海外展商比例来看,相对于整个展商结构比例海外采购商比例较少,可考虑增加海外展商的参展比例。二是增加体现国际化展会的元素。国际化的展会不仅体现在海外采购商和海外展商的数量,同样需要体现在各种配套服务上,增加国际化元素。文化会展业可考虑以下方面:增加英文导览图和标识;增加英文翻译或者英文咨询工作人员;进行中英文的广播播报;对一些龙头文化企业或者是政府组团企业可要求配备英文版的资料;在招展环节,对于海外展商的安排要更为周到、细致。②

第十节 农业文化创意产业

农业文化创意产业是农业与文化创意产业的融合产物。根据文化创意产业的概念,则农业文化创意产业是指以市场为导向,以农业生产为依托,以创意为核心,以知识产权为基础,充分应用文化学、美学、艺术学、生态学、农学、养生学、景观学、休闲学、环境学、农业技术经济学、园艺学、市场营销学以及现代旅游学的基本原理和方法,指导人们将农业的产前、产中和产后诸环节联结为完整的产业链条,将农产品与文化、艺术创意、休闲旅游结合,使其成为具有"四高"即高文化品位、高知识化、高赢利性、高附加值,"四化"即智能化、特色化、个性化、艺术化,"五型"即审美型、文化型、娱乐型、科学型、观赏型的新型农产品;通过"三生"即创意生产、创意生态、创意生活,创造"三农"即创意农村、创意农居、培养创意农民,达到"六美"即美色、美形、美味、美质、美感、美景的目的,以实现资源优化配置,产生更高附加值,促进农业增效、农民增收,农村繁荣的一种新型农业生产方式。③

发展农业文化创意产业旨在利用丰富的农业资源,使市民注重高品质生活空间,使农业发展融合内在与外在的文化创新观点。通过开展创意、设计等新型农业生活体验,展现文化设计与地方特色相结合的体验经济,诱发更多的农业创意设计灵感和行动,进而带动农业结构和农业技术的升级,活跃农业经济,增加农民收入,扩展就业机会,开拓出适应个

---

① 李慧敏.福建省文化会展业发展瓶颈及政策选择[J].东南传播,2012(6):78.
② 张军.文化会展业:从平台到品牌的建构——以深圳文博会为例[J].开放导报,2012(12):86.
③ 吕新海.文化创意农业——新形势下的文化产业与创意农业的结合[J].现代交际,2012(12):25.

性化市场需求的、更加多元化的现代农业发展空间。①

1. 农业文化创意产业的特征

与物质产业相比,创意产业既有产业属性,又具有意识形态属性。农业文化创意产业是农业与文化创意产业相融合的新型业态,它充满了创造力、想象力和艺术感染力,既具有创意产业的共有属性和特征,也具有农业特色。归纳起来,农业文化创意产业应该具有以下四个显著特征。

1) 文化艺术性

农业文化创意产业将单纯的农业生产与农耕文化结合起来,将农产品与文化开发结合起来。通过文化创意赋予农产品、农业生产、农业自然环境等以文化内涵及艺术化的展现形式,从而创造一种物质价值之外的精神价值。与现代农业一般产业形态相比,农业文化创意产业具有物质生产与文化生产的双重属性。文化创意的注入使农业产品附加了文化艺术性,成为基于创造力、想象力的农业文化创意产品,给人以超越物质的精神享受,将会提高农业的文化附加值。

2) 创意驱动性

正如创意是文化创意产业的核心要素,富含创意、智力密集是农业文化创意产业的首要特征。创意是一种智力劳动,农业文化创意产业产品凝聚着人的创造力。②

创意不但是文化创意产业最核心的生产要素,也是农业文化创意产业区别于现代农业一般产业形态的最本质特征。创意要素的投入不仅赋予了农业产品独特的吸引力和市场竞争力,而且作为主导性的生产要素还引领科技、资本等要素共同服务于农业文化创意产业的发展。科技虽然是现代农业发展的重要驱动力,但主要是为提升产业的物质效能而非文化效能,在农业文化创意产业中只是作为创意应用和价值实现的依托手段。

与其他创意产业相比,农业文化创意产业不只是集中体现在它的最终成果上,而且体现在它的全过程和多方位之中。在农业的布局形态上可以创意,如云南多层梯田不仅是一种充分利用土地资源的方式,同时又是一幅如梦如幻的图画,又如法国的普罗旺斯和日本北海道的薰衣草犹如一幅幅美丽的抽象图案。在农业生产的过程中可以进行创意,使观光客接近大自然,分享丰收带来的喜悦;使青少年学生感悟科技的威力。农产品形状特征也可以进行创意,如活体盆景寿桃可以包含中华民族敬重长辈的爱心,如各色异形瓜果体现了农业科技工作者的鬼斧神工。销售过程也可以创意,如国外盛行的花园中心,不仅货柜要修饰并美化,而且陈列销售的花卉,给人一种进花园的感觉。农业创意还可以向生活各个空间延伸,如向农村延伸展示农村村落民宅以及民风民俗,农业元素向都市生活渗透,创造农产品为主题的蔬菜水果的交响音乐或以鲜花为元素的肖像美术等。③

3) 产业融合性

创意产业具有很强的产业渗透性和融合性。农业文化创意产业同样可通过渗透和融合效应拓展产业领域,运用创意产业的思维和手段把农产品生产/加工、农业观光休闲等多

---

① 司凯. 徐州市创意农业产业发展模式与对策研究[J]. 农业经济,2010(25):25.
② 王爱玲,刘军萍,任荣,等. 农业创意产业——现代农业与文化创意产业的融合[J]. 中国科技产业,2009(9):80.
③ 张占耕. 创意农业发展研究[J]. 上海农村经济,2014(2):19.

种产业形态有机融合起来,形成多种产业形态互促互动的农业文化创意产业产业链与产业体系,从整体上带动农业产业发展以至农村区域发展。①

4) 高风险性

农业文化创意产业产品具有高营利性的同时,也意味着较高的风险性。目前农业文化创意产业还是一种新兴的产业模式,具有广泛的商业机会,但是由于农业文化创意产业对农业科技要求比较高,生产过程需要投入较大的资金,另外农业文化创意产业产品的市场认可度还是个未知数,市场定位不明确,所以农业文化创意产业发展面临较大的风险。②

2. 国内外农业文化创意产业发展模式

1) 国外农业文化创意产业的主要发展模式

农业文化创意产业作为农业现代化和产业化的一种创新模式,日益受到诸多国家的重视。世界各地农业文化创意产业的发展,以周边消费市场为定位,以高新农业科技为保障,同时结合本区域农业资源优势,开发兼具地域特色、时代特色和前瞻性项目。③ 目前而言,国外比较成熟的农业文化创意产业模式,按照其发展理念及其侧重点的不同,可以分为以下几种。④

(1) 法国的"生态效益型"模式。法国农业文化创意产业的发展模式是以环境保护为出发点,将农村和城市在环境保护的前提下进行综合规划。法国政府通过开发大型的农业生产园,集中种植兼具经济效益和环境效益(净化空气)的农作物,改善生态环境,在转变农村生产生活方式及提升农民收入的基础上,强调农业文化创意产业要和生态环境协同发展,关注社会可持续发展及重视生态效益是其核心所在。⑤

该农业文化创意产业发展模式的突出特点在于依托创意理念,同时紧扣时代发展主题和社会流行趋势,赋予农业与生态环境发展主题。该模式注重对"生态社区""低碳环保"等新的生态理念的吸纳与实践,同时,借助政府的统一规划和扶持,形成生态效益,发挥区域示范作用。

(2) 德国和英国的"休闲旅游型"模式。城市化进程使得城市居民工作强度高,生活压力大,从而对自由淳朴的农村生活极为向往,渴望体验乡村文化的乐趣。德国、英国的农业文化创意产业正是基于以上缘由所兴起。德国和英国的农业文化创意产业都是一种将第一产业与第三产业结合的一种休闲旅游模式,借助农业相关资源,将其与旅游业所需的特质结合,打造一种田园式的创新的"农业+旅游"模式,为游客提供更多体验乡村的机会和条件。两国的区别在于:德国农业文化创意产业以大型化的综合休闲庄园为主要发展形势,而英国更加偏好发展个性化、专一化的小型农场服务。

该模式的突出特点是市场指向性清晰,消费群体定位明确。这类农业文化创意产业更多受区域市场的引导,把握市场动向,发展特定的有消费需求的乡村休闲活动项目,充分利用固有的乡村资源(如民俗风情、生产活动、节庆活动等),形成既满足游客需要,又不破坏

---

① 宋东升. 产业转型升级背景下区域创意农业发展研究——以河北省为例[J]. 经济研究参考,2015(57):72.
② 关冬梅,辛明. 基于创意农业下的市场营销策略研究[J]. 当代经济,2015(24):40.
③ 范子文,任卫娜."中国创意农业(北京)发展论坛"综述[J]. 北京农业职业学院学报,2010(1):21-26.
④ 廖军华,屠玉帅,简保权. 国外创意农业对中国发展创意农业的启示[J]. 世界农业,2016(2):18-19.
⑤ 刘丽影,张明,路剑. 国外创意农业模式对中国文化创意农业发展的启示[J]. 世界农业,2014(3):181-184.

乡村生态环境的农业文化创意产业发展模式。

(3) 荷兰和美国的"科技带动型"模式。荷兰和美国的农业文化创意产业均是通过高科技带动农业发展的典范,突出地展示了科技对农业文化创意产业发展的意义和作用。荷兰农业文化创意产业从政府到每一个农民都对科技有着深刻的认识,无论是对农业技术研发的支持力度,还是对农业产品的科学化监督和管理力度,在世界上都名列前茅。作为一个高度依托出口创汇的国家,荷兰农业文化创意产业的发展从各个环节都高度展示了"科学技术是第一生产力"的至高守则,成为世界农业文化创意产业的典范。① 而美国在注重利用高新技术发展农业文化创意产业的基础上,提倡要通过教育手段,提高整体国民农业创意意识。这类农业文化创意产业的出发点在于依托高科技研发特色农产品,将高科技融合于产品的整个生产、设计与营销全过程,在保留农产品原始、生态的基础上,通过科学技术对产品进行数据化的分析和保障,将原有的农副产品进行品质与品牌的双重提升,形成"高科技+高附加值+高品质"的农产品品牌,从而实现农业文化创意产业的效益最大化。

(4) 日本的"产业融合型"模式。日本的农业文化创意产业是以农业资源为发展基础,将第二产业和第三产业如旅游、餐饮、住宿等衍生行业与农业进行有效整合,淡化产业之间的差异,寻找产业间的结合点,通过产业间的相互融合扩展农业产业链的长度和广度,深入挖掘农业功能的多样性,并有效提升第二、第三产业的活力。②

该模式模糊了原有的第一至第三产业之间的明显界限,将农村的生态文化环境资源、农产品生产加工与旅游服务业结合,形成集农业文化创意产业种植、生态加工销售、休闲旅游等功能于一体的发展模式。该模式要求具备区域农产品的资源优势、规模优势或者品牌优势,这样才能既有文化底蕴,又有市场基础,实现产业高度融合的价值乘数效应。

2) 国内农业文化创意产业的主要发展模式

近年来,我国各地立足于地区资源比较优势,抓住新阶段农业结构战略性调整的机遇,从市场需求出发,积极探索农业增收的新路子,在发展农业文化创意产业方面做出了有益探索,可分为如下五种模式。③

(1) 景观创意型——成都"五朵金花"模式。占地 12 平方千米的成都"五朵金花"风景旅游区,是农业文化创意产业的典型示范之一。红砂村以花为媒介,围绕花文化打造一户一景的川西民居特色,创意点亮 200 平方千米"花香农居";拥有 20 余万株梅花的幸福村,打造"幸福梅林";驸马村以 66.67 平方千米菊花为亮点,以院落式工坊艺术村为特色,打造"东篱菊园";万福村打造了以荷花为主题特色,由 66.67 平方千米荷塘联结而成的"荷塘月色";江家堰村依托江家绿色蔬菜品牌,为都市人提供耕种体验或代种代管农地,形成 200 平方千米"江家菜地"特色。这五大农业文化创意产业形成"五朵金花",不仅有效整合城乡旅游资源,更发展出多种农村旅游业态,因地制宜地发展了农业文化创意产业。成都"五朵金花"的品牌形成,最主要的推动因素是政府的统一规划与强势力推。成都市三圣乡政府借助 2003 年举办花博会的契机,因势利导打造五个各具特色的旅游村,形成"五朵金

---

① 刘丽伟. 发达国家创意农业发展内在机理研究——以荷兰、日本、德国、英国为例[J]. 世界农业,2010(6):20-24.

② 章继刚. 中国创意农产品发展战略思考[J]. 江西农业大学学报(社会科学版),2009(1):31-35.

③ 黄颖. 我国创意农业发展的模式、问题与对策[J]. 台湾农业探索,2016(12):64-65.

花"品牌效应。农业文化创意产业非常强调整体的氛围与协调。成都市三圣乡在花卉自然景观的营造之外,还格外注重环境的整治和川西民居的保护设计。在改造农宅方面,农户只要出资40%,剩下的60%资金由政府承担,统一设计成"青瓦、灰墙、褐梁、棕窗"的朴素淡雅的川西特色民居。民居与花景相得益彰,吸引游客驻足留恋。农民通过流转土地、土地经营权入股分红、民居经营、特色产品销售等形式也大幅增加了收入。成都"五朵金花"将人文艺术、自然特色、文化创意等要素融入传统农业中,形成多文化联袂发展,并以花文化为主题,发展乡村农业,提升农民收入。

(2) 特色节庆型——上海奉贤菜花节。上海奉贤菜花节以庄行油菜花为主题,配合桃花、樱花、海棠、小麦的种植以及水系的营造,用植物景观创造出一幅"油"画长卷。广大游客不仅可以赏"油画",集齐照片换礼品,还可以直接参与"种"画,体验菜花迷宫,以荷花灯点亮画框,发展体验式经济从而带动消费。同时还配以现场乐队演出,运用音乐的元素调动游客的兴致,让游客置身于金色大地中感受不一样的音乐会。上海奉贤菜花节不仅将油菜花这一元素进行精心包装和营销推广,以形象生动的"菜花宝宝"作为特色纪念品,以菜籽榨油工坊吸引游客进行手工体验,更凝合"庄行土布"这一上海市非物质文化遗产,打造精美伴手礼。在住宿方面,推出对卫生方面的标准"世博农家",并针对不同游客打造人性化住宿条件。

除了春天的菜花节以外,在秋季上海海湾都市菜园举办的蔬菜节也别具特色,让游客感受绿色安全的健康食品,传播有机知识,体验健康生活理念。同时还举办蔬菜运动会,设置了10余个以蔬菜为主题的趣味项目,如滚冬瓜赛跑、南瓜保龄球、蔬菜嘉年华等。在吃的方面,农家菜大比拼、千人蔬菜排档、自助菌菇宴等让游客过足了嘴瘾。学生和带着孩子的家庭是活动的主力,亲子活动和科普知识吸引了大批游客参与到与自然的互动中来。通过四季不同的农业文化创意产业主题旅游节的打造,形成了一系列旅游品牌,大大拓展了农业的一、二、三产业链。

上海的农业文化创意产业具有较好的规划设计,形成以上海奉贤现代农业园区为核心,以生态特色的庄行农业园、森林特色的青村申隆申亚园、鱼虾养殖特色的柘林绿都园、蔬菜种植特色的海湾都市菜园等四个农业文化创意产业特色园为辐射延伸出的"一核四园十线"的规划设计,有效整合各区域的资源,形成空间集聚和联合品牌。

(3) 过程创意型——浙江千岛湖巨网捕鱼。5.33万平方千米水面的浙江省千岛湖拥有种类繁多的淡水鱼,年均捕鱼量达到400万公斤,有机鱼的产量约占七成。千岛湖的鱼文化也在祖祖辈辈的繁衍生息中孕育而生。起捕有机鱼的劳作过程被当地人提升为农业文化创意产业文化。巨网捕鱼在浙江千岛湖已经有很长的历史,捕捞队一般派两条大船和二十多艘小船到达目标渔场,浩浩荡荡如巨龙游迤,此为一景;到达渔场后设置高达70米的栏网作为封锁线,撒下奋斗网作为埋伏圈,接着在两道封锁线之间投下挂网,驱赶大鱼进入埋伏圈,众渔船撒网如天女散花,此为二景;待埋伏圈内的大鱼达到一定数量,便开始收网,在渔工们整齐有力的口号声中,鱼儿集中于网中,水花飞溅,群鱼乱舞,一派喜庆的丰收景象,此为三景。将巨网捕鱼的劳作过程发展成为景观,不仅带动千岛湖有机鱼的销售,更促进了休闲旅游产业的发展。

(4) 科技支撑型——深圳太空作物园。在深圳的太空作物园,400多种瓜菜蔬果经过返回式航天器(如"神舟飞船"、卫星和俄罗斯空间站)的搭载,到达与地球不同的空间环境中,实现环境对植物的基因诱变,产生正向变异或负向变异,以突变基因资源为科学界提供良好的植物品种资源。目前已经培育出的新品种包括神奇的太空番茄、葫芦、辣椒、苦瓜、丝瓜、茄子等瓜果,还有太空兰花、一串红、万寿菊等花卉苗木。体型巨大的太空巨型南瓜、形似足球的太空茄子、宛若鸡蛋的太空鸡蛋茄等吸引大量青少年前来观赏,不仅增长其太空育种的知识,也让他们领略了科技的神奇与自然的奥妙。深圳太空作物园不仅是科普教育、休闲观光的上佳场所,而且为学术科研和产品展示提供了良好的平台。

(5)用途转换型——"仙鹤共舞"灵芝工艺品。有"仙草"美誉之称、"长寿"寓意之名的灵芝,在永和人汤海洪灵巧的手中,塑造成了辅以艺术形态的精美工艺品"仙鹤共舞"。汤海洪是一家种植合作社的负责人,长年从事灵芝种植培育,一次偶然的机会受到电视农产品创作艺术的激发,萌发了灵芝工艺品创作的灵感。"仙鹤共舞"全部以灵芝为原料,通过灵芝菌柄和菌盖的层次拼接与组合,构造出栩栩如生的仙鹤羽翼的层次感,两只仙鹤对喙而望,浓情蜜意,在灵芝做的"腾云"中更有几分仙气。整件作品,耗时一年,做工精巧,流程繁复,处处体现着农民的智慧与创意。至此,汤海洪不断探索创新,做出越来越多的灵芝工艺品,受到市场的青睐。

3. 农业文化创意产业的发展对策

1)充分挖掘文化资源,凸显产业文化特色

充分挖掘农业文化创意产业发展中的文化资源,是农业文化创意产业发展的重要举措之一。在文化创意产业的发展中,可供挖掘、利用和展现的文化资源深邃厚重、纷繁复杂、气象万千,但能与农业文化创意产业融合、协调并易于表达、体现和营造主题及特色的文化资源主要包括以下几个方面。[①]

(1)民族民俗文化。我国是一个有着五千年历史的文明古国,产生了如书法、绘画、戏剧、武术等许多内涵丰富的传统文化艺术,也形成了独特的风土民情和奇风异俗,仅传统节日就有汉族的元宵节、清明节、端午节、中秋节、重阳节等,藏族的浴佛节、雪顿节,以及苗族的"赶秋"、彝族的火把节、壮族的歌墟、傣族的泼水节等,还有大理白族的三月街、贵阳苗族的四月八、内蒙古的"那达慕"等许多深受欢迎的乡村民俗,也有流行于我国农村的踏青游春、龙舟竞渡、赛马、射箭、赶歌等多种活动,这些都具有较高的旅游开发价值。

(2)异域文化。世界历史悠久,民族众多,民俗风情多姿多彩,旅游者在徜徉山水、流连古迹之余,总是喜欢欣赏异域风光,感受异域文化。我国风景名胜众多,文化形式和文化内涵有着鲜明的地域特色,形成了具有区域差异的典型主题及特色文化景区,如东北林海少数民族风情旅游区、西南奇山异水少数民族风情旅游区和西北草原少数民族风情旅游区等。

(3)乡土文化。我国各地有多种多样的充满情趣、脍炙人口的乡土文化艺术,有舞龙灯、舞狮子、踩高跷、打腰鼓、陕北大秧歌、东北二人转、西南芦笙盛会、广西"唱哈"会、青海"花儿"、江苏里下河水乡的"荡湖船"以及浙江金华的"斗牛"等;各地的民间工艺品更如繁星满天、争奇斗艳,如天津杨柳青年画、潍坊年画、贵州蜡染、南通扎染、常熟花边、东阳黄杨

---

① 吕新海. 文化创意农业——新形势下的文化产业与创意农业的结合[J]. 现代交际,2012(12):26.

木雕、青田石刻以及各种刺绣、草编、竹编、泥人泥兽、面人面花等,无不因其浓郁的乡土特色而备受国内外游客青睐。

(4) 农耕文化。由于地理、气候环境等条件的影响,农业给古老的中华民族提供了基本衣食之源,创造了纷繁多姿、丰富内涵相应的农耕文化,形成了"男耕女织""天人合一,顺应自然"的以农为本的文化体系特征,如北麦南稻、旱地水田、红壤绿洲、牧场果园、梯田平川的地域形态差异,多样的农牧方式、作业周期、除病防灾等农事过程,祈盼风调雨顺、五谷丰登、六畜兴旺的祭祀、崇拜、禁忌仪式以及传统的牛拉犁、水推磨、石舂米、家织布等设备与技术。

(5) 农事节庆文化。我国作为传统农业国,天文历法都与农业有关,岁时节令丰富,农事节庆活动就是在岁时节令的基础上发展而成的,古代祭神、祈雨、庆丰收等活动成为最早约定俗成的农事节日,并与日月天象变化相结合形成了春节、三月三、清明节、中秋节、重阳节等民俗节日。其他农事节庆文化活动如农业采摘游、民间艺术游、烹饪王国游等以及桃花节、山花节、西瓜节、苹果节、赛牛会等节庆活动,促进了休闲农业的发展,也已取得了明显的社会经济效益。

(6) 饮食文化。我国在漫长的历史进程中形成了不同层次、不同流派、各具特色的饮食类型和丰富的文化内涵。中国菜体系中包括了地方菜、宫廷菜、少数民族菜和有宗教意味的清真菜、素菜以及保健食品药膳;其中地方菜又可分为粤菜、闽菜、苏菜、浙菜、沪菜、川菜、湘菜、鄂菜、豫菜、鲁菜、辽菜、京菜等,其主要区别是:南甜、北咸、东酸、西辣。而少数民族的饮食文化则更具特色,如回族涮羊肉、傣族竹烧鱼、蒙古族全羊席、朝鲜族打糕、藏族酥油茶、白族生皮等。饮食文化已经成为一种重要的旅游商品资源。

(7) 作物耕种文化。我国广阔的领土、悠久的自然历史、复杂的生态环境,形成了丰富多彩的作物资源和各具特色的作物文化,为休闲农业的开发增添了更为丰富的文化内涵,如竹子象征着"虚心谦和、高风亮节、坚贞不屈"的操行以及柔韧、孝义的人格精神,梅花、菊花象征"高洁情怀、傲骨精神",荷花象征"洁身自好、品性清廉"的君子品格;桃、李被视为繁荣、美好、幸福、安乐的象征;茶文化从形式到内涵都丰富多彩,在休闲农业开发中得到广泛应用。

2) 发展文化创意农产品,大力开拓消费市场

发展文化创意农产品,可以增加销售附加值,提高农民收入。文创农产品就是在农业种植和销售过程中进行文化创意,通过批发文创农产品作为盈利手段来增加传统农产品的附加值,从而增加农民收入,为文创农产品消费者提供丰富的文化体验和享受。例如,隆清的文创苹果,在苹果上赋予了不同主题。爱情主题的有"我爱你""相爱到永远",祝福主题"发""福""寿"等。苹果带上了不同主题的语言,就会符合不同消费者的心意,表达了不同的情感,通过这样的创意可以增加农作物的附加值。

农业通过文化创意与制造业相结合,还可创造出更精致的文创农产品。农产品的深加工属于第二产业,在此过程中,赋予农产品文化元素和艺术元素,生产差异化的农产品,成为地方特色的纪念品。例如,白洋淀的苇编艺术画就是白洋淀的特色艺术品。苇编画取材于华北明珠白洋淀的纯天然芦苇,采茎作骨,剪叶为羽,取缨做树,经手工整料、雕刻、着色、粘贴和装裱而成,展示了白洋淀人张网捕鱼、驱舟放鸭等景象。白洋淀的苇编画制作的精

美工艺和文化创意具有很高的艺术价值和工艺价值,特别是其画面本色天然、色泽淡雅,加工考究精美,风格独树一帜,因而受到消费者的青睐。

文创农产品的开发固然重要,但还需让消费者认可和接受,因此要采取多样化手段,大力开拓消费市场。一是通过媒体进行广泛宣传。目前,广播、电视、网络融合发展,利用这些媒体进行市场拓展是必需的,特别是在互联网时代,手机终端不断扩展,可以利用微信公众号、微信群、微视频等手段进行宣传,让消费者知晓当地的农业创意产品;二是利用电子商务拓展消费市场。目前,网络购物成为一种普遍的购物方式,通过淘宝、京东等网站销售自己的商品或者开通自己的销售平台,可以使市场拓展至全国甚至全世界,使不能到原产地的人都能品尝到新鲜的美味,体验和感受产品带来的文化体验。①

3)构筑和延伸产业链,提高产业效益

发展农业文化创意产业的核心是构建农业文化创意产业的产业链,当有价值的创意想法与实际的产业真正实现融合时,才能真正使创意想法转化为现实产物;当新形成的这些资源与传统产业相整合渗透,并延伸拓展,进行深度开发,才能产生乘数效应,充分获取农业文化创意产业的效益。如荷兰政府把农业定位为持续、独立、具有国际竞争力的行业,将其作为一个高度发达的完整产业体系进行运营和发展。荷兰花卉产业更是成为农业文化创意产业链经营的典型案例,其核心部分是以农场为载体的花卉生产以及相关文化创意活动。这个体系包括了花卉产品的育种、生产、收购、加工、储运、销售和宣传的全部环节。比如,在花卉育种方面,几乎每种花都有专门的育种公司,每年进行无数次组合杂交以培育新品种;在生产上,70%的花卉生产采用新型温室无土栽培,由计算机进行生产环节上的控制,实现完全的智能化;每年一届的荷兰花卉节为宣传荷兰的花卉文化提供了良好的平台。此外,花卉产业的发展还带动了相关支持产业,比如种源公司、农业生产设备公司、科研机构、旅游公司、广告公司等。可以说科技创新、不断整合产业链是荷兰形成完整发达的农业文化创意产业的秘诀,通过全力打造农业文化创意产业链,提高产业链的经营水平,与其他产业形成良好的互动,减少行业波动风险,从而实现农业经济发展方式的深层次转变。②

4)实施品牌化战略,实现产业可持续发展

品牌化是实现农业文化创意产业可持续发展的关键。农业文化创意产业作为一种新兴发展产业,从开始就应注重对品牌的培育、塑造和延伸。通过对品牌的塑造,提高知名度,凸显竞争力。因此,要推行农业文化创意产业的品牌化,可从以下方面着手:第一,要提高创意农业团队的品牌意识,加强品牌化经营理念,在品牌规划、创建和培育方面有针对性地进行培训和指导,塑造具有特色的品牌价值。第二,要建立完善的创意农业知识保护制度,积极倡导创意农业经营者注册使用地理标志、建立个人或企业品牌,加强法律保护意识,不断完善知识产权保护的法律法规,形成司法保护机制。第三,要加强品牌的推广力度,利用区域整体宣传、多媒体互动推广,不断提升品牌的整体形象,实现有效的产品功能定位和市场定位。③ 第四,品牌的塑造可以利用地区优势资源、特色农产品或是从主导的企业入手,完善创意农产品质量安全体系,广泛采用国际标准和国内先进标准,制定和实施农

---

① 张永敏,张艳玲,李丽艳. 农业与文化创意产业融合发展研究[J]. 乡村科技,2018(22):28-29.
② 郑榕妍. 发展创意农业及其产业链的价值分析[J]. 福建农业科技,2013(10):73-74.
③ 黄颖. 我国创意农业发展的模式、问题与对策[J]. 台湾农业探索,2016(1):66.

业文化创意产业产前、产中、产后各个环节的技术要求和操作规范,开展全程质量控制,推动创意农产品标准化生产,培育一批国家级、省级创意农产品品牌。从而逐步形成若干个整体优势明显、产业集聚突出、充满生机活力的创意农业产业集群。第五,要加强与国内外大专院校、科研院所的合作,研发各类具有自主知识产权的核心技术,以培育自主品牌,增强创意农产品的市场竞争力。① 第六,构建创意农产品国际贸易信息收集网络,为开拓国际市场提供高效便捷的服务。充分利用现有的电子网络资源,构建创意农产品市场信息发布平台,及时向农户发布国际、国内市场主要农产品供求信息,加强农业文化创意产业的宣传和推广。

5) 建立城乡互动机制,加快不同产业融合发展

创意产业是无边界产业,只有突破工农业和服务业的界限,才能充分发挥农业的多种功能,转变农村经济的发展方式。农业文化创意产业的发展需要第一至第三产业的协同发展;农村不仅缺人才,还缺投资,这就需要城市大工业的支持。为此需要制定一套鼓励工业企业、文化企业、科技企业投资和支持农业文化创意产业发展的政策。只有城市反哺农村,工业反哺农业,城乡互动互融,第一至第三产业融合发展,农业文化创意产业才能迅速发展起来,从而大大推进社会主义新农村的建设。

6) 借助外脑,培养专业创意开发团队

文化与创意两者应紧密相连,互相作用,为农业文化创意产业的发展提供智力支撑。由于我国农村发展相对滞后,不仅缺乏科技和文化方面的人才,更缺乏创意引导和经营方面的人才,因此,一是要加强培训,发展职业教育,稳定现有的农村农业技术人才队伍;二是要借助外脑,实施农业文化创意产业人才引进工程。需要与境内外有关农业科技、文化创意企业和研究机构、高校合作,聘请相关的学者、艺术家和企业家组成智囊团,请他们为农业文化创意产业的发展出谋划策,与此同时,在合作中学习和培养起自己的骨干;通过项目的辐射带动效应,进而提高农民的整体素质。②

典型案例研究:传承优秀传统文化的故宫文创③

近年来,党中央和国务院高度重视中华优秀传统文化的"创造性转化和创新性发展",广大文化企事业单位和文化经营者也不断提高自身的文化传承与创新的实践能力。社会大众随着生活水平的提高,不断渴望提升自身的审美能力、营造高品质的生活美学方式,从而推动形成了蓬勃涌动的文化新消费的社会热潮。中华传统文化的当代生活重建,就需要在当代生活中增添和传统文化密切相关的具体载体,就需要开发"形式多样、特色鲜明、富有创意、竞争力强的文化创意产品体系",让人们追求美好生活的精神选择有更多的权利表达。无疑,当前作为"网红"的故宫文创,就是一种传统文化在日常生活中传承发展的先锋试验和当代典范。

---

① 司凯. 徐州市创意农业产业发展模式与对策研究[J]. 农业经济,2010(8):26.
② 莫君伟. 点土成金:创意农业新探[M]. 北京:中国科学文化出版社,2012:25.
③ 向勇. 故宫文创:传承优秀传统文化的先锋实验[J]. 人民论坛,2019(9):124-126.

1. 故宫文创,实现了场景体验的原真性建构

人们的生活方式包括思想方式和行为方式,表现为人们在日常生活中的价值观念、行为模式和身心感受。随着互联网和移动互联网的普及应用,新型生活场景层出不穷。人们越来越注重自己与日常生活经验的身体感受、情感氛围和主体性的价值认同,越来越敏感于置于自身周遭世界之中的场景体验。这种场景体验包含文化共享的价值观、多元讲述的故事性和通感统摄的体验感。这些场景的要素是靠各种各样的舒适物设施、活动和人群的组合来实现的,场景就是这些不同文化元素之间的不同集合的产物。故宫博物院的古建修复、文物修复、咖啡馆书屋的设立、便民休息设施的安置等文化遗产的保护实践和针对游客的贴心服务,正是基于故宫场景的要素组合逻辑,重制了故宫的文化舒适物。

故宫文创的场景真实性来源于全球化浪潮和现代化进程中人们对本土真实、族群真实和国家真实的价值渴望。故宫文创深深地根植于故宫博物院的文化元素,这些文化元素具有强大的品牌感召力和消费吸引力,这是故宫文创"本土原真性"的文化"赋魅"。人们越来越热衷于文化旅游场地的造访、文物艺术衍生品的购买、文化遗产情景再现的沉浸式体验等现实发展,需要我们在文物艺术品与其衍生品、文化原型物与其再造物之间的价值关联寻找逻辑联系和合理解释。原真性作为一种真实性,让人们在这种真实性的基础上建立起一种被信赖的依存关系。从某种程度来看,故宫文创的底线思维和高线思维都是基于文化遗产的守候:凡是不利于故宫文化遗产保护的事儿坚决不做,凡是有利于故宫文化遗产传承的事儿都敢于推动。可以说,故宫文创的思维就是原真性的开拓思维。

詹姆斯·吉尔摩和约瑟夫·派恩曾因撰写《体验经济》一书而爆得大名,他们拓展了商业消费领域中原真性的内涵和外延,指出产品的原真性成为体验经济的重要推力。他们将消费者可感知的原真性分为自然原真性(指非人工制造或合成的自然产品)、原创原真性(指非模仿或抄袭的人造原创产品)、独特原真性(指针对不同用户、注重差异性和个性化的产品)、指称原真性(指可延伸到某种文化语境、历史情景或共同记忆的体验)和影响原真性(指超越功能性和即时性,激发人们追求更高标准、更高品质的商品价值),并将这些原真性运用于自然商品、人造商品、特色服务、文化体验、空间营造和组织管理之中。故宫文创模式的核心就是这种文化原真性所激发出来的高度的文化认同。故宫文创产品的使用者、购买者和消费者,经由文创产品所呈现出来的原创原真性、独特原真性、指称原真性和影响原真性,建立与故宫博物院的自然原真性的认同联系,产生充满意义和价值的场景体验。

故宫博物院的自然原真性是国内外一般博物院无可取代的世界珍宝。故宫博物院拥有规模宏大、建筑恢宏的皇家宫廷古建筑群,其物理上的空间尺幅远超于世界著名的皇家建筑遗迹;故宫博物院收藏的文物档案数量巨大、精品高绝,许多教科书级的稀世之宝举世闻名,只要稍有机会,大众就希望在自己的有生之年能一睹芳容;故宫博物院的历史文化和文物器物的研究精进,非物质文化技艺精湛,经过大众媒体和影音产品的广为传播已经深入人心。当然,借由场景测量技术,我们可以进一步分析故宫文创的场景定位,优化故宫的文化舒适物设施的组合方式,设计场景路线,进而增强游客的场景体验。

2. 故宫文创,实现了价值整合的共生创新

新时代语境下推动传统文化在生活中的落实,就是要推动故宫的文化价值的协同整

合，注意故宫文化的膜拜价值、展示价值和体验价值的组合比例和合理布局。故宫作为文化原真性的历史神圣感、国家庄严感、信仰仪式感和民族自豪感是不容挑战的，一切文化创意的手段、产品和服务都要服从于这个文化原真性的前提。故宫文化的展陈方式除了广泛采用新的技术、材料和制作观念，更要注重文化主题、价值意义和审美情趣的展示，要成为引领博物馆文创领域最为优秀的创意范式，要积极将主旋律、社会主义核心价值观、艺术审美与多种艺术形式相结合。故宫文创在创意制作的探索过程中要着眼于观众的细微体验，将观众对故事角色的塑造期待、情绪的投射、社交的联系结合在一起，挖掘富有层次的情感维系、社交连接和身体美学的通感体验。

故宫文创的共生创新体现为故宫文创产品的功能价值与文化价值的兼顾统筹。在2017年为故宫创造了15亿元市场营收的万余种文创产品中，大多数都是功能与文化兼具的价廉物美之作。这些文创产品中，既有功能价值高、文化价值较低的一般日用品，比如故宫版矿泉水、故宫猫系列产品，也包括功能价值较高、文化价值略低的流行品，比如神骏水果叉、故宫口红和朝珠耳机，还包括功能价值高、文化价值也高的奢侈品，比如五福五代紫砂茗壶、钱选八花图箱包和黑色梅花大凤纹真丝方巾，更包括功能价值略低、文化价值高的收藏品，比如特种邮票、高级限量复制品等。故宫文创的这些产品组合是基于人们生活日常的观察与研究，紧贴人们的生活需要，结合故宫文化元素的创意巧思，提炼故宫文化精髓，为人们的现代生活创意赋能。

故宫文创共生创新体现在故宫对"巧创新"文创模式的融会贯通。巧创新是一种新文创模式，包括以科技创新为主的硬创新和文化创新为主的软创新，是一种软硬兼施的融合创新，是一种系统创新和战略创新。巧创新包括社会创新、市场营销创新、审美创新、再连接创新和科技创新。故宫与腾讯联合推出的"数字文保计划"、Next Idea 创新大赛，故宫推出的数万场遍布海内外的文化展览和艺术教育活动，都体现了故宫的文化责任和社会公益的道德坚守。故宫每天运营故宫 App、微信小程序、抖音直播等数十个矩阵型社交媒体，吸引近千万粉丝用户，开着天猫、淘宝、京东等网络店铺，尝试故宫角楼咖啡、冰窖餐厅等新零售，在开放中走向市场，也接受舆论和公众的善意批评，敢于试错，不断调适。故宫注重每一个文创产品的细节设计和审美风格，注重手工匠艺，讲究材质温度，打造令人惊艳的良心产品。故宫善于制造社会话题，引领社会风潮，形成意见领袖式的内容传播效果，让故宫文创产品的使用者引以为荣，愿意打卡分享，增进社交黏性。故宫在国内博物馆界率先推动"文化＋科技"的融合创新，积极推动故宫文化遗产数字化保护和监测、数字资源管理和应用、数字化展示、传播和数字化应用，积极采用 VR、AR、激光扫描、摄影测量、全息投影等科技手段，举行"传统文化×未来想象"数字文化艺术展，开发多样化的数字文创产品。总之，故宫文创全面实践了"巧创新"的文创模式，并在实践中不断调整，不断优化。

故宫文创共生创新还体现在自上而下和自下而上协同共生的创新机制。在党中央和国务院主要领导人的关心和支持下，故宫博物院院长发挥创意领导力，以开放包容、敢作敢为的心态，带领故宫管理团队积极探索，不断开拓创新。此外，故宫文创注重基层创意，重视顾客反馈，引导创意员工与顾客代表一同参与，激发游客从故宫文创的角度提出自己的所知、所想和所需，共同谋划，与社会各种机构开展灵活多样的合作形式，协同推进故宫文创的发展。

3. 故宫文创,实现了 IP 价值的全产业链创新

故宫文创的 IP(intangible property,无形产权;intellectual property,知识产权)是故宫文创的开发工作建立于故宫物质文化遗产之上最大的开发资源。一般而言,文创 IP 由引起共鸣的故事、特色鲜明的形象、明确定位的受众和多次授权的商业变现等内涵要素构成。故宫文创的开发,就是针对这些关键要素的开发,打造各种"网红"级的故宫文创产品。故宫文创 IP 的核心价值就是中华优秀文化的传承者,无论开发萌态可掬的潮系列还是价格不菲的奢系列,故宫文创 IP 开发的初衷是为了故宫文化价值的传播和推广。

故宫文创 IP 的鲜明形象就是故宫独具特色、深入人心的典型形象,是故宫文化元素的再造形象。这些 IP 形象连接了人们的日常生活,融入了当下的社会情境。故宫猫的萌萌哒、雍正的幽默表情包,让故宫保守古旧的大众形象焕发了生机,令人产生会心一笑的心灵共鸣,赢得青年消费者的喜爱。当然,这种形象不是简单的故宫元素、故宫品牌、故宫 Logo、故宫商标的跨界授权和商业转让,而是坚决摒弃恶搞,真正实现功能优先、内涵契合和品质坚持。

故宫文创 IP 独特的故事驱动也实现了更多的粉丝扩容和受众连接。故宫文创通过故事连接了受众的感情,成为受众的心理情绪的代理品,实现一种审美意义上的心神契合。故宫文创 IP 通过各种社交媒体和营销手段,以开放资源的心态,与社会各大专业的文创机构全面合作,涉足农产品、智能科技产品和文化产品等多个领域,全面进入人们的日常生活,发挥了强大的生命力和影响力。当然,故宫文创在开放授权的过程中,要注重业务伙伴的资质考核、业务监管和绩效评估,要防止一荣俱荣、一损俱损的授权风险。

故宫文创 IP 实现了文化价值链、产业链和供应链的生态统合,其年收入业绩让多家上市公司叹为观止,甚至有学者提出了故宫打包上市的策略建议。作为一家国家级的事业单位,故宫博物院也正在经历文化体制改革的洗礼与机制创新的不确定性,要警惕和防止在巨大的利益驱动下由故宫自身的机构性质、业务边界的模糊性和经营人员的主观性所带来的政治风险、法律风险、市场风险和道德风险。

总之,文化是老传统的价值守护,文创是新生活的时尚创生,但核心还是文化价值。故宫文创每天都在日常生活中传承文化,这是一种有温度的、可持续的传承方式。故宫文创具有高度的自我表达、适度的传统性和低度的正式性、高度的时尚型的场景体验特征,一直以紧扣时代脉搏的开放胸襟和敢为天下先的创新气魄,引领国内外博物馆文创的社会风潮。瑕不掩瑜,这样的场景定位,也会时时受到社会各界的批评与指责。我们相信,这是作为国之重器的故宫该面对的历史慧命,这是开拓时代之新风的故宫文创该承受的责任担当。

思考与讨论:

(1) 请根据故宫官方资料,整理出故宫文创产品(实体)一览表和文创产品(数字)一览表,并探讨故宫文创产品的设计方法、载体选择、开发模式。

(2) 故宫文创产品的开发设计、营销推广是如何体现消费者体验这一理念的?

(3) 故宫文创 IP 对于非物质文化遗产的创新性保护与传播有何意义?

(4) 试以一件故宫文创产品为例,谈谈故宫文创是如何传承优秀传统文化的。

(5) 为什么说"'网红'的故宫文创,就是一种传统文化在日常生活中传承发展的先锋试验"?

(6) 故宫文创对我国文化创意产业的发展有何意义?

参考文献

[1] 薛可,余明阳.文化创意学概论[M].上海:复旦大学出版社,2021.
[2] 孙丽君,李军红.文化创意产品开发[M].北京:北京师范大学出版社,2021.
[3] 秦宗财.文化创意产业品牌理论与实践[M].合肥:中国科学技术大学出版社,2021.
[4] 林明辉.新时代我国文化创意产业发展研究[M].北京:经济管理出版社,2021.
[5] 赵利平.千阳发展非物质文化产业带动就业[J].西部财会,2021(3).
[6] 蒋惠凤,李昕,姚莉,等.常州文化创意企业融资模式研究[J].常州工学院学报,2019(2).
[7] 王磊.大数据时代知识产权保护探究[J].学术论坛,2021(2).
[8] 姜琳.大数据时代背景下文化创意产业知识产权保护策略分析[J].法治与社会,2021(11).
[9] 张进.大数据背景下文化创意产业法律保护探析[J].法治与社会,2021(18).
[10] 肖艳,孟剑.大数据视域下文化创意产业集群化发展研究[J].福建论坛(人文社会科学版),2017(12).
[11] 郑正真."十四五"时期我国文创产业发展趋势及路径研究[J].西部经济管理论坛,2021(1).
[12] 洪润明,万平.出版视角下文创产业的二次创意开发途径分析[J].出版广角,2021(7).
[13] 赵卫防."新主流大片"中的"中国性"[J].艺术评论,2021(12).
[14] 匡宁.试论我国动漫产业发展现状与对策[J].记者摇篮,2021(8).
[15] 秦洁,余洪.中国动漫产业跨界融合发展模式研究[J].当代电视,2021(11).
[16] 王凝,郑仲元.国内动漫产业创新型人才培养研究[J].黑龙江人力资源和社会保障,2021(18).
[17] 增兴.新时代文化会展业高质量发展的路径[J].人文天下,2021(1).
[18] 张迺英,巢莹莹,钱伟.文化创意产业管理与实务[M].上海:同济大学出版社,2020.
[19] 于爱晶.文化产业的创新融合与实践[M].北京:北京联合出版公司,2020.
[20] 王冰.文化创意产业在城市转型中发挥的重要作用[J].红河学院学报,2020(10).
[21] 张进.大数据背景下关于算法合谋反垄断规制研究[J].淮南职业技术学院学报,2020(2).
[22] 黄江华,莫远明.文化创意产业园区的改革创新与融合发展[J].出版广角,2020(6).
[23] 杨斌.基于出版视角的文创产业二次创意开发分析与研究[J].北京印刷学院学报,2020(2).
[24] 胡爱敏.探析山东文化创意产业的发展路径[J].中国国情国力,2019(11).
[25] 陈肖华,李海峰.文化创意产业众筹成功融资影响因素研究——基于SOR模型[J].财会通讯,2019(2).
[26] 向勇.故宫文创:传承优秀传统文化的先锋实验[J].人民论坛,2019(9).
[27] 雒树刚.认真学习贯彻党的十九大精神 推动文化产业持续健康发展[J].时事报告,2018(1).
[28] 李雅丽,吴秀红.我国文化创意产业融资现状、困境及对策[J].市场论坛,2018(8).
[29] 于建辉.大数据背景下的知识产权保护[J].法制博览,2018(20).
[30] 王晓燕.《茶典》出版创意探析[J].中国图书评论,2018(9).
[31] 张永敏,张艳玲,李丽艳.农业与文化创意产业融合发展研究[J].乡村科技,2018(22).
[32] 臧志彭.数字创意产业全球价值链重构战略研究——基于内容、技术与制度三维协同创新[J].社会科学研究,2018(2).
[33] 李佳洁.浅析大数据时代背景下知识产权与隐私权的关系[J].法制与经济,2018(8).
[34] 黄小珊.浅谈创意与创意产品的内涵界定[J].才智,2017(31).
[35] 信建英.希望点列举法在产品创新设计中的应用探讨[J].科技与创新,2017(10).

[36] 蔡付斌,陈莎莉. 景德镇陶瓷文化创意产业投融资体系研究[J]. 对外经贸,2017(8).
[37] 王静. 大数据背景下知识产权法保护方式分析[J]. 职工法律天地,2017(10).
[38] 周锦. 大数据背景下的文化创意产业发展[J]. 群众,2017(8).
[39] 苟民华. 苏州文化创意产业知识产权保护问题与对策分析[J]. 法制博览,2017(25).
[40] 范晓光. 媒介融合背景下广播电视产业创新路径探讨[J]. 西部广播电视,2016(12).
[41] 王幼江. 广告创意揭秘[M]. 北京:航空工业出版社,1994.
[42] 廖军华,屠玉帅,简保权. 国外创意农业对中国发展创意农业的启示[J]. 世界农业,2016(2).
[43] 周学政. 创意大讲堂[M]. 北京:北京希望电子出版社,2016.
[44] 刘杨. 浅析中国电影产业链升级策略[J]. 学理论,2015(19).
[45] 袁俊. 文化创意产业集群的生成与优化[J]. 重庆社会科学,2015(6).
[46] 蔚蔚,辛向阳. 我国创意设计产业可持续发展的对策路径研究[J]. 湖南社会科学,2015(6).
[47] 冷冶夫. 微电影的产业链[J]. 数码影像时代,2015(5).
[48] 陈焕金. 广播电视文化创意产业的发展建议探析[J]. 科技与创新,2015(5).
[49] 姚湘晖. 文化旅游创意产业发展的动力机制与对策[J]. 旅游管理研究,2015(3).
[50] 刘屹崟. 中国动漫产业现状与发展策略分析[J]. 经营管理者,2015(3).
[51] 杨武,章燕,侯嘉娴. 我国网络游戏产业包容性发展探析[J]. 广西社会科学,2015(3).
[52] 印兴娣. 论电视专题节目的创意策划[J]. 常州工学院学报(社科版),2015(2).
[53] 赵英,向晓梅,李娟. 文化创意产业现状与发展前景[M]. 广州:广东经济出版社,2015.
[54] 刘寿先. 集群创新:创意产业集群的理论探索[M]. 北京:经济科学出版社,2015.
[55] 徐丽艳. 创意产业发展的要素禀赋和市场需求条件研究[M]. 北京:中国社会科学出版社,2015.
[56] 张迺英. 创意产业理论与实践[M]. 上海:同济大学出版社,2015.
[57] 戴建忠,冯雪. 中国文化创意产业融资模式探索[J]. 商业时代,2014(13).
[58] 马志强,李俊霞. 从动漫成功营销案例看我国动漫营销策略[J]. 河南农业,2014(12).
[59] 张秉福. 论文化事业与文化产业的互动发展[J]. 出版发行研究,2014(10).
[60] 雷宁. 以《爸爸去哪儿》为例,探析手机游戏网络营销新模式[J]. 传播与版权,2014(5).
[61] 傅琳雅. 文化创意产业链的构建及发展战略[J]. 沈阳工业大学学报(社会科学版),2014(4).
[62] 王巧林. 数字出版产业的创意特性[J]. 现代出版,2014(3).
[63] 何仙林,王晨. 网络传播趋势下旅游文化产业的传播策略研究[J]. 旅游管理研究,2014(1).
[64] 王家忠. 文化创意产业读本[M]. 北京:中国社会科学出版社,2014.
[65] 卢涛,李玲. 文化创意产业基础[M]. 武汉:武汉大学出版社,2014.
[66] 郑榕妍. 发展创意农业及其产业链的价值分析[J]. 福建农业科技,2013(10).
[67] 刘文辉,姚远. 江西省旅游业与文化创意产业融合发展研究[J]. 科技广场,2013(9).
[68] 冯根尧. 我国文化创意产业园区的发展模式与聚变效应[J]. 绍兴文理学院学报(哲学社会科学版),2013(4).
[69] 徐谷波. 创意产业集群化发展的要素分析及政策建议[J]. 宿州学院学报,2013(6).
[70] 张军. 文化会展业:从平台到品牌的建构——以深圳文博会为例[J]. 开放导报,2012(12).
[71] 王立真. 浅谈文化创意产业在我国产业结构优化中的作用[J]. 现代经济信息,2012(7).
[72] 李正元. 文化事业与文化产业的区别与联系——兼论期刊事业与期刊产业[J]. 出版科学,2012(6).
[73] 李慧敏. 福建省文化会展业发展瓶颈及政策选择[J]. 东南传播,2012(6).
[74] 李升哲,崔基哲,韩勇. 我国网络游戏产业盈利模式的探讨[J]. 才智,2012(5).
[75] 李艳杰,赵黎昀. 试论河南省文化会展业的发展[J]. 今传媒,2012(4).
[76] 何琦,高长春. 动态视角下创意产业内涵演进与分类比较[J]. 现代经济探讨,2012(3).

[77] 宋慰祖.设计创意产业园区建设初探[J].设计,2012(2).
[78] 曾耀农.电影媒介的创意策略[J].兵团教育学院学报,2012(1).
[79] 罗建幸.刍议文化创意产业的定义与分类[J].科学·经济·社会,2012(1).
[80] 苏卉.基于集群导向的文化创意产业园区建设研究[J].长沙大学学报,2011(11).
[81] 丁茜茜.试论广告文化创意产业的发展趋向[J].现代视听,2011(8).
[82] 李艳杰.浅谈文化创意产业的特征及对经济发展的作用[J].经营管理者,2011(6).
[83] 鲍蔚,周彬,王劭君.文化创意产业链及发展对策研究[J].产业经济,2011(4).
[84] 王安琪.文化创意产业相关概念阐释[J].经济师,2011(2).
[85] 张振鹏,马力.文化创意产业集群形成机理探讨[J].经济体制改革,2011(2).
[86] 张丽艳.论创意产业知识产权的立法保护[J].北方经贸,2011(1).
[87] 丁俊杰,李怀亮,闫玉刚.创意学概论[M].北京:首都经济贸易大学出版社,2011.
[88] 人力资源和社会保障部教材办公室.文化产业创意师[M].北京:中国劳动社会保障出版社,2011.
[89] 胡晓明,殷亚丽.文化产业案例[M].广州:中山大学出版社,2011.
[90] 邹统钎.创意旅游经典案例[M].天津:南开大学出版社,2011.
[91] 李季.世界文化产业园[M].北京:人民日报出版社,2011.
[92] 毛磊.基于生命周期理论的文化创意产业集群演化分析[J].科技管理研究,2010(20).
[93] 潘善成.旅游文化创意产业成为旅游业发展的新空间[J].安徽农学通报,2010(16).
[94] 周正刚.文化事业与文化产业关系辩证[J].东岳论丛,2010(11).
[95] 杨燕英,张相林.我国文化产业创意人才的素质特征与开发[J].中国广播电视学刊,2010(9).
[96] 吴庆阳.文化创意产业概念辨析[J].经济师,2010(8).
[97] 朱垄.中国和英国创意产业发展的对比[J].宿州教育学院学报,2010(8).
[98] 潘基勇.关于数字出版与传统出版业态融合的思考[J].沿海企业与科技,2010(6).
[99] 陈宁稷.论创意产业的知识产权保护[J].知识经济,2010(6).
[100] 田亚平,李卓华.创意企业管理创新的新视野[J].北华航天工业学院学报,2010(3).
[101] 方海清.城市更新与创意产业[M].武汉:湖北人民出版社,2010.
[102] 侯汉坡.北京市文化创意产业集聚区案例辑[M].北京:知识产权出版社,2010.
[103] 许中伟.文化创意产业案例研究[M].天津:南开大学出版社,2010.
[104] 杨永忠.创意经济案例精选[M].福州:福建人民出版社,2010.
[105] 魏鹏举.文化创意产业导论[M].北京:中国人民大学出版社,2010.
[106] 李殿伟,王宏达.创意产业知识产权保护的内在机理与对策[J].科技进步与对策,2009(15).
[107] 李百晓.从电影的商业属性看文化创意产业的发展[J].电影评价,2009(14).
[108] 王琳.面对金融危机的中国文化创意产业创新[J].国家行政学院学报,2009(13).
[109] 董树宝.试论创意产业的历史变迁与基本属性[J].北方工业大学学报,2009(12).
[110] 胥悦红.创意产业链的动态衍生模式探析[J].改革与战略,2009(10).
[111] 蔡荣生,王勇.国内外发展文化创意产业的政策研究[J].中国软科学,2009(8).
[112] 王琪.创意产业的本质与特征[J].甘肃理论学刊,2009(7).
[113] 张嵩,罗玲玲.关于创意产业的界定及其组织模式的思考[J].沈阳建筑大学学报(社会科学版),2009(7).
[114] 张国安.高新科技园区聚变效应的模式研究[J].中国软科学,2009(7).
[115] 曾光,张小青.创意产业集群的特点及其发展战略[J].科技管理研究,2009(6).
[116] 吴应新,刘勇.网络文化产业发展模式的探索与分析[J].广西广播电视大学学报,2009(6).
[117] 陈颖.创意经济的驱动力变革[J].经济论坛,2009(5).

[118] 秦柳. 浅论中国动漫产业发展的文化策略[J]. 作家杂志,2009(5).
[119] 严红梅. 我国创意产业集群发展研究[J]. 特区经济与理论,2009(5).
[120] 殷俊,杨金秀. 我国动漫产业发行销售策略分析[J]. 新闻界,2009(4).
[121] 蒋三庚. 中央商务区文化创意产业集群发展类型与特点[J]. 经济与管理研究,2009(3).
[122] 周胜,段淳林. 全球化背景下文化创意产业创新模式研究[J]. 经济问题,2009(3).
[123] 方忠. 我国动漫产业的盈利模式研究[J]. 内蒙古农业大学学报,2009(2).
[124] 方军. 文化创意是创意产业发展的核心[J]. 湖南社会科学,2009(2).
[125] 关萍萍. 动漫产业的"创意理念"与"制造思维"[J]. 学术前沿,2009(2).
[126] 孙洁. 创意产业集群:城市的另类增长空间[J]. 生产力研究,2009(1).
[127] 杨青. 创意时代的期刊创意[J]. 中国编辑,2009(1).
[128] 江林. 喜羊羊与灰太狼的成功贵在具备完整的动画产业模式[N]. 光明日报,2009-03-10(8).
[129] 陈勤. 媒体创意与策划[M]. 北京:中国传媒大学出版社,2009.
[130] 蒋三庚. 创意经济概论[M]. 北京:首都经济贸易大学出版社,2009.
[131] 张国良,邱凌,崔辰,等. 电视创意产业[M]. 上海:东方出版中心,2009.
[132] 严三九,王虎. 文化产业创意与策划[M]. 上海:复旦大学出版社,2009.
[133] 盛思梅. 信息技术域网络创意产业[M]. 上海:东方出版中心,2009.
[134] 李世忠. 文化创意产业概念探微[J]. 经济论坛,2008(11).
[135] 张梅青,王稼琼,靳松. 创意产业链的价值与知识整合研究[J]. 科学学与科学技术管理,2008(11).
[136] 石淼. 谈我国电影衍生产品开发——兼论衍生产品对文化产业的推动[J]. 今日南国,2008(10).
[137] 宋文玉. 文化创意产业集群发展研究[J]. 财政研究,2008(9).
[138] 刘雅祺. 会展策划的借势、融势与造势[J]. 中国会展,2008(7).
[139] 郭鸿雁. 创意产业链与创意产业集群[J]. 当代经济管理,2008(7).
[140] 兰建平,傅正. 创意产业、文化产业和文化创意产业[J]. 浙江经济,2008(4).
[141] 郭丽华. 试论营销视域内文化产品的品牌策略[J]. 企业经济,2008(3).
[142] 徐洁. 试论会展创意业的发展及途径[J]. 金卡工程,2008(12).
[143] 罗华,方晓萍. 创意产业的投融资分析[J]. 当代经济,2008(1).
[144] 王万举. 文化产业创意学[M]. 北京:文化艺术出版社,2008.
[145] 季昆森. 创意与创意经济[M]. 合肥:安徽人民出版社,2008.
[146] 厉无畏,王慧敏,孙洁. 创意旅游:旅游产业发展模式的革新[J]. 旅游科学,2007(12).
[147] 陶学忠. 创意产业市场交易形式与问题分析[J]. 商场现代化,2007(10).
[148] 张京成,刘光宇. 创意产业的特点及两种存在方式[J]. 北京社会科学,2007(4).
[149] 周培玉,等. 策划思维与创意方法[M]. 北京:中国经济出版社,2007.
[150] 蔡嘉清. 文化产业营销[M]. 北京:清华大学出版社,2007.
[151] 陈放. 创意风暴[M]. 北京:中国盲文出版社,2007.
[152] 张京成,周学政. 创意为王:中国创意产业案例典藏[M]. 北京:科学出版社,2007.
[153] 厉无畏,王慧敏. 创意产业促进经济增长方式转变——机理·模式·路径[J]. 中国工业经济,2006(11).
[154] 符韶英,徐碧祥. 创意产业集群化初探[J]. 科技管理研究,2006(5).
[155] 欧阳友权. 文化产业通论[M]. 长沙:湖南人民出版社,2006.
[156] 贺寿昌. 创意学概论[M]. 上海:上海人民出版社,2006.
[157] 杨德林. 创意开发方法[M]. 北京:清华大学出版社,2006.